Labor Economics

工业和信息化普通高等教育"十二五"规划教材立项项目

21世纪高等院校经济管理类规划教材

劳动经济学

□ 杨爱元 主编

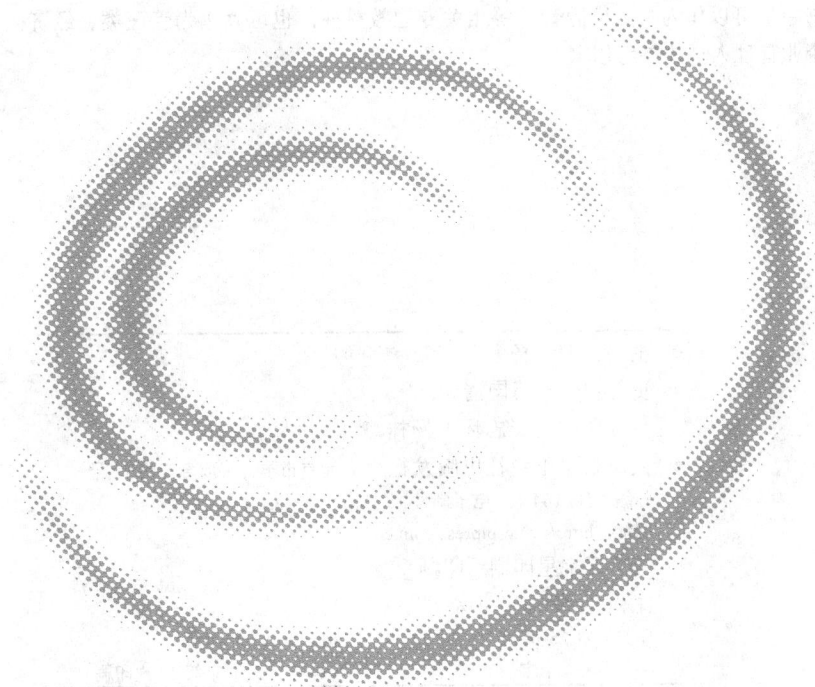

人民邮电出版社

北京

图书在版编目（ＣＩＰ）数据

劳动经济学 / 杨爱元主编. -- 北京：人民邮电出
版社，2014.2
21世纪高等院校经济管理类规划教材
ISBN 978-7-115-33309-4

Ⅰ. ①劳… Ⅱ. ①杨… Ⅲ. ①劳动经济学－高等学校
－教材 Ⅳ. ①F240

中国版本图书馆CIP数据核字(2013)第291459号

内 容 提 要

本书是人力资源管理、劳动与保障等专业的理论基础课教材，作者根据国际上比较畅销的经典劳动经济学教材和相关文献的基本观点、基本理论和分析框架，广泛参考了我国目前使用的劳动经济学教材，并结合我国社会经济活动实践和20多年的教学研究经验编写而成。

全书共分12章，包括绪论、劳动需求分析（两章）、劳动供给分析（两章）、人力资本投资、工资理论、劳动力流动、劳动力市场歧视、就业与失业、收入分配、劳动与宏观经济等内容。在每一章，讲述相关概念或理论的同时，都附有相应的拓展知识若干篇。每一章最后，都有本章小结、思考题、案例分析和阅读材料。

为方便读者学习和老师授课，本书提供电子教案、电子课件、参考答案、补充教学素材、模拟试卷等资料，索取方式参见"配套资料索取说明"。

本书除了可以作为人力资源管理等相关专业教材外，也可以作为管理类、经济类等相关学科的教材以及企业管理人员的参考用书。

- ◆ 主 编 杨爱元
    责任编辑 万国清
    责任印制 彭志环 杨林杰
- ◆ 人民邮电出版社出版发行 北京市丰台区成寿寺路 11 号
    邮编 100164 电子邮件 315@ptpress.com.cn
    网址 http://www.ptpress.com.cn
    北京天宇星印刷厂印刷
- ◆ 开本：787×1092 1/16
    印张：21.25 2014 年 2 月第 1 版
    字数：534 千字 2024 年 8 月北京第 11 次印刷

定价：45.00 元
读者服务热线：(010)81055256 印装质量热线：(010)81055316
反盗版热线：(010)81055315
广告经营许可证：京东市监广登字 20170147 号

前　言

在人的一生中，大多数面临着就业、失业、工资、人力资本投资和流动等问题的选择。在这个过程中，政府如何引导又成为宏观管理的一个重要内容。作为经济学的一个重要分支，劳动经济学考察的是劳动力市场的组织运行及其规律的一门科学。

尽管劳动是人类生存的基本要求，但作为一门学科的劳动经济学的产生与发展，与社会生产的进步与发展密不可分。随着资本主义生产方式的产生和发展，劳资雇用关系扩展到社会生活的各个领域，与此相联系，劳工问题（包括工资、失业、劳动时间、劳动条件、工伤事故与职业病、妇女与童工劳动、劳资谈判、罢工等）日益突出，劳工运动不断发展。这是劳动经济学赖以产生的社会背景。

19 世纪中叶，"劳工政策"一词开始在经济学著作中出现。此后，西方许多国家都把劳工政策作为社会经济政策的重要组成部分，力图通过一定的劳工政策来缓和劳资矛盾，以保持经济的发展和社会的稳定。这些劳工政策通常包括工资标准及最低工资的制度、劳动时间的规定、社会保险和社会救济、社会就业的指导、职业技术教育、劳动条件的监督、劳资纠纷的调解、工会法、罢工法、劳资关系法等。

20 世纪初，一些专门研究劳动和劳工问题的经济学著作相继问世。1925 年，美国学者 S・布卢姆出版了《劳动经济学》，其内容包括就业、工资、劳资关系、劳工运动、劳动立法等。1929—1933 年世界性经济危机的爆发，致使劳工问题极端尖锐化。此后，西方劳动经济学有了较大发展。英国经济学家 J・M・凯恩斯的"有效需求不足"理论和"非自愿失业"概念的提出，对西方劳动经济学的发展，具有重要的影响。此外，西方现代管理方法的研究，如行为科学、工效学等学科的发展，也不断丰富着劳动经济管理的内容。

劳动经济学和劳动与人力资本问题一直是国内外主流经济学关注的重要问题，它包括就业、人口经济、人力资本理论等，在经济学研究领域中占居重要地位。劳动经济学不仅对经济学理论的发展做出了巨大贡献，而且由于其研究问题涉及最为复杂的经济现象，因而在研究方法上常有创新之举，推动经济学研究方法不断进步和完善。

劳动经济学是研究劳动关系及其发展规律的科学，其核心是如何以最少的劳动投入费用取得最大的经济效益，包括微观经济效益和宏观经济效益。劳动经济学作为经济学的一门分支学科，与政治经济学、生产力经济学、部门经济学及其他专业经济学有着密切的联系，与社会学、心理学、人类学、伦理学、政治学等学科也有一定的联系。劳动经济学的主要内容包括劳动需求、劳动供给、人力资本投资、工资理论、劳动力流动、劳动力歧视问题、就业与失业问题、收入分配问题和劳动与宏观经济问题等。

我国劳动经济学兴起相对较晚，研究水平与国际同行存在着较大差距，尚不能适应经济建设的需求。随着社会经济转型，中国正面临着日益严峻的就业形势，就业、失业、劳动力市场发育等问题成为经济生活中越来越重要的课题。借鉴国外现代劳动经济学的理论、方法和历史经验，在研究现实问题的同时，发展具有中国特色的劳动经济学是当务之急。

为方便读者学习和老师授课，本书提供电子教案、电子课件、参考答案、补充教学素材、模拟试卷等资料，索取方式参见"配套资料索取说明"。

本书编写中参考了国内外众多学者的研究成果，同时也得到了同行的大力支持，在此表示诚挚的谢意！

虽然本书编写历经一年有余，完稿后又多次修改，也经多位专家审阅，但因编者水平有限，书中不当之处在所难免，恳请读者批评指正。

编者 杨爱元

2013 年 11 月 20 日

目　　录

第一章 绪 论

经济学是一门研究稀缺资源如何有效利用的科学，其产生的原因是社会欲望的无限性。由于经济体系不可能满足社会想要得到所有产品和服务的愿望，这就要求人们要理性决策。首先，要合理配置各种生产要素，来决定生产什么、生产多少、为谁生产。在众多的生产资源中，劳动力是其中最重要的稀缺资源之一，本书研究的就是劳动力的有效利用问题。在现实社会生活中，没有哪一个问题像劳动问题一样与我们的生活密切相关。在我们大多数人一生中，都面临着就业、失业、工资、人力资本投资和流动等问题的选择。作为经济学的一个重要分支，劳动经济学考察的是劳动力市场参与者的决策，以及就业和劳动报酬等问题。本章首先从劳动的基本概念出发，提出了劳动经济学的研究对象，接着分析了劳动经济学的研究方法，最后明确劳动经济学的研究内容。

第一节 劳 动 概 述

人类生产出的财富，都是劳动力、劳动工具、劳动对象这三种基本要素共同作用的产物，劳动力是其中的决定因素。劳动创造文明，创造财富，促使人类发展，推动历史前进。劳动是公民的权利和义务。总之，劳动是人类生存与发展的必要条件。那么，什么是劳动？劳动有什么特征？劳动的价值何在？本节对这些问题进行简单说明。

一、劳动的基本概念

劳动是具有一定生产经验和劳动技能的劳动者使用劳动工具所进行的有目的的生产活动，是生产的最基本内容。劳动是整个人类生活的第一个基本条件，它既是人类社会从自然界独立出来的基础，又是人类社会区别于自然界的标志。

有人认为，劳动通常是指能够对外输出劳动量或劳动价值的人类活动，劳动是人类维持自我生存和自我发展的唯一手段。也有人认为，劳动是发生在人与自然界之间的活动，其实质是通过人的有意识的、有一定目的的自身活动来调整和控制自然界，使之发生物质变换，即改变自然物的形态或性质，为人类的生活和自己的需要服务。

全国科学技术名词审定委员会对劳动的定义是：劳动是指有劳动能力和劳动经验的人在生产过程中有目的的支出劳动力的活动。

从社会学和哲学的角度来看，劳动这个概念包括所有人类在自然界和社会中有意识地从事创造性的过程。劳动的意义来自于劳动的人在其所处的自然条件和社会环境中的需要、能力和世界观。

狭义上，劳动是人类创造物质财富和精神财富的活动，是指人类在自身智能分配下，通过各种手段和方式创造社会财富以满足人类日益增长的物质、精神等方面需要的有目的的活动。

广义的劳动指从生物学的角度对劳动所做出的最广泛的抽象或概括，是指人们在各种活动中劳动力的使用或消耗。简单地说，人们所从事的各种"劳动"，应当看作与"生产"、"经营"、"工作"、"上班"、"营业"、"务工"、"务农"、"就业"等范畴相比含义更为广泛。

📖 拓展知识

劳动的历史含义

对于什么是劳动，历史上有不同的解释，主要有以下几种。

1. 操作；活动。《庄子·让王》："春耕种，形足以劳动。"《三国志·魏志·华佗传》："人体欲得劳动，但不当使极尔。"（宋）朱彧《萍洲可谈》卷三："但人生恶安逸，喜劳动，惜乎非中庸也。"

2. 今多指创造物质财富和精神财富的活动，如：体力劳动、脑力劳动。（周）瘦鹃《劳者自歌》："我平生习于劳动，劳心劳力，都不以为苦。"

3. 使不安宁。《三国志·魏志·钟会传》："诸葛孔明仍规秦川，姜伯约屡出陇右，劳动我边境，侵扰我氐羌。"

4. 烦劳；劳累。（三国 魏）曹植《陈审举表》："陛下可得雍容都城，何事劳动銮驾暴露於边境哉！"《金瓶梅词话》第二十回："快请你娘回房里，只怕劳动着，倒值了多的。"蔡东藩《清史演义》第二回："人人说满洲强盛，看这等老弱残兵，教咱们一队兵士，已杀他片甲不留，各部将弁，都可休息，主子更不必劳动呢。"

5. 多用为敬词，犹言劳驾，多谢。《红楼梦》第四十二回："贾母笑道：'劳动了。珍儿让出去好生看茶。'"老舍《四世同堂》三十："正在这个时候，院中出了声……晓荷迎到屋门：'劳动！劳动！不敢当！'"

6. 劳的含义

（1）指劳累过度。《素问·举痛论》："劳则气耗。"《素问·经脉别论》："凡人之惊恐恚劳动静，皆为变也。"

（2）忧虑，操心。《灵枢·阴阳二十五人》："木形之人……多忧劳于事。"

（3）虚劳病的简称。《金匮要略·血痹虚劳病脉证并治》："夫男子平人，脉大为劳，极虚亦为劳。"

（4）通"獠"，义为打猎。古代人劳动以打猎最为剧烈。《诗经·小雅·渐渐之石》："山川悠远，维其劳矣。"

（5）锻炼。《孟子·告子下》："故天将降大任於斯人也，必先苦其心志，劳其筋骨，饿其体肤，空乏其身。所以动心韧性，曾益其所不能。"

二、劳动的特点

人们对劳动与其他生产要素区别的理解，使得劳动经济学作为一门学科发展起来，并带动了若干其他领域的分析。劳动区别于其他生产要素的特点，可以从劳动的一般特征和知识经济下的特征两个方面进行分析。

1. 劳动的一般特征

劳动作为保证或改善劳动的人或其家庭成员、朋友、团体、集团或阶级的社会地位的手段，它的一般特征主要表现在以下几个方面。

（1）劳动首先是人的自觉的有目的的活动，因而是脑力活动。人脑浓缩了巨量的信息，因此就可能形成特殊的信息场，并由信息场发出具有能动作用的信息力，即脑力。脑力不同于一般自然力，不同于动物力，也不同于人的生理学力，即体力。脑力具有目的性、意志性、思维性和创造性。劳动不是被动的盲目的活动，而是一种主动的自觉的活动。劳动是脑力与时间的相互作用，这种作用的存在形式称为劳动力。脑力是劳动主体，时间是劳动客体。时间是劳动之母，脑力是劳动之父。

（2）劳动是一种可以复制的活动，是一种自身生产和增值的活动，这是劳动的本质。劳动是人创造财富的活动。所谓创造财富就是人利用自然、改造自然获得财富。创造财富是人与自然的关系，通过适应和改造自然，达到利用自然获取社会财富的目的。社会上任何个人或集团的脑力活动，符合这个要求的才可以定义为劳动。

（3）劳动力"出售"他的劳动，但保留自身拥有的资本。这是将劳动与其他生产要素区别开来的核心原因。劳动力能够凭借其所拥有的生产技能提供劳动服务，但是，他们在"出卖"劳动服务的时候，并未出售人体本身。被人们称为"人力资本"的工人及其技能并不能像实物资本那样被卖掉。

（4）所有的劳动出售者都具有一定的主观偏好。这种偏好主要表现在职业选择、就业地点和工作条件等方面。这一特点并非强调不同类型的人适合于做不同类型的决策（其他生产要素同样具备这样的性质），而是指出，劳动者对不同类型工作的非货币利益和损失的认识将会显著地影响其劳动供给决策。也就是说，每个劳动者所关心的是一项工作的总的净利益，如工作的"轻松"、"整洁"和"受尊敬程度"等。

（5）雇主具有雇佣劳动力的主观偏好。主观偏好还会影响雇主劳动需求的性质。雇主以何种方式来雇佣何种人，不仅取决于人们的生产能力，而且取决于性别和种族等其他因素。雇主在劳动使用上可能存在主观歧视，这是劳动作为生产要素的一个十分显著的特点。

（6）劳动供给决策与物品需求决策有十分密切的相互依赖性。这一特点表明提供劳动服务的劳动者也是消费者，他们要购买劳动产品。而物品的消费需要货币和时间，这又依赖于劳动者提供的劳动数量和质量，以及他从劳动中获取的收入。因此，消费和劳动供给决策是同时决定的。

（7）居住于同一家庭中的人们的劳动供给决策是密切相关的。这一特点表明劳动问题的复杂性。个人通常是家庭或更大社会单位的一分子。在这种情况下，一个人的劳动供给决策和消费决策能够影响该社会单位其他成员的相应决策。例如，丈夫失业可能影响妻子提供其劳动服务的决策，反之亦然。

2. 知识经济时代劳动的特征

从动态发展角度来理解，劳动在不同的经济社会有不同的特点。今天，在知识经济时代，劳动的特征主要表现在以下几个方面。

（1）劳动概念广义化。知识经济时代，使传统的生产性劳动和非生产性劳动的划分失去意义，同时也使知识创新者取代资本所有者而处于支配地位。劳动概念的广义化，使得一切生产要素的所有者通过利用生产要素取得收入的活动，都可称为劳动。

（2）劳动配备的要素知识化。劳动者就业必须要具备当代的知识技术，在业劳动者以智力为主。机器不但会排挤体力劳动者，也会排挤脑力劳动者。

（3）劳动时空条件低限化。在农业经济时代，日出而作，日落而息。而在知识经济时代，劳动就业灵活化，许多工作不一定要在固定的时间和固定的地点进行，只要有网络的地方，就可以工作。

（4）劳动观念流动化。在工业经济时代，人们找到一份工作，倍感珍惜。而今天，追求生活享受的劳动者，要从多方面搜寻满意的工作。自主、求新、流动，是新生代的劳动理念，对他们的管理更要合理、科学。

上述这些特点都在某种程度上涉及人类的主观价值判断和偏好。显然，许多学科和研究方法都可应用于这一领域。劳动市场研究并非经济学家的独立领域，社会学家、地理学家和心理学家等都对它的发展做出过重要贡献。

三、劳动的分类

对劳动的分类主要可从以下三个角度进行。

1. 根据参与劳动的人体主流系统分类

按参与劳动的人体主流系统不同，劳动可分体力劳动、脑力劳动和生理力运动。

体力劳动是指以人体肌肉与骨骼的运动为主，以大脑和其他生理系统的运动为辅的主体劳动，如挑水、拉车等。体力劳动是所有动物具有的劳动形式，生物进化到一定程度，就形成了动物的劳动系统。

脑力劳动是指以大脑神经系统的运动为主，以其他生理系统的运动为辅的主体运动，如思考、记忆等。

生理力运动是一切生物都具有的运动形式。对于植物来说，有光合作用、蒸腾作用、呼吸作用等；对于动物来说，有消化运动、呼吸运动、血液循环运动、生殖运动、分泌运动、神经运动等。任何形式的生理力运动都可归结于细胞的运动，而细胞的运动实际上就是一个物质和能量代谢的过程。人的生理系统通过一定的生理力运动对所获取的食物进行消化、吸收、传输和能量转换，为整个生理系统的正常运行提供所需的物质和能量，以保证机体协调一致地运行。

2. 根据劳动的复杂程度分类

按劳动的复杂程度不同，劳动可分为简单劳动和复杂劳动。商品的价值量同简单劳动和复杂劳动有密切的关系。

简单劳动是指不需要经过专门训练和培养的一般劳动者都能从事的劳动。复杂劳动是指需要经过专门训练和培养，具有一定文化知识和技术专长的劳动者所从事的劳动。形成商品价值量的劳动，是以简单劳动为尺度的。

复杂劳动等于多倍的简单劳动。在相同的劳动时间里，复杂劳动创造的价值大于简单劳动的价值。

3. 根据劳动的市场性分类

按劳动的市场性不同，人的劳动分为市场交易性劳动和自理性劳动。

市场交易性劳动是一种有价劳动，是指生产和创造物质产品与精神产品；自理性劳动是一种无价劳动，是说自己为自己或家人提供服务或产品，而没有通过市场交易。同样是劳动，有时相对获得的利益或报酬是不同的，价值不同，人的意义也就不一样。

投资是寻找东西和地方赚钱，这种劳动就是要获得更多更大的利润。没有利润的劳动在很大程度上是难以调动人的积极性的。但是，不是所有的劳动都能创造财富，也不是所有的劳动都能获取利润，更不是所有的劳动都能得到报酬。劳动是生存和生活的需要，也是生命的需要，更是人类发展、成长和存在的需要。我们通过劳动改变自己，改善生活，改造世界。因此，不同的劳动有着不同的收益，不同的人群有着不同的需要，不同的追求有着不同的劳动，不同的职业有着不同的奉献。

无论是有价劳动还是无价劳动，都是可贵的和值得珍惜的。劳动使我们生活丰富多彩，劳动锻炼造就了我们人类。人的伟大其实就在于会劳动、能劳动和爱劳动。没有劳动的人生是毫无意义的，能体现劳动的生活是充满幸福的。

四、劳动价值与使用价值

（一）劳动价值

劳动价值是一种特殊的使用价值，它是劳动力这种特殊的商品所产生的使用价值，是一种能够产生价值增值的使用价值。

劳动价值是由人类自身机体所产生的，是人的劳动能力的价值体现，是由人在劳动过程中所释放出来的。显然，人类机体的生存与发展离不开生活资料的消费，人的劳动能力的形成、维持与发展，必须以消费一定数量、一定质量、一定形式的生活资料使用价值为前提。一般情况下，人在劳动过程中所付出的劳动时间越长，劳动强度越大，劳动复杂度越高，为补偿这些劳动耗费所需消费的生活资料使用价值量就越多。由此可见，劳动价值来源于生活资料使用价值，并最终又会转化为生活资料使用价值，使用价值与劳动价值的相互转化可分为三个阶段。

第一阶段：消费阶段，即使用价值向劳动潜能的转化阶段。

人们消费各种各样的生活资料，虽然在主观上是为了满足自己的各种情感（即欲望、感情和情绪）的需要，但在客观上是为了维持和发展自己的劳动能力，更直接的意义是为劳动过程积累必要的劳动潜能。通常把生活资料使用价值转化为劳动潜能的过程称为消费。

第二阶段：劳动阶段，即劳动潜能向劳动价值的转化阶段。

劳动者在生产系统中通过具体的劳动方式，把劳动潜能释放出来并转化为劳动价值。通常把劳动潜能转化为劳动价值的过程称为劳动。

第三阶段：生产阶段，即劳动价值向新的使用价值转化阶段。

劳动者所付出的劳动价值与生产系统中的生产资料相结合，并作用于劳动对象，使劳动对象的品质特性发生变化，从而增大其使用价值，这个过程实际上就是一个劳动价值向新使用价值的转化过程。通常把劳动价值向使用价值的转化和增值过程，称为生产过程。

通过以上分析可知，一种使用价值经历消费阶段、劳动阶段与生产阶段后，完成了一个周期性运动，转化为另一种新的使用价值，整个周期性运动可表示为：使用价值→劳动潜能→劳动价值→新的使用价值。

在一般的生产系统中，劳动者的劳动过程与生产过程通常是同步进行的，即劳动潜能转化为劳动价值的过程与劳动价值转化为新的使用价值的过程通常是同时进行的；劳动者的学习与技术培训活动，其劳动过程与生产过程通常是分步进行的。

（二）劳动价值与使用价值的辩证关系

劳动价值与使用价值既有联系又有区别，两者关系体现在以下三点。

（1）使用价值是基础。如果没有使用价值作为基础，劳动者就不能形成劳动能力，就不能产生劳动价值。

（2）劳动价值是主导。如果没有劳动价值，使用价值就不能产生增值，就不能发展起来。劳动价值是劳动者通过消费生活资料使用价值来形成的劳动潜能，并通过劳动过程将劳动潜能转化为劳动价值。

（3）劳动价值既来源于使用价值，又是使用价值的源泉，是一种特殊的使用价值，是一种能够创造使用价值的使用价值，它是由生活资料使用价值（通过消费过程）转化而来，又服务于使用价值的增值过程。

由此可见，人类的肌体本身就是一个典型的价值投入产出系统：投入使用价值（以生活资料的形式），以劳动潜能为其过渡形式，最终产出劳动价值（以劳动力的形式）；一切形式的生产系统也是价值的投入产出系统：投入劳动价值（以劳动力的形式）和使用价值（以生产资料的形式），产出新的使用价值（以产品的形式），并形成一定的价值增量凝聚在产品之中。

五、劳动是价值的唯一源泉

劳动之所以被确认为价值的唯一源泉，并不是因为抽象意义上的定义，而是因为劳动在信息（包括人类肌体的生物信息）的形成、传播、处理和运行过程中起着决定性作用。

价值论认为，信息的本质就是消除不确定性，而消除不确定性等同于提高有序性，提高有序性就是提高功能有序性，提高功能有序性就是增加价值量。因此信息的根本作用和本质内涵在于改变系统的价值总量，即信息是价值的真正源泉。信息的产生有以下两个来源。

（1）生物进化。任何生物都具有一定的自组织能力，它们在自组织过程中，一方面通过基因变异的方式来形成信息（包括正价值信息和负价值信息）；另一方面通过优胜劣汰的方式来选择信息，并通过基因遗传的方式来贮存和传播信息。生物信息的积累使生物组织之间及生物个体之间能够产生越来越强的相干作用与协调作用，各组织的结构越来越精细，个体之间的协作越来越和谐。

（2）人类劳动。人类在劳动过程中，一方面通过行为方式的变换与思维方式的变换来形成信息，通过价值判断与价值评价来选择信息，并通过经验和能力等方式来储存和传播信息；另一方面通过建立、发展和完善各种形式的扩展结构（生活资料、生产资料、社会关系、自然环境和社会环境等）来形成信息，通过价值判断来选择信息，并通过科学与技术等方式来贮存和传播信息；第三方面，劳动促进了手与脚的分工，使人学会了制造和使用工具；劳动促进了语言的产生，加速了信息的生产和传播；劳动促进了大脑和肌体的进化，加速了信息的积累与处理。人类劳动分为体力劳动、脑力劳动与生理力运动三种基本形式，都可以凝聚一定的信息，因而都可以产生价值增值，其中生理力运动凝聚的信息通常是以生理信息的形式凝聚于人的肌体之中，主要表现为肌体健康性、身体灵活性、感官灵敏性、环境适应性、思维创造性等方面的加强，有时也表现为缺陷器官的修复与强化、体液与组织的弥补和替代等。人类最早的信息也是全部来源于生物进化，它是人类生存与发展的前提。

由于生物进化过程非常缓慢，它所产生的信息可以忽略不计，因此人类劳动可以被认为是信息的唯一来源。于是，"信息是价值的唯一源泉"就基本上等价于"劳动是价值的唯一源泉"了。因此可以说劳动创造了所有价值，劳动创造了人类本身。

拓展知识

有关劳动价值的名人名言

1. 热爱劳动吧。没有一种力量能像劳动，既集体、友爱、自由的劳动的力量那样使人成为伟大和聪明的人。——高尔基

2. 劳动永远是人类生活的基础，是创造人类文化幸福的基础。——马卡连柯

3. 劳动是一切知识的源泉。——陶铸

4. 体力劳动是防止一切社会病毒的伟大的消毒剂。——马克思

5. 劳动是财富之父，土地是财富之母。——威廉·配第

6. 要工作，要勤劳：劳作是最可靠的财富。——拉·封丹

7. 如果你能成功地选择劳动，并把自己的全部精神灌注到它里面去，那么幸福本身就会找到你。——乌申斯基

8. 社会主义制度的建立给我们开辟了一条到达理想境界的道路，而理想境界的实现还要靠我们的辛勤劳动。——毛泽东

9. 灵感，不过是"顽强地劳动而获得的奖赏"。——列宾

10. 探索真理比占有真理更为可贵。——爱因斯坦

11. 我觉得人生求乐的方法，最好莫过于尊重劳动。一切乐境，都可由劳动得来，一切苦境，都可由劳动解脱。——李大钊

思考：如何评价历史名人对劳动的理解？

第二节　劳动经济学的研究对象

经济学是研究稀缺资源如何有效配置的学问。劳动力作为一个重要资源，其本身也是稀缺的。劳动经济学就是研究劳动力资源稀缺性的一门科学。

一、资源的稀缺性

离开了资源，人类的生存和发展无从谈起。但是，人的需求是无限的，相对于人的需求

来说，任何资源都可能是稀缺的。正因为这种稀缺性，才产生了如何有效配置和利用资源这个问题。资源的稀缺性是被人类自身"制造"出来的。人类不断追求更高的生活质量，而这种追求本身会遇到时间、空间和各种资源的限制，于是人们也就不断地为自己制造出了更多的难题和更大的麻烦，于是又要花力气发展自己以解决这些问题，克服这些难题。在理论界，根据资源配置的主体的不同主要将其分为两种类型：一种是市场配置。即以市场为基础的资源配置方式。鼓励市场形成价格和自由交易，强调效率和优胜劣汰的竞争机制。另一种是政府配置。即政府发挥宏观调配的作用对资源进行配置，所采取的手段往往是管制、许可证、配额、指标、投标等。

为什么需要经济学？是由于资源的稀缺性。当然，资源的稀缺性，一般指相对稀缺，即相对于人们现时的或潜在的需要而言是稀缺的。这就要求社会经济活动的目的，是以最少的资源消耗取得最大的经济效果。因此，资源的稀缺性及由此决定的人们要以最少消耗取得最大经济效果的愿望，是经济学作为一门独立的科学产生和发展的原因。

资源有限性与人们需要无限性的矛盾是人类社会最基本的矛盾，也是当今世界一个最基本的事实。

一方面，人类生存发展总是需要生活资料，人们的需要具有多样性和无限性。它是由人的自然属性和社会属性决定的，表现为各种各样的需要，如生存需要、享受需要、发展需要，或者经济需要、政治需要、精神文化需要，等等。这些需要形成一个复杂的需求结构，这一结构随着人们生活的社会环境条件的变化而变化。人们的需要不断地从低级向高级发展，不断扩充其规模。旧的需要满足了，新的需要又产生了。从历史发展过程看，人们的需要是无限的。

另一方面，资源具有有限性和不平衡性的特点。资源的有限性也叫稀缺性，是指相对于人们的无穷欲望而言，经济资源或者说生产满足人们需要的物品和劳务的资源总是不足的。不平衡性有两层含义：一是相对于人们不断变化的需求结构和多样化的需求而言是不平衡的，人们不得不做出选择，分出轻重缓急，在满足需求时分出先后顺序；二是资源在不同地区、不同国家、不同的社会群体中的分布是不平衡的。总之，结构和分布失衡导致每一个体和群体都面对着资源稀缺性难题。显然，资源的有限性与人类需要的无限性便形成矛盾。

由于资源是有限的，各个国家必须实施可持续发展战略。可持续发展，就是既要考虑当前发展的需要，又要考虑未来发展的需要。它的内容包括经济可持续发展、社会可持续发展和生态可持续发展。核心是实现经济社会和人口资源环境的协调发展。现代国家一般从两个方面采取措施以解决上述矛盾。一方面，运用市场与政府干预相结合的方式合理配置资源，注意保护环境，以发挥资源的最大效益；采用先进技术，提高资源利用率；计划使用资源和节约资源，扩大对外交流，利用国际资源；限制人口及其消费的过快增长。另一方面，改革和完善生产与分配制度、政治及文化制度，以提高效率和求得社会公平，在发展经济的同时，缓和、减少人们之间的利益矛盾和斗争，保持和维护社会的稳定。需要指出的是，两方面的措施是相互作用、相互促进的。有效协同人与自然的关系，是保障社会可持续发展的基础；而正确处理人与人之间的关系，则是实现可持续发展的核心。

作为第一要素的劳动资源，当然也具有稀缺性，表现如下。

其一，劳动资源的稀缺性是相对于社会和个人的无限需要和愿望而言，是相对的稀缺性。一定时期，社会可支配的劳动资源无论其绝对量有多大，总是一个既定的量。任何一个既定的量与无限性相比，总是不足的，即具有稀缺性。

其二，劳动资源的稀缺性又具有绝对的属性。社会和个人的需要和愿望不断增长、变化，已有的需要和愿望得到了满足，又会产生新的需要。因此，劳动资源的稀缺性存在于社会历史发展的各个阶段，从而使劳动资源的稀缺性具有普遍和绝对的属性。

其三，在市场经济中，劳动资源稀缺性的本质表现是利用劳动资源的支付能力、支付手段的稀缺性。由于消费各种资源以生产或形成经济物品支付能力、支付手段，即生产力是有限的，这也正是资源闲置的根本原因之一。

二、劳动经济学的研究对象

关于劳动经济学的研究对象，存在着多种多样的表达和叙述。就劳动经济学字面的意义来看，一方面，应当理解劳动经济学的"劳动"这一范畴的内涵和外延；另一方面，对劳动经济学中所涉及的"经济学"问题，有必要进行一些分析和讨论。

经济学是什么？经济学是研究稀缺的资源怎样或应当怎样被配置的一门学问。它是回答人和自然的一种关系的理论。如果说劳动经济学是研究劳动力资源的学问，那么，人们实际上是将劳动经济学视为以研究劳动力的经济活动为主题的一个经济学的分支。不过，对劳动经济学的定义，也存在着几种不同的表述。

一种定义是强调劳动经济学涉及人的行为特征。美国的劳动经济学家伊兰伯格（R.G.Ehrenberg）和史密斯（R.S.Smith）在2000年出版的《现代劳动经济学》中指出：劳动经济学研究劳动力市场的运行和结果。确切地说，劳动经济学研究雇主和雇员对工资、价格、利润以及雇用关系的非货币因素（如工作条件）的行为反应。[1]

还有经济学者认为劳动经济学研究的是劳动力在经济活动中的作用，以及实现这些作用的条件。劳动经济学分析和设法探讨个人作为劳动力的经济活动。正如消费经济学研究消费者职能的性质和作用一样，劳动经济学是探讨在经济生活中的劳动力的性质，以及其作用的环境。[2]

另外还存在着特别强调劳动力的市场特征或与劳动的投入和产出相关的一些定义。如1997年牛津大学出版社出版的《牛津经济学辞典》将劳动经济学表述为：劳动经济学是关于劳动力的供给和需求方面的经济学问。它涉及影响劳动参与率、工资谈判、培训、工作小时和劳动条件，以及有关雇用、劳动力流动、移民和退休年龄等实践活动的各种因素。

在20世纪80年代以前，我国经济学界长期受苏联学术界的影响，一直将经济学定义为研究生产关系的一门学科。苏联学者伊万诺夫在《劳动经济学》教科书中，认为劳动经济学是研究社会主义经济规律在社会劳动组织、社会产品分配、劳动力再生产等方面的表现的一门科学。

作为经济学的一个重要分支，学者杨河清认为，劳动经济学是一门研究劳动的人的学问。劳动经济学以经济学的一个重要领域，即劳动力资源的开发与优化配置作为研究的重点，围绕劳动力市场和劳动关系展开分析、研究。[3]

---

1 伊兰伯格·史密斯，《劳动经济学》，中国人民大学出版社，2000年，第2页。
2 赵天乐，《英汉劳动辞典》，劳动人事出版社，1990年，第110页。
3 杨河清，《劳动经济学》，中国人民大学出版社，2006年，第2版，第6页。

总体而言，尽管上述各种定义所强调的重点不同，但基本方面都离不开劳动力的供求，离不开劳动力的市场，离不开劳动者的行为，以及离不开经济学的基本范畴：成本、收益和价格，基本的分析方法和资源配置优化的目标。因此，大体而言，绝大多数的学者对劳动经济学的研究对象的定义基本是一致的。对此，中国人民大学劳动人事学院院长曾湘泉教授认为，劳动经济学是对劳动力资源配置市场经济活动过程中的劳动力需求和供给行为，及其影响因素的分析和研究。简单来说，劳动经济学也可表述为是对劳动力市场及其影响因素的研究。[1]

三、劳动经济学的价值

究竟是什么原因使得劳动经济学成为一个重要的研究领域呢？对于这个问题，有很多答案。

1. 现实的劳动经济学的问题

劳动经济学重要性的证据随处可见。今天，浏览一下各种媒体的标题，我们经常可以看到与劳动经济学有关的问题。例如，"民工荒"、"政府要求增加最低工资"、"削减员工"、"劳动生产率下降"、"农民工工资急剧上升"、"工资增长不均"、"工作培训"、"国有企业高管人员的高工资受到质疑"、"收入分配不平等"等。

另外，劳动经济学还有助于我们理解过去几十年中主要的社会经济"大趋势"发生的原因及其结果，如服务业就业快速增长、女性劳工数量激增、农村移民增加、劳动力市场全球化扩大等问题。

2. 数量上的重要性

认定劳动经济学重要性的第二个理由表现在数量方面。在西方经济中，大部分国民收入并不是来源于资本收入（利润、租金和利息），而是来源于工资。在美国，绝大多数居民户的主要收入来源是提供劳务。从数量上看，劳动才是我们最重要的经济资源。

3. 独有的特性

劳动力市场上劳务"买"、"卖"关系所体现的特点和特性，要求我们对其进行独立研究。劳动力市场的交易完全不同于产品市场的交易。劳动力市场是一个极有意义和复杂的场所。当一个劳动力得到一份工作时，他不但希望挣得一份工资，而且还十分关心工资增长率、附加福利、风险程度、退休惯例、退休金、晋升和解雇的规则等。作为回报，该员工必须放弃一些时间，企业要求他提升自身的技能，培训其他工人，付出体力和智力，服从厂商对他的时间安排。

劳动力市场的复杂性意味着供给和需求概念在应用于劳动力市场时必须做出重大的修改和调整。在供给方面，劳动者"出售"给雇主的劳务与该劳动者不可分离。除了货币报酬，劳动者还关注工作的健康和安全性、工作难度、就业稳定性、培训和晋升机会等，这类非货币因素也许与直接收入同样重要。这样，劳动者的供给决策要比产品市场的供给概念复杂得多。

---

1 曾湘泉，《劳动经济学》，复旦大学出版社，2010 年，第 2 版，第 8 页。

同样，一种产品的需求取决于该产品所能提供的满足程度和效用，而对劳动的需求是因为其贡献，即在生产物品和提供服务上的生产力。实际上，对某种特定劳动的需求取决于该劳动所能生产的产品的需求，社会之所以有对汽车工人的需求是因为存在对汽车的需求。因此，对劳动的需求是一种间接的或"引致"的需求。对劳动力市场的理解必须建立在对劳动供给和需求特性的理解之上。特有的制度因素，最低工资、职业许可及歧视等，都将影响劳动力市场的运行，因而需要特别关注。

4. 收益的广泛性

无论是个人还是社会，都可以从劳动经济学中得到许多启示和教益。从劳动经济学得到的信息和分析工具有助于人们做出与劳动力市场有关的决策。

从个人角度看。本书中表述的大量内容将直接与读者有关，如工作搜寻、失业、歧视、工资、劳动力流动等。对于企业管理者来说，从对劳动经济学的理解中所得到的知识背景和分析方法，对做出有关雇用、解雇、培训和工人报酬等方面的管理决策也应该是十分有用的。

从社会角度看，了解劳动经济学将使人们成为更有知识、更理智的公民。劳动经济学问题的范围和影响是广泛的。例如，政府是否应该限制经理人员、运动员和娱乐业从业人员的高收入？税收结构的特定变化（如改变为更有累进性质的所得税）会对劳动积极性产生怎样的影响？移民政策的制定应该是自由化还是更加严格？是否应该给予正规教育和职业培训或多或少的公共支持？对这些问题，你不一定立即能够做出详细和准确的回答，但劳动经济学可以给你提供可贵的洞察力，从而有助于形成你对这些问题和类似问题的个人观点。

📖 课堂讨论

研究失业率 三经济学家获诺贝尔经济奖

2010 年 10 月 12 日《新京报》报道（张乐）：2010 年诺贝尔经济学奖 11 日出炉，美国的经济学家彼得·戴蒙德和戴尔·莫滕森，以及具有英国和塞浦路斯双重国籍的经济学家克里斯托弗·皮萨里德斯分享这一奖项。三人以市场查寻摩擦理论获得诺贝尔奖。

三人分享诺贝尔奖殊荣

瑞典皇家科学院当天发表声明说，这三名经济学家凭借对"经济政策如何影响失业率"理论的进一步分析，摘得 2010 年诺贝尔经济学奖桂冠。

三人的理论可以解释许多经济现象，包括"为何在有很多职位空缺的时候，仍有众多人失业"。三人建立的经济模型还有助于人们理解"规章制度和经济政策如何影响失业率、职位空缺和工资"。

评审委员会在提供给媒体的新闻稿中说，不少市场中，买方和卖方并不能立刻与对方取得联系。在劳工市场中，雇主和劳动力经常需要时间和资源找到对方，满足各自需求。这就引发失业和职位空缺同时存在的状况。

这项有关市场查寻摩擦的研究始于 20 世纪 70 年代。戴蒙德率先分析查寻市场的基础，莫滕森和皮萨里季斯随后将这一理论加以延伸，应用于劳工市场，创立 DMP 模式。

评审委员会说，这项理论还适用于住房等其他多类市场。

诺贝尔聚焦失业和保障

皮萨里季斯称他感到十分荣幸，他说这是"混合着惊喜与幸福的消息"。"因为这个奖太伟大了，即使你已经获得了，甚至还不敢相信这是真的。"

这三名经济学家主要研究的领域都和劳动力市场有关，因此西方媒体在报道 2010 年的诺贝尔经济学奖时，不约而同地称该奖项今年关注失业和保障问题，比较切合经济危机后的全球经济形势。

按照传统，三人将共享大约 146 万美元奖金。

思考讨论：三位经济学家为什么会获得诺贝尔经济学奖？

第三节　劳动经济学的研究方法与内容

虽然劳动经济学早已被认为是重要的研究领域，但是几十年来，该领域的内容和课题已经发生了相当大的变化。20 世纪中期前的劳动经济学具有很强的描述性和历史性，重点在于劳动变迁的历史、劳动法、工会的制度结构，以及集体谈判协定的范围和内容。而今天，这种状况发生了很大变化，经济学家在研究劳动力市场和劳动问题时已经取得了分析上的重大突破，经济分析已经从历史的、制度的和法律的材料中摆脱出来，劳动经济学日益适用于微观和宏观的理论。这并不是说该领域所有的描述性部分都已被抛弃，劳动力市场独有的制度特征是劳动能成为经济学一个专门领域的部分原因。这里，我们的分析方法是将经济学的推理方法应用于劳动力市场和劳动问题。

现代劳动经济学运用选择理论来分析和预测劳动力市场参与者的行为和劳动力市场运行对经济的影响。它试图回答诸如此类的问题：为什么有些人决定工作而其他一些人决定不工作？为什么有些劳动力市场中潜在的参与者选择进大学而推迟进入劳动力市场？为什么有些雇主雇用少量工人使用大量资本，而其他一些雇主雇用大量工人使用少量资本？为什么在经济衰退时期，厂商解雇一些工人而留用其他工人？如果移民对本土工人的工资有影响的话，那么这种影响又如何？

简而言之，现代劳动经济学集中在选择上：为什么做出这样的选择以及选择产生了怎样的结果，这是实证经济学要解决的问题。因此，要探讨劳动经济学的研究方法，首先来研究一下劳动经济学的四个基本隐含假设，它们构成了劳动经济学研究方法的基础。

一、劳动经济学的基本假设

要研究劳动经济问题，不可能穷尽所有因素。要在一定的理念下做出相应的假设，以便对主要因素进行分析。劳动经济学的假设主要表现在以下四个方面。

1. 资源的相对稀缺性

我们知道，相对于社会中个人和集团的欲望而言，土地、劳动力、资本和企业家资源是稀缺的，或是有限的，这种相对稀缺性要求社会必须对劳动和其他资源如何分配做出选择。同样，个人也面临着时间和可支配收入的相对稀缺性。如同商品和资本是稀缺的一样，劳动力资源也是有限的。尽管我们常常听到有一种说法，像我国这样一个人口众多的发展中国家有"无限供给的劳动力"，这只是形容我们的劳动力资源丰富而已。因此，时间、个人收入和社会资源的稀缺性构成了经济学分析的基本前提。

2. 效用最大化

由于劳动资源的稀缺性，人类社会进行生产经营活动时，必须研究劳动资源的合理配置和利用。而在市场经济条件下，市场运作的主体是企业和个人。他们都有自己的目标，都力争实现各自的效用最大化。当然，并不是说任何一个市场主体的每一种经济选择和经济决策行为都达到了效用最大化的目标，而是说主体的行为可以用效用最大化的观点加以分析和预测。

3. 行为的有目的性

稀缺性这一假设所隐含的重要命题是，人们对资源的使用存在着供求问题，存在着成本，特别是机会成本的问题。劳动力资源也是稀缺的。这种稀缺的程度，可以通过劳动力的价格即工资反映出来。例如，对劳动者个人而言，选择一种职业必须有所放弃，其本身不仅具有直接的成本和收益，还有因个人劳动力的有限而引起的放弃其他选择的成本和收益问题。用人单位的情况也是一样。就人力投资而言，用高价格招聘张三，也面临着放弃对王五的雇用。可以说，劳动力市场上的个人及各级的人力资源部门，每天都处于资源稀缺性约束下的就业决策抉择之中。对于每一种选择，在得到某种东西的时候总是要牺牲另外一些东西。这种牺牲（如放弃闲暇等）就是机会成本。

4. 行为的适应性

认为劳动力市场参与者的行为是理性的，并不是说他们总能达到预期的目标。信息的不完全或信息传递的不完全、无法预料事件的发生和其他人的选择都会影响我们选择的结果，但即使我们后来认为是"较差"的选择，也被认为是基于净收益的预期而做出的。

由于相对稀缺性迫使人们做出选择，而选择是有目的的，因而劳动市场的参与者会对所观察到的成本和收益的变化做出反应。例如，当工资率发生变化时，工人们就将调整其所愿意工作的小时数；当某一特定技术的培训成本上升，或者当拥有该技能的工人的工资下降时，很少有人会愿意获得这一技术；当厂商所生产的产品的需求发生变化时，它们会调整其雇用人数；一些工人会从低工资的地区迁移至工资率较高的地区。现代劳动经济学就是要对这些反应加以整理，发现可预测的模式，从而增加我们对经济的理解。

人是有理性的。用经济学的专业术语表达，个人是追求效用最大化的，即努力使自己达到幸福，尽管幸福不仅表现在货币方面，同时也表现在非货币的方面。作为理性人的企业假设，即企业是追求利润最大化的。在劳动力市场上，作为雇主总是乐意以较低的劳动成本来雇用劳动力，以获得满意的利润；而作为雇员则希望找到一个工作条件舒适、报酬较高的工作。这也就是说，研究劳动经济学，也脱离不开经济学所讨论使用的所谓"经济人"的假设。尽管这种假设存在着争论，比如心理学家和社会学家就对此存在着非议，但我们认为这是经济分析之所以存在的基础。

二、劳动经济学的实证研究方法

劳动经济学是现代经济学体系的组成部分，必须用科学的方法加以研究，并依照认识客观事物的一般规律，从劳动力市场现象的普遍联系中，概括和归纳出劳动力市场的运行规律。劳动经济学的研究方法主要有两种，即实证研究方法和规范研究方法。

实证研究方法是认识客观现象，向人们提供实在、有用、确定、精确的知识的方法，其重点是研究现象本身"是什么"的问题。经济学与劳动经济学所运用的实证研究方法与哲学中的实证主义虽有渊源关系，但却是有差异的。实证研究方法试图超越或排斥价值判断，只揭示经济现实内在的构成因素及因素间的普遍联系，归纳概括现象的本质及其运行规律。实证研究方法具有以下两个特点。

（1）实证研究方法的目的在于认识客观事实，研究现象自身的运动规律及内在逻辑。

（2）实证研究方法对经济现象研究所得出的结论具有客观性，并可根据经验和事实进行检验。

运用实证研究方法分析研究经济现象，目的在于创立用以说明经济现象的理论。因此，运用实证研究方法研究客观现象的过程，也就是形成经济理论的过程。这一过程步骤如下：

（1）确定所要研究的对象，分析研究对象的构成要素、相互关系以及影响因素，搜集并分析相关的事实资料。

（2）设定假设条件。劳动经济学研究经济过程中的市场主体在劳动力市场的行为，由研究对象的特征所决定，试图把所有复杂因素都包括进去，显然是既不现实也不可能的。为此，必须对某一理论所适用的条件进行设定。当然，所假设的条件有一些是不现实的，但没有这些假设条件则无法进行科学研究。

（3）提出理论假说。假说是对现象进行客观研究所得出的暂时性结论，也就是未经过证明的理论。假说是对存在的经济现象经验性的概括和总结，但还不能说明它是否能成为具有普遍意义的理论。

（4）验证。在不同条件和不同时间对假说进行检验，用事实检验其正确与否。检验包括应用假说对现象的运行发展进行预测。

运用实证研究方法研究劳动力市场现象，必须坚持调查研究，一切从实际出发；同时需要经济学知识和均衡分析、市场非均衡分析、静态分析和动态分析方法，还需要逻辑学、数学、统计学等多方面的知识和分析工具。

三、劳动经济学的规范研究方法

规范研究方法以某种价值判断为基础，说明经济现象及其运行"应该是什么"的问题。规范研究方法研究客观现象的目的在于：提出一定的标准作为经济理论的前提，并以该标准作为制定经济政策的依据，以及研究如何使经济现象的运行符合或实现这些标准。

1. 规范研究方法的特点
规范研究方法具有以下两个特点。

（1）规范研究方法以某种价值判断为基础，解决经济现象"应该是什么"的问题，即要说明所要研究的对象本身是好还是坏，对社会具有积极意义还是具有消极意义。规范研究方法研究经济现象的出发点和归宿离不开价值判断。这里的价值概念不是仅指经济学中商品的价值，而是指经济现象的社会价值规范研究方法。就是从上述价值判断出发来研究经济现象，并研究如何实现相应标准。

（2）规范研究方法研究经济现象的目的主要在于为政府制定经济政策服务。实现互惠的交换当然对社会有积极意义，它有利于社会总体福利水平的提高。

2. 价值判断的互惠原则

事物的价值如何判断？实际上所有决策均依赖于各自的价值判断。也许有人认为 0.4 的基尼系数已经很大，而有人认为到了 0.5 甚至更高才值得加以关注。到底什么样的决策才是最有效的呢？应该如何做才有效呢？对此，规范经济学有一些基本的判断尺度。从本质上讲，它根本的判断尺度是以互惠原则作为基础和出发点。

关于互惠原则的理解主要有以下三点。

（1）市场交易行为活动涉及的所有各方均受益，即没有人在此交易行为活动中遭受损失。比如，一个用人单位用高薪招聘一个营销总监时，如果应聘者是一个进行过较大的人力资本投资，并有在大型跨国公司工作的丰富经验的人士，企业支付给此人较高的薪酬，此人也将给企业创造相当多的价值。我们说企业和招聘者最终签订的工作合同是符合双方收益的互惠原则的。企业的好处是，一个既懂营销分析又懂资本运作的营销总监，将大大改善企业的经营管理状况，这将更能促使管理出效益。个人的好处是，高薪实现了个人人力资本投资的回报，体现了个人价值。这也解释了为什么政府应当鼓励劳动力流动，鼓励企业根据自己的需求制定自己的薪酬政策。

（2）在市场交易行为活动中，有一些人获得收益，但无人遭受损失。现实经济生活中，这种情况是常常会发生的。例如，在劳动立法中，特别强调反对在人员招聘中所发生的学历歧视。但是简单的学历歧视的招聘政策，对个别企业是有些好处的，比如能减少人员招聘过程中的甄选成本等，企业也因此会招到所需要的人才。未被招用者可以到其他公司工作，对他并没有造成什么损失，也许还能实现更佳的匹配。总体而言，可能会提高社会人力资源配置的效率。

（3）在市场交易行为活动中，有一些人获益，同时有一些人受损，但长期来说全社会收益总量大于损失总量。在市场交易过程中，由于各种原因，并非所有的交易都让交易双方获益，有时候的损失是必不可少的。比如新成立的公司，可能在新员工的工资待遇上并不一定与员工的绩效对等；公司与他人签订合同时，也不一定每一笔交易都要获利。交易过程中有时的损失是为了获得以后更大的收益。当然，交易受损短期内是可以的，但长期必须要获益，否则交易无法长期进行下去。再从政府的相关政策来看，并非每一项政策都对所有人或单位有利，如征收所得税。但征税的目的，一是为调节收益差异，二是为公共管理需要，这从长期来讲对全社会是有益的。

3. 互惠障碍

劳动力市场的很多交易行为活动是在互惠的原则驱动下发生和展开的，但并不是说所有互惠的行为都会自动产生。劳动力市场，如同产品市场一样，由于信息不对称、交易障碍、价格扭曲和市场缺位等原因，导致的许多行为尽管存在着互惠的理由，但未能发生互惠的活动行为。互惠交换的障碍仅仅依靠市场自身的力量很难消除，甚至不能消除，需要政府制定一定的社会经济政策和体制调整才能推进互惠交换的发展，以增进社会福利。因此，规范研究方法往往成为政府制定社会经济政策服务的工具。

劳动力市场上的"互惠"障碍主要表现在以下四个方面。

（1）信息不对称。所谓"信息不对称"，即没有掌握充分的信息。由于信息缺陷、信息偏误、信息不对称，使市场主体不能进行互惠交换。在我国的劳动力市场，由于信息不发达所导致的劳动交换的障碍很多。比如，有一些具有某种工作技能的人由于企业破产而失业，但实际上有些新兴的地区和部门则对其有一定的需求。由于缺乏工作信息，导致他们在较长的时期内找不到适合自己工作技能的工作。现实的经济生活中，有大量的交易活动没有发生，这都是由于信息缺乏导致的。

（2）交易障碍。所谓"交易障碍"，一是指交换本身是互惠的，但实际存在的某种惯例、政策及体制安排，阻碍互惠交换的实现。在我国，长期以来实行户籍管理的城乡隔离等制度，这对劳动力市场上的劳动力流动形成了很大的障碍。一个求职者在其工作技能完全能够适合一个大城市单位的工作要求时，但是由于没有当地的户口，则无法实现在该地就业的愿望。或者是由于孩子户口无法解决，而影响他在此就业的积极性。另外一方面的障碍可能是由于实现这种交易活动的一方缺乏足够的资金。一个破产企业的员工如果有足够的经费参加培的训，改变自己的工作技能，在劳动力市场上也较容易找到工作，甚至启动创业活动。但由于资金的缺乏，他不可能就业，更谈不上创业。

（3）价格扭曲。价格是决定生产什么和怎样生产的信号。如果价格扭曲，包括劳动力价格的扭曲，都将影响资源在不同企业之间的配置。例如，在国有企业，高层管理人员的薪酬水平与市场价格差距较大，国有企业就不可能吸引一些人才从外企或民营企业到国有企业工作。至于"市场缺位"，则是我们这样一种市场欠发达国家的突出问题。

（4）市场缺陷。所谓市场缺陷是指潜在的交换是互惠的，但由于市场自身的缺陷，或者交换参与的主体由于观念或习惯的干扰无法进行交换。

实证研究方法排斥价值判断，规范研究方法却以价值判断为基础，但是两种研究方法并不是完全对立的。实践表明，规范研究方法脱离不开实证研究方法对经济现象的客观分析；实证研究方法也离不开价值判断的指导。因此，在劳动经济学的研究中要把两种方法结合起来运用。

四、劳动经济学的研究内容

劳动经济学以个人、家庭和企业在劳动服务供给和需求方面的基本经济行为为主要研究对象。作为生产要素市场的重要组成部分，劳动力市场与其他市场相当不同，主要体现在它是一个"人力"资源市场，由居民和企业组成。在这个市场，居民户是劳动力的供给方，企业是劳动力的需求方，劳动供给和需求共同决定交换中的劳动服务价格和数量。近三四十年来，劳动市场经济分析的迅速发展，主要是由于人们开始考虑劳动市场"人力"方面的因素。

本书主要强调的是经济分析对人们理解劳动市场的贡献。但是，与多数其他经济分析领域相比，劳动经济学受其他学科的影响是较大的。本书采用的供求分析方法在相当长的时间里成为劳动经济学的基础。但是，本书还将陆续介绍一些现代分析方法，它们显著地影响并改变了传统分析方法。这些新的分析方法主要涉及工资、劳动力流动和歧视等方面的内容。

劳动经济学分析许多重大的经济和社会问题。失业的原因和收入分配等问题引起人们的浓厚兴趣。工资和工资支付制度的激励效应，成为人力资源管理经济学中的热点。劳动市场上的性别歧视，以及长期失业的分布等问题涉及十分重要的社会问题。在政府日益关注生产率和竞争力的时代，人力资源在经济增长进程中的作用是劳动经济学的又一重要领域。相关的问题是训练和教育对个人以及对整个社会的价值。

本书共分十二章。第一章是总论，主要分析劳动的概念、种类，劳动经济学的概念和研究方法等，以便读者对本书内容有基本的了解。

第二章至第五章分别通过考察劳动需求和劳动供给，以奠定劳动经济学的基础。劳动需求是一种派生需求，它源自人们对产品的需求。雇主打算为劳动支付的价格，取决于他由该劳动产品所能够获取的价格以及劳动生产率。因此，获取企业的劳动需求函数，必须把生产函数和产品需求函数结合起来。我们首先考察企业的劳动需求曲线，结合各种不同市场结构进行分析。最后还要研究劳动需求弹性问题和政府的特殊就业促进政策的影响。

劳动供给分析始于考察个人选择：是否参与劳动市场、工作多长时间。在长期分析中，个人决策还包括教育和训练方面的投资。人们对劳动供给理论的发展体现在考察家庭生产与劳动市场供给之间的关系、家庭作为一个决策单位时的情况以及整个生命周期中的劳动供给决策。

第六章探讨劳动经济学的一个重要领域，即人力资本投资。本章首先从人力资本及其投资的概念出发，分析了投资的决策模型。然后，分析教育的成本和收益。最后，考察培训的成本和收益。

第七章讨论工资理论。主要研究工资的影响因素，重点讨论什么是激励性工资、什么是差异性工资理论、什么是效率工资理论。

第八章讨论劳动力流动。大量的劳动力流动可能发生于企业内部，而不是发生于企业之间，即内部劳动市场可能与外部劳动市场同时运行。所有劳动力流动都是有成本的，当然也是有收益的，这需要进行成本效益分析。

第九章分析劳动力歧视问题，即劳动力歧视的原因有哪些？对歧视者和被歧视者有什么不同的影响？劳动力歧视现象由来已久，短期内恐怕也难以消除。

第十章分析就业与失业问题。通过分析影响就业的因素，进一步理解失业的影响。通过失业理论的回顾，分析失业问题的原因，提出解决失业问题的一些思路。

第十一章分析收入分配问题。市场经济是竞争经济，各种要素贡献不一，收入不等。一方面要执行劳动分配原则，另一方面也要防止收入分配差异过大，目的是促进社会经济和谐稳定发展。

第十二章，研究劳动与宏观经济问题，包括政府与劳动市场、失业与通货膨胀关系、二元经济、经济增长与就业增长的关系等。

本章小结

劳动是具有一定生产经验和劳动技能的劳动者使用劳动工具所进行的有目的的生产活动。劳动的一般特征表现在：劳动首先是人的自觉的有目的的活动；劳动是一种可以复制的活动；劳动者"出售"他的劳动，但保留自身拥有的资本；所有的劳动出售者都具有一定的主观偏好；雇主具有雇用劳动力的主观偏好；劳动供给决策与物品需求决策有十分密切的相互依赖性；居住于同一家庭中的人们的劳动供给决策是密切相关的。

对劳动的分类可从不同角度进行。根据参与劳动的人体主流系统的不同，人类劳动可分为脑力劳动、体力劳动与生理力劳动；按劳动的复杂程度不同，劳动可分为简单劳动和复杂劳动。

劳动之所以被确认为价值的唯一源泉，是因为劳动在信息的形成、传播、处理和运行过程中起着决定性作用。

经济学是研究稀缺资源如何有效配置的学问。劳动力作为一个重要资源，其本身也是稀缺的。劳动经济学就是研究劳动力资源稀缺性的一门科学。

关于劳动经济学的研究对象，存在着多种多样的表述和叙述。一般认为劳动经济学是对劳动力资源配置市场经济活动过程中的劳动力需求和供给行为，及其影响因素的分析和研究。简单来说，劳动经济学也可表述为是对劳动力市场及其影响因素的研究。

劳动经济学的假设主要表现在以下四个方面：资源的相对稀缺性；效用最大化；行为的有目的性；行为的适应性。

劳动经济学是现代经济学体系的组成部分，必须用科学的方法加以研究。劳动经济学的研究方法主要有两种，即实证研究方法和规范研究方法。

综合练习题

一、选择题

1. 知识经济时代劳动配备的主要要素是（　　　　）。

    A. 知识化　　　　B. 技能化　　　　C. 智能化　　　　D. 专业化

2. 劳动经济学是经济学的重要分支，是一门研究（　　　　）的学问。

    A. 劳动生产率　　　B. 劳动的人　　　C. 劳动资料　　　　D. 劳动要素

3. 马克思的劳动力商品理论认为：货币转化为资本的关键在于（　　　　）。

    A. 劳动者具有人身自由　　　　　　B. 劳动者丧失了一切生产资源和生活资料

    C. 劳动力成为商品　　　　　　　　D. 劳动生产率的变化

4. 产业革命后，提出"劳动则为财富之父和能动的要素"观点的经济学家是（　　　　）。

    A. 配第　　　　　B. 斯密　　　　C. 李嘉图　　　　D. 萨伊

5. （　　　　）标志着劳动经济学作为一门学科，进行独立发展阶段。

    A. 索罗门·布拉姆的《劳动经济学》著作出版

    B. 20 世纪 30 年代的"凯恩斯革命"

    C. 20 世纪 40 年代，芝加哥学派进行的"劳动经济学革命"

    D. 解放初期劳动管理专业的开设

6. 劳动经济学的研究起点是（　　　　）。

    A. 劳动力市场理论　　　　　　　　B. 工资理论

    C. 人的劳动和人力资源　　　　　　D. 个人职业生涯与职业选择

7. 在知识经济时代，就业最重要的一个条件是（　　　　）。

    A. 健康的身体　　　　　　　　　　B. 忠实于雇主

    C. 身怀一技之长　　　　　　　　　D. 具有知识和不断创新的能力

8. 按照行为科学家的研究，人的行为链条为（　　　　）。

    A. 动机→需要→行为→目标　　　　B. 需要→行为→动机→目标

    C. 目标→需要→动机→行为　　　　D. 需要→动机→行为→目标

二、思考题

1. 如何理解劳动经济学的价值？
2. 劳动经济学的研究方法有哪些？
3. 简述劳动经济学的研究内容。
4. 下述的两种论点中哪个更好地反映了这种经济学的视角？

（1）在我国，即使没有退休金，大多数工人也会在60岁退休，这是因为该年龄一直是通常的退休年龄。

（2）在我国，大多数工人在60岁退休，是因为该年龄是他们合法取得个人退休金和全部社会保障金的年龄。

5. 为什么需要一种理论来理解现实世界的劳动问题？
6. 实证经济学与规范经济学有何不同？

三、案例分析

体面劳动

所谓"体面劳动"是指通过促进就业、加强社会保障、维护劳动者基本权益，以及开展政府、企业组织和工会三方的协商对话，来保证广大劳动者在自由、公正、安全和有尊严的条件下工作。

一、"体面劳动"概念的提出

1999年6月，国际劳工组织新任局长索马维亚在第87届国际劳工大会上首次提出了"体面的劳动"这个新概念，明确指出：所谓"体面的劳动"，意味着生产性的劳动，包括劳动者的权利得到保护、有足够的收入、充分的社会保护和足够的工作岗位。为了保证"体面劳动"这一战略目标的实现，必须从整体上平衡而统一地推进"促进工作中的权利"、"就业"、"社会保护"、"社会对话"4个目标。

2008年1月7日，胡锦涛在出席"2008经济全球化与工会"国际论坛开幕式的致辞中指出：让各国广大劳动者实现体面劳动，是以人为本的要求，是时代精神的体现，也是尊重和保障人权的重要内容。这是中国政府首次对"体面劳动"做出解释。

2009年2月12日，王兆国在"2009经济全球化与工会"国际论坛讲话时强调，工会组织要切实保障职工就业权利，努力实现体面劳动，让更多的劳动者分享经济社会发展成果。

2010年2月25日，习近平在"2010经济全球化与工会"国际论坛开幕式上致辞，其中4次提到"体面劳动"，表示中国将加强经济发展方式转变，发挥工会作用，推动实现"体面劳动"。

2010年4月27日，胡锦涛在"2010年全国劳动模范和先进工作者表彰大会"的讲话中再一次提出：要切实发展和谐劳动关系，建立健全劳动关系协调机制，完善劳动保护机制，让广大劳动群众实现"体面劳动"。

二、"体面劳动"的社会意义

"体面劳动"的本质含义反映着一种广义的社会劳动关系，而这种劳动关系并非是一种纯粹的经济利益关系，它是一种反映了组织内部与外部，组织与员工之间所体现的劳动地位、劳动者行为和价值观念的文化，体现的是包括社会政治、价值、法律、道德、习俗、礼仪等关系在内的文化范畴。没有和谐的社会基础是不可能体现出"体面劳动"的社会价值；一个企业或组织没有和谐的劳动关系就难以实现"体面劳动";没有高素质的劳动者不可能体会到劳动的愉悦和幸福。劳动者的素质高低决定了"体面劳动"所体现的社会认可度和价值。

从"体面"的角度讨论劳动和就业,将其作为劳动的重要属性专门提出,在当前形势下确实很有必要。无数经验证明,体面的劳动是更高效率、更有质量的劳动,让更多人实现体面劳动,是经济发展的活力之源。

知之者莫如好之者,好之者莫如乐之者。同样一个人,做同样的一件事情,其完成的质量与其精神状态息息相关。对绝大多数人来说,只有能够让自己感觉到体面的职业才能真正热爱,而热爱了就更容易提高劳动水平,通过同样的劳动形式和时间创造出更多的价值。反之,比如一个企业的多数劳动者都感觉不体面、不自信,以自己的工作为羞,可以肯定该企业的创新和发展将会受到很大影响。

让更多的劳动者获得体面的感觉,从小处说可以提高一件产品、一项工程的质量,从大处说可以促进一个国家的发展。关于劳动者的心态可以影响产品质量,有这样一个饶有趣味的例证:2003 年,埃及最高文物委员会宣布了一个结论,即考证证明,金字塔是由当地具有自由身份的农民和手工业者建造的,而并非希罗多德所描述的"由奴隶所建造"。而同样的推断,早在 1560 年就有人做出过了。当时一名瑞士钟表匠在游历金字塔时,以自己曾在被囚禁状态下制造钟表的经历悟出:金字塔被建造得那么精细,建造者必定是一批体面的、怀有虔诚敬业之心的自由人。440 多年以后,考古终于证实了这位钟表匠的直觉。这件史实,很好地证明了劳动者精神状态的重要性。

当某个劳动者长期感觉不到职业的尊严,很可能修正自己的行为标准;当过多的劳动者感觉不到体面,就会形成一种不良的社会价值取向,最终导致对自身的行为标准和道德要求不断降低,终至模糊了法律的界限。

让劳动者在体面的劳动中得到尊严和自身价值的体现,进而形成进取向上的职业精神,不断提升各行各业的职业化、专业化水平,社会经济的发展才能获得永不枯竭的精神动力。

三、实现"体面劳动"的思考

尊重劳动,保护劳动,维护劳动者权益,不仅是一个有希望的国家应奉行的价值理念和制度安排,也是"通过诚实劳动创造美好生活"能够成为一个社会共同追求的先决条件。尊重劳动,必须使劳动者通过劳动能换来美好生活,通过劳动拥有尊严,而"体面劳动",正是尊严的底线。

(1)劳动必须是安全的。据原国家安全生产监督管理总局局长李毅中介绍,中国依然是世界上矿难最多的国家,煤矿百万吨死亡率高达 2.041,这个数据是美国的近 50 倍。

(2)劳动必须是快乐的。尽管没有确切数据表明中国劳动者的幸福指数是多少,但可以肯定的是不会太高。许多劳动者的工资增长速度赶不上经济增长的速度,也远不及物价、房价上涨的水平。每一年,都有数以千万计的农民工进入城市。他们帮助创造了城市的繁荣,但这繁荣却不属于他们。

(3)劳动必须获得对等的报酬。在与资本的博弈中,劳动者往往处于弱势,甚至丧失了议价资格。一些低职位的劳动者不论跳槽到哪里,得到的都是最低工资。至于无故拖欠工资,更是屡见不鲜。

(4)帮助劳动者实现自我价值。当职工的就业与收入问题解决以后,要把实现体面劳动的重点放在职工潜能的发挥与自我发展上面,创造各种条件让职工实现自己的人生价值,让职工充分享受到自我成长和成才的乐趣。

（5）体面劳动要彰显劳动者人格尊严。每一名劳动者的工作岗位可以不同、工作职务有高有低、工资收入有多有少、能力奉献有大有小，但每一位劳动者的人格和尊严是一样的、平等的，没有高低尊卑之分。特别是对于农民工更要在政治上关心、工作上给予培养和提拔，帮助农民工提高素质。

（6）体面劳动是让职工共享发展成果的劳动。这是体面劳动的终极追求。企业的发展、效益的提高是全体职工辛勤劳动、奉献的结果。企业只有坚持以人为本，发展为了职工、发展依靠职工、发展成果与职工共享，使职工生活质量与企业发展效益同增共长，才是真正的体面劳动。

当然，让劳动者实现体面劳动，需要国家进一步出台相应的法律与制度安排，需要加快收入分配改革，需要公平公正的公共福利、公共服务等社会政策的落实。真正对人民负责的政府，应该严守公共服务的本分，用好公共财政，用制度保障"通过诚实劳动创造美好生活"。当务之急是必须建立健全并坚决落实劳动保障体系，推进户籍制度改革，调节收入分配格局，积极回应劳动者的诉求，通过一系列有效的措施，保障劳动者分享经济发展的成果。

（根据相关资料整理）

思考讨论：试根据上述资料，分析"体面劳动"的价值和实现"体面劳动"的途径。

📖 阅读资料

西方劳动经济学的演进

劳动经济学是研究劳动这一生产要素投入的经济效益，以及与此有关的社会经济问题的经济学科。在社会劳动过程中，劳动纠纷为何产生、以何种方式解决，以及就业与失业、劳资关系与工作规则、劳动法规与政策等，这些都是劳动经济学所要研究和解决的问题。作为经济学的一个重要分支，劳动经济这门学科从萌芽到产生、发展，其间经历了一个复杂的过程。

一、劳动经济学的形成

在远古时期，一些西方学者的著作中已有劳动经济学说的萌芽。公元前8世纪希腊诗人赫西奥德在《劳动与时间》中认为只有劳动才能得到财富、荣誉、家庭和朋友。古希腊思想家色诺芬在《经济论》和《雅典的收入》中从奴隶制出发考察了劳动分工及其意义。柏拉图在《理想国》和《法律论》中从国家组织原理的角度考察了社会劳动分工。

随着产业革命的兴起，古典经济学的威廉·配第、亚当·斯密、大卫·李嘉图等人都提出了重要的劳动经济理论。配第分析了人口状况和就业状况对征税和调整人口经济结构的作用。斯密在《国富论》中指出了劳动分工和劳动生产力在国民经济中的重要性，并研究了劳动报酬的决定和劳动力流动的限制因素。李嘉图坚持了斯密的劳动价值论，又通过分配关系的研究深化了劳动价值理论。

随着资本主义生产方式的产生和发展，劳工问题（包括工资失业、劳动时间、劳动条件、工伤事故与职业病、妇女与童工劳动、劳资谈判和罢工等）日益突出，劳工运动不断发展。19世纪中叶，劳工政策一词开始在经济学著作中出现。马克思、恩格斯在《资本论》、《英国工人阶级状况》等著作中，对资本主义制度下的劳工问题作了深刻的剖析，并对社会主义社会的劳动关系做出科学的预言。阿尔弗雷德·马歇尔把古典经济学的供给分析和边际效用学派的需求分析加以综合，创立了新古典学派，为劳动经济学的发展奠定了坚实的基础。

20世纪初，在美国形成了制度学派，用各种制度的发展变化来解释社会经济的发展变化。在制度学派中，有一部分人专门研究劳动制度，从工会、雇主、政府等方面来研究劳动问题，正是这批人开始构造了劳动经济学框架。1925年出版的美国所罗门·布卢姆的《劳动经济学》，这是历史上第一本以劳动经济学正式命名的教科书，开始系统涉及劳动力市场上的就业、工资、劳资关系、劳工运动、劳动立法等主要内容的分析，这标志着劳动经济学进入了独立发展阶段。

二、劳动经济学的发展

20世纪30年代的大萧条和世界范围内严重的失业形势，引发了经济学家对宏观劳动问题的深入思考。凯恩斯于1936年发表了《就业、利息和货币通论》，使就业理论得到了重要发展，认为由于边际消费倾向递减规律、资本边际效率递减规律和流动偏好规律的作用，导致有效需求不足而不可能实现充分就业。同时，以约翰·罗杰斯·康芒斯为代表形成了威斯康星学派，主要侧重于对当时劳工问题的调查研究和对劳工运动历史的研究，将制度性因素加入经济理论中以对市场分析进行补充，同时用制度性因素和社会性因素来对市场运行结果进行解释。

在20世纪40年代，信奉"自由主义"新古典理论的芝加哥学派把劳动力市场理论增加到劳动经济学中，进行了一场"劳动经济学革命"。芝加哥学派不仅研究工业经济中的劳动制度问题，还研究劳动力市场、劳动力的供给与需求问题、劳动就业与失业问题、劳动工资问题、劳资关系问题等。

20世纪50年代以来，劳动经济学的最大进步就是把研究领域从市场劳动扩展到非市场劳动或家庭劳动，包括家庭联合劳动供给、生育、子女抚养等。以舒尔茨、明赛尔和贝克尔为代表的经济学家指出，经济增长的源泉除了劳动力和物质要素的投入外，更主要的是人的能力的提高。1960年，舒尔茨在"人力资本投资"的报告中首次提出了人力资本的概念，他指出知识的进步才是经济增长最大和最基本的原因。20世纪60年代中期，计量经济学获得了极大的发展，带动了新古典经济学对劳动力市场的实证研究。20世纪60年代末，新古典综合学派的一些经济学家提出"结构性失业问题"，并为解决结构性失业提出了两点人力政策：一是进行劳动力的再培训，使技术过时的劳动者能够掌握新技术；二是发展职业介绍机构，提供劳动市场的信息。

20世纪70年代以来，劳动经济学在技术方法上有过不少重大突破。当代劳动经济学的发展主要表现在对劳动市场的结构变化及歧视问题、罢工现象与集体议价、工会垄断力量与作用、劳动契约对就业的影响等问题的研究，提出了效率工资模型、回滞现象及其模型、搜寻与匹配模型、隐性契约理论及内部人外部人理论等。

三、劳动经济学的繁荣

20世纪80年代以来，劳动经济学的研究领域延伸至企业内部招聘、报酬、绩效、晋升和激励等问题，形成了人事管理经济学。20世纪80年代开始，新凯恩斯主义从多方面探讨了劳动力市场上工资黏性，并由此来证明劳动力市场失业发生的必然性。新凯恩斯主义认为应该更多地考虑长期失业者的利益，为他们多提供就业机会。这个时期，理论界对工会作用的看法发生了变化，相当多的研究者认为工会既具有消极的一面，又具有积极作用。弗里德曼和梅多夫在 1984 年提出了"退出代言人"模型。这一模型中表明工会作为集体代言人，通过集体谈判、集体申诉和讨论程序等方式，使雇主和雇员之间的交流渠道得到改善，既降低了交流的信息成本，又鼓舞了工人的士气，从而提高劳动生产率。工会还可以通过规章制度等方式来监督工会成员的行为并减少与工人之间的敌对状态。

20 世纪 90 年代，重视人力资本的新的理论不断涌现，并向更广泛的领域延伸。这些领域包括：收入分配研究、投资收益研究、就业与职业培训研究、人口增长率和生育率变动研究、人口迁移与流动研究等。1992 年度诺贝尔经济学奖得主加里·贝克尔在生育率、人力资本等方面的研究，以及他的被誉为经济学发展划时代著作《家庭论》的出版，把经济学研究方法引入了对个体日常行为的研究。

2000 年，诺贝尔经济学奖授予詹姆斯·赫克曼。詹姆斯·赫克曼本身就是一位卓越的劳动经济学家，他在计量经济学的这一贡献就是在解决劳动经济学实证问题当中完成的。由于在工作搜寻和职位匹配理论方面的突出贡献，2010 年度诺贝尔经济学奖授予三位杰出的劳动经济学家彼得·戴蒙德、戴尔·莫顿森和克里斯托弗·皮萨里德斯，更引起人们对劳动经济学地位和作用的关注。

四、我国劳动经济学研究的发展趋势

随着我国经济体制转型改革在不断推进，就业、失业、劳动力市场发育等问题也成为经济生活中越来越突出的课题。因此，对于就业问题，收入差距等问题的研究仍将是我国劳动经济学的研究发展方向。因为国际经济学一直强调经济全球化与新技术革命对劳动力市场与就业的影响，劳工标准与经济绩效的关系，劳动力市场与其他市场如资本市场、产品市场等的交互作用，强调劳动力市场政策绩效评估研究，更强调采用更科学的研究方法来进行评估，因此，借鉴先进国家的方法和技术，我国以后以实证为基础的政策评估，以及对政策的跟踪性、系列性的连续研究也将会是研究的发展趋势。此外，研究机构与政府的联系也会越来越紧密；实现与研究单位和政府决策部门的信息共享；建立和完善对劳动就业形势进行实时监测的数据库系统和信息平台；综合运用管理学、经济学、心理学、组织行为学等理论与方法，研究现代企业人力资源的获得、开发、保持、利用等方面进行计划、组织、管理。同时，将会持续社会保障问题的研究。对于特定群体的研究，青年、妇女、少数民族、残疾人等群体在劳动力市场中的权利保护与就业促进也将会是越来越多的学者愿意涉猎的方面。

（佚名）

第二章 劳动需求分析

企业的劳动力需求是一种派生的需求，是从消费者的需要和欲望中派生出来的。企业雇用工作者并不只是因为雇主想用劳动者去填补企业中的各个岗位空间，而是因为消费者想购买各种各样的商品和服务。于是，企业就成为雇用工作者来生产这些商品和服务的"中间人"。劳动力市场的结果，不仅取决于工作者将他们的时间提供给工作活动的意愿，而且还取决于企业雇用这些工作者的意愿。对劳动的需求，我们通过第二、第三两章来进行分析。本章先分析劳动需求的一般概念，再从完全竞争和不完全竞争两个市场分析劳动需求的差别，最后研究劳动需求的弹性。

第一节 劳动需求的基本概念

对劳动的需求是在生产要素市场进行的。由于生产要素市场与产品市场具有不同的性质，因此对劳动的需求不同于对产品的需求。

一、劳动需求的一般概念

在产品市场上，需求来自消费者。消费者购买产品的目的是为了直接满足自己的吃、穿、住等需要。因此，对产品的需求是所谓的直接需求，即满足"效用"的需求。而在生产要素市场上，需求不是来自消费者，而是来自厂商。厂商购买生产要素不是为了自己直接需要，而是为了生产和出售产品以获得收益，即满足对利润的最大化追求。因此，从这个意义来说，对生产要素的需求不是直接需求，而是一种间接需求，是从消费者对产品的直接需求中派生出来的，也可以说，对生产要素的需求有时被称为"派生需求"或"引致需求"。对于生产经营来说，生产要素是多种多样的，企业要合理配置多种生产要素。但是，由于同时处理多种要素的需求问题将使分析过于复杂，因此一般的经济分析从长期来看，只分析两种生产要素，即劳动和资本；而从短期来说，只集中于分析一种生产要素，如劳动，并且假定这种要素是同质的。

简单地说，所谓劳动需求是指一定时期内，一定工资率条件下，企业和社会愿意而且能够雇用的劳动数量。其特点除了我们前面讲的它是一种派生需求外，还表现在以下几个方面。

（1）它是一种愿意需求。即是厂商从生产经营角度出发，必须要雇用的，它能够帮助厂商实现经营目标。

（2）它是一种有效需求。不同于需要，是指厂商有能力雇用。没有能力雇用，比如支付不起工资，只能表明厂商有这个愿望，而不能实现雇用。

（3）它是一种共同需求。也就是说，对劳动的需求只是众多要素需求中的一部分，厂商必须要找到与其他要素最佳的劳动配置，否则也难以实现厂商的经营目标。

如果以 x_1，x_2，…，x_i 表示为影响劳动需求的各种因素，则劳动需求（L）函数可表示为

$$L=f(x_1,\ x_2,\ ...,\ x_i) \tag{2.1}$$

二、劳动需求的影响因素

影响劳动需求的因素很多，主要包括工资、产品需求、厂商使用的技术、厂商的经济目标、时间的长短以及社会制度环境等，下面分别进行说明。

（一）工资对劳动需求的影响

工资是影响劳动需求的最主要因素。一般来说，当其他条件不变时，工资率的变化与劳动需求之间成反向变化关系，其原因表现在规模效应和替代效应。本章后面将详细分析。

（二）产品需求对劳动需求的影响

在其他条件不变时，产品需求的变动将会使劳动需求曲线按同一方向变动。在本章后面的劳动需求弹性的影响因素分析中，将会讲到，考察的时期越长，劳动的需求弹性就越大。其他条件相同时，消费者对产品价格变化在消费量上的反应越强烈，厂商的劳动需求对工资的反应就越大。

（三）其他资源的价格对劳动需求的影响

当其他投入品（如资本、土地、原材料）的价格发生变化时，劳动需求曲线会发生移动。下面以资本价格的变化对劳动需求的影响为例加以说明。

通常，劳动和资本在生产过程中是可以相互替代的，也就是说，为得到一个既定的产出，厂商可以在生产中使用较多的资本和较少的劳动，也可以使用较少的资本和较多的劳动。假设资本价格出现了下降，这会对劳动需求造成什么影响呢？

1. 总替代

如果一种要素的价格变化导致另一种要素的需求沿相同方向变动，这种要素间就具有总替代关系。如果劳动和资本之间具有总替代的关系，则资本价格的下降就会导致劳动需求的减少。一方面，资本价格的下降降低了产品的边际成本，因而会导致产出扩张和劳动需求的增加（产出效应）；另一方面，厂商使用已变得相对便宜的资本去替代劳动，这又会导致劳动需求的减少（替代效应）。当劳动和资本具有总替代的关系时，替代效应超过了产出效应，最终导致劳动需求的下降。例如，商店使用的安全器材与夜班警卫之间就具有总替代关系，前者价格的下降最终削减了对夜班警卫的需求。

2. 总互补

如果一种要素的价格变化导致另外一种要素的需求沿相反方向变动，说明这两种要素之间具有总互补关系。如果劳动和资本之间具有总互补关系，资本价格的下降就会导致劳动需求的增加。因为资本价格的下降使生产成本下降，且使产量增加，最终导致了劳动需求的增

加（产出效应）；同时，资本对劳动的替代又会造成劳动需求量的减少（替代效应）。当劳动和资本具有总互补关系时，产出效应超过了替代效应，劳动需求增加了。例如，汽车与汽车设计人员之间具有这种互补关系。在过去十几年中，汽车价格的下降使得厂商对汽车设计人员的需求也增加了。

（四）技术对劳动需求的影响

厂商对生产要素的需求具有共同性，即各生产要素必须共同使用才能生产商品。在经济学中，我们一般用生产函数表示这种共同性关系。与此同时，生产函数也表明在技术不变的条件下企业生产一定量的产品所必需的最低劳动数量。我们常常用劳动和资本两种生产要素的生产函数来分析技术对劳动需求的影响。生产函数可以表示为

$$Q=f(L, K) \tag{2.2}$$

式（2.2）中，Q 表示产量；L 表示劳动；K 表示资本。

生产函数表明了生产中的投入量和产出量之间的相互依存关系。我们通常用技术系数的概念来反映生产一单位产品所需要的各种投入之间的配合比例关系，它可以划分为固定技术系数和可变技术系数两种。所谓固定技术系数是指生产某一单位产品所需要的各种生产要素彼此之间不能替代。例如，某些工厂工人数与机器数之间的比例是固定的，人少了机器就不能正常运转；人多了也不能增加产量，因为没有相应的机器设备使用。可变技术系数是指生产某一单位产品所需要的各种生产要素的配合比例是可以变动的。显然，如果某一企业使用的生产函数具有固定技术系数的特征，那么该企业在使用生产要素时无法相互替代；如果某一企业的生产函数具有可变技术系数的特征，那么该企业在生产中就可以根据生产的成本状况进行替代，以最经济的方式生产产品。

（五）时间长短对劳动需求的影响

时间长短对劳动需求的影响是通过其对技术即生产函数的影响体现出来的。事实上，生产函数在短期和长期可能是不同的，不同的生产函数就会导致对劳动需求的不同。一般认为，资本、劳动和技术变动都需要一定的时间，其中，资本调整所花费的时间要比劳动调整更多，而生产技术变动所需要的时间与资本和劳动调整所花的时间相比就更多了。为此，经济学家通常将短期定义为只能改变劳动投入数量的时间范围，资本数量是不变化的；将长期定义为可以改变劳动和资本投入数量的时间范围，但在这时间范围内还不足以改变生产技术；将超长期定义为不仅可以改变各种生产要素投入数量，而且可以改变生产技术的状况。

事实上，在短期和长期之间的简单划分可能是不现实的，原因如下：①不同生产要素是以不同的比例发生变化的，例如，改变手工工人的数量可能比改变机械操作工人的数量更容易；②来自某一特殊要素的服务流以不同的比例发生变化，例如，工作时数可能比工人人数更容易改变；③某一特定要素变动的速度在不同的时点可能变化不同，例如，当劳动市场需求相对疲软时，可能更容易改变劳动的投入。

然而，尽管有多方面的因素在决定时期的长短中起了重要的作用，但为了集中分析问题，我们首先在一个简化的理论模型中做了如下的假定：①只存在两种投入，劳动和资本；②两种投入各自都是同质的；③劳动投入在短期内是可以变化的，而资本只在长期内变化，生产技术在超长期内才能发生变化。然后逐步放开这些假设，并在随后的章节中加以分析。

（六）企业目标对劳动需求的影响

企业目标对劳动需求具有很大的影响。如果将企业目标确定为利润最大化，那么企业试图在既定的成本下尽可能生产最大的产量，或者是在既定的产量下尽可能采用最小的成本进行生产。如果企业以管理效用最大化和销售收入最大化，其所要求的劳动需求量也与利润最大化目标所要求的劳动需求量之间有很大的差异。我们在本书中主要考察企业在利润最大化目标下对劳动需求的影响。

（七）社会制度安排对劳动需求的影响

劳动需求除了受到技术、企业在经济上的考虑、时间长短的影响之外，还受到社会制度安排的影响。所谓制度，是指一系列被制定出来的规则、守法程序和行为的道德伦理规范，它旨在约束追求主体福利或效用最大化利益的个人行为。约束劳动需求的制度因素可分为两组：其一是正式制度，即一定的经济体制及其相应的就业制度、用人制度、工资制度、福利制度等；其二是非正式制度，即对人们的意识和行为有潜在规范作用的社会意识形态、伦理道德、习惯等。我们这里所指的制度约束，主要指前者。

在市场经济条件下，企业需要何种类型的劳动力、需要多少劳动力，都是企业为实现利润最大化目标的自主行为。显然，劳动市场制度与计划经济制度相比，是一种有利于企业按技术的和经济的界限配置劳动力的制度。然而，现实中的劳动力市场也是在一定制度结构的规范下运行的，因而企业的劳动需求不可避免地要在既定的制度约束下确定，这些制度约束可能有利于在当时的环境下去追求利润最大化，也可能使企业行为偏离利润最大化或至少是短期内偏离利润最大化。因此，我们需要研究政府对劳动力市场的干预和影响。

📖 **拓展知识** ═══

2013年劳动力规模将迎来转折点

2013 年，国内外经济仍然面临较大不确定性，预计我国经济增速将保持在 8%左右，这会继续带来对劳动力的稳定需求。劳动力供给将会出现拐点性变化，总劳动年龄人口在 2013 年将达到顶峰，之后开始萎缩，人口红利逐步消失，就业压力预计将会逐步得到缓解。

第一，国际经济环境依然复杂多变。总体来看，2013 年国际经济环境将依然复杂多变，全球经济仍将处于深度结构调整之中，经济增长动力不足，但有利因素逐渐增多，预计比 2012 年将有所改善。

同时，国际经济在 2013 年仍然面临诸多可能的不利因素：美国政府减税政策到期终止，同时削减赤字计划开始执行，会导致美国财政政策大幅收紧，对经济增长带来一定不利影响；区域政治经济不稳定，东亚地区政治关系面临较大不确定性；欧元区主权债务危机不确定性仍然较大；在全球货币政策进一步大幅宽松的背景下，充裕的流动性可能推高全球通胀，2013 年国际大宗商品市场波动可能较大。

第二，我国经济有望继续保持平稳增长。2013 年，我国经济有望继续保持平稳增长。经济增长的有利因素增多：一是 2013 年是"十二五"规划的中期评估年，规划的加速执行将推动经济增长。同时新一届政府上任，政绩要求迫使平稳增长政策措施将加速贯彻实施；二是货币和财政调控政策仍有较大空间。当前我国的存款准备金率、利率仍处在较高水平，同时通货膨胀水平较低，这意味着货币政策仍有较大空间。同时当前财政赤字率仍较低，减税和增支空间仍然较大；三是我国对外投资加快，有助于带动相关设备出口的增加，此外随着欧债危机的缓解，对欧外贸出口将可能恢复增长。

我国经济在 2013 年面临的不利因素有：国际经济形势仍然复杂多变；我国房地产市场表现面临较大不确定性；与东南亚等国家的产业竞争继续加剧，部分产业将向国外转移，而产业升级困难较大等。

上述国内外经济环境表明，我国经济可望保持平稳较快增长，有助于带动劳动力需求的稳步增长，特别是中西部地区和对高技能人才、青壮年劳动力的需求仍将比较旺盛。

（节选自 2012 年 12 月 16 日《中国证券报》国家信息中心宏观经济形势课题组
《2013 年劳动力规模将迎来转折点》）

三、劳动需求量的变化与劳动需求的变化

1. 劳动需求量的变化

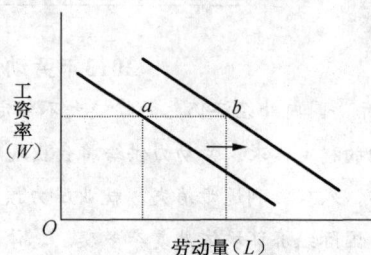

所谓劳动需求量的变化是指在其他因素不变的情况下，仅仅因为劳动要素价格，即工资率的变化而引起的企业愿意雇用的劳动数量的变化，表现为劳动需求曲线上点的移动。一般来说，工资变动与劳动需求量变动成反向关系，如图 2.1 所示。

图 2.1 表明，在其他条件不变时，工资下降，劳动的需求量增加。其原因主要是因为厂商生产成本下降，从而赢利增加，进而刺激厂商增加劳动量。

2. 劳动需求的变化

所谓劳动需求的变化是指在工资因素不变的情况下，仅仅因为其他某一影响劳动需求量变化的因素发生的变化，从而引起的企业愿意雇用的劳动数量的变化，表现为劳动需求曲线的平行移动。比如，产品因市场需求增加而价格上升，厂商利润也会因此而增加，从而刺激厂商扩大生产规模，增加劳动需求，如图 2.2 所示。

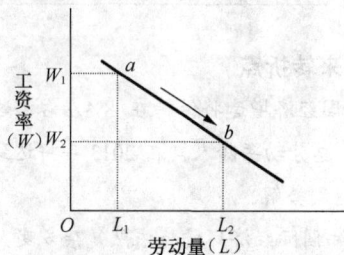

图 2.1　劳动需求量的变化　　　　图 2.2　劳动需求的变化

图 2.2 中曲线的平移表明，在工资不变时，某一因素变化（如减税）刺激厂商扩大生产规模，从而导致对劳动的需求量增加。

第二节　完全竞争下的劳动需求

本节试图构建一个完全竞争条件下的企业劳动需求模型，并运用该模型推导企业的劳动需求曲线。这里所说的完全竞争的企业是指企业所处的产品市场和要素市场都是完全竞争的。

也就是说，在产品市场和要素市场上供求的双方人数都很多、产品与产品之间、要素与要素之间没有任何区别，产品和要素的供求双方都具有完全的信息，产品和要素可以充分自由地流动等。显然，完全满足这些要求的产品市场和要素市场在现实生活中是不存在的，本节暂且这样简单假定，下一节再放开这些假定作进一步分析。

一、生产函数

我们是从分析企业的生产函数对劳动力需求进行研究的。生产函数表示，有多少产出是由劳动力、资本等要素的任一结合所生产出来的。为简便化起见，我们假设只有两种生产要素投入：由企业所雇用的雇员的劳动量（L）和资本量（K）。

劳动力投入的定义做出了非常具有限制性和值得注意的两种假设：

一个假设是指雇员的劳动量等于所雇工人数乘以每人工作时数来表示。通过集中关注 L，而不是关注它的两个相互分离的组成部分。我们假设企业雇用 10 位工作者，每人每天工作 8 小时所得到的产量，与企业雇用 20 位工作者，每人每天工作 4 小时所得到的产量是相同的。

另一个假设是指不同类型的劳动者可以被加总为我们称作"劳动力"的单一投入。事实上，劳动者是非常异质化的。有些劳动者是大学毕业生，有些则是中学辍学者；有些人拥有丰富的劳动力市场经验，一些人则是新近进入者。简而言之，有些工作者对企业的贡献也许比其他人对企业产出的贡献大得多。

与企业的生产函数相关的最重要的概念是边际产品。劳动力的边际产品（marginal product of labor MP_L）被定义为：当其他投入不变时，来自雇用额外一位劳动者时产出的变化。类似地，资本的边际产品被定义为：当其他投入不变时，来自一单位资本存量的增加而引发的产出的变化。我们假设劳动力的边际产品和资本的边际产品都为正数，以至于额外的投入就会导致更多的产出。

劳动力的边际产品最终会下降的假设来自收益递减规律。由于固定的资本水平的存在，头几位被雇用的劳动者的产出也许有实质性的增加，因为工作者能够在工作中发挥其专业分工的特长。随着越来越多的劳动者被增加到某一固定的资本存量水平，来自专业分工的收益和工作者的边际产品就下降了。事实上，如果企业不遭遇收益递减，它就会无止境地扩展其雇用的数量。

我们将劳动力的平均产品（APL）定义为 $APL=Q/L$。当平均产量曲线上升时，边际曲线位于平均曲线之上；当平均曲线下降时，边际曲线位于平均曲线之下。这意味着，边际曲线在平均曲线的最高点与之相交。显然收益递减的假设还意味着，劳动力的边际产品曲线最终将会下降。

为了分析企业所做出的雇用决策，我们做一个有关企业行为的假设。尤其是，当企业的目标是使其利润达到最大化时，企业的利润表示为

$$\Pi = PQ - wL - rK \tag{2.3}$$

在式（2.3）中，Π 表示利润，P 为企业能够出售其产出的价格，Q 为产品产量，w 为工资率（也就是新雇用 1 位工作者的成本），r 为资本的价格。

在本章中，我们假设该企业是其所在产业中的一个较小的竞争参与者。于是，企业产出的价格 P 不受该企业生产和出售多少产品的影响；劳动力的价格 w 和资本的价格 r 也不受企

业雇用多少劳动力或利用多少资本的影响。因此，从企业的观点看，所有这些价格都是不变的，即超越了企业的控制。因为一个完全竞争性的企业不能影响价格，只能通过雇用和利用适宜数量的劳动力和资本来达到利润最大化。

二、短期劳动需求决策

我们将短期定义为企业不能扩大或缩小其工厂的规模。因此在短期中，企业的资本存量被固定在某一水平 K，变动的只有劳动量 L。

（一）劳动要素需求原则

由于企业假定是在产品和要素市场上的利润最大化追求者，因此，企业使用劳动要素的原则是增加一单位劳动的使用所带来的边际收益和边际成本必须相等。

1. 使用要素的边际收益

企业的收益函数等于产品产量与产品价格的乘积，可以用公式表示为

$$TR(Q)=Q \cdot P \tag{2.4}$$

在式（2.4）中，TR、Q 和 P 分别为企业的总收益、产量和产品价格。在上述公式中，价格 P 是既定的常数。这是因为，在完全竞争条件下，产品买卖双方数目很多，产品没有差别，故任何一家企业单独增加或减少其产量都不会影响产品价格。由于产品价格固定不变，企业的收益被看成决定于另一个因素，即产量。因此，总收益 TR 被看成是产量 Q 的函数。TR 对产量的一阶导数即得所谓的"边际收益"，边际收益表示每增加一单位产量所增加的收益。

在产品市场分析中，收益是产量的函数而与生产要素无关。一旦转入要素市场，则应进一步看到，产量是生产要素的函数。假设完全竞争企业在短期内只能变动的生产要素是劳动，则产量为劳动的函数。式（2.4）则可以将收益看成劳动要素的复合函数，即

$$TR(L)=Q(L) \cdot P \tag{2.5}$$

下面考虑收益函数的一阶导数。在产品市场理论中，收益是产量的函数。因此收益可以对产量求导数。收益对产量的导数就是产品的边际收益 MR。而在完全竞争条件下，这个边际收益等于产品价格，即 $MR=P$。现在研究的是劳动要素的使用问题。在劳动市场上，收益成了劳动的复合函数。因此，为了求得劳动的边际收益，必须以劳动为自变量求取导数，即对（2.5）式进行求导，得到如下等式：

$$dTR(L)/dL=dQ(L)/dL \cdot P \tag{2.6}$$

在式（2.6）中，$dQ(L)/dL$ 为劳动的边际产品 MP，表示增加使用一个单位的劳动所增加的产量。劳动的边际产品 MP 与既定产品价格 P 的乘积 $MP \cdot P$ 表明增加使用一单位劳动所增加的收益。这就是完全竞争企业使用劳动要素的"边际收益"，我们称之为劳动的边际产品价值（value of the marginal product，VMP）。于是有下列公式成立：

$$VMP=MP \cdot P \tag{2.7}$$

需要再次强调的是，应特别注意劳动的边际产品价值（VMP）与产品的边际收益 MR 的区别：前者是对劳动要素而言，是劳动的边际产品价值；后者通常是针对产量而言，故称为产品的边际收益。

由于劳动的边际产品 *MP* 是产量对劳动的导数，故也是劳动的函数。根据"边际生产率递减规律"，劳动的边际产品为一条向右下方倾斜的曲线，即随着劳动使用量的增加，劳动的边际产品会逐步下降。根据式（2.7）可知，劳动的边际产品价值也是劳动的函数，由于产品价格 *P* 为常数，边际产品价值曲线显然也与边际产品曲线一样向右下方倾斜。并且，当 *P* 大于 1 时，边际产品价值曲线在边际产品曲线的上方；当 *P* 小于 1 时，边际产品价值曲线在边际产品曲线的下方；当 *P* 等于 1 时，边际产品价值曲线与边际产品曲线重合。

2. 使用劳动要素的边际成本

成本函数是企业的成本与产量水平之间的各种关系，或者说成本仅被看作产量的函数，用下式表示：

$$TC=C（Q） \tag{2.8}$$

由于产量又取决于所使用的劳动要素数量，故成本也可以直接表示为劳动的函数。这一函数即成本方程。根据成本方程可以得到劳动要素使用的成本概念。若设劳动要素的价格为工资 *W*，则使用劳动要素的成本就可以表示为

$$TC=W·L \tag{2.9}$$

式（2.9）表明成本等于劳动价格和劳动数量的乘积，并且在完全竞争的劳动市场上，劳动价格 *W* 是既定不变的常数，使用劳动要素的边际成本（MLC）就是劳动价格：

$$MLC=dTC（L）/dL=W \tag{2.10}$$

式（2.10）表示完全竞争企业增加使用一单位劳动所增加的成本。

由于使用劳动的成本被看作是劳动数量的函数，故它对劳动的导数即使用劳动要素的边际成本也是劳动数量的函数。不过在完全竞争条件下，这个函数采取了最简单的形式：它实际上是一个常数。因此，该函数曲线在图形上表现为一条水平线。

3. 完全竞争企业使用劳动要素的原则

企业使用劳动要素的原则是使边际成本等于相应的边际收益，这是企业利润最大化目标在劳动使用上的具体体现。在完全竞争条件下，因为劳动要素的价格是常数，所以企业使用劳动的边际成本等于劳动的价格，而使用劳动的边际收益是边际产品价值 VMP。因此，完全竞争企业使用劳动要素的原则可以表示如下：

$$VMP=MP·P=W \tag{2.11}$$

当劳动价格一定时，如果每增加一单位劳动所增加的价值大于增加的劳动成本，则厂商会继续增加劳动的需求；随着劳动投入量的增加，边际产品价值下降，当每增加一个单位的劳动小于增加的劳动成本时，厂商会减少劳动的投入量。因此，如果完全竞争企业在使用劳动要素时实现了上述条件，那么该企业就实现了利润最大化，此时使用的劳动数量就是最优的数量。从图 2.3 上看，曲线 VMP 与 MLC 的交点所决定的劳动需求量是最佳的。

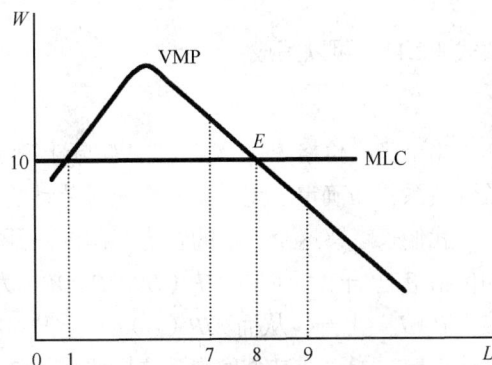

图 2.3　完全竞争企业劳动的最佳需求量

竞争性的企业可以在不变的工资水平上雇用它所需要的所有劳动力。假设劳动力市场上的工资是 10 元，如图 2.3 所示，那么一个追求利润最大化的企业将雇用 8 位工作者。在此雇用水平上，劳动力的边际产品价值等于工资率。若该企业决定只雇用 7 位工作者，它将获得比雇用该工作者的成本更多的收入。因此，一个追求利润最大化的企业将会扩展企业并且雇用更多的劳动力。然而，如果该企业想雇用 8 位以上工作者，其边际产品价值就会低于雇用的成本。因此，从一个追求利润最大化的企业的角度看，超过 8 位的雇用是得不偿失的。

图 2.3 也表明，如果企业只雇用 1 位劳动者，其工资也将等于其边际产品价值。然而在此点上，边际产品价值曲线是向上倾斜的，这能使企业利润达到最大化。原因是，如果该企业雇用另外 1 位劳动者，被雇用的第 2 位劳动者将比第 1 位劳动者对该企业的收入贡献更大。继续增加雇用，可增加利润。也就是说，如果 VMP 保持上升，该企业将不断扩展，以达到利润最大化，但收益递减规律会限制企业的规模扩张。

另外值得强调的是，利润最大化的条件要求工资等于劳动力的边际产品价值，这并不等于说该企业就应当把工资设定在等于边际产品价值的水平上。因为竞争性的企业对工资没有影响，工资水平的高低完全是由劳动力市场供求决定的。企业所能够做的仅仅是设定其雇用水平，也就使其劳动力的边际产品价值等于市场决定的工资水平。

（二）完全竞争企业的劳动需求曲线

劳动力需求曲线表示的是，当工资变化而资本不变时，企业的雇用水平会发生什么变化。短期劳动力需求曲线，如图 2.4 所示，该图显示企业边际产品价值线是向下倾斜的。

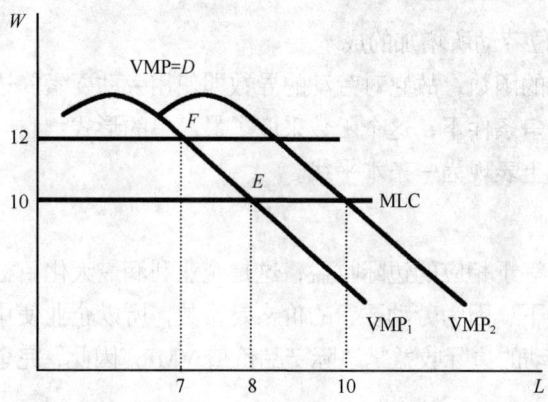

图 2.4　完全竞争企业劳动的需求曲线与 VMP 曲线重合

劳动的需求函数反映的是企业对乎劳动需求的数量与劳动的价格之间的关系。完全竞争企业的劳动需求曲线是指在其他条件不变时，完全竞争企业对劳动的需求量 L 与劳动价格 W 之间的关系。根据我们在前面所推导的结论，完全竞争的企业要想实现利润最大化，必须满足式（2.11）所列的条件，由于边际产品 MP 可以看成是劳动数量的函数，即

$$MP=MP（L）\tag{2.12}$$

故式（2.11）可以写成：

$$MP（L）\cdot P=W\tag{2.13}$$

由于产品价格 P 为常数，上式实际上确定了一个从劳动价格 W 到劳动数量 L 之间的一个函数关系，即确定了完全竞争企业对劳动的一个需求函数。

我们来考察这个函数的特点。假定一开始时，企业使用的劳动数量为最优数量，现在劳动价格 W 上升，于是有 $MP（L）\cdot P<W$。为了重新恢复均衡，企业必须调整劳动使用量 L，使 $MP（L）$ 上升，从而 $MP（L）\cdot P$ 上升。根据边际生产力递减这一性质，只有通过减少劳动使用量才能达到这个目的。这样便得到结论：随着劳动价格的上升，企业对劳动的最佳使

用量即需求量将下降；反之亦然。因此，完全竞争企业的劳动需求曲线与其边际产品价值曲线一样向右下方倾斜。

因为边际产品最终会下降，所以短期劳动力需求曲线是向右下方倾斜的。工资水平下降，会提高企业的雇用水平。产出价格的提高会使得边际产品价值曲线向外移动，并提高雇用水平。

劳动力需求曲线的位置取决于产出的价格。因为边际产品价值被定义为产出价格乘以边际产品。如果产出变得越来越昂贵，那么短期需求曲线就会向上移动。例如，假设产出价格上升，图 2.4 中的边际产品价值曲线就会从 VMP_1 移动到 VMP_2。如果工资是 10 元，产出价格的上升就会将该企业的雇用水平从 8 位工作者提高到 10 位工作者。因此，短期雇用水平与产出价格之间存在着一种正相关关系。

进一步考察式（2.13）我们可以发现，在完全竞争的条件下，企业在短期内对单一可变劳动要素的需求曲线将与其边际产品价值曲线完全重合。

首先，根据式（2.13）可以获得一个有关劳动量与边际产品价值的函数关系，即有一个劳动量就会有一个相应的边际产品价值与之对应。因此，得到了一条向右下方倾斜的 VMP 曲线。

其次，根据劳动市场完全竞争的假设，单个企业改变其劳动使用量不会影响劳动价格的变化，这说明单个企业面临的是一条水平的劳动价格，即工资率曲线 W。

最后，根据劳动要素的使用原则 $VMP=W$，如图 2.4 所示，我们就可以得到一个 VMP 曲线与 W 曲线的交点 E。E 点表明，给定一个劳动价格时，就有一个劳动需求量。也就是说，边际产品价值曲线 VMP 上 E 点也是劳动需求曲线上的点。同样的，如果给定另外一个劳动价格（如图 2.4 中的 $W=12$），则有另外一条水平直线与 VMP 相交于另外一点 F，新的交点也是需求曲线上一点，这点也在 VMP 曲线上。因此，在短期内，完全竞争的厂商如果不调整其他生产要素，仅调整劳动要素，则劳动需求曲线与劳动的边际产品价值曲线恰好重合。

应该注意的是，以上结论的成立需要两个潜在的假定：①劳动的边际产品曲线不受劳动价格变化的影响；②产品价格不受劳动价格变化的影响。那么，在什么情况下劳动价格发生变化而边际产品曲线和产品价格不发生变化呢？如果其他生产要素不变，仅改变劳动要素的使用量，则劳动的边际产品曲线不会发生变化。如果我们仅讨论一个企业的生产发生变化，而不考虑其他企业的调整，则由于完全竞争条件下企业产量的变化对市场影响不大，故产品价格也不会发生变化。由此可以看出，只要不考虑其他生产要素的改变或者多个企业的调整行为，上述结论就会成立，否则上述假定就是不合理的。

（三）完全竞争市场的劳动需求曲线

通过前面的分析，我们得知完全竞争企业的劳动需求曲线是与其边际产品价值曲线重合的。我们也可以应用同样的方法推导出整个产业（生产同样产量的一大批企业）中每一个企业的短期劳动力需求曲线。但能不能通过产业中的各个企业的劳动力需求曲线的水平加总获得该产业的劳动力需求曲线呢？

显然，这是不可能的，因为我们前面的分析是假定产出的价格是不变的。在一个完全竞争的行业中，每一个企业都小得无法影响价格。但是，当我们把分析从企业扩展到整个市场，单个企业的劳动需求曲线就有了变化。这种变化就是，原来仅考察一家企业的调整，现在需要考察同类产品企业在市场上的同时调整。因此，当劳动价格发生变化时，会影响到单个企业的需求曲线脱离其边际产品价值曲线。如果该行业中所有的企业都通过增加雇用以利用较低的工资水平，该行业就会出现产出的大量增加，这就意味着产出的价格 P 将会下降，从而其边际产品价值（$VMP=MP \times P$）也会下降，并且每一单个企业的劳动力需求曲线将会向左轻微移动。在此行业中的雇用数量就比我们把所有单个企业的需求曲线加总时的雇用数量小。

在研究短期生产中，完全竞争企业仅调整劳动要素，这时由于其他生产要素的数量保持不变，故劳动价格的变化不会影响到劳动的边际产品曲线，即 MP 曲线不发生变化。如果不考虑其他企业的调整活动，则劳动价格变化也不会影响产品价格，从而不会改变劳动的边际产品价值曲线。其原因是由于劳动价格发生变化，如果其他企业均不调整，则劳动价格变化只引起该调整企业的劳动需求量的变化，从而只引起该调整企业的产品数量的变化。由于该企业是产品市场上的完全竞争者，故其产量的变化并不能改变产品价格。当其他企业都发生调整时，则情况将完全不同。劳动价格变动所引起的全体企业的产量变动将改变产品的供给曲线的位置，从而在产品市场需求量不变时，将改变产品的市场价格。产品价格的改变反过来又使得每个企业的边际产品价值发生改变，从而使得企业的需求曲线与其边际产品价值曲线不再重合。

我们利用图 2.5 来推导多个企业同时调整情况下，某个企业的劳动需求曲线。假定企业 i 在一个初始工资率 W_1、产品价格为 P_1 的完全竞争的劳动要素和产品市场中，此时有一条边

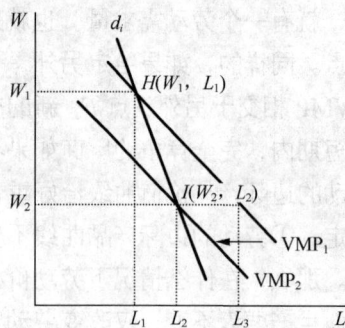

图 2.5　经过市场调整后的 i 企业的劳动需求

际产品价值曲线 VMP_1。根据该曲线可确定 W_1 下的劳动需求量 L_1。因此，点 H（W_1, L_1）即需求曲线上的一点。假定工资率下降到 W_2，则劳动需求量增加到 L_3。如果其他企业都进行调整（增加劳动需求和产品供给），于是工资率下降使劳动的边际产品价值曲线向左下方移动，如移动到 VMP_2（$=MP \cdot P_2$），从而在工资率 W_2 下，劳动的需求量不再是 L_3，而是更少一些的 L_2，于是又得到劳动需求曲线上的一点 I（W_2, L_2）。

重复上述过程，我们可以得到其他与 H、I 性质相同的点。将这些点连接起来，即得到多个企业调整情况下企业 i 对劳动的需求曲线 d_i，也称为行业调整曲线。一般来说，该曲线仍然是向右下方倾斜的，但比边际产品价值曲线要陡峭。

我们将上述经过行业调整后的单个企业的劳动需求水平加总，就可以得到整个市场的劳动需求曲线。假定完全竞争的劳动市场中存在 n 个企业，每个企业经过行业调整的劳动需求曲线分别为 d_1, d_2, …, d_n，整个市场的劳动需求曲线 D 可以看作是所有企业的劳动需求曲线的简单水平加总，即

$$D = \sum d_i \qquad (2.14)$$

如果假定这 n 个企业都是一样的话，市场的劳动需求曲线则为

$$D = nd_i \qquad (2.15)$$

在式（2.15）中，d_i 可以是任何一个企业的劳动需求曲线。在上面的推导市场的劳动需求曲线过程中，应当注意的是，被简单水平加总的是每个企业经过调整的劳动需求曲线 d_i，而不是边际产品价值曲线 $MP \cdot P_1$。

三、长期劳动需求决策

我们在分析短期劳动需求时，假定企业有一定数量的资本，而且这个资本数量是固定的，不能随工资率的变化而变化。但当我们转向长期分析时，我们发现企业应对劳动价格上升不仅可以通过调整其使用的劳动数量的方式，而且也可以通过调整其资本存量的方式来做出反应。显然，由于企业长期可以调整资本存量，故企业的长期劳动需求曲线不同于短期劳动需求曲线。

（一）等产量曲线与要素投入选择

前面我们假定企业的目标是利润最大化，这一目标又可以引申出两个重要的企业行为：一是在既定产量下的成本最小化行为；二是在既定成本下的产量最大化行为。当工资率变化时，企业的这两个行为如何随之发生变化呢？换句话说，工资率是如何影响这两个决策从而影响企业使用劳动力数量的呢？

我们引入等产量曲线工具来对上述问题进行考察。等产量曲线是在技术水平不变的条件下，生产同一产量的两种生产要素投入量的所有不同组合的轨迹。两要素的等产量曲线如图 2.6 所示。

对于每一企业能够生产的可能产量来说，都存在一条等产量曲线代表的劳动和资本组合。在同一等产量曲线上，不同的组合点表明不同的生产技术。对同一产量的产品生产，既可以使用较多的资本和较少的劳动生产，也可以使用较多的劳动和较少的资本生产。我们将前者称为资本密集的技术，后者称为劳动密集的技术。

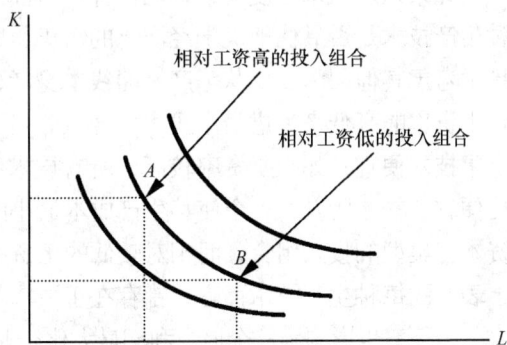

图 2.6　等产量曲线

企业的等产量曲线具有不同的形状，等产量曲线的形状取决于企业特定产品的各种不同技术的性质。但是等产量曲线的一般特征主要表现在以下 5 个方面。

（1）等产量曲线的斜率为负。在同一条等产量曲线上，一种要素投入多，另一种投入就少。

（2）位置较高的等产量曲线具有较高的产量，因为生产较大产量至少需要一种投入更多些，但常常是两者同时增加。

（3）等产量曲线是连续的。其经济含义是企业有无限种生产技术可以生产任何数量的产品。尽管这种描述与现实不符，但是这样做有利于理论分析，并且这种描述包含了现实的各种可能情况。

（4）等产量曲线斜率的绝对值是递减的。在左边较陡直，而在右边较平坦。这意味着在等产量曲线的左边，企业一般采用资本密集的技术，而在等产量曲线的右边，企业一般采用劳动密集的技术。

（5）等产量曲线永远不可能相交。因为相交就意味着交点与这两条线上各点的组合能产生同样产量，从而表明这两条线必然是重合的。

考虑到劳动与资本的价格，厂商的最佳要素需求量是当等成本线与等产量线相切时决定的。当成本一定时，该要素组合的产量是最大的；当产量一定时，该要素组合的成本是最小的。下面通过图 2.7 分析既定产量下的最小成本组合。

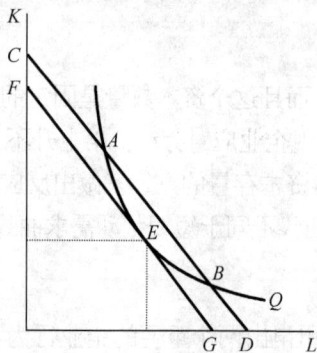

从图 2.7 可以看出，要完成既定的产量 Q，至少有 A、B、E 三个要素组合，但明显 A、B 的组合对应的成本在一条较高的等成本线上，只有 E 点的要素组合所表示的成本是完成既定产量 Q 的最小成本。关于这一点可以这样分析：若从 A 沿 Q 线向下改变要素组合，也就是增加劳动减少资本，可以做到产量不变，而成本下降（如下降到比 CD 等成本线更低的等成本线 FG 上）。同样，若从 B 沿 Q 线向上改变要素组合，也就是减少劳动增加资本，也可以做到降低成本。

图 2.7　最佳要素组合

在成本最小化的方案 E 点上，等成本线的斜率等于等产量线上 E 点的切线的斜率，即

$$\frac{MP_L}{MP_K} = \frac{w}{r} \tag{2.16}$$

如果只从技术角度考虑，同一等产量曲线上的任一点与其他点没有实质的区别。决定某种生产技术是否最佳取决于经济上的考虑，即企业生产既定产量的最小成本组合。然而，如果不考虑其他因素，仅从等产量曲线本身考虑是无法找到成本最小组合点的。我们还必须结合工资率的高低来考虑最小成本组合点。当工资率相对较低时，采用劳动密集技术就比资本密集技术便宜；如果工资率较高，所有技术都会比以前昂贵，但资本相对密集的技术相对会更便宜一些。所以，一个使其生产成本最小的企业，在工资率相对较高时，将选择 A 点这样资本密集型的投入组合，而相对较低的工资率则会使它选择 B 点这样的组合。对等产量曲线上表示的每种生产技术而言，都存在工资率和资本价格在某点是最便宜的某种组合。

工资率也影响到一个追求利润最大化企业将生产多少产量。为了使利润最大化，企业应该把生产一直扩大到最后一个生产单位的边际收益恰好等于生产它的边际成本的那一点上。当工资率高时，企业的边际成本也高，这样边际收入等于边际成本的那一点在相当小的产量水平上就会达到。与此相反，当工资率低时，如果其他条件相同，利润最大化产量将会更大一些。

（二）长期劳动需求曲线的推导

1. 长期劳动需求曲线的推导

从长期来看，当工资发生变化时，企业对劳动力的长期需求会发生什么变化呢？

先考虑企业生产 Q_1 单位的产出。假定：在边际产品价值等于边际成本的生产水平的意义上，这一产出是利润最大化的产出水平。利润最大化企业将在可能的最低成本上生产这一产出水平，因此，它会使用边际产品的比率等于投入价格的比率的劳动力与资本的组合。工资起初为 W_1，该企业投入的最优组合如图 2.8 所示，选择 10 单位的资本和 L_1 单位劳动的组合，来生产 Q_1 单位的产出。请注意，与生产这一产出水平相联系的成本费用为 C 单位。

假设市场工资下降到 W_2，该企业将做出何种反应？如果不考虑其他因素，可以得出简单推断，减少工资会使等成本线外移，以表示可雇用更多的劳动。如果该企业要使得位于 C 水

平上的成本费用保持不变，等成本线将围绕 C/r 旋转，并且企业要素的最佳组合会从点 E 移动到点 F。

工资的下降通常会削减生产企业产出的边际成本。当劳动力变得比以前更便宜时，多生产 1 单位的产出就比劳动力昂贵时更为便宜。于是，我们预期工资的下降将鼓励该企业扩展生产。因此，该企业将会"跳跃"到一条更高的等产量线上。

但事实上利润最大化的企业一般不会在工资发生变化时还想使得成本费用保持不变。其结果是，新的等成本线不必与旧的等成本线一样，从纵轴的同一点画出来。然而我们知道，利润最大化企业将会有效地生产 Q_2 个单位的产出，这一产出将会通过使用劳动力与资本的成本最小化组合而生产出来。因此，投入的最佳组合，是由更高的等产量线上的那一点所给定的，在此点上，等产量线与一条新的等成本线相切，而这条等成本线具有比初始性的等成本线更加扁平的特点。因此，解决方案如图 2.9 中的点 F 所示。

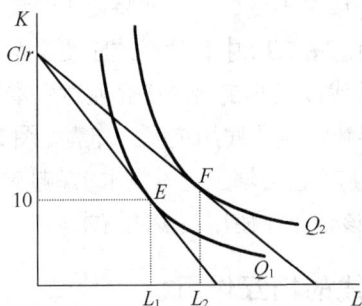

图 2.8　工资变动对劳动需求的影响

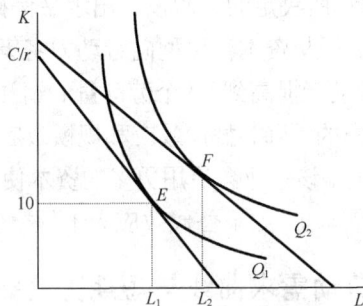

图 2.9　工资变动对劳动需求的影响

如图 2.9 所示，当工资下降时，该企业总是会雇用更多的工作者。图 2.9 中的点 F 还意味着，该企业将会使用更多的资本。但现实情况不一定总是如此。简而言之，工资削减不是提高就是减少了资本需求的数量。

劳动力的长期需求曲线给出了企业在特定工资水平上的雇用数量，并且该曲线是向右下方倾斜的。

2. 替代效应与规模效应

工资的下降鼓励该企业重新调整其投入组合，以便使之变得更加劳动力密集。此外，工资削减会减少生产的边际成本，鼓励该企业扩展。随着该企业的扩展，它会雇用更多的劳动者。

替代效应和规模效应如图 2.10 所示。假定企业起初位于点 E，工资为 W_1，生产 100 单位的产出，雇用 20 个单位劳动者。当工资下降到 W_2 时，该企业会移动到点 F，生产 200 单位的产出，雇用 50 个单位劳动者。

我们将从点 E 到点 F 的移动分解为两阶段的移动。在第一阶段，该企业可以通

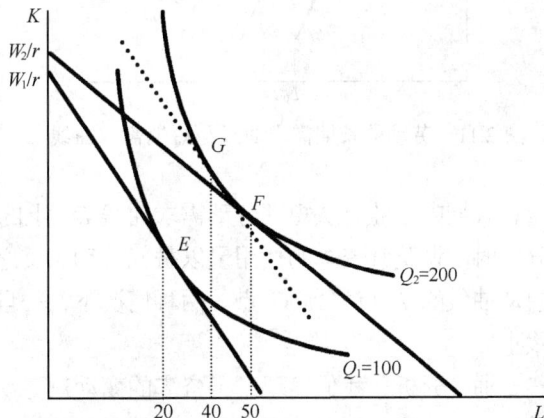

图 2.10　替代效应和规模效应

过生产扩展来利用劳动力的低价优势。在第二阶段，在产出保持不变的情况下，该企业可以通过从资本到劳动力的转换来利用工资的变化。

为了进行这样的分解，我们在图 2.10 中引入了一条新的等成本线补偿线。这一补偿线与新的等产量线 Q_2 相切，但与该企业在工资减少前所面临的等成本线平行。补偿线的斜率的绝对值等于起初的要素价格比率 w/r。新的等成本线与新的等产量线之间的切点由点 G 所示。

我们把从点 E 到点 G 的移动定义为规模效应。规模效应表示的是，随着企业扩展其生产，企业的投入需求会发生变化的规律。只要资本和劳动力是"正常的投入"，规模效应就会增加该企业的雇用数量和资本存量。

除了扩展其规模之外，工资削减还将鼓励企业采用不同的生产方法。一种生产方法是，利用当今更加便宜的劳动力的劳动密集型生产方法。替代效应表示的是，随着工资的变化，产出水平保持不变，企业的雇用数量将发生什么变化。而且，雇用数量是由图 2.10 中从点 G 到点 F 的移动所决定的。假设产出水平保持在 Q_2 单位不变，该企业将使用劳动力更加密集的投入组合，即从资本密集型向劳动力密集型转换。图 2.10 中，替代效应使得企业的雇用数量从 40 位劳动者提高到 50 个劳动量。请注意，替代效应必定会减少企业对资本的需求。

随着工资的下降，替代效应和规模效应都会导致该企业雇用更多工作者。图 2.10 显示的是工资下降时，该企业会使用更多的资本使规模效应（它会增加资本需求）超越替代效应（它会减少资本需求）。如果替代效应大于规模效应，该企业将使用较少的资本。

四、长期劳动需求曲线与短期劳动需求曲线的相互作用

在长期中，企业既可以调整资本，也可以调整劳动。而在短期中，企业将维持固定资本存量，不能轻易调整其规模。因此在长期中，企业可以充分利用工资变化所引入的经济机会，其结果是，长期需求曲线比短期需求曲线更加富有弹性。

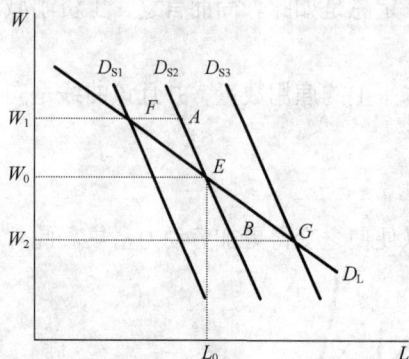

图 2.11　劳动的长期需求曲线与短期需求曲线

如图 2.11 所示。我们用 D_L 表示长期劳动需求曲线，用 D_S 表示短期劳动需求曲线。假定一开始工资率为 W_0，在产品价格和资本价格既定时，企业最优劳动雇用量是 L_0，资本量是 K_0。E 点既是长期劳动需求曲线 D_L 上的点，也是短期劳动需求曲线 D_{S2} 上的点。当工资从 W_0 上升到 W_1 时，短期内企业将从短期劳动需求曲线 D_{S2} 上的 E 点调整到 A 点，此时企业将因调整产量规模而调整劳动使用量；长期内企业将从短期劳动需求曲线 D_{S2} 上的 A 点移动到 D_{S1} 上的 F 点，原因是企业有充分的时间调整其资本的作用量以替代劳动。反之，当工资率下降到 W_2 时，长期调整劳动规模从曲线的 E 点移到 G 点。两种情况下，一旦调整完毕，就再次处于新的短期劳动需求曲线上。

通过分析，我们发现，工资率的变动对劳动需求的长期调整影响要大于短期影响，也就是说，企业的长期劳动需求曲线比其短期劳动需求曲线更平坦。

第三节　不完全竞争下的劳动需求

上一节我们讨论的是完全竞争市场下的劳动需求，但现实的市场更多的表现是不完全竞争的，因为完全符合完全竞争条件的市场是不存在的。这里的不完全竞争不仅是指产品市场不完全竞争，而且要素市场也是不完全竞争的。不完全竞争表现在垄断、寡头和垄断竞争三种情况。为简单起见，本节只考察垄断市场结构下企业和市场的劳动需求问题。根据企业在产品和劳动市场上的不同情况，垄断企业可为三种类型：其一是作为产品市场上的垄断卖方；其二是作为劳动市场上的垄断买方；其三是作为产品市场上的垄断卖方和劳动市场上的垄断买方。我们重点讨论前两种情况，因为后者是前两种的简单"综合"，所以可以由前两种情况推导出来。

一、卖方垄断企业的劳动需求决策

卖方垄断企业是指企业在产品市场上是垄断者，即产品市场上只有一个卖方，但在劳动市场上是完全竞争者，即与其他企业一样参与同质劳动的竞争性需求。与完全竞争性企业不同，垄断者对其产品面临的是一条负斜率的需求曲线。我们在前面分析表明，任何一个以利润最大化为目标的企业，它所使用劳动要素的原则是使劳动的边际成本和相应的边际收益相等。在完全竞争的条件下，企业使用劳动要素的边际成本就等于劳动价格，即工资率，这一点在卖方垄断情况下仍然成立。由于卖方垄断企业在劳动市场上仍然假定为完全竞争者，故劳动价格仍然是既定的常数，使用劳动要素的边际成本仍然等于不变的工资率。但是，由于企业在产品市场上是垄断者，它所面临的产品价格不再是固定不变的常数，而是取决于产量或销售量的一个变量。因此，垄断企业使用劳动要素的边际收益不再等于其边际产品价值。下面首先考察卖方垄断企业使用劳动要素的原则，然后考察其对劳动需求的问题。

（一）卖方垄断企业使用劳动要素的原则

因为垄断者面临的产品需求曲线表现为负斜率，产出价格会随着生产的扩大而下降，所以与出售新增单位产出相联系的边际收益并不等于产出价格 P。如果垄断者想要出售额外 1 单位的产出，就必须降低价格，不仅是为了该客户，也是为了所有希望购买该产品的客户。其结果是，边际收益不仅低于最后 1 单位产出索取的价格，而且会随着垄断者试图出售更多的产出而下降。图 2.12 显示，垄断者的边际收益曲线（MR）是向下倾斜的，并且位于产品需求曲线（D）之下。

如果垄断者追求利润最大化，那么其产量将确定在边际收益等于边际成本时的那一点。即如图 2.12 中的点 E 所示，此时产量 Q_1，价格 P_1，因为这是需求曲线上表明消费者希望支付多少钱来购买 Q_1 单位的产出的那一点。请注意，垄断者生产的产出低于该产业为竞争性产业时所生产的数量。在一

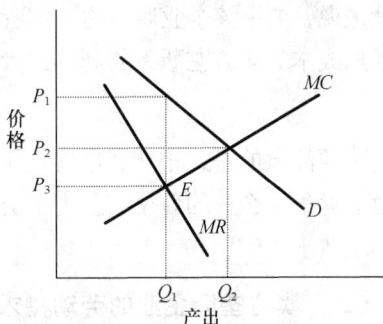

图 2.12　垄断厂商的产出决策

个竞争性市场中，Q_2 单位的产出是在 P_2 的价格上进行交易的。因此，与任何其他利润最大化企业一样，垄断者会一直雇用，直到所雇用的最后一位劳动者的边际收益等于其雇用成本时的那一点为止。假定所讨论的卖方垄断企业的收益函数和生产函数分别为 $TR=TR(Q)$ 和 $Q=Q(L)$，则收益可以看作是劳动的复合函数：$TR=TR[Q(L)]$。根据复合函数求导法则有：

$$\frac{\mathrm{d}TR}{\mathrm{d}L}=\frac{\mathrm{d}TR}{\mathrm{d}Q}\times\frac{\mathrm{d}Q}{\mathrm{d}L} \tag{2.17}$$

在式（2.17）中，等式右边第一项为收益对产量的函数，即所谓的产品的边际收益 MR，它反映了增加 1 单位产品所增加的收益；第二项为产量对劳动的导数，即所谓的劳动的边际产品 MP，它反映了增加一单位劳动所增加的产品。因此，在卖方垄断条件下，企业使用劳动的边际收益等于产品的边际收益 MR 和劳动的边际产品 MP 的乘积。这一乘积被称为劳动力的边际收益产品（marginal revenue product，MRP），即

$$MRP=MR \cdot MP \tag{2.18}$$

式（2.18）实际上是一般企业使用劳动要素的边际收益。在完全竞争条件下，企业是产品价格的接受者，企业所面对的需求曲线是一条水平线，产品价格为常数 P，导致产品边际收益 MR 等于产品价格，从而边际收益产品 MRP 等于边际产品价值 VMP；但在卖方垄断条件下，企业的需求曲线就是向右下方倾斜的市场需求曲线，产品价格会随着产量的变动而变动，故产品的边际收益不再等于产品价格。事实上，随着产量的增加，卖方垄断企业必须降低价格才能把所有的产品销售出去。不仅最后 1 单位的产品必须低价销售，之前的产品也必

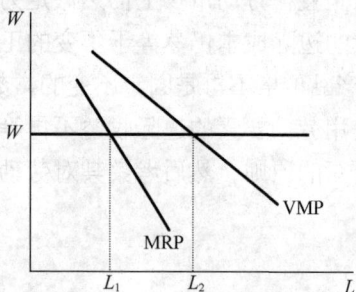

图 2.13　垄断厂商的劳动需求曲线

须以一个同样低的价格出售，所以企业的边际收益小于最后 1 单位产品的价格，即 $MR < P$。因此，边际收益产品（MRP）曲线一定位于边际产品价值（VMP）曲线的下方。如图 2.13 所示，劳动的边际收益产品曲线是一条向右下方倾斜的曲线，且倾斜的程度大于边际产品价值曲线。

图 2.13 显示的是垄断者的雇用决策。因为垄断者的行为只能影响生产市场的产品价格，所以垄断者可以在固定的市场工资 W 的水平上雇用它想雇用的任一数量的劳动力。利润最大化的垄断者会雇用 L_1 位工作者，在此，工资等于劳动力的边际收益产品。如果该企业雇用的工作者较少，新雇用 1 位工作者将产生超过其雇用成本的收益。也就是说，如果该企业雇用的工作者超过 L_1，那么雇用的最后 1 位工作者产生的收益就小于其雇用成本。卖方垄断者的利润最大化条件是由下式给定的，即

$$MRP=W \tag{2.19}$$

需要注意的是，垄断者最终雇用的工作者（L_1）少于该行业为竞争性行业时所雇用的工作者。竞争性企业的雇用数量为工资等于边际产品价值的那一点，即图 2.13 中的 L_2 位工作者的就业水平。

（二）卖方垄断企业的劳动需求曲线

根据卖方垄断企业的劳动要素使用原则，我们可以推导其劳动需求曲线。我们将式（2.19）

所表示的劳动要素使用原则改写为

$$MR \cdot MP（L）=W \qquad (2.20)$$

在式（2.20）中，$MP（L）$ 是劳动的边际产品函数。在既定的产品需求函数和企业的生产函数下，我们可以得到产品的边际收益 MR 和劳动的边际产品函数 $MP（L）$，从而确定了劳动使用量 L 和劳动价格 W 之间的一个函数关系，即给定一个工资率 W 就有唯一的一个最优劳动使用量 L 与之对应。这个最优的劳动使用量就是劳动需求量。因此，式（2.20）确定了卖方垄断企业对劳动的需求函数。

我们考察卖方垄断企业的劳动需求曲线的特征。假定最初工资率和劳动数量使得劳动要素使用原则成立。现在假定工资率 W 下降，根据式（2.20）所确定的要素使用原则，劳动的边际收益产品 $MR \cdot MP（L）$ 必然要求下降。下降的程度受产品的边际收益和劳动的边际产品两个因素的影响。根据边际报酬递减规律可知，劳动的使用量 L 增加才有可能达到目的。随着工资率的下降，劳动需求量增加，即劳动需求曲线是一条向右下方倾斜的曲线。对劳动需求曲线形状有影响的另一个因素是垄断企业产品的边际收益曲线，由于该曲线也是递减的，因此也影响了劳动需求曲线使其向右下方倾斜并增加了下降的程度。因此，劳动需求曲线向右下方倾斜是由于边际报酬递减和卖方垄断企业边际收益递减共同造成的，而且比完全竞争条件下的劳动需求曲线更加陡峭。此外，我们进一步可以得到这样的结论：卖方垄断企业的劳动需求曲线与劳动的边际收益产品曲线完全重合。由于卖方垄断企业只有一家厂商，所以卖方垄断企业的劳动需求曲线也是行业劳动需求曲线。

下面来考察其他行业多个企业共同调整的情况。当工资变动时，其他行业多个企业的共同调整会导致卖方垄断企业的劳动需求曲线脱离其边际收益产品曲线吗？我们只要考察垄断企业的边际收益曲线是否会因为劳动价格变动而发生变化即可，因为边际产品曲线显然是不变的。由于企业的产品边际收益曲线完全由它所面临的产品需求曲线决定，因此只要看劳动价格变化是否会改变企业所面临的产品需求曲线就可以了。但是，劳动价格的变动不会引起卖方垄断企业的产品需求曲线发生变动。原因有二：①由于整个行业就一个企业，卖方垄断企业自己产量变化不会改变其所面临的产品需求曲线；②其他企业的产品与该卖方垄断企业的产品不同，如果不考虑不同商品之间的间接影响（产品的相互替代），那么其他企业产量的变动也不会改变该卖方垄断企业所面临的产品需求曲线。由此可以得到以下结论：如果不考虑某些较小的间接影响，则劳动价格的变化不会影响卖方垄断企业的产品需求曲线，从而不能影响它的边际收益产品曲线。换句话说，如果假定只使用劳动，则无论是否考虑其他行业多个企业的调整，卖方垄断企业的劳动需求曲线都等于其边际收益产品曲线。

（三）卖方垄断企业的市场劳动需求曲线

假定在劳动市场上有 n 个企业，如果这 n 个企业都是各自产品市场上的垄断者，则它们的行业调整曲线也就是各自的边际收益产品曲线，在这样的情况下，市场的劳动需求曲线就是 n 个卖方垄断企业的边际收益产品曲线的简单水平相加，即

$$D = \Sigma MRP \qquad (2.21)$$

上述情况是将劳动市场所有企业简化为卖方垄断企业的情形。如果有的企业有可能是各

自产品市场上的卖方垄断者，一些可能构成了某几个产品市场上的寡头结构等。在这种情况下，整个劳动市场需求曲线不再等于所有企业的边际收益产品曲线的简单水平相加，因为，许多企业边际收益产品曲线并不就是它们在行业调整下的劳动需求曲线。为了得到市场的劳动需求曲线，仍需要求得每一个企业在各自行业调整情况下的劳动需求曲线，然后再将它们相加。也就是说，仍然要对每一个劳动价格分别求出每一个企业的劳动需求量，再将它们相加求和。

二、买方垄断企业的劳动需求决策

买方垄断企业是指企业在劳动市场上是垄断者，而在产品市场上是完全竞争者。买方独家垄断假定在劳动力市场只有一家企业对劳动有需求，即一家企业面临着向上倾斜的劳动供给曲线。与在当前价格水平上可以雇用任意数量劳动力的竞争相比，买方独家垄断者必须支付更高的工资，以吸引更多的劳动者。如位于一个偏僻地方的煤矿是买方独家垄断者，该企业要说服更多该镇居民工作，就必须提高工资，从而达到并超过非劳动者的保留工资水平。

虽然只有一家公司的城镇是罕见的，但特定的企业也许具有向上倾斜的劳动供给曲线，甚至当它面临劳动力市场的大量竞争时也是这样。我们将在随后的章节详细论述使得竞争性企业的劳动供给曲线向上倾斜的因素。

（一）完全歧视的买方独家垄断者

我们现在考虑两种类型的买方独家垄断企业：完全歧视的买方独家垄断和非歧视的买方独家垄断。

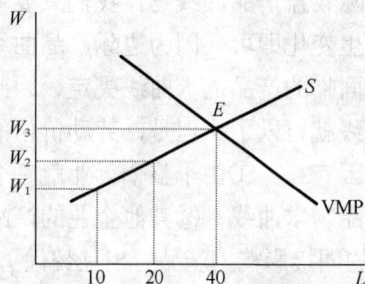

图 2.14 完全歧视的买方垄断的雇用决策

首先考虑完全歧视的买方独家垄断情形。图 2.14 描绘了该企业所面临的劳动力市场条件。如同我们前面所指出的，买方独家垄断者面临着向上倾斜的劳动力供给曲线。此外，完全歧视的买方独家垄断者可以在不同的工资水平上雇用不同的劳动力。图中的劳动力供给曲线显示，这一买方独家垄断模型只支付 W_1 的工资，以吸引第 10 位工作者，并且必须支付 W_2 的工资以吸引第 20 位工作者。其结果是，劳动力的供给曲线与雇用劳动力的边际成本相同。

完全歧视的买方独家垄断者面临着一条向上倾斜的供给曲线，并且能够在不同的工资水平上雇用不同的劳动者。利润最大化出现在点 E。买方独家垄断者雇用与竞争性市场同样数量的劳动者，但是每一劳动者都可以得到自己的保留工资。

因为买方独家垄断者不能影响产出市场中的价格，以致它可以在不变价格水平上出售它想出售的任一数量产品。来自雇用额外一位劳动者的收益等于价格乘以劳动力的边际产品，即边际产品价值。所以买方独家垄断者的劳动力需求曲线，与竞争性企业一样，是由边际产品价值曲线所给定的。

无论企业是否在竞争性市场中运行，利润最大化企业应当雇用劳动者，直到它所雇用的最后一位劳动者的收益等于雇用这最后一位劳动者的成本时的那一点为止。于是，完全歧视的买方独家垄断者会一直雇用劳动者，直到雇用的最后一位劳动者对企业收益的贡献（即VMP）等于劳动力的边际成本时的那一点为止。也就是说，市场均衡出现在点 E，在此点供给等于需求。然而，工资 W_3 不是竞争性工资，相反，它是买方独家垄断者为了吸引所雇用的最后一位工作者而必须支付的工资。所有其他工作者将接受较低的工资，每一位劳动者都可以得到他的保留工资。

（二）非歧视的买方独家垄断者

非歧视的买方独家垄断者必须向所有劳动者支付相同的工资。无论劳动者的保留工资如何。因为非歧视的买方独家垄断者在它希望新雇用一位劳动者时，必须提高所有工作者的工资，于是劳动力供给曲线不再给出雇用的边际成本。表 2.1 中的数字说明了这一点。随着企业扩张，它的边际成本会更高。

我们从使用劳动要素的原则来看，买方垄断企业使用劳动要素的边际收益应该等于产品的边际收益与劳动的边际产品的乘积，即MRP=MP·MR。由于买方垄断企业在产品市场上是完全竞争者，故产品的边际收益等于产品的价格，因而劳动的边际收益就等于劳动的边际产品价值，即 VMP=MP·P。从使用劳动

表 2.1 非歧视买方垄断的雇用成本计算表

工资 W	雇用劳动量 L	WL	劳动的边际成本
10	0	0	0
20	1	20	20
30	2	60	40
40	3	120	60
50	4	200	80
60	5	300	100

的边际成本来看，由于买方垄断企业在劳动要素市场上是不完全竞争者，故劳动价格不是固定不变的，因而使用劳动的边际成本不再等于劳动的价格。

企业使用劳动的成本等于其所使用的劳动数量与劳动价格的乘积，而劳动价格通常又是劳动数量的函数，即企业所面临的劳动供给曲线。因此，只要知道了企业的劳动供给曲线就可以求得企业的劳动的边际成本函数。我们假定劳动的供给函数为 $W(L)$，则成本函数为 $L·W(L)$，故使用劳动的边际成本函数（MLC）如下：

$$MLC=[LW(L)]'=W(L)+L·dW(L)/dL \qquad (2.22)$$

从式（2.22）可见，劳动的边际成本由两部分组成：第一部分是要素的价格 $W(L)$，表示企业为增加使用劳动所必须支付给新增加的劳动数量的价格，这是由于劳动数量增加而引起的成本增加；第二部分为 $L·dW(L)/dL$，其中 $dW(L)/dL$ 反映了由于增加使用劳动而引起的劳动价格的变动，故第二部分表明企业所雇用的总劳动数量因价格变动而导致所支付的成本变动。我们知道，买方垄断企业与完全竞争企业的不同之处就在于其必须支付的工资取决于它所想要雇用的劳动数量。如果增加使用劳动就必须采取提高工资的办法，从其他的地方吸引劳动，而这种工资的增加必须针对所有的劳动者，因为企业不大可能只对新雇用的劳动者支付高工资，而对原来已雇用的劳动者支付低工资。因此，增加劳动使用量的边际成本就应该包括两个部分：第一部分就是必须支付给增加的那些劳动者的工资，第二部分是必须支付给所有其他劳动者现在已经变得较高的工资。

在构成劳动的边际成本的两个部分中，$W(L)$ 是企业所面临的劳动供给曲线。在买方垄断的条件下，由于买方垄断企业是劳动市场上的唯一购买者，因此它所面临的劳动供给曲线与市场的劳动供给曲线是一致的。由于市场的劳动供给曲线通常是向右上方倾斜的，即劳动的市场供给量随劳动价格的上升而增加，于是，$W(L)$ 向右上方倾斜，从而其导数 $dW(L)$

$/dL \geq 0$。由 MLC 的表达式可知：

$$MLC \geq W \tag{2.23}$$

即劳动的边际成本曲线位于劳动的供给曲线之上。如图 2.15 所示，横轴表示劳动数量。纵轴表示劳动的边际成本和工资率。其中，劳动供给曲线 $W(L)$ 表示吸引特定劳动数量所必须支付的工资，劳动的边际成本曲线 MLC 表示吸引最后一个劳动者的成本。两条曲线间的垂直距离表示对那些本来愿意在较低工资下工作的劳动者所多支付的工资。注意两条曲线是不平行的，MLC 曲线始终比劳动供给曲线 S 更加陡峭。

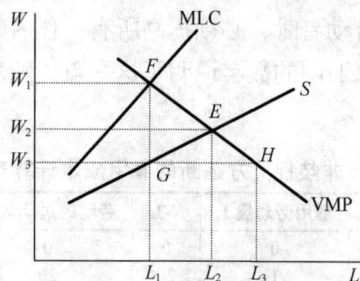

图 2.15 显示的是非歧视的买方独家垄断者的劳动力供给曲线与劳动的边际成本之间的关系。因为工资会随着买方独家垄断者试图雇用更多的劳动者而上升，所以劳动力的边际成本曲线向上倾斜，它上升得比工资更快，并且位于劳动供给曲线之上。因此，雇用的边际成本不仅涉及向新增劳动者所支付的工资，且涉及对所有先前被雇用的劳动者如今也必须支付更高的工资这一

图 2.15　非歧视的买方垄断的雇用决策

事实。利润最大化的买方独家垄断者会一直雇用工作者，直到劳动的边际成本等于边际产品价值时的那一点（F）为止。如果买方垄断者雇用少于 L_1 的劳动者，劳动力的边际成本将大于工作者对企业的贡献，那么买方独家垄断者就应当解雇一部分雇员。因此，非歧视买方独家垄断者的利润最大化条件是由下式所给定的：

$$VMP = MLC \tag{2.24}$$

请注意，劳动力供给曲线表明，买方独家垄断者只需支付 W_3 的工资就可以吸引 L_1 的工作者。

图 2.15 中所示的劳动力市场均衡具有两个重要的属性。首先，非歧视性的买方独家垄断者雇用的劳动少于竞争性市场条件下的雇用数量。就业的竞争水平是由供给与需求的交点决定的，或者为 L_2 劳动者的就业水平。其结果是在买方独家垄断中存在着就业不足。也就是说，在非歧视性的买方独家垄断中的资源配置是没有效率的。

其次，买方独家垄断的工资 W_1 不仅低于竞争性工资 W_2，而且还低于劳动者的边际产品价值 VMP。因此在买方独家垄断中，劳动者所得到的工资低于边际产品价值，从某种意义上说，劳动者是"受剥削"的。

（三）劳动的需求曲线非存在性

同完全竞争企业的劳动使用原则相比较，式（2.24）所示的差别在于买方垄断企业的劳动边际成本 MLC 不再等于劳动价格 W。正是由于这一差别，使得买方垄断企业的劳动需求理论大大不同于其他市场结构下的企业类型。

如图 2.15 所示，劳动的边际产品价值 VMP 曲线与劳动的边际成本 MLC 曲线的交点确定了买方垄断企业的最优劳动使用数量。当企业的劳动需求量确定为 L_1 时，劳动的价格如何决定呢？显然，它应该由劳动供给曲线 $S = W(L)$ 决定，即为 W_3。一方面，如果劳动价格低于 W_3，则企业不能吸收到足够的劳动量；另一方面，劳动价格也不会高于 W_3，因为既然企

业能以 W_1 的价格吸收到足够的劳动量 L_1，故其不会支付更高的价格。

根据劳动需求函数的定义，显然，(L_1, W_3) 是需求曲线上的一点。如果我们通过式（2.24）再找到类似于 F 的点，那么，就可以根据式（2.24）所确定的模型推导买方垄断企业的需求曲线。然而，我们无法通过改变劳动价格找到另一个最优的劳动数量。如图 2.15 所示，我们任意确定一个工资率 W_1，只要它不等于 W_3，则不存在对应于该价格下的最优劳动使用量，因为在该工资率下，企业不可能找到某个劳动数量 L_1，使企业使用劳动要素原则 VMP=MLC 成立。事实上，在这种情况下，工资率不可能为 W_1。因为假如一开始工资率为 W_3，则买方垄断企业为了利润最大化仍然决定使用的劳动数量为 L_1。一旦决定使用劳动数量为 L_1，则根据劳动供给曲线，买方垄断企业恰好能支付等于 W_3 的工资率。因此，式（2.24）模型本身只能决定一对劳动数量与劳动价格即工资率 (L_1, W_3)，无法得到更多的需求曲线上的点，除非劳动的供给曲线发生变化。但是，当劳动供给曲线发生变化时，劳动的边际成本曲线也发生了变化，因而其与边际产品收益曲线的交点也发生变化，从而得到不同的工资率与劳动数量的组合点。那么按照这种方法能否得到买方垄断企业的劳动需求曲线呢？

如图 2.16 所示，图中劳动供给曲线 $S_1 = W(L)$ 和劳动的边际成本曲线 MLC_1 为初始的状况，它们与边际产品价值曲线 VMP 一起共同决定了劳动价格 W 和劳动需求数量 L_2。现在假定劳动 供给曲线变动到 $S_2 = W(L)$，从而引起劳动的边际成本曲线变动到 MLC_2，它们与 VMP 曲线一起决定了新的劳动价格 W 和劳动需求数量 L_1。可见，相同的劳动价格有两个不同的最优劳动需求量，这样劳动价格与劳动需求量之间不存在一个一一对应的关系。

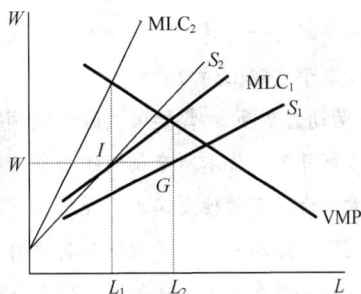

图 2.16　既定劳动价格下的多种雇用决策

买方垄断企业不存在完全竞争厂商那样的劳动需求曲线。事实上，该厂商有效的劳动需求只有一个点 G 而非整条 VMP 曲线。该点位于劳动供给曲线 S 上，相应的工资水平为图 2.15 中的 W_3。在这个点上，整个市场出清，此时劳动需求正好等于供给量。其实，在 W_3 的工资水平上，如果可能，厂商本来希望雇用图 2.15 中的 L_3 的劳动，但较低的工资使劳动供给只能限制在 L_1 的水平，而自利动机又使厂商不可能将工资提高到 W_3 之上。这或许可以解释为什么在买方垄断的劳动市场上，经常存在就业空位得不到填补的情况。如果在完全竞争的市场上，均衡的工资和劳动数量将分别为 W_2 和 L_2。但在此状态下，正如前面曾分析的，买方垄断的厂商将不能实现最大利润。因此他们倾向于限制劳动雇用量并支付一个低于竞争性的 W_2 的工资。

买方垄断者的目标是利润最大化，而社会的目标则是使其产出的总价值最大化。在图 2.15 中，L_1 的劳动量上，VMP 等于 MLC，但 VMP 大于劳动价格 W_3。在 L_1 和 L_2 之间的每一单位劳动，其边际产品价值（VMP 上的 EF 部分）都超过了社会的机会成本（S 上的 GE 部分）。如果社会能够重新配置相应数量的劳动到这个行业，虽然社会将因此而在另外某个地方放弃相当于 L_1GEL_2 的面积的产量，但这些劳动会给这个行业带来的产出贡献（L_1FEL_2 的面积）更大。这样，整个社会获得将会有一个净增加，这个净增的部分就由三角形 EFG 的面积来表示。因此，在买方垄断的行业中，劳动的配置通常是不足的，这种不足最终导致了 EFG 的效率损失。

"劳动力垄断"应对"生产资料垄断"

毋庸置疑，我国改革开放 30 多年来，经济和财富的高度增长，一直伴随着对于新生的规模不断扩大的雇佣劳动关系和"剩余价值生产"的顾虑，党内外和全社会在"剥削"议题上的疑惑不时浮出台面。

"生产资料垄断"：时常被忽略的关键词

在微观上，"生产资料垄断"首先存在于企业内部，在具体的劳资关系之间。通常来说，"资方"更具有单一性和组织化优势。资方的这种单一性，对于业主制企业很容易理解，其实对于股份制企业来说，由于股东会、董事会以及经理层等一系列组织架构，一般都能形成和执行资本的整体意志。显然，相对于单一的"资方"，"劳方"天然是众多、分散和流动的。在宏观上，从全社会来看，基于劳动与资本的相对稀缺性，以及各自的组织化程度，要素市场上也有一个力量对比问题，这可以说是市场结构垄断的一种特例情形。虽然微观上的劳动力个体似乎拥有某种"选择自由"，但是这种"自由"仍然受制于宏观上的力量对比。

"劳动力垄断"：需要公共政策的倾斜支持

垄断并不是资本所专属的概念或特有的追求。正如恩格斯在《政治经济学批判大纲》中指出："每一个竞争者，不管他是工人，是资本家，或是地主，都必然希望取得垄断地位。每一小群竞争者都必然希望取得垄断地位来对付所有其他的人。"

在经济学意义上，莫如说工会是一种劳动力供应的卡特尔。正如美国的法学家波斯纳指出，"许多经济学家长期认为，工会的目的在于限制劳动力供给而使雇主无法以劳动者之间的竞争来控制劳动力价格。"在西方 19 世纪以后，反垄断讨论中的一个重要问题就是，应否将工会看作是限制贸易发展的非法组织而加以取缔。

波斯纳认为，"如果公共政策对工会组建保持中立，那么组织工厂工会和其他企业工会的努力就会遇到传统的'搭便车'问题"。美国全劳资关系法的孕育过程、发展沿革和实施功效，正是这样一个克服搭便车问题的生动写照。其实是为了鼓励劳动力供应市场的卡特尔化，而与谢尔曼反托拉斯法相对立的。波斯纳总结说，"美国全国劳资关系法绝不是中立的；因为，如果它是中立的话，工会就不可能像它们现在这样普遍和有效"。

劳动力相对于资本的长期过剩、高度分散和流动，天然上处于弱势。劳动力供应的垄断，并不容易自发形成。公共政策的倾斜，以及必要的法律调整，有助于劳动力组织化程度的提高以及工会的形成和运作，从而促进劳资关系的平衡，维护社会稳定与和谐。当然，从西方国家的历史实践来看，这些政策和立法本身，往往也是劳工运动和社会主义者长期斗争的成果。在国家的支持下，工会不同于一般的民间组织，而是具有公法所赋予的特殊地位，或者说是所谓的公法社团，从对抗体制的力量，转而成为体制的一部分。

当然，工会组织强大到一定程度，也有可能反过来控制劳动力市场，出现过度的劳动力垄断，从而抑制经济的发展。国家这时候就需要从另一个方向上调节劳资双方的平衡。

（整理自人民网理论频道 2009 年文章《陈林："劳动力垄断"应对"生产资料垄断"》）

思考讨论：如何理解劳动力垄断？对劳动者是好事还是坏事？对厂商呢？

第四节　劳动需求弹性

通过前面分析我们了解，在完全竞争下，长期劳动需求曲线比短期劳动需求曲线更平坦，单个厂商的劳动需求曲线比市场的劳动需求曲线更平坦。如果不考虑其他因素，当劳动价格即工资率发生变化时，劳动的需求量会发生变化。例如，工资上升会导致劳动需求量下降。但是，这样的分析仅仅是从定性的角度做出来的。我们还可以从定量的角度，分析工资率的变化到底会引起劳动需求数量发生多大变化。我们在本节先考察劳动需求的工资弹性，其次考察影响劳动弹性的因素，最后研究劳动的需求弹性的现实价值。

一、弹性系数

我们使用弹性的概念来测度长期雇用数量对工资变化的反应程度。劳动力的长期需求弹性可以表示为

$$E_d = -\frac{\text{劳动需求量变动的比率}}{\text{工资变动的比率}} = -\frac{\Delta L / L}{\Delta W / W} \qquad (2.25)$$

因为劳动力的需求曲线是向下倾斜的，因而劳动力的需求弹性为负数，但一般取正值。

劳动的价格需求弹性一般有两种。

一种是劳动的自身工资弹性，即劳动者本身工资每变动一个百分点所引起的对其需求水平的变化的百分比。不同劳动者对工资的变动反应程度不同，主要表现为以下五种类型。

（1）无弹性。当工资变动一个百分点时，劳动量的变动幅度几乎为零，此时弹性系数为0。

（2）缺乏弹性。当工资变动一个百分点时，劳动量的变动幅度不到一个百分点，此时弹性系数小于1。

（3）单位弹性。当工资变动一个百分点时，劳动量的变动幅度也为一个百分点，此时弹性系数为1。

（4）富有弹性。当工资变动一个百分点时，劳动量的变动幅度超过一个百分点，此时弹性系数大于1。

（5）无限弹性。当工资变动一个百分点时，劳动量的变动幅度无穷大，此时弹性系数为无穷大。

如果通过模型来表示弹性大小，则劳动需求曲线越陡峭，弹性越小，反之则越大。如图2.17所示，A线的弹性为零，B线的弹性为无穷大。

当然这种表示方式并不完全正确。其实除了无弹性和完全弹性外，在同一条劳动需求曲线上各点的弹性都不一样。劳动需求曲线上点的位置越高，弹性越大，位置越低，弹性越小。如图2.18所示。a点弹性为无穷大，c点（中点）弹性为1，e点弹性为零。

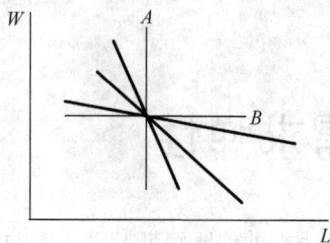

图 2.17　劳动需求弹性的 5 种情形比较　　　图 2.18　劳动需求弹性的相对性

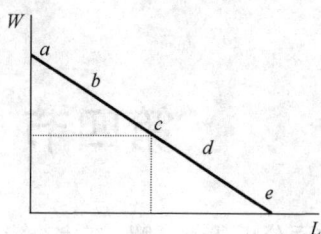

另一种劳动需求弹性是交叉弹性。所谓劳动的需求交叉弹性是指当一种劳动要素（如 B）的价格每变动一个百分点时，对另一个劳动（如 A）需求变动的影响率。用公式表示为

$$E_{AB} = -\frac{\dfrac{\Delta L_A}{L_A}}{\dfrac{\Delta W_B}{W_B}} \qquad (2.26)$$

其中，若 $E_{AB} > 0$，说明 A、B 两要素之间是替代关系；反之，$E_{AB} < 0$ 则说明 A、B 两要素之间是互补关系。

二、决定劳动需求弹性大小的因素

决定劳动的市场需求弹性的因素可以通过马歇尔-希克斯引致需求原理来说明。该原理首先由马歇尔（Alfred Marshall）得出，后经希克斯（John R Hicks）进一步提炼。该原理分析了在某一特定产业中有可能产生富有弹性的劳动力需求曲线的因素，尤其是：①对产出的需求弹性越大，劳动力需求曲线就越富有弹性；②要素替代性越大，劳动需求曲线越富有弹性；③生产中投入的其他要素的供给弹性越大，对劳动力的需求就越富有弹性；④劳动力在总成本中所占比重越大，劳动力需求曲线就越富有弹性。下面是关于这个问题的理论归纳分析。

1. 产品的需求弹性

由于劳动需求是引致的需求，劳动需求弹性自然也就受到产品需求弹性的影响。其他条件相同，产品需求的弹性越大，劳动需求的弹性也越大。原因很简单：工资下降使得产品生产成本下降，由此引起产品价格的下降和需求量的增加，这种产品的需求弹性比较大，则产品需求量增加得就比较多，为增加产出需要新增的劳动投入量也必须多一些。也就是说，此时劳动需求是富有弹性的。若产品需求缺乏弹性，一定程度的工资下降尽管使成本下降，产品价格也会下降，但最终不会使产品需求量有明显增加，因而劳动需求的增加量也不会有很多。这样，劳动需求也表现得相对缺乏弹性。反之，当工资上升时，因成本增加而产品价格上升。当产品需求弹性越大时，会使其需求量下降越多，从而劳动需求量也会削减越多，劳动需求曲线就越有弹性。

由此我们可以得到两个推论。首先，其他条件相同，企业在产品市场的垄断权力越大，其产品弹性就越小，从而其劳动需求就越缺乏弹性。其次，长期劳动需求应该比短期劳动需求更加富有弹性。通常产品需求弹性在长期要比在短期更大一些。对于产品价格的变化，消费者按照习惯不会马上改变其购买行为。比如，当咖啡价格上升时，喜欢喝咖啡的人可能不削减对咖啡的消费；但如果时间稍长，一些消费者就可能会尝试着用茶来代替咖啡。另外，

有些产品在使用时通常需要与昂贵的耐用品搭配，如电和家用电器。在此情况下，即便电的价格上升许多，短期之中人们也将不可能大量减少电炉用电量。但随着时间的推移，人们将会有足够时间用那些能利用天然气、太阳能的设备来代替各种电器用具，从而使电的需求弹性变得越大。因此，根据劳动需求弹性和产品需求弹性的关系，长期的劳动需求弹性自然要大一些。

2. 其他要素投入的可替代性

其他条件不变，其他要素投入对劳动的替代能力越强，劳动需求弹性就越大。如果在生产过程中，资本可随时替代劳动，则工资率的微小上升会使机器设备的使用量大幅增加，同时劳动的需求会大幅减少。反之，工资率的轻微下降，会导致劳动对资本的大量替代。在这种情况下，劳动的需求是富有弹性的。如果由于技术上的原因，资本对劳动的替代能力极其有限，或者在极端情况下，生产过程中需要固定的劳动投入，如长途客车驾驶员要两名，则工资率的变动对驾驶员产生的影响在短期内是很小的，也就是说，劳动需求弹性很小。

这里，时间因素仍然很关键。时间越长，劳动需求对工资率变动的反应就越充分。例如，当驾驶员工资上升时，驾驶员的需求量不会很快减少。但一段时间后，厂商会换座位更多的客车，从而相对减少驾驶员的需求量。或者当客车报废后，不再更新，而是转换经营方式。

3. 其他投入要素的供给弹性

以上在分析第二要素时，是假定其他因素价格不变的，这与实际情况不符。当用其他要素替代劳动时，其价格多少会因为需求增加而发生变动，其变动幅度取决于其他要素的供给弹性。一般来说，其他条件相同，其他要素的供给弹性越大，则劳动的需求弹性就越大。

我们以工资上升导致厂商以资本代替劳动为例来说明。如果资本的供给具有完全弹性，对资本的需求的增加不会改变资本价格。如果资本的供给缺乏弹性，则对其需求的增加将导致资本价格的上升。资本价格的上升必然会削弱其对劳动的替代，并最终降低劳动需求的弹性。简单地说，在资本供给弹性很大时，资本需求的增加仅会使价格有一微小的上升，这对替代过程的抑制作用是很小的，此时，劳动的需求就富有弹性。

4. 劳动成本占总成本的比例

其他条件不变，劳动成本占总生产成本的比例越大，劳动需求弹性就越大。假设劳动成本是唯一的生产成本，则工资率上升 20% 也将会使产品成本上升 20%。成本的大量增加最终会导致产品价格的大幅度提高，而这必将使产品需求量大量减少；最终，企业的劳动需求就会出现大幅度下降。但劳动成本若只占总成本的 10%，则工资率上升 20% 只会使单位产品的成本耗费增加 2%，假设产品需求状况与前一种情况相同，此处相对较小的成本增加只会产生一个相对较小的劳动需求量的下降。因此，经由工资提高→产品价格上升→产品需求量减少→劳动雇用量减少的影响顺序，我们能清楚地看到劳动成本占总成本的比例大小是如何影响劳动需求弹性的。

一般来说，劳动密集行业，劳动耗费占总成本的比重很大。在这些行业，工资上升就意味着成本的巨大增加，劳动需求也就比较有弹性。反之，资本高度密集的行业，劳动耗费占总成本比重比较小，因而这些行业的劳动需求也相对缺乏弹性。

所谓劳动需求是指一定时期内，一定工资率条件下，企业和社会愿意而且能够雇用的劳动数量。其特点表现在以下几个方面：它是一种派生需求、一种愿意需求、一种有效需求、一种共同需求。影响劳动需求的因素很多，主要包括工资、产品需求、厂商所使用的技术、厂商的经济目标、时间的长短以及社会制度环境等。

劳动需求量的变化是指在其他因素不变的情况下，仅仅因为劳动要素价格即工资率的变化而引起的企业愿意雇用的劳动数量的变化。劳动需求的变化是指在工资因素不变的情况下，仅仅因为其他某一影响因素发生的变化而引起的企业愿意雇用的劳动数量的变化。

完全竞争的企业是指企业所处的产品和要素市场都是完全竞争的。完全竞争企业使用劳动要素的原则是使边际成本等于相应的边际收益。使用劳动的边际成本等于劳动的价格，而使用劳动的边际收益是边际产品价值。

在短期内，完全竞争的厂商如果不调整其他生产要素，仅调整劳动要素，则劳动需求曲线与劳动的边际产品价值曲线恰好重合。多个企业调整情况下企业对劳动的需求曲线也称为行业调整曲线。在长期中，完全竞争企业既可以调整资本，也可以调整劳动，长期需求曲线比短期需求曲线更加富有弹性。

卖方垄断企业是指企业在产品市场上是垄断者。卖方垄断者的利润最大化条件是由 MRP=W 决定的。卖方垄断企业的劳动需求曲线与劳动的边际收益产品曲线完全重合。由于卖方垄断企业只有一家厂商，所以卖方垄断企业的劳动需求曲线也是行业劳动需求曲线。

买方垄断企业是指企业在劳动市场上是垄断者。歧视性买方独家垄断者的劳动力需求曲线，与竞争性企业一样，是由边际产品价值曲线所给定的。完全歧视的买方独家垄断者会一直雇用劳动者，直到雇用的最后一位劳动者对企业收益的贡献等于劳动力的边际成本时的那一点为止。非歧视买方独家垄断者的利润最大化条件是由 VMP=MLC 决定的。非歧视性买方垄断厂商劳动的需求曲线具有非存在性。

我们使用弹性的概念来测度长期雇用数量对工资变化的反应程度。劳动的价格需求弹性一般有两种。一种是劳动的自身工资弹性，主要表现为五种类型：无弹性、缺乏弹性、单位弹性、富有弹性和无限弹性。另一种劳动需求弹性是交叉弹性。若大于 0，说明两要素之间是替代关系，反之则说明两要素之间是互补关系。

决定劳动的市场需求弹性的因素可以通过马歇尔-希克斯引致需求原理来说明。该原理分析了在某一特定产业中有可能产生富有弹性的劳动力需求曲线的因素，尤其是：①对产出的需求弹性越大时；②要素替代性越大时；③生产的其他要素的供给弹性越大时；④劳动力成本在总成本中所占比重越大时。

综合练习题

一、选择题

1. 下列关于无差异曲线的论述，不正确的是（　　）。

    A. 无差异曲线随主体偏好不同而具有不同的形状

B. 同一主体的无差异曲线绝对不能相交

C. 离原点越远的无差异曲线所代表的效用越低

D. 无差异曲线的斜率恒为负值

2. 与横轴平行的劳动力供给曲线的劳动力供给弹性为（　　）。

A. 0　　　　　　B. 1　　　　　　C. 无穷小　　　　　　D. 无穷大

3. 总成本中，劳动成本所占比重越大，该种劳动力的自身工资弹性（　　）。

A. 越大　　　　　B. 越小　　　　　C. 不变　　　　　D. 不确定

4. 劳动需求曲线向左下方向移动，说明劳动力需求（　　）。

A. 增加　　　　　B. 减少　　　　　C. 不变　　　　　D. 难以判定

5. 在垄断劳动力市场中，（　　）是其基本特征。

A. 垄断　　　　　B. 信息对称　　　　C. 信息极不对称　　　D. 市场力量较强

6. 除哪个因素外，下列各因素影响劳动力曲线需求曲线移动（　　）。

A. 工资率　　　　B. 技术水平　　　　C. 就业制度　　　　D. 伦理道德

7. 下列哪个因素影响劳动力需求量的变化（　　）。

A. 工资率　　　　B. 用人制度　　　　C. 技术构成　　　　D. 风俗习惯

8. 在其他条件不变情况下，下列除了哪一项劳动力需求政策之外劳动力需求一定增加（　　）。

A. 工资税政策　　　　　　　　　　B. 工资补贴政策

C. 最低工资法　　　　　　　　　　D. 提高个人所得税

二、思考题

1. 劳动需求的特点和影响因素有哪些？

2. 如何理解完全竞争下的短期内厂商的劳动需求决策？

3. 在完全竞争下，为什么长期劳动需求曲线比短期劳动需求曲线要平坦一些？

4. 如何理解卖方垄断厂商的劳动需求决策？

5. 如何理解买方垄断厂商的劳动需求决策？

6. 劳动需求的价格弹性与交叉弹性有何不同？

7. 影响劳动需求的价格弹性的因素有哪些？

8. 借助图形，说明如何根据等成本线和等产量线的分析推导出长期的劳动需求曲线。

9. 劳动力派生需求定理对解决经济中的失业问题有何启示？

10. 发展高新技术产业对就业有何影响？

三、案例分析

北京快递业：底薪3 000元难招工

据 2013 年 1 月 18 日《经济日报》报道（周琳）最近，来自河北承德的张立新很高兴。年底网购势头火爆，他所在的快递公司业务不断，计件工资又增加了不少。今年 35 岁的他是京东快递的中级快递员，来北京当快递员已经 8 年。

"目前，在我的保底月薪基础上实行计件工资制度。大的快递，每件可达 10 元，小的 1 元。每天的工作时间是早晨 7 点半至晚上 7 点左右，一天下来，我能送 60～70 个邮件。"张立新说，他在公司不算送货数量最多的，每天送 90 个邮件的大有人在，公司还不定期的招聘新人。

负责招聘快递员的圆通快递北京分公司员工杨俊玲说，由于快递业务发展较快，快递员有一定缺口。据她掌握的情况，北京快递业目前竞争非常激烈，加上工作较辛苦等因素，很多时候"底薪3 000元，包吃住"的条件都招不到合适的人。

国家邮政局日前公布的《快递服务"十二五"规划》提出，到2015年，快递业务量将达到61亿件以上，年均增长21%。另据不完全统计，目前全国快递从业人员超过150万人，未来几年这一行业将新增就业岗位数十万个，劳动力需求量巨大。

中国社科院人口劳动与经济研究所副所长张车伟认为，目前互联网、移动互联网及电子商务的快速发展成为快递业增加就业的重要推手。此外，快递员自身从业门槛不高、人员工资弹性较大、工作时间相对自由等原因，吸引了不少农村进城务工人员、下岗工人就业，还承接了其他行业的劳动力就业转移。随着现代物流业的发展，快递业未来的人力资源市场前景将更加广阔。

思考讨论：试根据上述资料分析服务业难以招到合适员工的原因并提出相应的对策。

阅读资料

企业用工五年来首次下降

据2013年1月25日《都市快报》报道（朱锦华，任社）2013年1月6日至10日，宁波市面向全市226家企业开展了2013年第一期春季用工需求调查。这些企业来自7大重点行业，包括制造业、商业服务业、住宿餐饮业、居民服务业、建筑业、交通运输业以及批发零售业。调查显示，今年春节期间宁波市企业用工需求五年来首次出现下降。

昨天，市人力资源和社会保障局通报了相关情况。

"招工难"现象将有所缓和

往年春节一过，很多企业就在火车站、汽车站摆摊设点，只要是有点技能的人员都是来者不拒。

今年情况有点不一样。226家被调查企业中，98%企业在春节后有招工需求，共计约35 521人，较去年同期下降0.86%。这是春季企业用工调查5年来的首次下降。

从行业来看，用工需求较大的主要集中在机械制造业、电子电器业和商业服务及餐饮等劳动密集型行业。

市人力社保局副局长陈文伟说，一方面，这是企业用工需求不振导致。自去年春节过后，我市人力资源市场提供岗位数持续下滑。2012年全市各级人力资源市场共提供岗位196.87万个次，同比减少13.31%。企业用工需求疲软，自然就波及2013年春季企业用工。

另一方面，劳动力资源供给较为充足。据2012年底宁波人力资源调查结果显示，我市劳动力总量为674.48万人，其中外来劳动力382.06万人，同比分别增长0.73%和3.25%。

新招员工预计平均月薪2 950元

随着最低工资标准和社保基数的上调，企业招工和管理成本也在不断上升。

从2013年新招用职工工资看，226家企业预计全额平均工资约为2 950.36元/月，去年这个数字是2 686.26元/月，增长了260多元。

从在职职工全年工资预测来看，有84.07%企业预计今年较去年将有所上升，上升幅度约7.71%。

用工成本增加，企业的用工需求也更加明确，对技能劳动力需求明显增长。

从节后企业用工需求来看，技能型劳动力需求占用工总数的57.96%，同比增长25.53%。要求高中及以上学历占总需求的44.96%，同比下降5.15%，学历要求放低主要集中在制造业、商业服务及餐饮等传统劳动密集型行业。

第三章　劳动需求分析的拓展

本章将拓展劳动需求的分析。首先考察的是多要素之间的替代或互补关系，其次分析雇用人员与劳动时间之间的区别与调整问题，接着讨论相关政策对劳动需求的影响，最后对最低工资制度进行简单分析。

第一节　多要素投入的劳动需求

在第二章，我们已经假定生产函数中只有两种投入要素即劳动和资本。在短期，企业不能改变资本存量，只能通过调整劳动的雇用量来提高或降低产出水平，当企业增加一单位劳动所得到的边际收益，与增加这一单位劳动所产生的边际成本相等时，就实现了利润最大化。在长期，企业可以同时调整劳动和资本在生产中的配置状态。同样，当这两种投入要素的边际收益产品等于各自发生的边际费用时，企业实现利润最大化。但现实情况真的如此吗？在实际生产经营活动中，存在着许多不同的劳动者类型（如熟练的和非熟练的、年轻的和年老的劳动者），存在着不同的资本类型（如旧机器和新机器），也存在着许多不可缺少的其他因素（如土地、气候、技术等）。因此，要想更全面地了解劳动需求，就需要将理论假设拓展到多种生产要素下的劳动力需求。

一、多要素相互替代的劳动力需求

正如劳动与资本之间的替代关系一样，之所以会出现劳动密集型和资本密集型的生产方式，企业能够根据不同的行业和生产流程做出不同选择的根本原因，是因为两者是可相互替代的。关于这一点，我们可以通过某一要素价格的变动，研究在多种生产要素呈相互替代关系的情况下，劳动力需求的决定。

当生产要素 A 的价格下降，需求数量增加时，生产要素 B 的需求量下降，则生产要素 A 是生产要素 B 的替代性生产要素。如果生产要素之间是相互替代的，也就是说，企业在生产过程中如果增加某些生产要素的投入，就可以减少对另外的生产要素的投入。当某些生产要素的价格上涨，导致成本增加，那么企业势必会减少这些要素的投入，而增加另外的生产要素投入。但是，如果在考虑替代效应的同时，再考虑到规模效应的影响，这种反向关系就不一定成立了，究竟会形成怎样的结果，取决于两种效应各自的作用力大小。

如图 3.1 所示，横轴表示劳动力的投入量，纵轴表示雇用劳动力的成本，即工资。D 表示劳动力的需求曲线。当其他要素价格上涨时，如果劳动力需求曲线向右移动，表示企业增加了劳动力的雇用量，通过增加劳动投入来弥补其他生产要素的效用，说明替代效应占主导地位，它们之间是总替代关系，如图 3.1（a）所示。如果其他生产要素的价格提升导致成本增加，产品价格上升，竞争力下降，从而产品需求量下降，进一步导致劳动力需求曲线向左移动，如图 3.1（b）所示。在这种情况下，就说明规模效应超越替代效应而居于主导地位，企业从整体上缩减生产规模，生产要素之间表现为总互补关系。

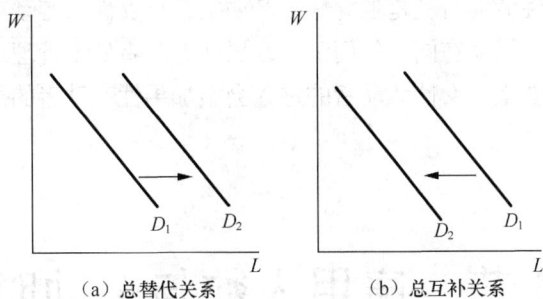

（a）总替代关系　　　　　（b）总互补关系

图 3.1　多种要素相互替代的劳动力需求

二、多种要素互补的劳动力需求

当生产要素 A 的价格下降，数量增加时，对生产要素 B 的需求上升，则称生产要素 A 与生产要素 B 是互补的。如果多种生产要素在企业的生产活动中是互补的，就说明它们之间是相辅相成的关系，这两个要素必须同时使用，离开了任何一方，企业都不可能生产出产品。这意味着企业必须按照完成产出任务所需的固定比例同时投入它们，要增加必须同时增加，要减少就得同时减少，此时不存在替代效应，只存在规模效应。比如出租车增加了，驾驶员需求量就要增加。

时间是影响要素间关系的一个重要因素。正如上一章所言，在一个两要素生产函数的情形中：每一种投入的短期和长期需求曲线都是向下倾斜的；长期需求曲线比短期需求曲线更加富有弹性，且工资变化引发了替代效应和规模效应。

经验表明，对缺乏技能的劳动力的需求，比对有技能的劳动力的需求更富有弹性。也就是说，对于任何给定百分比的工资提高，对缺乏技能的劳动力的雇用数量的削减，将大于对有技能的劳动力的雇用削减。因此，与拥有技能的劳动力相比，缺乏技能的劳动力的就业更加不稳定。如同各种不同的经济冲击会影响两种不同类型劳动者的工资那样，对劳动者需求的数量将在缺乏技能的劳动者中间显著波动，但是在拥有技能的劳动者中间则平稳得多。

研究表明，缺乏技能的劳动力与资本是替代品，而拥有技能的劳动力与资本是互补品。也就是说，随着机器价格的下降，雇主会用机器替代缺乏技能的劳动者。相比之下，雇主会增加他们对资本设备的使用，对拥有技能的劳动者的需求就增加了，因为拥有技能的劳动者与资本设备一同行事将更有利于提高劳动效率。可能的结论是，资本价格下降 10%，会使得缺乏技能的工作者的雇用数量减少 5%，拥有技能的工作者的雇用数量增加 5%，这一结果称为资本与技能互补性假说。这一假说具有重要的政策含义，它表明对物质资本投资的补贴（如投资税收扣除）将对不同群体的劳动者产生不同的影响。因为对投资所给予的税收扣除降低了对于企业来说的资本价格，提高了对资本的需求，减少了对缺乏技能的劳动者的需求，且增加了对拥有高技能的劳动者的需求。因此，投资税收扣除会刺激经济中的投资，恶化缺乏技能的劳动者的经济条件。资本与技能互补性假说还进一步表明，技术进步可以对收入不平等产生实质性的影响，因为它提高了对拥有高技能劳动者的需求，减少了对缺乏技能的劳动者的需求。这进一步说明，技术创新在促进经济增长的同时，从短期来看，可能会对劳动能力低下的弱势群体就业产生不利的影响。

我们进一步分析一下女性进入劳动力市场对男性工资率的影响。如果男女在不同的经济部门，男性劳动者和女性劳动者就是独立性生产要素，故女性对劳动市场的参与不会对男性的工资率产生影响。如果男女在同一部门工作，男性劳动者处于管理地位，男性劳动者和女性劳动者为互补性生产要素。女性劳动者的进入会增加男性劳动者的需求，因而提高了男性劳动者的工资率。

第二节　雇用人数与劳动时间

企业至少可以通过三个方面来衡量劳动量：雇用人数、每个劳动者的劳动时间、每个劳动者的努力程度。劳动者的努力程度将在效率工资理论中进行分析，本节主要讨论劳动量的前两个方面。企业对两者的选择主要取决于劳动成本的结构，以及雇员人数和劳动时间的相对生产率。

一、劳动成本

工资支付只是劳动成本的一个方面。非工资成本可包括许多方面，如保险、福利、雇用和解雇成本、培训费用和实物支付等。尽管成本类型具有多样性，但是学术界通常把它们分为三类：可变成本（小时工资率）、准固定成本（如保险）和调整成本（雇用和解雇成本、培训成本等）。我们在下面的讨论中，说明"准固定"劳动成本对雇用人数和工作时间决策的重要性。

图 3.2 表明，企业选择不同的工作时间长度时，所面临的成本结构。根据前面的分类，企业的劳动成本包括：

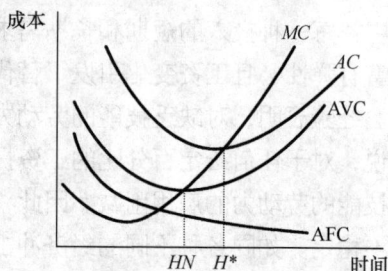

图 3.2　时间劳动成本

（1）固定成本 FC。它与劳动时间长短无关的那一部分企业对每个人的支付总额，随着工作时间增加，平均固定成本 AFC 变得越来越小。

（2）可变成本 VC。它的大小随工作时间长短而变动。进一步分析，工资成本的可变部分包括：①在低于正常工时条件下，企业支付的小时基本工资；②在高于正常工作条件下，企业支付的加班补贴。若假定在工作时间达到正常工时（HN）之前，基本工资不变，这时边际成本为零（时间增加，工资不变）。随着工作时间趋向正常工作时间，平均可变成本 AVC 下降；随着劳动时间超过正常工作时间，边际成本会因此而上升。

最后，我们将讨论转向准固定劳动成本。保险税是准固定劳动成本的例子，它是雇主为每个员工支付的税金，不取决于劳动时间的长短。保证工资支付也有一定程度的准固定劳动成本的特点：它们是每个工人的固定成本，其大小不取决于工作时间的长短。但是，由于保证支付只在低于正常工时的时间里起作用，从而它不影响平均工资曲线最低点的位置。我们将准固定成本加上工资成本，得出劳动的使用者成本。在图 3.2 中，劳动成本中固定部分所占比重越大，AFC 曲线位置越高，则 H^* 左方的 AC 曲线斜度越大，相对于任何固定的 AVC 曲线，AC 曲线达到最低点时的工作较多（$H^* > HN$）。此外，准固定成本还包括招聘成本、培训成本和员工福利等。

二、生产率与企业均衡

如果雇员人数和工作时间不存在生产率差别，则生产函数可以写作：

$$Y = F(K, LH) \tag{3.1}$$

在式（3.1）中，Y 为产量；K 是资本存量；LH 是人时数量。在这种情况下，企业把劳动服务的两个方面（工作时间和雇员人数）看作是生产过程中的同质投入。如果在每种工资率下，对企业的劳动供给是具有完全弹性的，而且不存在其他成本（如调整劳动力的成本），那么，企业会通过调整雇员人数，以保证每个工人的工作时间都处于图 3.2 中的 H^*。当现有雇员工作时间为 H^* 时，企业多雇一个每周工作 H^* 小时的工人，比要求现有雇员相应地加班工作更合算。虽然 H^* 与正常工作时间有关，但是准固定劳动成本的存在会使 $H^* > HN$（至少在我们规定的假设条件下会如此），每个雇员均加班（$H^* \sim HN$）小时。

如果雇员人数和工作时间存在边际生产率差异，企业在生产过程中就不再会把二者看成是同质的，这将影响到两种要素的需求水平。为了区分开生产率差异与准固定劳动成本的影响，我们假定每小时劳动使用者成本不变，将生产函数中的雇员人数与工作小时区分开来，生产函数可写为

$$Y = F(K, L, H) \tag{3.2}$$

在这种情况下，企业利润最大的必要条件是

$$\frac{\text{MRP}_H}{\text{MRP}_L} = \frac{\text{W}_H}{\text{W}_L} \tag{3.3}$$

在式（3.3）中，MRP 表示边际收益产品，下标 H 和 L 分别表示工作小时和雇员人数；W_H 和 W_L 分别表示小时工资和单位人员工资。企业要将雇员人数和工作小时调整到这样一种水平，使它们的增量对总收益的边际贡献等于其边际成本。如果企业发现在正常工时处工时生产率超过雇员生产率，那么，它就会增加雇员的工作时间并减少雇员人数。这会降低工时生产率对雇员生产率的比率，因而实际上它是引起两方面趋向均衡点的运动。如果工资也随工作小时的增加而增加，那么单位工时成本也会以更大比例增加，因为企业需要支付较高的加班补贴。简单地说，假定 $W_H = 1$，$W_L = 1$。若 $\text{MRP}_H > \text{MRP}_L$，则厂商会延长劳动时间而减少雇用人数。由于边际报酬递减规律的作用，随着劳动时间延长，MRP_H 下降；同时雇用人数减少，MRP_L 会上升，最终趋向均衡。劳动时间的延长会使时间工资提高，从而也会制约厂商劳动时间的延长举措。

当然，在任何既定时点，企业不一定处于均衡状态，它要对包括雇员人数和工作小时在内的投入进行调整。企业在选择趋向长期均衡的途径时，要考虑维持既定雇员水平的成本和调整雇员水平的成本。人们通常认为，调整雇用人数的成本（如搜寻、雇用、解雇、培训等方面的成本），显著高于调整工作时间的成本。这些成本的大小取决于劳动需求方面的特点（如

企业搜寻新雇员的效率），以及供给方面的特点（如特定劳动市场的紧张程度，以及雇员的搜寻行为）。雇员人数未达到长期令人满意水平，会使其他投入处于次优水平，如短期工作时间和短期资本利用。工作小时是雇员未处于理想状态（长期）水平时的缓冲器。在企业人数低于最佳水平时，企业为了生产既定产量，会要求雇员工作时间延长，并支付加班补贴。如果企业员工数量过多，企业会减少雇员工作时间，但可能面临保证工资支付问题。

三、加班的影响

当企业突然面临大额订单、市场需求旺季等市场变化时，为了满足短期的劳动力需求，企业通常增加雇用人数或者延长工作时间。但是对于大部分企业来说，突然性的市场需求变化毕竟不多，临时扩充人员会面临将来诸多风险和很多长期问题。因此，企业通常选择延长员工的劳动时间，哪怕是支付加倍的加班工资。从某种意义上说，加班工资成为企业做出劳动力需求决策时主要考虑的因素。

随着经济条件的改善，人们更看重享受工作之外的休闲时光，企业也只有通过提高加班工资才能使员工愿意在8小时之外继续工作。当然，人们呼吁提高加班工资的另外一个重要原因还在于劳动力准固定成本的增加，包括社会保险费的强制缴纳和企业缴费率的提高，以及招聘成本、培训成本和员工福利等企业不得不承担的费用的增长。这些准固定成本的增加导致企业在权衡雇用人数和工作时间的组合，发现新增雇用员工的成本远高于延长劳动时间的成本，因此企业员工加班成为一种常态。那么，加班工资的提升是否会削弱准固定成本增加造成的就业损失呢？

为了分析加班工资是否有助于增加就业，我们还是要回到雇用人数与工作时间的组合决策，需要研究当新增雇用人数的边际费用大于延长工作时间的边际费用时，企业是否真的会选择延长工作时间而非雇用新员工。有关加班工时问题的研究显示，对于那些准固定成本高于小时劳动力成本的企业来说，确实存在大量延长工作时间的情况。那么，如果通过提高加班工资来抑制企业延长工作时间的动机，所有被减少的劳动时间是否会增加对劳动力数量的需求呢？为了分析提高加班工资是否会增加就业的问题，我们从四个方面解释加班工资的提高可能产生的影响。

（1）即使企业加班时间缩减到零，其平均劳动力成本也会上升。这是因为，一旦企业不让员工加班，那么在面临突发性市场波动时，就必须增加雇用人数，从而不可避免要承担准固定成本。这种成本的上升必然导致企业相对于提高加班工资之前，要负担更多的费用。道理很简单，在加班工资提高以前，企业选择延长工作时间的决策是因为边际费用低于新增雇用员工。如果加班工资提高到让企业雇用新员工的话，劳动力成本总额必定有增无减，这就可能造成企业在资本和劳动之间倾向于采用资本更为密集的生产方式。

（2）在提高加班工资之前经常加班的企业，如果现在转换为资本密集型生产方式，其生产成本也很有可能增加。生产成本的增加会通过价格转嫁给消费者，那么根据市场供求法则，产品的需求量下降，企业就会根据市场需求缩减生产规模，从而导致企业对劳动力的需求也会同步萎缩。

（3）如果当前存在的失业类型是结构性失业，也就意味着目前从事加班工作的员工与失业者之间的可替代程度很低。即使加班工资提得再高，企业也不得不选择通过延长工作时间来保证产出，因为企业无法在市场上寻找到大量同质劳动力。在这种情况下，我们就很难将加班时间转化为失业者的新就业机会。

（4）假设法定加班工资提高，那些把加班当成常规性工作的企业做出的选择可能是降低员工正常工作时间内的小时工资率，从而使员工获得的薪酬水平控制在原有范围内。并且研究也证明，当加班工资发生调整时，确实会影响到正常工作时间的工资率。而这种影响将进一步削弱提高加班工资所带来的岗位创造效应。

四、工作者与工作时数之间的区分

企业劳动力需求的变化，从根本上说就是企业雇用的劳动者数量的变化。然而，企业可以通过改变劳动者的数量，或是通过改变劳动的时间长度，来调整企业希望达到的雇员劳动时数。劳动者与工作时间的区分有时是很重要的。例如，雇主提供的保险的成本通常取决于雇用人数，保险金的增加使得企业不愿意增加其劳动力队伍的数量。指令雇主支付加班费的立法主要影响的是延长劳动时数的成本。

对这些问题的分析，是通过分析工作者与工作时数在生产过程中能够起到不同的作用而展开的。一位雇主可以使用工作者和工作时数的不同组合来生产同样的产出水平。然而，假设只要企业新雇用了一位工作者，该企业就会引发 F 元的固定成本。雇用的固定成本，也许包括培训的费用支出，以及政府指定的福利，比如说保险计划和退休金计划。一旦工作者被雇用，小时工资率为 W 元。如果这一小时的工作是由该企业的一位工作者完成的，该企业对于新增一小时工作的需求，仅支出 W 元的成本；但是，如果这一小时的工作是由一位刚刚被雇用的工作者完成的，企业就必须支付（$F+W$）元的成本。

当企业面临着雇用的固定成本增加时，在工作时数与工作者之间的权衡取舍究竟会发生什么？当固定成本 F 增加时，替代效应就产生了。该企业就会用比较便宜的投入（工作时数）来替换更加昂贵的投入（雇员人数）。该企业会通过延长工作时间以及解雇工作者以适应雇用成本的增加。雇用固定成本的增加也会产生一种规模效应。因为生产的边际成本上升了，该企业就会收缩，且将较少地雇用工作者并减少工作时数。

研究表明，随着生产的两种要素的相对成本发生变化，企业会在工作者与工作时数之间进行替代。已经估测到的结果是，加班费用从 1.5 倍增加到 2 倍，也许会使得全日制工作者的就业数量减少 4%。[1]当雇用的固定成本相当高昂时，雇主会偏好于雇用全日制工作者（而不是非全日制工作者）。

课堂讨论

加班就是效率低
——为效率高者叫屈

CNET 科技资讯网 2005 年 4 月 11 日评论有一次，听一位记者夸奖一位老总说："你真敬业，总是在加班。"谁知这个老总听到这样夸奖并不高兴，连忙摇摇手说——加班就是效率低。

同一件事儿，一个人 2 个小时完成，另一个人 10 分钟完成，这说明什么？说明前者工作效率低。

1（美）乔治·J·鲍哈期：《劳动经济学》，中国人民大学出版社，2010 年第 1 版，第 165 页。

而企业老板往往不这么看，也许在他的意识里谁加班多，谁就是敬业。在 IT 业界有多少效率高者被冤枉成不敬业？又有多少效率低者被称为敬业，这个案要翻。

效率高者还加班是管理问题

不对，有许多工作效率高者还要加班，这就不是效率的问题了，而是领导鞭打快牛，工作量管理分配上出问题了。工作量分配管理一有问题，很可能就不是一个环节的问题，而是连锁性的问题。结果可能是忙的忙死，闲的闲死。

解决管理多环节、工作量不均的问题，就是要解决管理模型的问题。信息化过程就是管理模型优化的过程。不知道用以下的例子来比拟，是不是在说外行话。每次去医院看病，取药都要排三次队：一是划价；二是交钱；三要再回到划价窗口重新排队取药。这样的管理模式就没人管。虽然已经有医院将 3 个窗口合并成了 2 个，但为什么不能用计算机划价付款取药，在一个窗口解决三道工序？

管理混乱重复劳动造成加班

造成加班的另一个原因也是管理问题。如果管理混乱，肯定会有重复劳动，一有重复劳动，8 小时内肯定无法完成工作，肯定要加班。

举个纸媒体的编辑流程例子吧。甲报社每周出 64 个版，每周四只要加 2.3 小时的班。而同样工作量的周报乙报社，每天都弄到 12 点以后，如果深入到乙报社内部流程看看，肯定有重复劳动的问题。很可能在出大样之后又要改文、又要编辑，还要三校。其实这些工序应该在出大样之前就已经做过一遍了，重复的工作使乙报社的工作量翻倍，肯定要加班。

越加班效率越低

如果一个人或者是一组人长期加班，工作效率肯定越来越低。每个工作者都是人，不是神，是人就要保证体力和精力，要保证体力和精力 就不可能总是不休息、少休息，否则第二天、第三天、第 n 天精力不集中，记忆力衰退，本来几分钟就能做完的事儿，一个小时还没进入状态，这说明他该休假去了。

说到休假，中国白领、企业家大多数人不潇洒，总说自己多忙，多么没空儿。实际上再忙也忙不过美国总统、外企中国区总裁，他们再忙也要休假，难道中国白领还能忙过美国总统不成。

为什么没有效率大学

现在高等教育和成人教育五花八门，教技术的、教理论的、教 MBA 的、教 EMBA 的，还有教英语的，教来教去就是没有效率，几乎所有的师资力量都在空间上下工夫，失去了时间坐标的限制，就算 MBA、EMBA 是教管理的、教高级管理的，教了许多方法论，总结了许多的案例，就是没有如何"一年赢利"之类的课程。

也许本身的师资力量就不知道 CEO 为什么来上课，更不知道他有一年不完成任务，就要被迫辞职的压力。

也有效率高者被逼当偷懒者

自己效率低还不算，还说效率高者在偷懒的状况也有。尽管有时不是故意的，但事实是，如果一个效率高者和两个效率低者合作，在工作流程上，效率高者夹在两个效率低者之间，就会造成这样的局面，前面的工作滞后，中间的效率高者只有静等，到了中间效率高者提前完成工作，甩给下道工序，领导们就会看到，一前一后都忙，中间者偷懒，冤啊！再加上效率高者与效率低者工作无法配合，一说此人不仅偷懒，还不好配合，罪加一等。

结束语

造成加班效率低的原因还有，信息化了，所有工作流程都加快了，但领导们开会做决定的时间越来越多，时间越来越长，不加班才怪！

为什么信息化了加班还会越来越多，加班一多，不是效率低吗？信息化不是为了提高效率吗？信息化绝不是为了让效率更低。

思考讨论：加班为什么效率会低下？

第三节　不同类型劳动的需求

所谓"不同类型"可以涉及多种分类方式，包括职业或技能、受教育程度、男性还是女性、基础工人还是辅助工人、全日制还是非全日制等。在当前生产中直接雇用的不同类型的劳动者也许是很容易和谐相处的，但是对非直接雇用的劳动者或非生产性劳动者来说就可能难一些。下面主要从直接生产工人的需求、非全日制的劳动需求和劳务派遣三个方面进行分析。

一、对直接生产工人的需求

我们通过静态分析在资本和劳动或在雇员与工时之间是如何进行选择的。生产函数可写作：

$$Y = F(K, L_1, L_2) \tag{3.4}$$

式（3.4）中的 L_1 和 L_2 表示两种不同类型的直接生产工人的投入。我们考察短期内劳动服务（以人时数衡量）可变且资本固定的情况。

图 3.3 表示在两种假定情况下对 L_1 类型劳动的需求变动情况。这两种假定情况分别为产量约束下的成本最小和成本约束下的产量最大。L_1 和 L_2 都是可变的，但是 W_2（第二种类型劳动的工资）是固定的，W_1（第一种类型劳动的工资）下降。产量约束下成本最小化的企业在由 a 点移动到 b 点，L_1 的需求增加。成本约束下产量最大化的企业在面临同样工资变动时，在图 3.3 中由 b 点移动到 c 点，L_1 需求量增加。

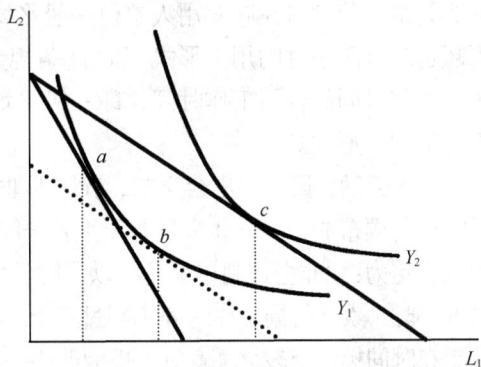

图 3.3　W_1 变动对 L_1 的影响

劳动类型 L_1 和 L_2 可表示为基础工人和辅助工人。基础工人往往更有可能工作时间较长，能够得到各种各样的劳动保护帮助。而辅助工人往往工作时间较短，大体上不受立法保护。这两类工人在质量上的区别会影响等产量曲线群的形状，而他们在单位成本上的差异会影响等成本线的斜率。影响二者之间选择的还有其他一些重要因素：①辅助工人和基础工人的劳动成本在结构上存在重大差异。兼职工人一般要求按日支付工资，因此企业可以雇用他们以提高资本利用率而又不必耗费更高的单位劳动成本。②由于兼职工人一般属于辅助工而非基础工人，因而调整其雇用规模的成本也较低。兼职工人这两个方面的特点使企业能够更灵活地对产品市场的变动做出反应。临时工、家庭雇工、自由职业者等的情况也大致如此。显然，近年来此类工人的显著增长可以归因于重要的供给方面的因素。同时，需求方面的因素，也起到了推波助澜的作用，在更具竞争性、更不确定和迅速变动的经济环境中，企业需要这类工人为其带来的灵活性。

二、非全日制的劳动需求

非全日制就业是与非全日制用工相对应的。两者实际上指的是同一事物的两个方面：从劳动者的角度来讲就是非全日制就业，从用人单位的角度来讲是非全日制用工。从劳动力的供求关系来看，只有产生非全日制用工需求，才会相应出现非全日制就业，非全日制就业（或用工）是随着市场经济的不断发展而出现的，并且比较灵活、便捷，适应用人单位和劳动者双方的实际需要。此外，非全日制用工还存在以下的特点：①可以不签书面劳动合同；②不得约定试用期；③可以与多家用人单位建立劳动关系；④任何一方均可随时终止用工；⑤解除劳动关系无需支付经济补偿金。

从国际上看，非全日制就业已成为世界各国推广灵活就业的一种重要形式。国际劳工组织将非全日制就业定义为：其正常工作时间少于可比性全日制正常工作时数。欧盟将非全日制就业定义为：少于法定的、集体合同规定的或惯例的工作时间的就业。欧盟为缓解各成员国失业率较高的压力，颁布了《非全日制工作法令》，要求雇主为全体雇员提供弹性就业机会。非全日制就业是欧盟各国实施弹性就业发展战略中最普遍推行的做法。许多欧盟国家非全日制就业人数占劳动力总数的比重达到 1/4～1/3 左右（1997 年），其中荷兰占 37%，英国占 24%。在非全日制就业人员中，既有用人单位的非正式员工，也有正式员工。

我国《劳动合同法》第六十八条对非全日制用工作了界定："非全日制用工，是指以小时计酬为主，劳动者在同一用人单位一般平均每日工作时间不超过四小时，每周工作时间累计不超过二十四小时的用工形式。"由此条规定可以看出，我国对非全日制用工的界定标准是采用日工作时间结合周工作时间，即一般平均每日不超过四小时，同时每周累计不超过二十四小时的用工形式。

在《劳动合同法》出台之前，我国对非全日制用工的界定主要依据是 2003 年劳动和社会保障部所颁布的《关于非全日制用工若干问题的意见》（以下简称《意见》），其中将非全日制用工界定为："非全日制用工是指以小时计酬、劳动者在同一用人单位平均每日工作时间不超过五小时，累计每周工作时间不超过三十小时的用工形式。"两法对比可见，《劳动合同法》的规定在时间标准上较之《意见》更为严格，日工作时间和周工作时间分别缩短了一小时和六小时。这说明，我国立法者对于非全日制用工这个新生事物首先是承认了，但做法相对比较谨慎，为防止非全日制用工对全日制用工造成冲击，因此规定的条件要较之其他国家更为严格。

近年来，我国非全日制就业呈现迅速发展的趋势。目前，我国非全日制就业主要是以小时工或钟点工的形式出现的。特别是在餐饮、超市、社区服务等领域，用人单位使用的小时工越来越多。据有关部门估计，目前我国城镇大约有 6 000 万～7 000 万人从事各种灵活就业，其中有相当一部分人从事非全日制就业。

随着我国经济结构的战略性调整，以小时工为主要形式的非全日制用工已经成为灵活就业的一种主要形式和促进城乡一体就业的重要途径。作为一种灵活的用工形式，非全日制用工已经越来越受到广大企业的青睐。然而，非全日制用工与全日制用工存在很大的不同，如在订立劳动合同的强制性程度、劳动者的工作时间、计酬方式，用人单位承担的义务等方面差别都比较大，对二者进行比较，有利于我们全面把握非全日制用工制度，从而认识其不足，进而对其进行规范。二者的主要区别比较具体见表 3.1。

表 3.1　全日制用工和非全日制用工比较表

序号	区　别	全日制用工	非全日制用工
1	工作时间不同	一般每日工作时间不超过八小时且每周工作时间累计不超过四十小时	平均每日工作时间不超过四小时，且每周工作时间累计不超过二十四小时
2	合同形式要求不同	必须订立书面劳动合同，否则劳动者可以主张双倍工资	比较灵活，可以订立书面劳动合同，也可以订立口头劳动合同
3	计酬方式及工资支付周期不同	按月支付工资，不得低于当地最低工资标准	按时计酬为主，不得低于当地最低时工资标准，工资支付周期不得超过十五日
4	是否约定试用期不同	可以约定试用期	明文规定不得约定试用期
5	缴纳社会保险不同	用人单位必须为劳动者办理养老、医疗等"五险"	单位只需为劳动者缴纳工伤保险，其他险种由劳动者自行缴纳
6	劳动合同的解除不同	必须依法解除，并且一般应由用人单位向劳动者支付经济补偿金	任何一方可随时提出终止劳动合同，且用人单位无需向劳动者支付经济补偿金
7	合同主体要求不同	劳动者一般只能与一个用人单位建立劳动关系	劳动者可以与一个以上用人单位建立劳动关系
8	是否能适用劳务派遣	可以适用劳务派遣形式	不得适用劳务派遣形式

由以上比较可以得出，我国非全日制用工有很多方面的规定都不如全日制用工，这种安排在一定情况下符合了立法的原意，有助于我国法制建设的进步。然而随着我国经济的发展，非全日制用工的诸多规定也彰显出其固有的弊端，有望将来立法中进一步完善和提高。

对于非全日制就业的增长，传统理论通常从劳动力市场供给方的特征和经济产业结构变迁的角度考虑其内在原因。从劳动力市场的供给方看，非全日制主要存在于四大群体：已婚妇女、退休后的老年劳动、尚未正式进入劳动力市场的高校学生和农村剩余劳动力。从产业结构发展来看，随着第三产业在国民经济中的比重越来越大，也为愿意从事非全日制工作的劳动者提供了大量空缺岗位。

从总体上看，促进非全日制就业的重要意义主要表现在以下几个方面。

（1）适应企业灵活用工的客观需要。在市场经济条件下，企业用工需求取决于生产经营的客观需要，同时，企业为追求利润的最大化，也要尽可能降低人工成本。实际上，非全日制用工的人工成本明显低于全日制用工。因此，越来越多的企业根据生产经营的需要，采用包括非全日制用工在内的一些灵活用工方式。

（2）促进失业人员再就业。在劳动力市场供过于求的矛盾非常尖锐、失业人员的就业竞争能力较差的情况下，各种灵活就业形式便成为失业人员寻求再就业的主要途径。其中，非全日制就业在促进失业人员再就业方面正在发挥越来越重要的作用。

（3）有利于缓解劳动力市场供求失衡的矛盾，减少失业现象。通过推广非全日制就业方式，使劳动者分享有限的就业岗位，可以扩大就业容量。目前，我国劳动力大量过剩，劳动力供求关系严重失衡，就业机会短缺。在这种背景下，企业实行非全日制用工制度，可以使企业在对人力资源的客观需求总量不变的条件下，招用比全日制职工更多的非全日制职工，从而产生就业岗位的扩增（甚至是倍增）效应，给广大劳动者提供更多的就业机会。

三、劳务派遣

劳务派遣又称劳动派遣、劳动力租赁，是指由派遣机构与派遣劳工订立劳动合同，由派遣劳工向用工单位给付劳务，劳动合同存在于派遣机构与派遣劳工之间，但劳动给付的事实则发生于派遣劳工与用工单位之间，其最显著的特征就是劳动力的雇用和使用分离。根据劳务派遣的概念界定可知劳务派遣不同于简单的雇用关系，而是涉及三方主体，分别是劳务派遣公司、劳动者和实际的用工单位。实行劳务派遣后，实际用工单位与劳务派遣公司签订《劳务派遣合同》，劳务派遣公司与被派遣劳动者签订《劳动合同》，实际用工单位与被派遣劳动者之间只有使用关系，没有聘用合同关系。

用人单位的需求是劳务派遣发展的根本动力，而降低用工成本和风险是用人单位选择劳务派遣的主要原因。作为一种非常灵活并且专业化的用工形式，劳务派遣服务包括人员招聘、岗前培训、在职管理、离职办理、工资发放、福利、绩效管理、各类突发事件处理等。被派遣劳动者往往都是短期、临时性的，随企业各项业务的发展而变化。因此，针对这种流动性强、管理难度较大的岗位以及大量临时性人员的用工需求，派遣服务的提供使实际用工企业在获得专业化的人力资源服务的同时，从烦琐的人员招聘、培训、考核等工作中解脱出来，更好地关注在核心业务上，从而简化用工程序、减少人员管理成本、降低用工风险，促进企业的发展。

劳务派遣行业的发展对就业产生了深远的影响，主要体现在就业规模、就业质量和匹配成本三个方面。在就业规模方面，国外很多学者从解雇成本的角度研究劳务派遣对就业规模的影响，但是解雇成本降低能否带来就业规模的增加，仍然存在很大的争议。研究发现使用派遣员工可以降低用人单位成本、解决编制问题和满足临时性用工需要，企业有用派遣员工代替正式员工的需求，总体上劳务派遣对就业规模的影响是积极的。在就业质量方面，由于派遣员工相对于正式员工，学历较低、就业能力相对不足，多从事生产操作等低端职位，因此派遣员工的薪酬福利相对较低。而且由于派遣员工的短期性，企业出于利润最大化目标，很少考虑派遣员工的职业生涯发展。在匹配成本方面，由于派遣机构只要使劳动者进入用工单位工作，就能按月收取管理费。在利润的刺激下，派遣机构主动地获取企业用工需求和求职者信息的积极性较高，作为供给和需求之间的中介组织，派遣机构能使供求信息集约化，有利于减少供求信息障碍，减少摩擦性失业，从而能提高匹配的质量。

课堂讨论

美国与日本的劳务派遣起源与发展

一、美国的劳务派遣制度

在世界范围内，劳务派遣制度最早形成于20世纪20年代的美国。当时，Samuel Workman 首先雇用了一批已婚妇女，最初由她们主要负责夜间的盘点工作。此后，又开始训练他们熟练操作使用计算器，再把她们提供给其他企业以满足临时的、短期的劳务需求。在第二次世界大战后，美国国内经济发展不景气，企业为了生存而大量裁员，全日制员工数量不断减少，临时雇员和非全日制劳动就业形式逐渐增多，劳务派遣也得到迅速发展。

劳务派遣在美国只是"暂时性劳务提供"的一个具体形态，它包括的三方主体为：暂时性劳务提供机构、劳动力使用机构，以及从事暂时性劳务提供的员工。由于在劳务派遣中，雇主往往通过劳务派遣降低用工成本，雇员希望得到灵活性的就业并有良好的劳动权利保护，为了平衡各方的利益冲突，保持经济社会的稳定发展，美国劳动法在坚持派遣机构的雇主地位的同时，法律规定用工单位在必要的情况下与派遣单位共同承担连带责任，从而形成自己的共同雇主模式。

在共同雇主模公式中，用工单位和劳务派遣单位是否为共同雇主主要根据"控制权准则"进行判断。所谓的控制权准则，主要是看用工单位是否对被派遣劳动者的工作具有充分的控制，是否实质的影响到了被派遣劳动者的雇用、解雇、惩戒以及监督和指挥，而这一判断主要由美国国家员工关系委员会来进行。除了有关控制权准则的执行标准外，美国还有相关法律对共同雇主进行了明确规定。

在劳动者最低工资的相关法律中认为，用工单位因准许被派遣劳动者为其提供劳务，因此，其就符合最低工资法中所定义的雇主。当劳务派遣单位支付给被派遣劳动者低于法定最低工资的报酬时，用工单位就需要对劳务派遣单位的违法行为承担雇主责任。

无歧视就业是美国一直追寻的目标，因此美国平等就业委员会规定劳务派遣单位、用工单位都必须以非歧视的方式对待被派遣劳动者，如果被派遣劳动者在劳务派遣过程中因宗教、种族、性别、年龄或者国籍等原因受到歧视待遇，无论歧视发生的地点，劳务派遣单位和用工单位都需要对歧视行为承担共同雇主责任。

在美国《职业安全与卫生法》中，如果用工单位所提供的工作环境和工作条件损害到被派遣劳动者的身体健康和安全，用工单位也会因为被认定为共同雇主而承担责任。此外，在职业灾害补救的问题上，当派遣单位没有为被派遣劳动者的职业灾害负担雇主责任，被派遣劳动者所受到的损害无法得到合理补偿的时，用工单位就需要负担起次要雇主责任。

二、日本的劳务派遣

在亚洲，日本劳务派遣发展比较早，早在第二次世界大战以前就已经开始出现。但直到20世纪70年代，日本政府才开始关注劳务派遣，到1986年以颁布的《劳务派遣法令》加大了对这种用工模式的规范力度，此后，劳务派遣在日本也得到了快速发展，劳务派遣单位迅速增多。

由于受日本当时特殊的社会文化影响，劳务派遣在大企业为主、中小企业为辅的经济二重结构和封建制度下以自己独特的方式发展。当时，大企业将劳务派遣看作一种实现企业灵活用工的重要方法，在经济繁荣时，通过劳务派遣单位快速实现用工需求；在经济衰退时，将被派遣劳动者退回，实现生产规模的有效控制。而劳务派遣单位为了能够增加企业内的被派遣劳动力数量，以便随时满足用工单位的劳动力需求，往往通过封建式的手段限制受派员工的自由。

为了规范劳务派遣在实践中的运作，明确劳务派遣劳动关系，日本对劳务派遣中三方当事人的行为都进行了规定，并以劳务派遣单位和被派遣劳动者之间的劳动契约关系为基础，对劳务派遣单位和用工单位中间的责任也进行了划分。

日本法律在劳务派遣劳动关系中，以劳务派遣单位承担雇主责任为原则，并根据被派遣劳动者在用工单位提供劳务的事实，特别是因为用工单位属劳动作业现场上进行指挥监督的一方主体，故将本应由劳务派遣单位承担的一部分雇主责任规定由用工单位承担。劳务派遣单位和用工单位的责任划分如下。

（1）用工单位的雇主责任。用工单位根据日本劳动基本法，应承担对被派遣劳动者的平等待遇、劳动时间管理、安全劳动条件的提供、危险作业之禁止等雇主责任。此外，根据日本安全卫生法，用工单位应承担的义务有：安全管理体制之建立、作业环境的维持管理和测定、作业时间之限制、病者之就业禁止、定期自主检查等。

（2）劳务派遣单位之雇主责任。根据《劳动基本法》，除了用工单位独立承担的事项外，其他用人单位应对职工承担的责任，劳务派遣单位都需要承担。而且，如果用工单位的劳工使用行为违反劳动基本法的规定，而劳务派遣单位仍让被派遣劳动者在违法行为的管理下继续工作，则劳务派遣单位就要受到相应的处罚。同样，根据日本安全卫生法，除了用工单位独立承担的事项外，其他责任皆由劳务派遣单位承担。如果用工单位违反作业时间限制等规定，而劳务派遣单位仍让被派遣劳动者继续工作，劳务派遣单位也要受到惩罚。

（佚名）

思考讨论：美国与日本的劳务派遣制度有何不同？对我国劳动管理有何启示？

第四节　特殊政策下的劳动需求

上一章在讨论劳动力需求的交叉工资弹性问题时提到，任何一种劳动力的需求都会受到其他类别劳动力价格的影响。本节首先讨论政府的就业促进政策将对劳动力的总需求产生什么影响，然后再分析公共部门的劳动需求问题。

一、特殊就业群体保护性促进政策的经济影响

特殊就业群体主要是指有一定的就业能力、就业愿望迫切，但由于职业技能差、文化水平低和其他客观原因，难以通过市场机制或其他途径实现就业的困难人群。这一群体易于在求职和就业中遭遇挫折，有的虽然勉强就业，但仍属于临时就业或弹性就业，就业质量低下、工资收入低、稳定性差、享受不到社会保障和有关福利待遇。

1. 特殊就业群体的种类与特征

由于特殊就业群体的形成和其劳动就业问题的产生是随着我国经济和社会发展进程不断演变而形成的，因此，特殊就业群体及其劳动就业也是处于发展变动中的。从劳动就业工作实际情况看，特殊就业群体主要有以下几种。

（1）残疾人群体。这是一种生理性就业困难群体，由于存在生理疾患，他们往往不能与常人平等地享有就业权利，在社会竞争中处于不利地位，就业困难，生活贫困。

（2）大龄失业群体。也就是所谓的"4050"人员，年龄偏大，文化不高，技术单一，家庭负担重，可流动性差，受传统就业方式影响较重，就业的依赖性较强。他们再就业十分困难，是一种典型的就业弱势群体。

（3）农村进城务工人员和生活困难的失地农民。随着城市化进程的加快和农村经济改革的不断深化，一大批农村劳动力从土地上解放出来，纷纷走向城市，寻找工作。由于自身技能和户籍制度等主客观条件的限制，这类群体就业渠道窄，多从事着劳动强度大、工资待遇低等艰苦岗位，在城镇就业体系中总是处于不利地位。这个群体年龄参差不齐，文化偏低，几乎没有技能，适应新的工作环境和城市文化能力低。同时，他们又面临着自身、家庭、子女等多重压力，是当前城乡就业工作中需要特别关注的一类困难群体。

（4）复员转业军人。这个群体虽说年龄较轻，身体健康，有严格的组织纪律性，也有相当一部分在军队掌握了一种或多种民用技术，但从普遍的意义上讲，他们所接受的文化教育，掌握的技能，还远不能直接参与市场化竞争。

（5）刑满释放人员群体。这部分人一般心理负担较重，大多数有求职心理障碍，害怕被人歧视，普遍缺少文化知识和技能。

除此之外，当前还有享受最低生活保障的困难人员、失业一年以上的高校毕业生都成为就业困难群体。

特殊就业群体的特征主要表现在以下几方面：①就业观念落后；②就业或创业的信心不足；③部分人员年龄偏大；④文化程度偏低；⑤技能素质较差；⑥心理脆弱敏感，易发焦虑不满情绪。

2. 特殊就业困难群体对社会的影响

特殊就业困难群体对社会的影响主要有以下几方面。

（1）影响社会公正平等。尽管就业困难群体的出现是经济社会发展不可避免的一种现象，但如果他们的就业问题得不到有效的解决，甚至在就业中有所歧视的话，直接影响到社会公正原则在社会生活中的充分体现。

（2）影响社会和谐稳定。就业困难群体生活的贫困，心理的敏感、社会的隔膜以及对未来生活的失落和衍生的家庭成员困难等现状，使这一群体隐藏了不可忽视的社会风险隐患，社会的不稳定因素极易在他们身上引发。

（3）影响经济健康发展。就业状况反映了社会资源的配置状况、各种生产要素的组合状况，决定着经济效能的大小，直接影响着社会经济的发展。就业困难群体的存在，本质上是劳动力没有得到充分利用。就业的结构性矛盾长期存在，势必造成供求失衡，进而影响经济的增长速度。

3. 对特殊就业群体的政策支持的经济影响分析

由于就业困难群体的构成状况异常复杂，实施就业困难群体就业帮扶从根本上说，需要从经济增长、政策立法和社会帮扶等诸多方面着手，充分整合全社会的力量，建立完善长效机制，多举措地构建起适应新的经济形势和社会发展需要、能够取得实效的困难群体就业援助体系。下面主要从规定特殊就业群体的就业比例要求出发进行经济分析。

假定资本是固定不变的。某国政府为了提高该国某一群体（如妇女或残疾人，以下简称为 A 类人，B 类人是除此之外的劳动者）的就业水平，要求相关企业必须按政府规定雇用 A 类劳动者，否则将受到处罚。假定企业完全按照政府的政策行事，会产生什么样的经济性影响？

先从政府没有任何雇用限制的状态考察 A、B 雇用量的决定因素。设两类人的劳动效率不同，B 类人的劳动效率高于 A 类人，B 类劳动者为 L_B，A 类劳动者为 L_A，工资分别为 W_B、W_A，产量为 Q_1，如图 3.4 所示。若既定成本为 CD，则在等产量这条曲线上，成本最小化的点为 E，此时等产量线与等成本线相切。B 类劳动需求量为 L_{BE}，A 类劳动需求量为 L_{AE}，B 类劳动需求量大于 A 类劳动需求量。

若政府要促进 A 类人就业，要求 A、B 类人的雇用比例达到一定标准（比如说是 1∶1），如图 3.4 中的 OF 线所示。企业必须要在 OF 线上找到 A、B 劳动的组合点。现在面临两个问题：其一，若产量是既定，比如是根据市场需求确定的，则现在成本无法完成，必须要增加成本到 $C'D'$，组合点在 G 点；其二，若厂商不能在短期内增加筹资，则产量会下降到 Q_2 曲线，其组合点在 H 点。无论从哪一点看，厂商都没有实现最优化的要素组合，这就是政府就业促进政策对厂商造成的代价。

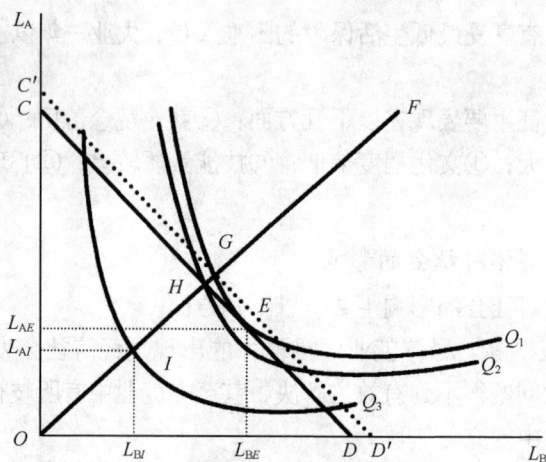

图 3.4 A、B 两类劳动需求比例变动的影响

若这种成本的上升并不完全由企业来承担，一部分要通过产品需求的变化，影响到劳动者和消费者。如果相关企业全部受到这样的政策限制，那么，工资的上升对产品需求所造成的影响，将使产品的供给曲线上移，使价格上升，这一部分成本由消费者来承担。若成本不变，产量下降，则价格会上升，会降低消费者的需求量。

但是，如果政府仅限制某些特定企业，只要没有相应的政府补贴，与其他的企业相比，此类企业所增加的成本部分就只能由其自己承担，从而使此类企业竞争力下降。这样此类企业的产量会随着需求的减少，例如，从 Q_1 或 Q_2 减至 Q_3。由于规模效应发挥作用，劳动力的需求量也会随之减少。结果 A、B 两类劳动者数量分别减至 L_{AI} 和 L_{BI}。如果出现图 3.4 所示的产品需求大幅度减少的情况，虽然政策目标是促进 A 类劳动者就业，但结果是不仅 A 类就业量下降，还造成 B 类就业量也下降。如果这种现象存在，则公平与效率不可兼得。因此，在就业政策的制定和实施上，一定要充分考虑对产品需求的影响。特别是在完全竞争市场上，某一厂商若执行政府这一决策，迟早要被淘汰。

二、对特定劳动者发放工资补贴的经济效果

政府对特定劳动者的工资补贴，一方面可使企业的劳动力成本下降，另一方面也易引起与这些特定劳动者有竞争关系的劳动者的工资上升。其结果是，如果其他各种条件不变，其他劳动者被得到补贴的劳动者所替代。

首先，考虑一下企业支付的工资中的一部分由政府承担的情况。如工资补贴达 20%，企业并不是只负担原工资的 80% 就行了。企业对受补贴劳动者的工资负担减少，那么对这类劳动力的需求就会增加，他们的市场工资率便会上升。另外，市场工资率的上升使劳动力供给扩大，这又会使工资抑制机能起作用。企业的成本虽然没有增加，但支付的工资要比原工资的 80% 要多。

如果工资补贴直接发放到接受者手中，情况则有所不同。假定市场工资率依旧是以前的水平，含有补贴金的部分对劳动者来说具有与市场工资率上升相同的效果，劳动力供给量因此增加。其结果是，劳动力需求量虽然相同，但由于劳动力供给量增加而造成市场工资率下降，企业支付的工资额减少。

其次，受到这种劳动力市场变化的影响，雇用得到工资补贴的劳动者的雇主所负担的工

资额降低。如果在该水平上工资固定不变，劳动力需求将会怎么样？

如图 3.5 所示，以享受工资补贴的劳动需求 L_A 为横轴，其他劳动需求 L_B 为纵轴。获得工资补贴之前的企业的产量为 Q_1，相对应的等成本线为 CD。此时，点 H 是企业的最低成本组合点，企业雇用享受工资补贴的劳动者 L_{AH} 和其他劳动者 L_{BH}。

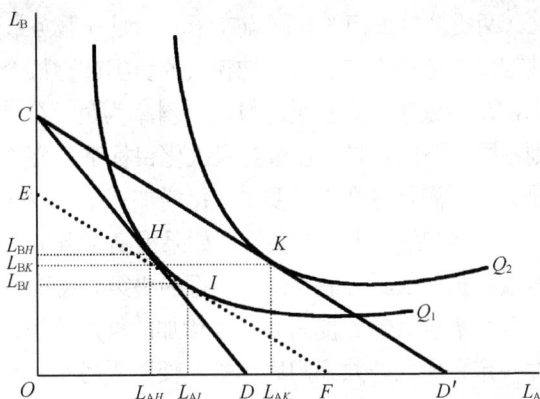

图 3.5　工资补贴对劳动需求的影响

若政府对 A 类劳动者进行补贴，则企业直接负担的工资下降，由此而产生的变化可以从替代效应和规模效应两个方面分析。替代效应是因等成本线所代表的相对工资的变化，均衡点从点 H 向点 I 移动，结果是享受补贴的劳动者的雇用量增加，其他劳动者雇用量减少。

不过变化并非仅此而已，规模效应还发挥着对全部劳动者的劳动力需求扩张的作用：①人工成本的降低使产品的供给曲线向右移动；②即使市场工资下降，由于享受补贴的劳动者的收入增加，产品的需求也增加，企业的产量随之增加，于是等产量曲线向右上方移动，从 Q_1 移至 Q_2。这样，规模效应使两者的雇用量从点 I 增至点 K。

工资补贴通过替代效应和规模效应使雇用量扩大，但是对有竞争关系的其他劳动者来说，替代效应会产生减少雇用量的效果，而规模效应有扩大雇用量的效用。但最终是正效果还是负效果，无法做出先验性的回答。因此，为了尽量减少对特定劳动者的工资补贴所造成的对其他劳动者需求的减少，设计与选择能够最大限度地形成规模效应的方法是制定此类政策时需要重点考虑的。

三、公共部门的劳动力需求

前面的劳动需求分析都是以厂商为分析对象，且假定厂商追求利润最大化。但对于公共部门来说，由于它不是追求利润最大化，它的劳动需求有什么特点呢？

公共部门向社会提供服务是政府参与经济活动的重要方面。公共部门的行为目标因政治体制不同而不同，因为不同的政治体制会使公共部门的决策者在权力结构中所处的地位发生变化。如果现行政治体制决定了公共部门决策者的前途完全由纳税人，即选举人决定，他们的去留与升迁完全听凭于纳税人的选举结果，那么决策人必须在尽可能少的税收基础上尽可能提高服务水平，我们把这种目标称为服务最大化目标。如果现行的政治体制使公共部门决策者的前途在相当大的程度上不受纳税人的制约，甚至在相当大的程度上可以用行政手段"强制"公共产品的消费者接受公共部门确定的交易条件（包括服务质量、服务价格、服务项目等），公共部门决策者必然会考虑如何更多地增加税收，而更少地提供服务，我们把这种行为目标称为财政收入最大化目标。当然，完全不受纳税人约束的政府是没有的，在不受选举制约的体制下，政府的决策要受某种观念和群众不满情绪的制约，这种约束比选举的结果相对要软，但最终还是有限制的。

在分析公共部门的劳动力需求之前，假设公共产品和非公共产品的价格是既定的，社会可利用资源是既定的。那么，两类公共部门的共同点在于不论是在服务最大化目标下还是在财政收入最大化目标下，公共部门的劳动力需求均受纳税人的负担或称群众的承受能力制约。也就是说，公共部门的劳动力需求曲线也是向右下方倾斜，斜率为负。公共部门雇员工资率上升，劳动力需求下降；反之则不同。不同点是，在服务最大化目标下，公共部门决策者在确定服务水平时所要考虑的问题是，为了满足选举人的要求，每增加一个单位的服务，需要筹措多少资金，而为筹措这些资金，又将增加纳税人多少负担。如果提高服务水平所能满足的群众需要小于因提高服务而增加的群众负担，以服务最大化为目标的决策者将决定不提高服务水平；如果提高服务水平所能满足的群众需要大于因提高服务而增加的群众负担，决策者将决定提高服务水平。由于假设技术条件一定，所以公共部门雇用规模便同服务水平一起确定。

财政收入最大化目标下的公共部门的考虑则不同，如果提高服务水平的决策已定，它考虑的是如何将税收负担增加到群众所能承受的最大限度；如果税收负担一定，它要将服务水平降低到群众可忍受的最低限度。因此，如果服务水平相同，公共部分雇用工资相等，以财政收入最大化为目标的公共部门将比以服务最大化的公共部门雇用更多的人员。

第五节　最低工资与劳动需求

21世纪初，全世界已经有80%的国家设置最低工资制度，对它的理解从其产生的那一天开始就争论不休。我国于1993年开始推行最低工资制度，至2004年11月我国所有的省、自治区、直辖市均建立了最低工资保障制度。

本节先提出最低工资制度的概念，然后分析最低工资的利弊，最后对最低工资制度的经济效应进行简单分析。

一、最低工资制度概念的提出

最低工资制度是国家通过一定立法程序所规定的、为保障劳动者在履行必要的劳动义务后应获得的维持劳动力再生产的最低工资收入的一种法律形式，它是商品经济和现代工资发展到一定阶段的必然产物。最低工资的产生是由于工人阶级斗争的结果，随着20世纪工人运动的高涨和社会经济的发展，西方国家很快普遍实行了最低工资制度。

最低工资制度起源于19世纪的新西兰和澳大利亚，如今世界上绝大多数发达国家和发展中国家均已实行最低工资制度。国外对最低工资制度的研究主要集中在最低工资的经济效应方面，包括最低工资制度对社会就业的影响，对缩小贫富差距的影响，以及对工资的影响等方面。美国经济学家乔治·斯蒂格勒认为，在完全竞争性的劳动要素市场，若最低工资低于市场均衡工资水平，则最低工资制度失去意义。若最低工资高于市场均衡工资水平，将导致劳动供给增加，需求减少进而导致失业增加。如果政府采取扩展性的政策来刺激经济增长，并以此减轻失业的压力，会导致价格水平提高使实际最低工资下降，就业暂时增加。当物价上升，实际最低工资下降到一定程度时，政府不得不提高最低工资，结果形成恶性循环。斯蒂格勒认为最低工资保障制度不仅对减少贫困未能起到作用，反而扭曲了资源配置。一些经济学家也持这种观点，认为最低工资法是政府对劳动力市场的一种干扰。

但在斯蒂格勒之后，许多学者不断深化最低工资的经济效应模型，提出了最低工资制度的垄断模型、冲击效应、效率工资、家庭供给和企业反应模型，认为最低工资对就业和收入的影响并不完全如斯蒂格勒所言，而是一个较为复杂的问题。有研究认为，最低工资的提高有助于提高消费者购买力，会扩大部分商品市场需求，从而引致相关产业的劳动力市场需求增加，扩大相应的就业量。家庭劳动力供给也会在某种程度上抵消最低工资的失业效应，随着最低工资的提高，有些家庭可能会减少劳动力的供给，从而也能部分抵消失业的表现。最低工资对就业率的影响取决于上述各种因素的综合作用。

最低工资制度下的最低工资，也称为最低工资标准或最低工资率，是指由国家法律明文规定的，当劳动者在法定的工作时间或依法签订的劳动合同约定的工作时间内提供了正常劳动的前提下，用人单位依法在最低限度内应当支付的、足以维持职工及其平均供养人口基本生活需要的工资，即工资的法定最低限额。它不包括加班加点工资，夜班、高温、低温、井下、有毒等特殊条件下的津贴以及法律法规和国家规定的劳动者享受的福利待遇。

最低工资标准是国家依法规定的单位劳动时间的最低工资数额，它的确立关系着劳动者最低生活水平的维护，是最低工资立法的核心问题。目前，世界各国最低工资标准的确立方式有两种：一是在立法上直接规定最低工资标准，如美国。二是在立法中不直接规定最低工资标准，而只规定确立最低工资标准的原则和具体规则，并授权有关机构确定具体的最低工资标准。多数国家都是采取了第二种方式。我国《劳动法》第五章明确规定，国家实行最低工资保障制度，最低工资的具体标准由省、自治区、直辖市人民政府规定，报国务院备案。最低工资的确定实行政府、工会、企业三方代表民主协商的原则，主要根据本地区低收入职工收支状况、物价水平、职工赡养人口、平均工资、劳动力供求状况、劳动生产率、地区综合经济效益等确定。当上述因素发生变化时，应适当调整最低工资标准，而我国现阶段经济发展和生活水平地区不平衡，导致难以实行统一最低工资标准。

二、最低工资制度的利与弊

在工资没有管制的情况下，资方会采取责任制、无薪假等手段强制加班但不给付加班费，也会大量使用实习员工规避基本工资，或利用极低薪的临时工取代雇员，并强制雇员捐款，变相规避基本工资。因此，通过最低工资制度可以限制不良厂商对劳动的剥削，对保障劳动者的权益会有一定好处，也能促进社会的和谐稳定。当然，最低工资制也有一定的不足，需要我们进行深入探讨，以求不断完善。

（一）最低工资制度的"利"

相对而言，最低工资制度"利"的方面还要多一些，这也是大多数国家已经建立最低工资制度的重要原因。

1. 保障工人薪资

当社会的失业率居高不下时，工人面对裁员减薪的威胁，没有协商的能力，雇主有可能趁机将工人的工资压低。有了最低工资，低收入劳动者就业就能取得满足基本生活需求的薪金，从而可以维持劳动力的简单再生产。

2. 维护工人的尊严

最低工资可以解决部分雇主剥削工资的问题，还有利解决低技术工人工作时间长、工资待遇却很低的"在职贫穷"现象，使他们免被歧视。制定最低工资，其实是给工人以生存的基本权利，也是给他们以希望与尊严，甚至可以说是使他们过上不失体面的生活的最基本保障，符合广大劳动者的最基本利益，可以说是市场社会的文明底线，是民主的体现和保障。

3. 维持社会稳定

由于贫富差距的拉大，社会稳定问题也随之出现。以各种福利措施为社会底层人士提供生活保障，使其对立情绪自然得到缓解，这也是西方社会的经验与教训所得。因此，实行最低工资制度，工人的收入会增加，社会的消费水平也有望随之提高，有利于造成经济繁荣。同时低收入人士的薪金有保障，有机会减少因低收入而衍生的社会问题，如自杀、犯罪、家庭暴力等，从而可以维护社会稳定。

4. 有效提升内需

最低工资能提高中下阶级的财力，能带动各行业的消费增长，雇主也能从中利益。通过提高工资去刺激消费，这既是提高人民生活水平的需要，也是进一步推动我国经济增长的需要，通过刺激需求从而增加就业岗位才可能是从根本上解决我国失业问题的一剂良药。

5. 带来了高效率

提高最低工资标准有利于激发就业人员极大的工作热情，使企业在工资水平远远高于同行的情况下，竞争力也远远强于同行。在促使社会闲散劳动力努力提高自身素质以寻求就业机会的同时，在企业内部也会加剧就业竞争，迫使在职人员不断提高自身素质，这必然有利于企业的综合竞争力的提高和整个社会人才素质的整体提高。

6. 优化产业结构

提高工资在某种程度上就是加强了企业间的竞争，企业的劳动生产率因此会得到提高，也更能突出不良企业与优势企业之间的差距，有利于淘汰一批低层次的劳动密集型企业，从而迫使企业全面提升自身的综合素质，加强自身竞争能力，免于被淘汰的命运，进而达到了优化产业结构的效果。

7. 促进政府宏观调控水平的提高

市场规律对现实生活的指导作用是巨大的，最低工资是政府规定的受雇者工资下限，是政府干预市场竞争的一种方式。价格管制是政府实行宏观调控的一种有效手段，在适当的时候，必要的价格管制可以起到事半功倍的作用，充分利用建立在对市场规律认识基础上的价格管制更有利于我们市场经济的健康快速发展。

（二）最低工资制度的"弊"

最低工资制度之"弊"也是比较明显的，这是本制度从出现到现在一直在争论的原因。

1. 加剧失业

一些中小企业或服务性行业为降低成本，以裁员节省开支，代之以其他商业形式取代劳工，如设立自助柜台，减少服务人员、转用黑市劳工等。如此一来，失业人口势必提高。

2. 深化劳资冲突

资方在最低工资的压力下成本上涨，为达到回报或者人尽其用的效果，有资方可能会对员工提出比以往的同种工作更严苛的要求，以非工资类的方式加重员工的劳动负担，剥削员工利益，造成劳资不和。

3. 扭曲了市场机制

如果工人薪金不是根据市场供求关系制定，代之以工人及其家庭合理的生活需求而定，可能会造成不同技术要求的工种，薪金水平相同。

4. 削弱竞争力

最低工资是政府干预了市场运作的行为，无形中增加了雇主营运成本，削弱了他们的竞争力。

5. 损害技术、低学历及年轻工人的就业机会

低技术、低学历工人和欠缺经验的年轻工人生产力较低，所以雇主只愿意支付较低的工资。如果有最低工资的限制的话，雇主就只愿意聘请较高学历、较有经验、较有技术的工人了。所以最低工资反而造成低技术、低学历及年轻工人完全失去就业机会。

6. 不能改善穷人的处境

最低工资的立法，只能为那些最没有经验、最没有生产力和最贫穷的工人带来好处。但实行最低工资使这些人很难获得被雇用机会，实际上只有最幸运的而不是最勤奋的初级工人会得到好处。

三、最低工资制度的理论分析

目前有关最低工资制度的理论分为两大类：一是基于完全竞争假定的劳动力市场；二是基于买方垄断假定的劳动力市场。在两类假定下最低工资制度所得出的结论是不同的。

（一）完全竞争劳动力市场假定下的分析

在完全竞争的劳动力市场假定下，最低工资制度的理论模型分为两类：一是完全覆盖的模型，即只有所有参与的劳动力均受到最低工资制度的保障；二是未完全覆盖的模型，即只有部分劳动者享受最低工资制度的保障。下面分别对这两类模型进行解释。

1. 完全覆盖模型

假设存在统一的劳动力市场，市场供给曲线为向右上方倾斜的曲线，需求曲线为向右下方倾斜的曲线。在完全竞争的劳动力市场中，当最低工资标准高于均衡工资时，导致就业量下降。但如果最低工资标准低于均衡工资，最低工资制度不起作用。

2. 未完全覆盖模型

假定社会存在两个部门，一个是最低工资制度覆盖了的部门（A），另一个是最低工资制度没有覆盖的部门（B）。在 A 部门中由于存在最低工资制度，那么会造成一部分人的失业，这一部分人可能转移到 B 部门去寻找工作。由于有更多的人流入，B 部门的劳动供给量增加，会压低工资水平。

（二）买方垄断劳动力市场假定下的分析

与完全竞争的劳动力市场不同，在劳动力市场具有买方垄断的情形下，买方垄断厂商所面临的劳动供给曲线，具有向上倾斜的特征。边际工资成本（MLC）曲线位于该曲线上方并更加陡峭。当企业为吸引更多劳动力而提高工资时，对所有工人都要按新工资支付。厂商的劳动力需求曲线为劳动力的边际产品收益曲线（MRP）。买方垄断厂商为了实现利润最大化，必须在MRP与MLC相等的点确定雇用量，并按照该雇用量，在劳动供给曲线上确定相应的工资水平。

如果在买方垄断的劳动力市场引入最低工资制度，垄断雇主会变成"工资的接受者"。在最低工资水平，雇主的边际工资成本和平均工资成本变得完全水平且重合，就业量会增加。因此，选择并实施恰当的最低工资标准能够增加就业。

（三）最低工资制度基准模型的结论

从上述的模型分析可以看出，最低工资制度对劳动力市场的影响取决于两个条件：劳动力的市场结构和最低工资标准。在完全竞争性劳动力市场，市场达到均衡状态时，低于均衡水平的最低工资标准对劳动力市场不产生影响，高于均衡水平的最低工资标准会减少覆盖部门的就业量，增加失业率，同时压低非覆盖部门的工资水平。在买方垄断的劳动力市场，在边际工资成本等于劳动力边际产品收益点的工资以下，有助于短期增加就业，提高工资；高于该点的工资水平，将减少就业量，失业率增加。

本章小结

企业进行生产经营活动，需要各种要素同时使用。各种要素之间可表现为一定替代关系和互补关系。

企业至少可以通过三个方面来确定劳动量：雇用人数、每个劳动者的劳动时间、每个劳动者的努力程度。工资支付只是劳动成本的一个方面。非工资成本可包括许多方面，如保险、福利、雇用和解雇成本、培训费用和实物支付等。通常把成本分为三类：可变成本、准固定成本和调整成本。

企业劳动力需求的变化，从根本上说就是企业雇用的工作者数量的变化。然而，企业可以通过改变工作者的数量，或是通过改变工作的时间长度，来调整企业希望达到的雇员工作时数。企业通常选择延长员工的劳动时间，加班工资成为企业做出劳动力需求决策时主要考虑的因素。

非全日制就业是与非全日制用工相对应的。两者实际上指的是同一事物的两个方面：从劳动者的角度来讲就是非全日制就业，从用人单位的角度来讲是非全日制用工。非全日制就业是随着市场经济的不断发展而出现的，并且比较灵活、便捷，适应用人单位和劳动者双方的实际需要。

劳务派遣又称劳动派遣、劳动力租赁，是指由派遣机构与派遣劳工订立劳动合同，由派遣劳工向用工单位给付劳务，劳动合同存在于派遣机构与派遣劳工之间，但劳动给付的事实则发生于派遣劳工与用工单位之间，其最显著的特征就是劳动力的雇用和使用分离。

由于就业困难群体的构成状况异常复杂，为了解决某些特殊问题，一国政府可能会采取对某些特定的劳动者发放工资补贴的政策。工资补贴通过替代效应和规模效应使雇用量扩大，但是对有竞争关系的其他劳动者来说，替代效应会产生减少雇用量的效果，而规模效应有扩大雇用量的效用。

如果提高服务水平的决策已定，公共部门考虑的是如何将税收负担增加到群众所能承受的最大限度；如果税收负担一定，公共部门要将服务水平降低到群众可忍受的最低限度。因此，如果服务水平相同，公共部分雇用工资相等，以财政收入最大化为目标的公共部门将比以服务最大化为目标的公共部门雇用更多的人员。

最低工资制度是国家通过一定立法程序所规定的、为保障劳动者在履行必要的劳动义务后应获得的维持劳动力再生产的最低工资收入的一种法律形式。

综合练习题

一、选择题

1. 资本与技能互补性假说表明（　　）。
   A. 技术进步可以会对收入不平等产生实质性的影响
   B. 技术进步可以不对收入不平等产生实质性的影响
   C. 资本价格上升会提高工人失业率
   D. 资本投入越多，越不需要技能性劳动力

2. 企业利润最大的必要条件是（　　）。
   A. $MRP_H/MRP_L=W_H/W_L$
   B. $MRP_H/MRP_L=W_L/W_H$
   C. $MRP_H \times MRP_L=W_H \times W_L$
   D. $MRP_H+MRP_L=W_H+W_L$

3. 如果加班工资提高到让企业雇用新员工的话，（　　）。
   A. 劳动力成本总额必定有减
   B. 劳动力成本总额必定有增
   C. 这就可能造成企业在资本和劳动之间倾向于采用劳动更为密集的生产方式
   D. 减少雇用人数

4. 下列哪一个不是非全日制用工的特点（　　）。
   A. 可以不签书面劳动合同
   B. 不得约定试用期
   C. 可以与多家用人单位建立劳动关系
   D. 解除劳动关系需支付经济补偿金

5. 劳务派遣制度（　　）。
   A. 涉及三方主体，分别是劳务派遣公司、劳动者和实际的用工单位
   B. 涉及四方主体，分别是劳务派遣公司、劳动者、实际用工单位和劳动主管机关
   C. 劳动者与劳务派遣公司签订《劳务派遣合同》
   D. 实际用工单位与被派遣劳动者之间只有聘用合同关系

6. 我国实行的最低工资制度是（　　）。
   A. 统一数额的最低工资标准

B. 不同行业中规定不同的最低工资标准

C. 只在某些部门中实行最低工资标准

D. 按地区规定不同的最低工资标准

7. 工资补贴通过替代效应和规模效应使雇用量扩大，但是对有竞争关系的其他劳动者来说，（　　　）。

A. 替代效应会产生减少雇用量的效果，而规模效应有扩大雇用量的效用

B. 替代效应会产生减少雇用量的效果，规模效应也有减少雇用量的效用

C. 替代效应会产生扩大雇用量的效果，规模效应也有扩大雇用量的效用

D. 替代效应会产生扩大雇用量的效果，而规模效应有减少雇用量的效用

8. 最低工资制度起源于 19 世纪的（　　　）。

A. 新西兰和美国　　　　　　　　B. 新西兰和澳大利亚

C. 美国和澳大利亚　　　　　　　D. 英国和美国

二、思考题

1. 举例说明要素之间的替代和互补关系。

2. 如何理解劳动者人数和劳动时间的使用均衡？

3. 全日制劳动需求与非全日制劳动需求有何不同？非全日制劳动需求的意义何在？

4. 加班对劳动就业会产生什么影响？

5. 劳务派遣制度对企业有何价值？如何加强对劳务派遣的管理？

6. 特殊就业群体有哪些？对他们的就业照顾政策会产生什么样的影响？

7. 工资补贴对厂商的劳动需求有何影响？

8. 公共部门与私人企业对劳动的需求有何差异？

9. 如果雇用和解雇工作者的成本都很高，企业将如何调整其雇用水平？

10. 目前大学生初次就业工资相对于一些岗位的农民工工资是下降的，其原因是什么？

11. 最低工资制度的利弊有哪些？对劳动就业会产生什么样的影响？

三、案例分析

劳务派遣与非全日制等用工模式选择

劳动力市场有一个永恒的话题，那就是促进就业，发展灵活多样的用工模式则是有效的手段之一。

灵活就业的表现形式主要包括：非全日制就业、短期就业、劳动力派遣就业、季节就业、待命就业、兼职就业、远程就业、承包就业、家庭就业、自营就业、征地农民工就业、非正规就业劳动组织、青年职业见习就业、国企职工下岗再就业、特殊劳动关系就业等。企业如果能针对不同岗位选择合理的用工模式，势必能够优化企业内部资源配置，节约成本，提升对市场的应变能力，进一步实现企业的战略目标。

一、三方用工关系

案例：2012 年 8 月，赵某与某 A 劳务派遣公司签订书面的劳动合同，双方约定将赵某派往 B 公司工作，由 A 公司为赵某发放工资、缴纳社保，B 公司对赵某进行日常工作上的管理。

现实生活中，劳动用工过程并非简单划一，除了常见的劳动者与用人单位这种两方关系外，往往还存在着形形色色的三方关系，如劳务派遣关系、劳动中介关系、借调关系、特殊

劳动关系等，这种三方用工关系对解决劳动力与用工方信息不对称而产生的摩擦性失业有显著作用。《劳动合同法》对劳务派遣关系进行了专章规定，这些规定使得三方关系的规范得以有据可循。劳务派遣下，劳务派遣公司与劳动者签订书面的劳动合同，建立劳动关系，然后将员工派遣至用工单位工作，实际用工单位与劳动者之间存在管理与被管理的关系，但不建立劳动关系。

三方用工关系的形式多种多样，而且往往能够为企业降低一定的招工、用工成本。例如，劳动派遣公司可以为公司招聘员工并进行一定的人事管理，借调关系中劳动者仍是原单位的人，这样省去人才流失的担心等。但是应当注意的是，每种三方关系都有着自身的特殊性，而现行法律对三方关系的规范仅仅只是框架性的规定，因此，企业在使用这种三方关系时应当格外注意防范其中的法律风险，如果弄巧成拙，不仅不会为企业节约成本，反而会带来诸多麻烦。

二、非全日制用工

案例：2012年1月11日，钱某进入某餐饮服务公司工作，工作时间为晚上21点至次日早晨7点，双方一直未签订书面的劳动合同，口头约定先试用两个月，试用期间钱某工资为2 800元，转正后每月工资为4 000元。工作至2012年9月，钱某发现自己的工资比最低工资还要低，遂向单位提出要求补发工资差额。餐饮公司则称，钱某是在晚上上班，属于非全日制员工，其工资不适用最低工资标准。

非全日制用工与全日制用工最本质的区别就是工作时间，但是，需要明确的是，这里所说的工作时间不同并不是指工作时间段的不同，如是白天上班还是晚上上班，而是指工作小时数的不同。在我国，全日制的劳动者平均每天工作一般不超过8小时，每周工作一般不超过40小时；而非全日制劳动者在同一用人单位平均每天工作时间一般不超过4小时，每周工作时间累计一般不超过24小时。同时，全日制用工一般按日计薪，工资不得低于月最低工资，而非全日制用工则是以小时计酬，其工资只要不低于最低小时工资即可，并且，工资结算支付的周期通常最长也不超过15天。

显然，上述案例中，钱某每天工作多达10小时，且比较规律，钱某与餐饮公司之间建立的是全日制用工关系，而不是非全日制。因此，餐饮公司应当与钱某签订书面劳动合同，按照最低工资标准向其发放工资，可以约定试用期，但是应根据合同的期限进行约定，除此以外，还应依法补发加班费。

非全日制用工具有很大的灵活性，是企业运营的润滑剂。用工双方均可随时终止合同，工作时间、工作地点均可灵活安排，这样的方式可以帮助企业对市场变化做出快速反应。因此，企业可以根据岗位需要，适当的采用非全日制这种形式加大用工的弹性。但是，企业应当对非全日制与全日制用工模式有清醒的认识，如果误将全日制用工当作非全日制操作，将会带来很大的法律风险，例如，上述案例中签订书面劳动合同、工资发放时间及参照标准等风险。

思考讨论

试根据上述资料分析：

（1）劳动派遣制度的特点和意义。

（2）非全日制度劳动的特点和意义。

（3）如何规范劳动派遣制度和非全日制用式制度？

我国劳动力仍具有较大成本优势

改革开放以来，我国利用劳动力优势参与国际竞争，推动了经济持续快速增长。但是，现在劳动力成本优势在逐渐减少，企业劳动力成本上涨较快，导致生产经营压力加大，经营效益下降。尽管如此，与国际相比，我国的工资水平仍然偏低，劳动力仍具有一定比较优势。未来劳动力丰富的特点仍将持续，仍将享有一定的劳动力低成本优势。要把握好这个缓冲机会，争取经济平稳转型。

一、近几年城乡居民收入稳步增长，劳动力成本呈递增趋势

随着改革开放的深入、经济的持续快速增长以及劳动力结构的改变，我国劳动力成本也开始出现显著增长。据统计数据显示，从 2009—2012 年，我国劳动力基本工资年增长率逐年递增，分别达到 6.3%、7.5%、9.7% 和 9.8%。

据国家统计局统计，1979—2011 年，我国城镇居民人均可支配收入年均增长 7.4%，农村居民人均纯收入年均增长 7.4%；其中 2001—2011 年城乡居民收入分别增长 9.5% 和 7.4%。

2012 年，城镇居民人均可支配收入 24 565 元，比上年名义增长 12.6%；扣除价格因素实际增长 9.6%，增速比上年加快 1.2 个百分点。在城镇居民人均总收入中，工资性收入比上年名义增长 12.5%，经营净收入增长 15.3%，财产性收入增长 8.9%，转移性收入增长 11.6%。

二、几大因素推高劳动力成本

目前，推动各地劳动力成本上升的原因，既有企业受外部环境、政策法规、用工形势等影响，用工企业被迫上调工资水平，也有企业为吸引人才、持续发展而采取的主动加薪策略。归结起来主要有以下几点。

（1）人口红利趋于衰退，老龄化成为劳动力成本上升的一个重要原因。据国家统计局统计，2011 年中国劳动人口占比 74.4%，同比微降 0.1 个百分点，结束了之前多年上升的趋势；人口抚养比为 34.4%，同比微升 0.2 个百分点。推动人口抚养比上升的主要原因是老龄人口抚养比的提高。另外，据估算，农村可转移的富余青壮劳动力已从 1990 年的 1.3 亿下降到目前的 0.3 亿。从趋势看，人口红利仍将持续一段时间，但红利爆发期已经结束。

（2）政策性因素直接影响劳动力成本上涨。一方面，最低工资标准的上调，对劳动力价格上涨产生了直接的促进作用；另一方面，新《劳动合同法》的实施，有效规范了企业的用工模式，提高了企业的用工成本。此外，新《劳动合同法》也促使企业依法为员工购买社保，随着工资基数、社保缴费基数的增加，企业用工成本呈加速增加态势。

（3）高房价间接推动生活成本增加。2012 年房价不降反升，与 11 月相比，12 月全国 70 个大中城市中，上涨的城市达 54 个。目前我国城市房价仍然居高不下，仍在上涨通道中。高房价不仅削弱了居民的消费能力，而且增加了居民的生活成本，间接提高了劳动力成本水平。

（4）物价快速上涨催生企业加薪压力。近年来，物价水平持续较快上涨，通胀背景下各项成本提高，推高了农民工的工资预期，而生存困境下的中小企业能够承受的人工成本又较为有限，导致企业员工对薪资增长需求越加明显，这也在一定程度上增加了工人流动频率。

为保障员工的稳定性和企业的正常经营，许多企业不得不通过加薪来留住工人，维持员工的稳定性，避免人员流失对企业生产经营产生更大的负面影响。

（5）"民工荒"倒逼工资上涨。随着经济的持续发展和劳动力教育水平的普遍提高，劳动力再生产的费用不断增加，一般劳动力工资收入上涨也成为不可避免的趋势。同时，我国始于 1996 年的教育产业化式扩张培养了大量学历型人才，而技能型人才培养明显不足，形成技术工人的结构性短缺。

（6）部分劳动力回流农村。随着工业反哺农业、城市反哺农村力度的不断加强，农业部门的经济收入得以不断地提升，从而提高了农民工的机会成本，致使一部分劳动力回流农村，减少了劳动力短期市场供给。近年来的民工荒和招工难已显露出这一矛盾，廉价劳动力时代有可能逐渐消失。

（7）新生代异地务工群体的需求转变，助推了劳动力价格上涨。当前异地务工群体的需求也发生着变化，特别是新一代异地务工群体，对社会的诉求不断提高，不仅要求增加实际工资水平，而且对工作、生活环境的要求越来越高，使企业的用工成本不断加大。

三、理性看待劳动力成本上涨对经济的影响

低工资水平在给我国带来劳动力比较优势的同时，也带来了很多负面效应。

（1）加大了企业成本压力，减少了企业经营利润。面对劳动力成本的较快上涨，大部分企业难以通过提升产品价格来应对，短期内也难以通过提升生产效率、转型升级等方式来缓解，这直接加大了企业特别是劳动密集型企业的成本负担，压缩了企业的利润水平。

（2）推高全球通货膨胀水平。从韩国和日本的经验来看，国内劳动力价格的上涨将在较长的一段时间内推高国内通胀水平，并抬高出口商品的价格指数。因此，劳动力成本的上升将对我国构成中期通货膨胀压力，并将通过国际贸易途径使内部压力"外部化"，从而推高全球范围内的通货膨胀水平。

（3）推高企业产品价格，削弱了企业市场竞争力。为应对劳动成本上涨，部分企业提高了产品销售价格，产品价格优势因此下降，企业竞争力也因此削弱。在当前内外需有所减弱的情况下，劳动力成本的提高将直接影响到产品成本，降低企业的市场竞争力，致使企业订单数量减少，企业用工趋于谨慎。

（4）少数企业减少接单，影响到企业正常经营。由于企业的议价能力差，成本上涨的压力不能转嫁到产品价格，一些订单价格甚至高于成本，企业因而不敢接订单或少接订单，对企业正常的生产经营造成影响，企业生产销售量也大幅减少。

与此同时，也应该看到，劳动力成本上涨在给企业生产经营带来消极影响的同时，也产生了一些积极作用。

一方面，"用工荒"倒逼中国经济加大转型力度，劳动力成本的持续上升会改变生产要素投入比例，增大资金、技术等生产要素的投入，有利于产业结构优化升级和提升产品附加值；另一方面，可以促使企业加强新产品研发力度，强化品牌意识，提高管理水平，提高产品附加值，增强自主创新能力，通过提高企业竞争力来应对劳动力成本压力。

劳动力成本上升也可以直接刺激国内消费的增长，劳动力成本上涨意味着居民收入增加，而收入增加将直接增强消费能力。相关研究表明，我国居民人均可支配月收入每提高 1%，将带动居民消费支出提高将近 0.73 个百分点，劳动力工资的上涨将有效释放国内的消费需求潜力。

四、如何进一步挖掘我国的劳动力成本优势

（1）引导企业转变观念，加快转型升级步伐。从长期看，随着社会经济的发展，劳动力成本上升是必然趋势，劳动密集型和低附加值的企业发展空间必定受限，根本出路是必须加快转型升级。建议各地政府积极引导企业转变观念，加大对传统行业企业技改的扶持力度，推动企业加快转型升级，不断提升自身技术创新能力和核心竞争力，提高产品附加值和科技含量，扩大赢利空间。

（2）切实落实好小微企业扶持政策。小微企业规模小，技术水平不高，抗风险能力低，在错综复杂的经济环境中，面临的压力和挑战更大，亟须在政策、资金、人力资源等方面给予大力扶持。建议各级政府深入贯彻和细化落实好中央和各地出台的小微企业优惠政策，切实减轻企业负担，缓解企业融资难题，促进小微企业健康良好发展。

（3）促进企业加强人文关怀。相关部门和工会要努力促进企业加强人文关怀，在增加薪酬进行激励的同时，采取提高福利待遇、改善工作环境、人性化关怀员工生活、增加培训时间、组织活动等多种方式增强员工归属感，减少人员流动，保持员工队伍稳定性。

（4）加快人才培养，实现人才供需的有效对接。企业的转型升级与专业技术人员密不可分。政府应增加公共投入，降低家庭和个人的教育和培训的支出比重。同时，要通过劳动力市场制度建设，矫正失灵的市场信号，提高人力资本回报率，引导家庭和个人对人力资本投资。要加快相关行业技术人才的培养，把教育培训和市场需求紧密结合，紧贴市场需求变化趋势，加大紧缺技工的培训力度，使之更好适应产业升级的人才需要。

（5）根据市场供求关系加强教育结构优化调整。当前，我国不同学历和不同劳动技能等级的劳动力就业压力分化明显，高技能劳动力需求缺口较大，而大学毕业生就业压力也较大，这说明当前大学教育与经济发展的需要不匹配，没有培养出足够的高技能等级的劳动者。应根据市场供求关系加强教育结构的优化调整。

（6）提升劳动者自身素质和就业竞争力。劳动者要认识到劳动技能素养的重要性，正确评价自己的能力，从多方面提升自身素质，积极参加培训，掌握适合市场需要的实用技能，提升自己在求职时的核心竞争力。

（梁达，2013）

第四章　劳动供给分析

　　每一个人都必须决定是否参与劳动，并且必须考虑一旦被雇用，计划工作多少时间，才能取得效用最大化。经济上的权衡取舍可以清楚地表述为：如果不工作，我们能够消费很多闲暇，但是我们就无法获得使生活更有意义的众多好而优的商品；如果工作，那么我们就有能力购买各种商品，但是我们必须放弃部分宝贵的闲暇时光。在本章中，我们使用劳动闲暇选择模型来分析静态的劳动力供给决策，即在某一时点上影响个人劳动力供给决策的决定。在第五章中我们将该模型加以扩展，探讨职业选择问题、生命周期时间安排决策，还要探索家庭生产与生育决策，最后对劳动时间作进一步的分析。

第一节　劳动供给概述

一、劳动供给的基本概念

　　劳动供给也可以称为劳动力供给，是指劳动力的供给主体（劳动者个人或家庭）在一定的劳动条件下自愿对存在于主体之中的劳动力使用权的出让；从量的角度说，劳动供给是指一个经济体（一个国家、一个企业、一个家庭）在某一段时期中，可以获得的劳动者愿意并能够提供的劳动能力的总和。要深入理解劳动供给概念，需要把握下面几个要点。

1. 个体决策

　　无论是全球性的、全国性的、地区性的，还是某个行业的、某个单位的可以获得的劳动供给，都取决于劳动供给方在一定条件下的供给决策。这样的决策由劳动供给主体，即一个个劳动者个人或家庭单独做出。因为在市场经济体制下，劳动者是寄寓于其身上的劳动力的法定的产权所有者，劳动者有充分的自由使用权和处置权，并有凭借直接提供劳务或出租劳动力使用权获得收益（即劳动报酬）的权利。任何限制其自由、克扣其收益的行为，法律上都将视为侵权。由此可见，对劳动供给的基本分析是建立在对劳动者个体的经济决策分析基础之上的。

2. 个体意愿

　　劳动力是劳动者的私有财产，劳动者是否愿意提供自己的劳动能力，取决于许多因素，因此劳动力供给的意愿性包含以下两个含义。

（1）劳动供给受到很多因素的影响，比如说当时的工资水平高低、工作时间长短、个人和家庭的经济状况、人口规模与结构等。在现行工资水平条件下，有一部分劳动者可能不愿提供劳动力，使得劳动力供给量不等同于劳动力资源数量，这主要取决于劳动者本人的供给意愿。

（2）劳动供给量不等同于劳动力的实际使用量（或称为实际就业人数），这就是说，在现行工资水平条件下，有一部分劳动者可能愿意提供劳动力，但因找不到工作而失业。这主要取决于劳动力市场的竞争和用人单位的选择意愿。因此，供给的量与质很大程度上受到劳动力供给者主观意愿的影响。

3. 时间要素

劳动供给的考察与劳动需求的考察一样也有时间方面的问题。劳动供给是劳动者在一定条件下愿意提供的劳动能力的总和，这种劳动能力的总和不仅包括劳动力的数量，还包括劳动者愿意提供的劳动时间和强度等。在理论分析中，与劳动需求的有关讨论相同，一般要进行抽象和简化。劳动经济学家通常假设所有劳动力供给都是满足社会规定的工作时间和工作效率要求的标准供给，即把劳动力供给等同于劳动力数量。

另外，劳动供给的分析在时间方面也有短期与长期之分。但是，劳动经济学探讨劳动力供给的短期和长期的划分并没有一个严格、确切的时间概念，二者只是相对而言。在短期劳动力供给分析中，一般假定人口规模是一定的，劳动力资源数量是不变的。在这样的总量约束下，一方面讨论劳动条件给定后，社会能够获得多大量的劳动力供给，各用人单位能够获得什么样的劳动力供给；另一方面，人们为了取得最大的效用如何决定其市场性劳动时间。长期劳动力供给则主要从人口的波动和劳动力资源供给的变化这一角度，预测未来某一时期的劳动力供给数量与结构。

📖 **课堂讨论**

被误读的民工荒

中国今天的民工荒，恐怕不是传统经济学里所讲的二元经济向一元经济并轨过程中，劳动力逐渐减少导致的劳动力短缺的问题。

要看到，中国是在长期的城乡分割的情况下发展城市经济的，在社会保障、劳动力市场的政策、公共服务等各个方面，进城的农民工长期接受的是歧视性待遇，低工资、低福利与农民工的贡献是不匹配的，这个被扭曲的价格信号在宏观上体现为工资的上涨速度远远落后于劳动生产力的提高速度。换句话讲，普通老百姓特别是农民工，没有充分分享到经济增长的成果。

长期下来，农民工的积极性受到影响。随着西部开发和中部崛起，加之经济危机中，国家在基础建设上的大规模投资，产生了大量的劳动力需求，稀释了长三角和珠三角这些传统的劳动力需求大区的劳动力供给数量。因此，我们看到的"民工荒"只是一个短期现象。

如果忽略了这个被扭曲的价格信号，而一味强调产业结构调整，最终会导致企业需求与劳动力的实际供给水平错位——产业升级必然促使劳动力需求往高端走，即对更为复杂的技术性工人的需求会增大。但是这类劳动者在市场上的供给严重不足，现实的劳动结构是仍然存在着大量低技能的农民工。

等到目前的大规模基础设施一结束，这些被稀释在中西部的劳动者们大批返回沿海地区，那时他们会发现，以前能干的活儿已经干不了，而高端劳动力的短缺矛盾，现在已经暴露无遗。因此，目前的民工荒，就是企业找不到具有高端劳动技能的人。最终结果是高技能的劳动力愈发短缺，而低技能劳动力完全找不到工作。所以，产业结构调整是必需的，但它不是一剂"万灵药"。

2010 年春节以后，我们在重庆的调研团队对农民工进行了访谈，受访的 60 多家经常外出打工的农民工，超过一半都回答说，之所以今年不想去了，因为"要工资低，要不技能跟不上"。

因此，我认为，人口老龄化趋势早晚会出现，民工荒也早晚会出现，但是这个民工荒与现在出现的所谓"民工荒"不是一回事，原因就在于此。同时，年龄结构的改变是一个平缓稳定的过程，也不会快速造成劳动力供给不足。

遭遇"用工荒"的企业通常通过增加工资、加强培训等短期方式，勉强渡过这个阶段。对企业来说，这种反应是理性的。但如果要真正从根源上解决问题，必须从户籍和土地制度上调整。我国的工业和服务业的国内生产总值已占到整个国内生产总值的 90%，但是城镇常住人口（包括在城市居住了半年以上的没有户籍的人）的占比，即城市化率只有 47%。一个国家的城市化水平只有 47%的时候就开始闹"民工荒"，这在全世界都没有过。这两个比例之间巨大的差额，足以说明中国现在的劳动力市场的状况，制度才是解决问题的关键环节。

（陆铭，2010）

思考讨论：民工荒是如何形成的？对厂商和劳动者会产生什么影响？

二、劳动供给函数

如果把影响劳动供给的各种因素（下一节说明）作为自变量，把劳动供给作为因变量，则利用函数关系来表示影响劳动供给的因素与劳动力供给之间的关系，这个函数称为劳动供给函数。以 S 表示劳动供给，以 x_i（$i=1$，2，$\cdots$，n）表示各影响因素，则劳动供给函数为

$$S=F（x_1，x_2，x_3，\cdots，x_n）\tag{4.1}$$

影响劳动供给的因素有许多，要完全揭示它们之间的关系几乎是不可能的。因此，只能从劳动力市场的角度考察几种最主要的关系。

如果只考虑劳动供给与市场工资率之间的关系，假设其他条件不变，市场工资率作为影响劳动供给的唯一因素，以 W 表示市场工资率，则可以把劳动供给函数表示为

$$S=F（W）\tag{4.2}$$

三、劳动供给弹性

劳动供给与工资率的关系中可以看到，当工资率变化时，劳动供给发生相应变动。劳动供给量变动对工资率变动的反应程度定义为劳动供给的工资弹性，简称劳动供给弹性。其计算公式为劳动供给量变动的百分比与工资率变动的百分比的比值。设 E_W 为劳动供给价格弹性，$\Delta S/S$ 为供给量变动的百分比，$\Delta W/W$ 为工资率变动的百分比，则有

$$E_W=\frac{\dfrac{\Delta S}{S}}{\dfrac{\Delta W}{W}}=\frac{\Delta S}{\Delta W}\Box\frac{W}{S}\tag{4.3}$$

通常在考察市场劳动供给时，劳动供给弹性值分布在零到无限大之间。根据劳动供给弹性的不同取值，一般将劳动供给弹性分为 5 类，如图 4.1 所示。

（1）供给无弹性，即 $E_W=0$。这种情况下，不论工资率如何变动（在劳动力市场分析的实际可能范围），劳动力供给量固定不变。无弹性的劳动力供给曲线是一条与横轴垂直的线，如图 4.1 中的 A。

（2）供给有无限弹性，即 $E_W=\infty$。这时工资率固定，而劳动力供给变动的绝对值无穷大。有无限弹性的劳动力供给曲线是与横轴平行的曲线，如图 4.1 中的 E。

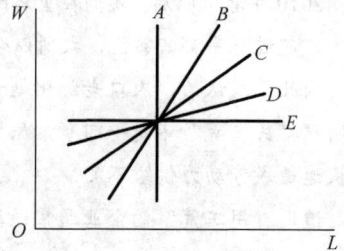

图 4.1　劳动力供给弹性

（3）单位供给弹性，即 $E_W=1$。在这种情况下，工资率变动的百分比与供给量变动的百分比相同。这时劳动供给曲线是与横轴夹角为 45°并向右上倾斜的曲线，如图 4.1 中的 C。

（4）供给富有弹性，即 $E_W>1$。供给量变动的百分比大于工资率变动的百分比。这时劳动供给曲线是一条向右上倾斜且较为平坦的曲线，如图 4.1 中的 D。

（5）供给缺乏弹性，即 $E_W<1$。供给量变动的百分比小于工资率变动的百分比。这时劳动供给曲线是一条向右上倾斜且较为陡峭的曲线，如图 4.1 中的 B。

四、劳动供给量的变动与劳动供给的变动

工资率虽然是影响劳动力供给变动的重要因素，但其他多种经济的、社会的因素也会对劳动力供给产生影响。因此，在考察劳动力供给时，需要注意区分劳动供给量的变动与劳动供给的变动。

劳动力供给量的变动是指在其他条件不变的情况下，仅由工资率变动所引起的劳动力供给量的变动。这种变动表现为在同一条劳动力供给曲线上的点的移动。如图 4.2 所示。通常情况下，当工资率提高时，劳动力供给量增加。反之亦然。

劳动力供给的变动是指在工资率不变的情况下，由其他因素（如企业规模、气候等）的变化所引起的劳动力供给量的变动。劳动力供给的变动表现为劳动力供给曲线的水平位移，如图 4.3 所示。工资率不变，由于其他因素的变化，如失业救济增加，则劳动供给曲线左移，即减少劳动供给。反之亦然。

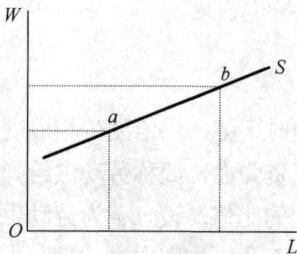

图 4.2　劳动力供给量的变化

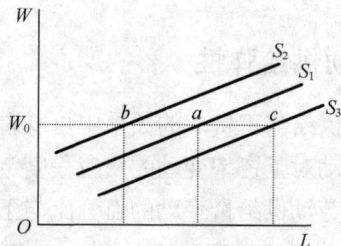

图 4.3　劳动力供给的变化

第二节 人口与劳动参与率

一、人口与劳动供给

人口是指生活在一定社会和一定区域的人的总和。从本质上说，人口是社会行为的主体，是一切社会生活的起点和基础。人口和经济、政治、伦理、宗教、地理、生态、环境等因素互相影响。人口包括一切有劳动能力和无劳动能力的人，而不管他们的年龄大小、健康状况如何以及是否参加劳动。人口是向国民经济提供劳动力的源泉。人口的数量和质量决定着劳动力资源及劳动力的数量和质量。

劳动适龄人口是指人口中处于劳动年龄的那一部分人口。并不是任何人都是劳动力的承担者，只有在一定成熟程度范围内的人才是劳动力的承担者，这个成熟程度就是年龄。成长到开始具备了劳动能力的年龄，是劳动年龄的下限。而当人继续成长到逐步衰老，开始丧失劳动能力的年龄，是劳动年龄的上限。

劳动年龄的上限和下限通常是由国家规定的。由于各国的国情不同，具体规定也有不同。从下限看，美国规定为 16 岁，日本、英国规定为 15 岁，我国把 16 岁规定为劳动年龄的下限。对于劳动年龄的上限，在我国是按法定退休年龄规定的，也就是把男性满 60 岁、女性满 55 岁作为劳动年龄的上限。劳动年龄的上限和下限不是固定不变的。随着生产的发展、教育水平的提高和对劳动力质量要求的提高，劳动年龄的下限会提高；随着人的体力劳动的减轻和寿命的延长，劳动年龄的上限也会有所提升。

一般来说，一个国家的劳动力供给规模取决于人口规模和参与劳动力市场活动的人口规模。人口规模与劳动力规模一般是正相关的。人口规模决定一个国家和地区劳动力资源的总量，从而也直接影响劳动力规模。一般来说，人口规模越大，劳动力供给规模越大。人口增长率的波动将引起劳动力资源的波动。

发展中国家，如果人口规模大，不但劳动力供给规模大，而且由于个人收入水平较低，低薪阶层的规模也很大，如中国和印度等人口大国的这种倾向尤其明显。在经济不发达的情况下，工资较低，从而低薪阶层的劳动力供给增加，劳动力呈现无限供给，而由于经济落后和就业岗位不足，导致许多劳动者处于失业的状态。在这类经济不发达国家中，一旦人口规模得到控制，个人收入水平提高，劳动供给量会减少，这对缓解城市的就业压力是有益的。

二、劳动力与劳动力资源

（一）劳动力的概念

劳动力，也称为劳动能力，是指一个人的身体即活的人体中存在的、生产某种使用价值时所运用的体力和智力的总和。对劳动力的理解可从以下几个方面进行。

（1）劳动力是人所特有的一种能力。自然界的任何能力，无论是风力、水力、畜力，还是电磁力、化学力、核动力以及计算机表现出来的人工智能，都不能称为劳动力。这些自然力不管有多么强大、多么精确，不管能在何种程度上代替人或者模仿人的劳动力，它们都只能是劳动手段，而不是劳动力。

（2）劳动力是存在于活的人体中的能力。劳动力的存在是以人的生命和健康为条件，也就是说，人是劳动力的承担者，但并不是任何人都是劳动力的承担者。只有到一定的成熟程度、具有一定的健康条件、能够参加社会劳动的人，才能成为劳动力的承担者，才具有劳动力。

（3）劳动力是人在劳动中所运用的能力。这就把人的劳动力和人的其他能力区别开来了。并非人的一切能力都是劳动力，劳动力只是人的能力的一部分，是人在劳动中运用和体现的能力，人在其他活动和交往中运用和体现的能力则不是劳动力。

（4）劳动力是人在劳动中运用的体力和智力的总和。劳动力由体力和智力两部分组成。人的躯体活动产生体力，人的头脑活动产生智力。躯体活动受到头脑活动的指挥和控制；而头脑活动要通过对躯体活动的支配来反映和实现。因此，一切劳动要同时耗费体力和智力，没有只耗费体力而完全不耗费智力的劳动，也没有只耗费智力而完全不耗费体力的劳动。

（5）劳动力是指具有劳动能力的人。各国关于劳动力的统计和分类虽不尽相同，但基本都是根据人口普查、劳动力调查等方法来统计和估算一国劳动力数量。

下面分别以中国和美国的劳动力分类为例加以说明。

图 4.4 说明了美国劳动力市场统计和分类的一些基本定义。美国的劳动力范畴包含以下几个基本概念：劳动力、非劳动力、就业者和失业者。

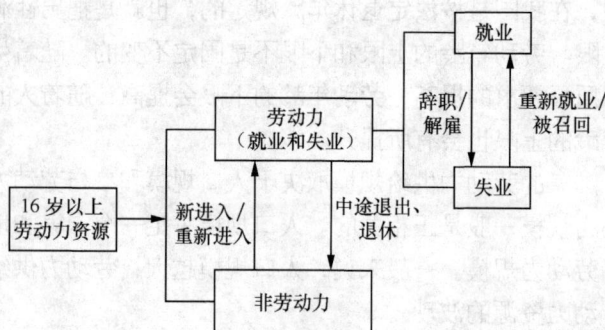

图 4.4　美国成年人口的劳动力分类

在美国，劳动力指 16 岁以上或者在工作，或者在积极地寻找工作，或者因为暂时失业而等待被召回的所有的人；劳动力中那些没有获得报酬职业的人被称为失业者。没有工作，并且不寻找工作，也不是因暂时失业而等待雇主召回的人，不算作劳动力。因此，总的劳动力包括就业者和失业者。

就业者这一概念在技术上被定义为：正在受雇用的那一部分劳动力。包括：①正在工作者；②有职业但并未工作的人。所谓"正在工作者"指为得到工资或利润而工作的人，或者在家庭或农场或行业中不领工资、每周工作 15 小时以上的人。"有职业但并未工作者"指现在不工作也不寻找工作，但本人有职业或企业，只是由于休假、疾病、劳动争议或恶劣气候而暂时缺工，或者由于种种原因而削减工时的人。

失业者这一概念在技术上被定义为：在调查周内没有工作，但在此以前四周内曾做过专门努力寻求工作，而在调查周内本人又适于工作的一切人。此外，失业者范畴还包括以下两类人：①没有工作又适于工作的，临时解雇后正等待召回的人；②没有工作又适于工作，正在等待且等待的时间达 30 天后可到工资不同的新岗位上报到的人。应该注意的是"调查周"在美国特指某一给定的周，这一给定周包括该月的星期六和星期天的时间段。

我国对劳动力范畴的统计分类目前在不断变化，总的趋势是逐步参考市场经济国家的统计分类，如图 4.5 所示。

劳动力资源的范围为：在劳动年龄内（16 周岁以上），有劳动能力，实际参加社会劳动和未参加社会劳动的人员。劳动力资源又划分为：经济活动人口和非经济活动人口。劳动力资源不包括在押犯人、在劳动年龄内丧失劳动能力的人员，以及 16 岁以下实际参加社会劳动的人员。

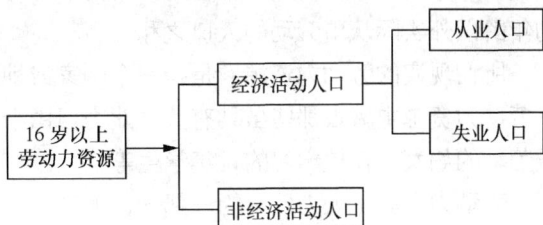

图 4.5　中国成年人口的劳动力分类

从业人员是指从事一定社会劳动并取得劳动报酬或经营收入的人员。而失业人员是指城镇失业人员，即指城镇常住人口中一定年龄以上，有劳动能力，在调查期间无工作，当前有就业可能并以某种方式寻找工作的人员。在城镇劳动力调查中对城镇 16 岁及以上，具有劳动能力并同时符合以下各项条件的人员列为失业人员：①在调查周内未从事为取得劳动报酬或经营利润的劳动，也没有处于就业定义中的暂时未工作状态；②在某一特定期间内采取了某种方式寻找工作；③当前如有工作机会可以在一个特定期间内应聘就业或从事自营职业。由此计算的失业率称为城镇调查失业率。另有一个反映失业状况的统计指标称为城镇登记失业率。根据国家统计局的定义，城镇登记失业率指城镇登记失业人口数量同城镇单位就业人数、城镇私营企业及个体就业人数和城镇登记失业人数之和的比。其中，城镇登记失业人口是指非农业户口，在一定的劳动年龄内，有劳动能力，无业而要求就业，并在当地就业服务机构进行求职登记的人员。如果失业人员未到就业服务机构登记求职，将不能纳入登记失业人口的统计范围。

从以上中国和美国有关劳动力范畴的统计分类可以看出，劳动力是一个相对概念，与各国的法律规定有关。世界各国根据自己的经济和社会发展状况、人口状况、教育制度、劳动力自身的生理特点等因素，规定了不同的就业年龄。大多数国家规定劳动年龄下限而无上限。我国过去实行计划经济，对最高就业年龄规定有上限，即男性为 60 周岁，女性为 55 周岁。当然，规定了劳动年龄的上限，并不是说超过这个年龄就不能劳动，而只是说，达到这一年龄，就有了领取退休金的资格。

（二）劳动力资源

劳动力资源总数是指在劳动年龄内，具有劳动能力，在正常情况下可能或实际参加社会劳动的人口数。劳动力资源是指能够从事各类工作的劳动力人口，它是劳动力人口的数量和其平均素质的乘积。

劳动力资源有数量和质量两个方面。所以，判断一国劳动力资源量的大小，不应只考虑它的数量，还应考虑劳动力人口所具有的平均素质。

劳动力资源还可分为潜在的劳动力资源和现实的劳动力资源。所谓潜在劳动力资源，是指一个国家或地区在一定时期内拥有的具有劳动能力的人口总体。在适龄劳动人口总体中，丧失劳动能力的人，如残疾人、精神病人等都不算劳动力资源。劳动年龄以外的未成年人和退休老人，一般不属于劳动力资源。但那些虽未达到劳动年龄而实际参加劳动的人，以及超过劳动年龄却仍在从事工作的人，也算作劳动力资源，如未成年工、重新被聘用的退休职工等都是劳动力资源。因此，潜在的劳动力资源等于劳动适龄人口中具有劳动能力的人口和劳动年龄以外实际从事劳动的人口之和。

所谓现实的劳动力资源，是指一个国家或地区实际可以动用的劳动力资源。它等于从潜在劳动力资源中减去那些虽具有劳动能力但由于种种原因没有从事社会劳动的人，如从事家务劳动的妇女、在校学习的青年学生等。

劳动力资源是人力资源的一部分，人力资源还包括尚未成为劳动力（主要指未达到劳动年龄的未成年人）但未来能够成为劳动力的人口。劳动力资源不等于劳动适龄人口，后者的划分标准只有一条，即劳动年龄的上下限。凡处于劳动年龄上下限之间的人口均属于劳动适龄人口；而劳动力资源除了劳动年龄这一标准之外，还有是否具有劳动能力这条标准。虽在劳动年龄的界限之内但不具备劳动能力的人口，不包括在劳动力资源的范围之内。此外，劳动年龄之外实际从事劳动的人属于劳动力资源，但不属于劳动适龄人口。

劳动力资源也不同于社会劳动力。社会劳动力是指一个国家或地区实际从事社会劳动的人口。显然，劳动力资源较广泛，而社会劳动力的范围较狭窄。在西方国家，把社会劳动力称为经济活动人口，是指参与生产各种产品和提供各种服务等经济价值的活动的人口。

三、劳动参与率

（一）劳动参与率的含义

劳动参与率是一个与劳动力供给相关的基本概念，它是衡量和测度潜在劳动力资源人口参与社会劳动程度的指标。劳动参与率是指一定时期内不论是就业的还是正在劳动力市场上寻找工作的人口的比例。广义劳动参与率可表示为在一定范围内的现实劳动力占该范围的潜在劳动力的比例，用公式表示为

$$劳动参与率 = \frac{现实劳动力}{潜在劳动力} \times 100\% \tag{4.4}$$

此外，广义的劳动参与率还有多种表达形式：如年龄劳动参与率、性别劳动参与率等，即

$$劳动参与率 = \frac{某年龄或性别现实劳动力}{该年龄或性别潜在劳动力} \times 100\% \tag{4.5}$$

在考察劳动力市场状况时，人们往往关注的是多少人绝对失业，而没有了解劳动参与率实际上是就业的另一个重要的相对指标。因此，把就业、失业和劳动参与率并重，同时进行研究，不仅对理解劳动力市场规律有很大帮助，也对宏观经济反周期政策的制定有重要的指导意义。劳动经济学在讨论劳动参与率时，出发点是劳动力的拥有者按照自己的偏好，在为获得收入而工作与放弃工作收入而享受闲暇（包括休闲娱乐、接受教育、操持家务、照料子女等）之间进行选择。劳动经济有关理论显示，随着经济发展，收入水平提高可能形成两种影响劳动参与率的效应：一是收入效应，即更高的收入使人们具有更强的闲暇要求，从而减少劳动供给；二是替代效应，即更高的工资水平提高了闲暇的机会成本，诱导人们增加劳动供给。经济史表明，个人由于人力资本禀赋、家庭背景、家庭其他成员的收入水

平以及性别、年龄和种族等方面的差异，对劳动参与具有不尽相同的选择偏好。表现为以下几种情况。

（1）在一定的年龄范围内，工作经历越长，越不容易失业；但达到了一定年龄后，退出劳动力市场的概率便增大。

（2）女性比男性更容易退出劳动力市场。

（3）受教育水平越高，健康状况越好，劳动力越不容易成为失业者和退出劳动力市场者。

（4）已婚者不容易成为失业者或退出劳动力市场。

（5）需要照顾的孩子越多，劳动力越容易失业和退出劳动力市场。

（6）处于离退休状态的人与成年就业者相比，越容易成为退出劳动力市场者；处于登记失业和下岗状态的人与成年就业者相比，越容易失业和退出劳动力市场。

关于劳动参与率与失业率关系的文献，主要有两种假说。一种是添加工人假说，该假说认为，当家庭主要劳动者失业时，为了弥补家庭收入的减少，家庭中那些作为辅助性劳动者的成员会加入寻找工作的行列。这就说明预期失业率的上升会提高劳动参与率。另一种是沮丧工人假说，该假说认为那些长期找不到工作的失业者，由于丧失信心而退出劳动力市场，与此同时，在正常情况下本欲进入劳动力市场的那些人，也会由于信心不足而延迟或放弃进入劳动力市场。因此这种预期失业率的上升会降低劳动参与率。

（二）影响劳动参与率的主要因素

劳动参与率只是测试和反映人口参与劳动程度的指标，它本身并不影响人口参与劳动。影响劳动参与率的因素是多方面的，一个社会的经济、文化、制度、风俗习惯等都会对劳动参与率发生影响，且各因素对劳动参与率的影响程度、影响方向也不一样。对于不同的劳动力供给决策主体，即使是同样的因素，其作用程度和方向也是不一样的，因而目前还无法准确计算出各因素对劳动参与率影响的大小。

现实中，各种社会经济因素对社会劳动供给的影响是通过社会劳动参与率来调整的，因此，影响劳动参与率的因素也就是影响社会劳动力供给的因素。影响劳动参与率的因素主要可以从以下十个方面进行分析。

1. 人口规模

前面已经分析，在其他条件不变的情况下，人口供给变化必然会引起劳动力供给的变化，但这种变化不是短期内可实现的。国家规定的就业年龄越小，退休年龄越大，潜在劳动力比例越大。当然也要等到人口达到法定劳动年龄后，才能对劳动供给产生影响。由于人口规模对劳动供给的影响在短期内不能马上实现，因此我们将其称为"滞后效应"，也就是说，人口规模只在长期内起作用。

2. 人口结构

人口对劳动力供给的影响除了表现在总规模上外，更主要表现在人口结构上。所谓人口结构，是指一个国家或地区在一定时期内人口的构成状况。人口结构按其所具有的属性来看，可分为人口自然结构、人口经济结构、人口社会结构、人口地域结构和人口质量结构。人口自然结构是根据人口的自然特征来划分的，它反映人口的自然属性，主要包括人口的年龄结构和性别结构；人口经济结构是根据人口的经济特征来划分和组合的人口结构比例关系，主要包括人口的产业结构、职业结构、收入分配结构、消费结构等；人口社会结构是根据人口的社会特征来划分和组合的人口结构比例关系，主要包括人口的民族结构、家庭结构、宗教结构等；人口地域结构是根据人口居住地的地域特征来划分的，主要包括城乡结构和区域结构；人口质量结构是根据人口素质的特征来划分的，主要包括身体素质结构和文化结构。

国际上对人口年龄结构构成划分为三种类型，即年轻型、成年型和老年型，具体标准见表 4.1。

表 4.1　不同类型人的年龄构成分类标准

	0-14 岁人口占总人口比例	65 岁以上人口占总人口比例	65 岁及以上人口与 0～14 岁人口之比	年龄中位数
年轻型	40%以上	5%以上	15%以下	20 岁以下
成年型	30%～40%	5%～10%	15%～30%	20～30 岁
老年型	30%以下	10%以上	30%以上	30 岁以上

一般来说，一个国家或地区的人口处于老年型人口结构或年轻型人口结构，则劳动力供给短缺。

拓展知识

表 4.2 是根据我国第六次人口普查公报中数据整理的年龄构成对比表，与表 4.1 对照，2010 年 11 月我国的人口年龄结构构成类型是哪种？

表 4.2　第六次、第五次人口普查年龄构成对比

	0～14 岁人口占总人口比例	15～59 岁人口占总人口比例	60 岁及以上人口占总人口比例	65 岁及以上人口占总人口比例
第六次人口普查数据	16.60%	70.14%	13.26%	8.87%
第五次人口普查数据	22.89%	66.78%	10.33%	6.96%

3. 教育体制与教育供给规模

劳动者受教育时间的长短对劳动参与率有直接的影响。从动态上看，劳动者受教育的年限增加，会相应减少就业的时间，从而降低劳动参与率；反之，受教育年限缩短，把可用于接受教育的时间用于就业，必然提高劳动参与率。国家的教育事业越发达，对国民的受教育程度要求越高，参加劳动的时间就相应减少；教育程度不同的劳动力工资率差别越大，劳动参与率越低，一定量总人口中潜在劳动力供给就越多。

4. 宏观经济状况

当经济总体形势好，处于高涨、繁荣状态时，经济增长率越高，就业机会越多，工资水平越高，就会有更多人有更强的就业欲望和信心，从而劳动参与率越高，社会劳动力供给越多。如果经济长期处于衰退状态，失业者长期找不到工作，就可能打击个人的积极性，失去寻找工作的耐心和意愿，这将使他们退出劳动力群体，从而使劳动参与率降低。

5. 工资政策及工资水平

按劳分配规律的一个重要内容是，以社会劳动为尺度，按照劳动者提供的劳动数量和质量分配个人消费品。简单劳动和复杂劳动在个人消费品分配方面要有差别，复杂劳动应折算为倍加的简单劳动获得更多的劳动收入，在此基础上形成较为合理的工资分配关系，从而成为劳动者及其家属提高自身素质的内在动力。在这种条件下，青少年将会延长学习时间，从而推迟进入劳动力市场的初始年龄，使劳动参与率水平下降或缓慢增长；反之，就会产生相反的效果。

工资水平是调节劳动力供给和劳动力需求的经济杠杆。工资水平变化是影响短期劳动力供给的主要因素。在市场经济条件下，工资水平直接影响劳动力供给，从而影响劳动参与率。从宏观上来看，工资水平越高，劳动力供给就会增加，从而劳动参与率越高；反之，劳动参与率越低。当然工资水平的变化对劳动供给的影响就个人而言，到底是促进劳动供给增加，还是使劳动供给减少，这要通过替代效应和收入效应的比较来分析。

6. 个人非劳动收入

在现阶段，劳动是人们谋生的基本手段，人们谋生对劳动的依赖程度取决于非劳动收入的变化。在实行生产要素按贡献参与分配的原则下，个人非劳动收入的增加，将会降低人们谋生对劳动的依赖程度，从而降低劳动参与率。

7. 家庭生产率的变化

居民家庭生产率是指居民从事家庭生产活动的效率，即居民在单位时间内从家庭生产活动中取得的效用。居民家庭生产率越高，从家庭生产的时代价值就越高，愿意向市场提供的劳动供给数量就越少，因而，在市场工资率一定的条件下，劳动参与率会降低。

8. 社会保障制度

社会保障制度会对劳动参与率产生直接的影响作用。劳动普及型社会保障制度会降低劳动参与率，就业型社会保障制度会刺激劳动参与率提高。长期以来，我国实行就业、工资、保障一体的社会保障制度，在这种制度下，意味着劳动者只有就业才能享受诸多待遇，其结果必然会刺激劳动参与率上升。

9. 社会分工程度

人们的商品观念越浓，社会分工程度越高，家务劳动社会化程度越高，人们从事家务劳动的必要时间就会越少，处于就业年龄女性的社会就业者就会越多，从而劳动参与率越高。

10. 其他因素

其他因素包括社会文化、风俗习惯等。我国政府一直鼓励城镇人口、妇女积极就业，从而造成这样的观念：只有就业，而且全工时就业，才算是充分实现人生价值。这对我国劳动参与率或多或少会产生一定的影响。

总之，社会劳动参与率受很多因素的影响。然而，具体到某一个国家或地区、某一时间段的劳动参与率，都要通过对各影响因素进行综合分析才能得到较为准确的估计。

从人口结构展望中国经济

据 2012 年 7 月 14 日《第一财经日报》报道（扬韬）第六次人口普查的详细数据已经正式发布，人口学者对这些数据做出分析后得出的结论是悲观的。尤其是远低于平稳世代更替的总和生育率，让一些专家发出了惊叹：假设中国人口趋势延续下去，从 2030 年起，每 30 年人口将减少 45%。这种悲观论调未必能成真，因为人口数量一定会有自身的调节因素。日本人口自 1990 年后就开始停滞不前，但迄今 20 年也并没有出现明显的人口下降。

但超低的人口出生率对中国经济的不利影响却即将发生：从 2013 年起，中国经济将因人口问题而进入一个新的变局。

中国人口的最大问题是：1990 年后出生人口直线下滑，按照六普数据，1990 年出生人口（六普存活，下同）有 2 800 万人，是所有年龄段中人口最多的。结合小学入学人数，我们可以发现，这个数据虽然存在一定重报，但人口数量的高峰却是实实在在的。

不过，2 800 万的人口却并不是什么大问题。从 1963 年起，中国人口维持了近 30 年的出生高峰期。这期间，每年出生人口平均超过 2 000 万人。其中，1968—1970 年和 1988—1990 年出生人口平均超过 2 600 万人。1990 年的人口高峰，就来自于 1963—1970 年期间的婴儿潮所形成的主力生育人群。

只是，婴儿潮果真像潮水一样，很快就退下去了。1995 年的出生人口，只有 1 802 万，比 1990 年减少 1 000 万人！此后出生的人口继续下降，1999—2003 年这五年期间出生人口，年均竟然不到 1 400 万人，比 1990 年的高峰要少一半！

这样的数据，让人无法释怀。从上世纪 60 年代起，中国经济和社会早已适应了每年新出生人口 2 000 万～2 500 万人的规模，社会资源配置也长期以此为准。但 1990 年后，新生人口越来越少，1996～2010 年，长达 14 年时间，没有任何一年新生人口（均指六普时生存人口）超过 1 600 万人，其中还有 4 年不足 1 400 万人。

由于 1990 年后出生人口急速下降，而中学招生人数不变，结果导致从 2006 年起，初中毕业后参加工作的人迅速减少，低端劳动力供给不足——2005 年，有 1 500 万孩子读完初中后进入社会，成为打工族，2009 年就只有不到 1 000 万人初中毕业之后出来工作。4 年时间，低端劳动力减少 500 万人，而退休人口维系在 1 000 万～1 300 万人之间，这就导致了所谓的"民工荒"。中国劳动力价格也正是从 2007 年之后逐渐上升的。

2014 年起，中国每年将有逾 1 700 万人进入退休年龄。届时，初中毕业出来工作的人员数量不足 800 万人，低端劳动力进一步匮乏。即便加上大学毕业的学生 600 万人左右，则实际劳动力将存在 200 万人以上的缺口。所谓的人口红利，将变成人口负债！那时候，劳动力价格将被迫上涨。中国制造的优势将荡然无存。

如此看来，2012 年并不是中国经济最糟糕的一年。2013 年，新婚人口急剧下滑，房屋需求下降；2014 年，新生人口开始下降，产科突然变得轻松了；2014 年，人口红利消失，新增劳动力不及退休人口多，低端服务业和制造业的工资水平将被迫上升；2017 年，年死亡人口突破 1 200 万；2018—2019 年，中国人口增长停滞，随后将进入人口负增长时期。

思考讨论：我国人口出生率下降对经济发展有何影响？

第三节　个人劳动供给分析

经济学家用于分析劳动力供给行为的典型框架通常被称为劳动与闲暇选择的新古典模型。该模型的目标是，分析决定某一个人是否工作，如果工作的话，他会选择工作多少时间才能实现效用最大化。本节我们通过闲暇与收入模型的分析，研究劳动者的个人劳动供给曲线，进而研究市场劳动供给曲线。

一、劳动和闲暇

劳动供给涉及劳动者对其拥有的既定时间资源的分配。劳动者拥有的时间资源是既定的，每天只有 24 个小时。劳动者在这固定的 24 个小时内，有一部分时间必须用于睡眠、吃饭以及其他方面而不能挪作他用。为了方便起见，我们假定劳动者每天必须花费 8 个小时在以上的几个方面。因此，劳动者可以自由支配的时间资源每天为固定的 16 个小时。

由上述假定，劳动者可能的劳动时间供给只能来自这 16 个小时之中，也就是说其最大的劳动供给为 16 个小时。设劳动供给量为 6 小时，则全部时间资源中的剩余部分为 10 个小时，我们将之称为"闲暇"时间。所谓闲暇是指可以用于各种消费活动的时间。若用 h 表示闲暇，用 H 代表劳动者的劳动供给量，很显然，$H=16-h$。因此，劳动供给问题就被看成是劳动者如何决定其固定的时间资源 16 小时中闲暇 h 所占的部分，或者说，是如何决定其全部资源在闲暇和劳动供给两种用途上的分配。

劳动者选择一部分时间作为闲暇来享受，选择其余时间作为劳动供给。前者即闲暇直接增加了效用，后者则可以带来收入，通过收入用于消费再增加劳动者的效用。因此，劳动者可以看成是消费者，他们在闲暇和劳动两者之间进行的选择，就是在闲暇和劳动收入之间进行选择，以满足自己效用最大化的愿望。

根据消费者需求理论，对特定商品和服务的需求受许多变量的影响，其中最重要的是受到商品和服务的价格、消费者的收入以及消费者对商品和服务的偏好的影响。根据此理论我们有如下预期。

（1）在保持所有其他情况不变的条件下，某种商品的价格越高，则消费者对该商品的需求就越低。

（2）在该商品为正常品的情况下，如果消费者的收入增加，消费者对该商品的需求增加。

（3）当消费者的偏好发生变化的时候，消费者对该商品的需求也会随之发生变化。

消费者需求理论可以用来分析劳动者的工作时间决策。在这里，"闲暇"被视为一种商品，闲暇就像任何其他的商品和服务一样可以为消费者提供效用和满足，因此，闲暇也有其自身的价格，这就是工资，即放弃劳动的代价。

二、偏好、效用和无差异曲线

（一）偏好

偏好代表了消费者对某种商品相对其他商品的心理愿望强度。偏好从性质上说属于主观的东西，受到种族、社会经济地位、职业以及个人性格等因素的影响。虽然偏好随不同的人而不同，但是研究者证明了人们在某个时间内对于他们所需求的商品和服务具有排序的能力，并且能够用尽量少的某种商品去交换其他的商品。

我们假定消费者必须在以下两种商品之间进行排序和选择：闲暇和从工作赚得的收入。闲暇可以带来直接效用，而收入可以通过购买商品消费而间接获得效用。由于闲暇和收入都能带来效用，那么它们在某种程度上可以相互替代。如果消费者被迫放弃一些收入，如缩短工作时间，那么闲暇时间的增加可以替代这部分失去的收入，并且仍然能够保持原有的总效用不变。事实上，消费者常常有着不同的闲暇与收入的组合，这些组合能够给他们带来相同的满足程度。

（二）效用

劳动与闲暇模型中的代表性个人可以从来自收入 Y（购买商品）和来自闲暇 h（不劳动）的消费中获得满足。个人收入与闲暇的理念可以用效用函数表示，即

$$U=F（Y, h）\tag{4.6}$$

效用函数可以把个人对商品与闲暇的消费转换为指数 U，用于测度满足或幸福水平。该指数被称为效用，U 的水平越高，此人就越幸福。我们假定购买的商品越多，或将更多的时间用于闲暇，就会提高个人的效用。在这里，收入 Y 与闲暇 h 都是好东西，而不是坏东西。

假设某人每周收入 1 000 元和 100 小时的闲暇，如图 4.6 中的点 A 所示，这一特定的组合为此人提供了特定水平的效用，比如说 20 000 个效用单位。很容易想象不同的收入与闲暇消费组合可能会产生同一水平的效用。例如，某人可能声称，对于她自己来说，是取得 1 000 元的收入和 100 小时的闲暇，还是 800 元的收入和 120 小时的闲暇都无差别。图 4.6 描绘了产生这一特定效用水平的许多 Y 和 h 的不同组合。此类点的轨迹被称为无差异曲线，并且，沿着该曲线的所有点的组合的效用都是相同的，都会产生 20 000 个效用单位。

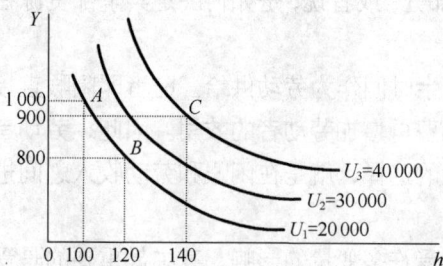

图 4.6　无差异曲线

假设此人选择 900 元的收入和 140 小时的闲暇（见图 4.6 中 C 点），这一组合会将此人推向更高的无差异曲线，产生 40 000 个效用单位。显然我们可以画出该效用水平的无差异曲线。简而言之，我们可以为每一效用水平构建一条无差异曲线。

（三）无差异曲线属性

无差异曲线的特性主要表现在以下五个方面。

1. 无差异曲线是向右下倾斜的

无差异曲线是向右下倾斜的，向某人提供更多闲暇时光，并且仍然保持效用不变的唯一方式就是减少部分收入所带来的商品的消费。

2. 较高的无差异曲线代表较高的效用水平

无差异曲线有无数条，任意两条无差异曲线之间可以有无数条无差异曲线。位于产生

40 000个效用单位的无差异曲线上的消费束优于产生20 000个效用单位的消费束。为了弄清这一点，请注意图中的点C必须比点B产生更多的效用，正是因为点C上的组合允许此人消费更多的商品与闲暇。

3. 无差异曲线不会相交

要想知道为什么，让我们假设无差异曲线如图4.7中所示的那样相交。因为点A和点B位于同一条无差异曲线上，在A和B之间个人效用将是无差异的。于是个人在点A与点B之间、点B与点C之间是无差异的，因此在点A与点C之间也是无差异的。但是点C显然优于点A，因为点C具有更多的商品与闲暇。因此，相交的无差异曲线与我们关于个人愿意消费更多的商品与闲暇的假设相悖。

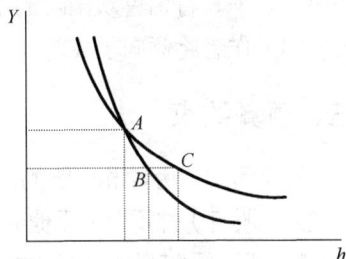

图4.7　无差异曲线的非相交性

4. 无差异曲线凸向原点

凸性反映了一种有关效用函数的形态的额外假设。关于这一点，可通过无差异曲线的负斜率来说明。

当某人在闲暇上多配置1小时或取得1元时，他的效用会发生什么变化？闲暇的边际效用被定义为：每增加1小时的闲暇活动所引发的效用变化，用MU_h表示。同样我们可以把收入的边际效用定义为：在用于闲暇活动的小时数不变的情况下，个人每增加1元收入所引发的效用变化，用MU_Y表示。因为我们已经假定闲暇和收入都是"商品"，从某种意义上说，它们能够使人们更加幸福，即闲暇和收入的边际效用都为正数。

假设效用不变，随着我们沿着无差异曲线移动，比如说从图4.6中的点A移动到点B，无差异曲线的斜率就可以测度某人愿意放弃某些闲暇时光，从而换取的额外的收入。但是，该斜率意味着，要此人放弃某些闲暇时光，需要付出多少元的损失。这可以通过下列公式加以展示，即无差异曲线的斜率等于：

$$\frac{MU_h}{MU_Y} = -\frac{\dfrac{\Delta U}{\Delta h}}{\dfrac{\Delta U}{\Delta Y}} = -\frac{\Delta Y}{\Delta h} \qquad (4.7)$$

无差异曲线的斜率的绝对值，也被称为消费的边际替代率，是闲暇与收入边际效用的比率。

5. 劳动者偏好的差异使无差异曲线陡峭程度不同

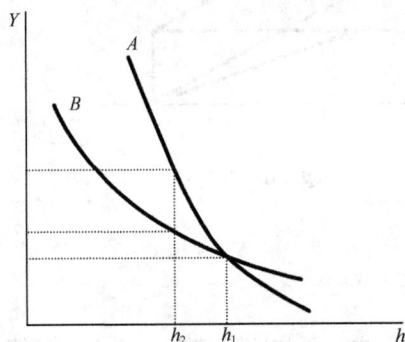

图4.8　劳动者偏好的差异

图4.6中的无差异曲线显示的是某一特定工作者估计的闲暇与消费的替换关系，不同的劳动者对该替换关系会做出不同的估价。有些人可能愿意把大量的时间和努力奉献给工作，而有些人则偏好于把大部分时间用于享受闲暇。这些表现在偏好方面的差异意味着不同劳动者的无差异曲线是完全不同的。

图4.8显示的是两位工作者的无差异曲线：劳动者A的无差异曲线非常陡峭，表明她的边际替代率的价值很高。也就是说，需要相当大数额的收入才能说服她放

弃额外 1 小时的闲暇，说明劳动者 A 非常偏好闲暇；而劳动者 B 的无差异曲线相对平坦，表明她的边际替代率的价值较低。因此，B 并不要求大笔收入以说服她放弃额外 1 小时的闲暇，说明劳动者 B 偏好劳动。

表现在"工作偏好程度"方面的人际之间的差异显然是一个人做出劳动力供给决策的重要决定因子。特别喜欢闲暇的工作者将倾向于工作较少的时数，而没有将闲暇时间附加很高价值的工作者将倾向于成为"工作狂"。

三、预算约束

劳动者对于劳动和闲暇的消费当然会受其时间和收入的约束。劳动者收入的一部分（如财产收入、股息）并不取决于他劳动多少小时。我们用 V 表示这种"非劳动收入"；H 表示他在给定时期内配置到劳动力市场中的小时数；W 表示小时工资率。则其预算约束可以表示为

$$Y=WH+V \qquad\qquad (4.8)$$

即总收入必须等于劳动收益（WH）与非劳动收入（V）之和。

正如我们在前面论述过的，工资率在劳动力供给决策中起着关键性作用。起初我们假定工资率不变，因此无论他工作多少小时，他都接受相同的工资率。事实上，"边际"工资率（也就是说，工作最后 1 小时所获得的工资率）一般取决于一个人工作多少小时。每周工作时间超过 40 小时的人们通常会收到加班费，并且兼职工作的工资率往往低于全日制工作。

以上方程可以用一条直线的形式来表示，如图 4.9 所示。线性预算线有以下几个特征。

（1）预算线的斜率为负，表示随着闲暇增加，收入会下降。

（2）预算线的斜率为负的工资率。每一小时的闲暇都有一定的价格，并且该价格是由工资率给定的。即增加一小时的闲暇所放弃的收入等于减少 1 小时的工资。

（3）工资率水平越高，预算线斜率的绝对值越大，即越陡峭。

（4）存在非劳动收入时，预算线向上平移。如图 4.9 所示，图中的点 F 表明，如果此人决定完全不工作，并且把 T 小时花费在闲暇活动上，他仍然可以购买价值 V 元的消费品。点 F 将被称为馈赠点。

（5）最大购买力由预算线与纵轴交点决定。如果该劳动者放弃他的所有闲暇活动，他会就停止在预算线的截距上，并且能够购买（$WH+V$）元价值的商品。

位于预算线之下的消费与闲暇组合对工作者而言是可获得的；位于预算线之上的消费与闲暇组合对工作者而言是不可获得的。因此，该预算线描绘了劳动者的机会集的边界，也就是说，该劳动者能够支付得起购买所有消费品的集合。

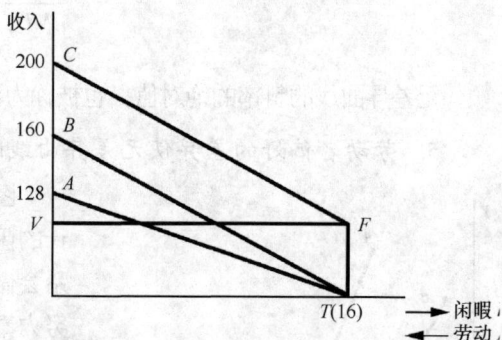

图 4.9　预算线

四、劳动与闲暇决策

假设劳动者希望选择特定的能够使他的效用达到最大化的收入与闲暇组合。给定由预算

约束所强加的限制，这意味着他将选择收入和闲暇活动的水平，这些活动会引向效用指数 U 的最高可能水平。

（一）均衡决策

如图 4.10 所示，预算线 TH，没有非劳动收入，每小时 8 元的市场工资率，三条效用曲线，位置越高效用越大。如何在工作与闲暇活动之间进行配置，才能获得最大效用呢？

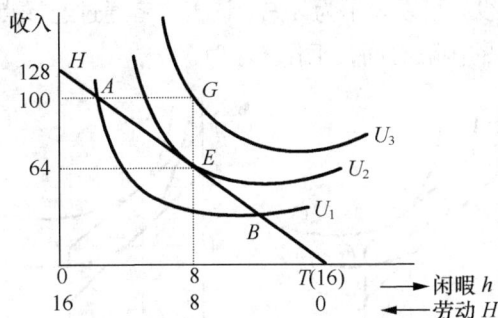

图 4.10　劳动与闲暇的最佳组合决策

点 E 为效用最大化的劳动者所选择的劳动与闲暇时数的最优组合。对于劳动者来说，能够获得的最高无差异曲线会使他位于点 E 并获得 U_2 单位的效用。因此，该工作者每天消费 8 小时的闲暇，工作 8 小时，获得收入 64 元。该劳动者显然偏好位于无差异曲线 U_3 上的消费束，因为它能够提供更高水平的效用。例如，该工作者会偏好点 G，在该点，他每天工作 8 小时，并且能够购买价值 100 元的商品。然而，给定他的每小时 8 元的工资率，该劳动者绝不可能支付得起这一消费束。相比之下，他可以选择诸如点 A 这样的点，该点位于预算线上，但是他却不愿意这样选择。因为他在点 A 获得的效用低于点 E。因此，对工作者来说，收入与闲暇的最优消费是由预算线与无差异曲线相切的那一点决定的。这一类型的解决方案被称为内部解决方案，因为该劳动者并不位于机会集的两个拐角（也就是说，在点 H，可以把所有可获得的时数用于工作；在点 T，则根本不工作）。

在最优点 E，预算线与无差异曲线相切，无差异曲线的斜率等于预算线的斜率，这意味着：

$$MRS_{hY} = \frac{MU_h}{MU_Y} = W \tag{4.9}$$

因此，在选定的消费和闲暇水平上，边际替代率 MRS（即一个人愿意放弃闲暇时数来交换额外消费的比率）等于工资率（即市场愿意让该工作者用 1 小时的闲暇时间替代消费的比率）。这一条件背后的经济直觉比较容易把握，如果我们把它改写为

$$\frac{MU_h}{W} = MU_Y \tag{4.10}$$

在式（4.10）中，MU_h 为从多消费 1 小时的闲暇中所获得的额外效用，这额外的 1 小时的成本是 W 元。因此，式（4.10）的左边为通过在闲暇上多花费 1 元而获得的效用数量。MU_Y 为在劳动上多得 1 元所获得的效用数量。图 4.10 中的点，意味着花费在闲暇活动上的最后 1 元，能够购买与他花费在劳动上的最后 1 元相同数量的效用。如果这一相等没有被保持，该工作者就无法达到效用最大化。他可以重新安排劳动闲暇计划，以购买更多的每一元能够得到更

多效用的商品。在 A 点，劳动者心理上的时间价值大于市场工作的时间价值（MRS $> W$），因此增加闲暇可以增加效用。而在 B 点，正好相反，应该减少闲暇。

（二）非劳动收入变化时，工作时数发生的变化

图 4.11 显示的是，在工资保持不变的情形下，当该工作者非劳动收入 V 增加时，工作时数发生的变化。起初，该工作者的非劳动收入每天为 10 元，这是与馈赠点 F_0 相关的。给定该工作者的工资率，预算线就可以表示为 A_0F_0。该工作者通过选择点 E_0 的消费组合可以达到效用最大化，消费 8 小时的闲暇时间，工作 8 小时。

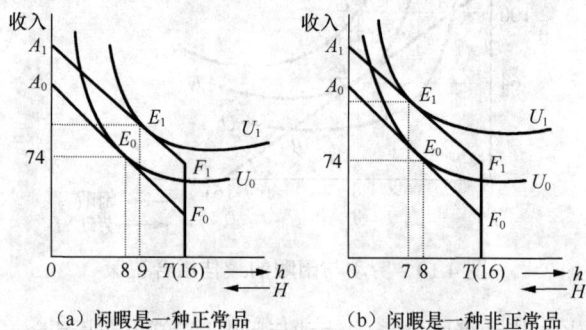

图 4.11　非劳动收入变化对劳动决策的影响

若非劳动收入增加到每周 20 元，就会使馈赠点向 F_1 移动，因此新的预算线为 A_1F_1。因为该工作者的工资率保持不变，所以由点 F_1 引出的预算线的斜率与点 F_0 引出的预算线之斜率相等。在工资保持不变的情形下，非劳动收入的增加，通过平行移动预算线就可以扩展该工作者的机会集。

非劳动收入的增加使得该工作者可以跃向更高的无差异曲线，比如图 4.11 中的点 E_1。非劳动收入的增加会使得该工作者改善其经济状况，毕竟机会集的扩展为该工作者提供了许多额外的机会。图 4.11（a）中的点 E_1，意味着，新增的非劳动收入既能提高消费品的支出，又能增加闲暇时数。其结果是，每天工作的长度会下降到 7 小时。图 4.11（b）中的点 E_1，意味着，新增的非劳动收入会减少对闲暇时数的需求，将每天劳动的长度增加到 9 小时。在工资保持不变的情形下，非劳动收入变化对工作时数的影响被称为收入效应。

图 4.11 中的两组情形都画出了"合法的"无差异曲线，在两组情形中都有向右下倾斜的曲线，它们不会相交，并且凸向原点。因此我们似乎无法预测非劳动收入的增加是如何影响工作时数的，除非我们对于无差异曲线的形状作出额外限制。我们所作出的额外限制是：闲暇是"正常商品"（与闲暇作为"低档商品"相对应）。

当收入增加，所有商品的价格保持不变，而对该商品的消费增加时，我们将此商品称为"正常商品"；而当收入增加，商品的价格保持不变，对该商品的消费减少时，我们将此商品称为"低档商品"。如果我们必须对闲暇到底是正常商品还是低档商品的问题作出回答，我们中的大多数人也许会得出闲暇活动是一种正常商品的结论。也就是说，如果我们更加富裕，我们当然会需要更多的闲暇。所以，如果假定闲暇是正常商品，此时的收入效应为负，即因此收入效应意味着，在工资率不变的情况下，随着非劳动收入的增加，工作时数会减少。用公式表示为

$$收入效应 = \frac{\Delta H}{\Delta Y} < 0 \qquad (4.11)$$

（三）工资率变化对工作时数的影响

考虑当非劳动收入保持不变，工资从每小时 10 元增加到每小时 20 元的情形。工资增加会使预算线绕着馈赠点旋转，如图 4.12 所示。预算线的旋转会使得机会集从 FA 移动到 FB。

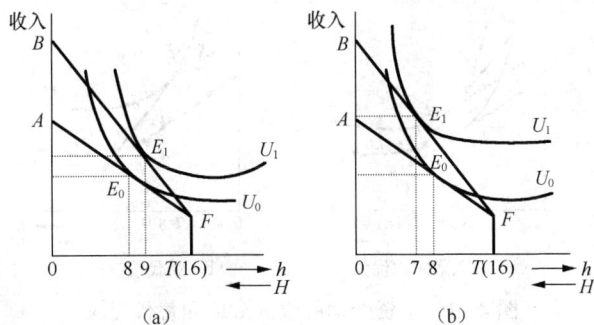

图 4.12　工资率变化对劳动的影响

图 4.12 中所展示的两种情况描绘了工资的增加对工作时数所产生的潜在影响。在图 4.12（a）中，工资的增加会使最优消费组合从点 E_0 移动到点 E_1。在新的均衡点，个人会消费更多的闲暇，从 8 小时增加到 9 小时，从而使工作时数每天从 8 小时减少到 7 小时。

然而，图 4.11（b）描绘了相反的结果，工资的增加再次使该劳动者达到一条更高的无差异曲线，并且最优消费组合会从 E_0 移动到点 E_1。然而这一次，工资的增加减少了闲暇时数（从 8 小时减少到 7 小时时）；从而使工作日的长度从 8 小时增加到 9 小时。

由于工作时数与工资率的关系不确定，由此我们可以引入在经济学中发挥重要作用的工具和理念。图 4.12 所示的两种情况表明，无论工作时数怎样变化，工资的增加都会扩展该工作者的机会集。也就是说，一位工作者在每小时挣 20 元时比她每小时挣 10 元时拥有的机会更多。我们知道，收入的增加会提高对所有正常商品的需求，包括闲暇。因而工资的增加会提高对于闲暇的需求，从而减少工作时数。这是收入效应。

但是，这并不是所有的变化。工资的增加也使得闲暇变得更加昂贵了。当该工作者每小时挣 20 元时，她每增加 1 小时的闲暇享受，同时就放弃了 20 元的潜在收入。其结果是，闲暇时光对于高工资的工作者来说，是一种非常昂贵的商品；而对低工资的工作者来说，则是一种相对便宜的商品。因此，对于高工资的工作者来说，具有削减其闲暇活动消费的强烈激励。因而工资的增加会减少对闲暇的需求，从而增加工作时数，这是替代效应。替代效应可以定义为

$$替代效应 = \frac{\Delta H}{\Delta W} > 0 \qquad (4.12)$$

工资变化既会产生收入效应，也会产生替代效应，这是工作时数与工资率之间关系不确定的根本原因。至于哪种效应占上风，要具体情况具体分析。一位高工资的工作者想享受其高收入的回报，因而愿意消费更多的闲暇。然而，同时他又会发现闲暇是非常昂贵的，他可能支付不起减少工作时数的代价。

这两种效应如图 4.13 所示。正如我们前面所论述过的，起始工资率是每小时 10 元，该

工作者通过选择由点 E_0 所给定的消费束，可以使他自己的效用达到最大化，在点 E_0 他每天消费 8 小时的闲暇，工作 8 小时。假设工资增加到每小时 20 元，如同我们论述过的，预算线就会发生旋转，新的预算线由点 E_1 给定。这时该工作者消费 9 小时的闲暇并且工作 7 小时。她在较高的工资率水平上减少了工作时数。

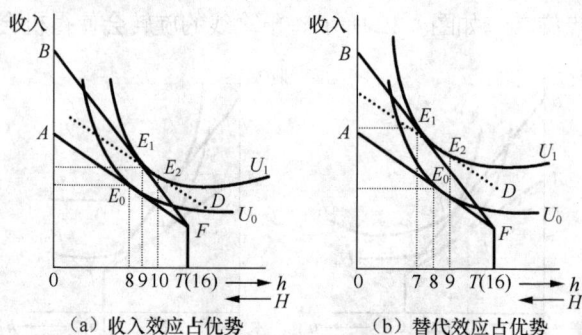

图 4.13　工资变动的收入效应和替代交应

我们可以把从点 E_0 向点 E_1 的移动分解为两阶段的移动。这两个阶段与我们有关工资的增加会引发两种效应的讨论完全一致，即它可以增加该工作者的收入，并提高闲暇的价格。

为了分析收入效应，假设我们画一条与旧的预算线平行的新预算线（使其斜率也为-10元），但是与新的无差异曲线相切。该预算线 D 如图 4.13（a）所示，并且产生了一个新的相切点 E_2。从起初的位置点 E_0 到最终的位置点 E_1 的移动，可以被分解为从点 E_0 到点 E_2 的第一阶段移动，和从点 E_2 到点 E_1 的第二阶段移动。很容易看出，从点 E_0 到点 E_2 的移动是收入效应。尤其是，从点 E_0 到点 E_2 的移动来自该工作者收入的变化，而工资保持不变。收入效应离析了由工资增加产生的额外收入所引发的消费组合的变化。因为闲暇和商品都是正常商品，点 E_2 必须位于点 E_0 的东北方向（以使对商品和闲暇的消费更多）。收入效应由此增加了对闲暇的需求（从 8 小时增加到 10 小时），并减少了工作时数（每天减少 2 小时）。

点 E_2 到点 E_1 的第二阶段移动被称为替代效应，它表示随着工资的增加，在效用保持不变的情况下，最优消费组合所发生的变化。沿着一条无差异曲线移动，该工作者的效用或者"真实收入"是保持固定不变的。替代效应由此解释了在真实收入保持不变的情况下，闲暇价格上升对工作时数的影响。

从点 E_2 到点 E_1 的移动会产生从闲暇时间中转向消费其他商品的一种替代。随着工资的上升，工作者会把较少的时间花费在相对昂贵的闲暇活动上（闲暇时间从 10 小时减少到 9 小时），并且增加他对商品的消费。由于存在着替代效应，工资的增加会减少对闲暇的需求，并且使工作时数增加 1 小时。因此，替代效应意味着，在真实收入保持不变的情况下，工资率的上升，将增加工作时数。

如图 4.13（a）所示，由收入效应（2 小时）引发的工作时数的减少，超过了与替代效应相关的工作时数的增加（1 小时）。较强的收入效应由此会引发工作时数与工资率之间的一种负相关关系。

在图 4.13（b）中，收入效应（仍然是从点 E_0 到点 E_2 的移动）会使工作时数减少 1 小时，而替代效应（从点 E_2 到点 E_1 的移动）会使工作时数增加 2 小时。因为替代效应占据优势，在工作时数与工资率之间存在着一种正相关关系。

我们已经清晰地解释了工作时数与工资之间关系不确定的原因。随着工资的上升，人们的消费组合更大，收入效应可以增加对闲暇的需求，并减少劳动力的供给。然而，随着工资的上升，闲暇也变得更加昂贵了，由于替代效应会对工作者产生激励，促使他们从对闲暇的消费转向其他类型的消费活动。这一移动可以释放闲暇时数并增加工作时数。

工作时数与工资率之间的关系可以总结如下。

（1）如果替代效应的强度超过收入效应，那么工资率的提高将增加工作时数。

（2）如果收入效应的强度超过替代效应，那么工资率的提高将减少工作时数。

课堂讨论

劳动与闲暇：法国人的两难选择

据 2005 年 3 月 29 日《第一财经日报》报道（程实）"天堂"慢慢变成了法国人的回忆。2005 年 3 月 22 日，法国国会以压倒性多数通过了一项新法案，对每周 35 小时工作制进行改革。提交法案的拉法兰政府希望以此来保持法国经济的竞争力，鼓励大家"多工作多拿钱"。然而新法案却引起了法国民众的强烈不满，他们已经习惯于支配丰富的休闲时光，拒绝牺牲休息的权利。于是乎，种种反对的言论遍布街头巷尾。

的确，自工业革命以来，随着劳动生产率的不断提高，减少劳动时间一直是大势所趋。技术进步让人们通过较少的劳动生产出了较多的产品，并享有了较多的闲暇。乍看之下，法国增加劳动时间的行为似乎是"倒行逆施"，既有悖于人伦，又违反了社会发展的客观规律。

其实不然，法国此举不仅本身颇有苦衷，而且实质上也有利于法国人民的长远利益。与美国近来表现出的强劲复苏势头不同，欧盟经济依旧深陷泥沼。去年 5 月历史性东扩带来的体制负担更加深了欧盟内部的不和谐因素，产业结构调整中的阵痛让欧盟各国不得不各自寻觅经济自救的方法。3 月 20 日欧盟 25 国财政部长特别理事会在布鲁塞尔就欧盟《稳定与增长公约》的改革达成了初步协议，同意成员国在特殊情况下其财政赤字比例可以超标，这给各国通过赤字财政扩张经济提供了契机，但政府对总需求的刺激也需要总供给的同步增加才能显现效果，因此，增加劳动时间正当其时。

面对积重难返的经济困境，法国不能指望货币政策调控奇迹的发生。经济增长最终依赖的不是货币因素，而是实物因素，唯有投入更多的劳动才能生产出更多的商品。事实是，习惯于休闲的法国人三天打鱼两天晒网，平均起来，一年中有三分之一的时间是不用劳动的。减少闲暇，法国的经济才有起死回生的可能，法国人民的长远利益才能得以保障。

劳动和闲暇是一种两难的选择，而在国家经济陷入低谷时增加劳动、减少闲暇，绝对是帮助国家、拯救自己的"利国利民"的上上之举。

其实，从经济学角度看，法国政府在财政扩张的同时增加工时实际上是对古典经济学和凯恩斯经济学的完美糅合。大萧条后，大红大紫的凯恩斯主义总是告诫人们"需求创造了供给"，法国扩大政府支出的赤字财政正是响应凯恩斯号召的总需求政策；但 20 世纪 70 年代的"滞胀"打破了凯恩斯神话，对古典经济学的回归越发成为一种时尚，萨伊"供给创造需求"的金玉良言又重新在决策者耳边响起，法国增加工时正是重回古典主义的总供给政策。双管齐下使得总供求在政府调控的双重刺激下将更可能引领法国驶入经济复苏的快车道。

当然，追求舒适是人类与生俱来的本性，法国民众对增加工时的反感也是情有可原。但如若不然，经济的疲软将让法国人更加享受不到天堂的阳光。至少，现在的牺牲换来的是无尽的希望，正如《肖申克的救赎》里的经典台词："有希望，才能看见天堂。"

思考讨论：劳动与闲暇的选择为什么如此艰难？

五、非劳动参与及保留工资

我们对非劳动收入、工资率以及工作时数的分析都假定该工作者在非劳动收入和工资变化之前和之后都在工作，然后，工作时数适应机会集的变化。但是，究竟是什么因素驱动一个人进入劳动力市场呢？

要描述工作决策的本质，我们考虑图 4.14 的情形。该图显示了穿越馈赠点 F 的一条无差异曲线，该无差异曲线表明，一个根本不工作的人可以得到 U_0 单位的效用。然而，该劳动者可以选择进入劳动力市场，并且"廉价卖掉"他的部分闲暇时间。于是，是否工作的决策浓缩成一个简单的问题，即"交易条件"工资或者说闲暇价格是否足够具有吸引力，让他进入劳动力市场？

假设最初该工作者的工资率为 W_1，因而他的预算线如图 4.14 的预算线 GF 所示。该预算线上没有一点能够给予他比 U_0 更多的效用。如果他打算从馈赠点 F 移动到预算线 GF 上的任何一点，他就会移动到一条较低的无差异曲线上。例如，在点 A，他将只能获得 U_1 的效用。因此，在工资 W_1 水平上，他选择不工作。

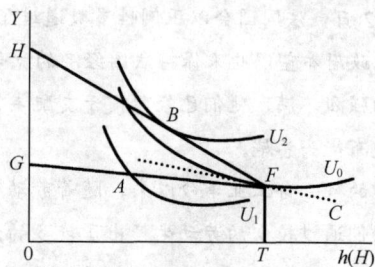

图 4.14　非劳动参与及保留工资

若劳动者选择非劳动，根据图 4.14 所示，他可表现为以下特征：首先，此人的无差异曲线可能特别陡峭，闲暇的价值更被看重。闲暇对收入的边际替代率很大，意味着他非常愿意放弃实际收入以换取闲暇或非劳动时间（他可能是年轻人，把时间用在学习上更重要）；其次，注意非劳动收入 TF 的作用，或许这种非劳动收入是以家庭内部转移的方式；最后，相对平坦的预算线 GF 表明他在劳动市场的工资率很低。此时选择不劳动，享受完全闲暇，效用更高，如 U_0。

与此相对应，假设工资率为 W_2，因而他的预算线如图 4.14 中的预算线 HF 所示。这条较高的预算线上存在许多点，允许增加他的效用。例如，在点 B 上，他可以获得 U_2 的效用。因此，在工资 W_2 上，选择工作会使境况得以改善。

图 4.14 使我们引入保留工资的概念。对于有些人为什么加入劳动市场，有些人选择不加入，保留工资的概念是非常有用的。简单地说，保留工资是一个人选择不工作的最高工资率，或者是个人决定工作的最低率。如图 4.14 所示，当非劳动收入为 TF 时，保留工资是与无差异曲线 U_0 在点 F 处的切线（图 4.14 中虚线 C）的斜率相等的工资率。在这一工资率下，工作与闲暇的价值相同。如果市场工资率低于该保留工资，他会选择不工作。或者说，此时选择工作会使他的福利降低。相反，如果市场工资率高于工资率，这会使他成为市场劳动参与者，此时，工作价值大于闲暇价值。

保留工资的定义意味着，高保留工资会使得一个人不大可能进入劳动力队伍，该保留工资通常取决于他对工作的偏好程度，它取决于无差异曲线的斜率，也取决于许多其他因素。

例如，假定闲暇是一种正常商品，它意味着保留工资会随着非劳动收入的增加而上升。因此，更高水平的非劳动收入会使保留工资提高，使得一个人不大可能参与到劳动力队伍中。该结论背后的直觉非常明显，因为随着非劳动收入的增加，工作者将消费更多的闲暇，需要更高的工资来说服高收入者进入劳动力市场。

总之，该理论意味着，在工作者的工资率与工作的概率之间存在着一种正相关关系。工资的增加对工作时数的（在理论上不确定的）影响，取决于收入效应和替代效应何者占据优势。

六、劳动供给曲线

工作时数与工资率之间的预测关系被称为劳动力供给曲线。下面我们从个人劳动供给曲线和市场供给曲线两个角度进行分析。

（一）个人劳动供给曲线

个人劳动供给曲线的推导见图 4.15 的描述。图 4.15 显示劳动者可在可替换的许多工资率下的最优选择。若保留工资为 W_0，在该工资水平，他选择工作与不工作是无差异的。因此，他一般不会选择工资低于 W_0 的工作。一旦工资上升到超过 W_0 的水平，他就会选择工作若干时数。但当工资水平超过 W_2 后，劳动时间反而减少。这意味着，替代效应在低工资水平上占据优势，而收入效应在高工资水平上占据优势。

图 4.16 是劳动力供给曲线、最优工作时数与工资率之间的关系。劳动力供给曲线的斜率会随着工作时数和工资率一起移动而呈现正值。然而，一旦工资上升到超过 W_2 时，收入效应就占据优势，工作时数会随着工资的上升而下降，创建出具有负斜率的劳动力供给曲线的那一线段。这种特征的劳动力供给曲线被称为向后弯曲的劳动力供给曲线，因为它最终会向后弯曲，且斜率为负。

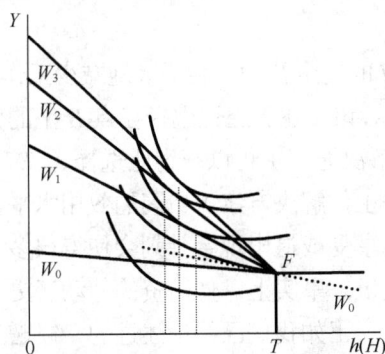

图 4.15　劳动与闲暇的最优决策　　　图 4.16　个人劳动供给曲线

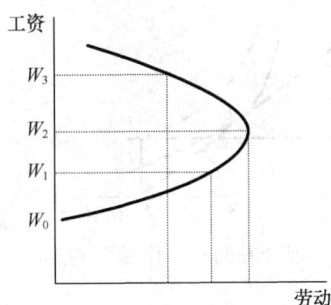

（二）市场劳动供给曲线

将所有单个劳动者的劳动供给曲线水平相加，即得到整个市场的劳动供给曲线。尽管许多单个劳动者的劳动供给曲线可能会向后弯曲，但劳动的市场供给曲线却不一定如此。在较高的工资水平上，现有的工人也许提供较少的劳动，但高工资也会吸引新的工人进来，因而总的市场劳动供给一般还是随着工资的上升而增加，从而市场供给曲线仍然是向右上方倾斜的。应该注意的是，以上结论是在完全竞争的市场结构可下得到的。因为在完全竞争的市场结构下，劳动者可以自由进出劳动市场。工资率提高可能会使一部分原来就在这个市场上竞争的人减少劳动供给，但同时又会吸引一部分本来不在这个市场上的人进入这一市场，从而使劳动供给总量最终会呈现增大趋势，即市场劳动供给曲线向右上方倾斜，表现为正斜率。

第四节　劳动供给政策的应用

一、福利计划与工作激励

收入维持计划，例如对贫困家庭临时救助计划，对受益者工作激励的影响，一直是人们激烈争论的议题。

（一）现金补助与劳动供给

为了论述福利计划对工作激励所产生的影响，我们先论述只向符合资格条件的人们提供现金补助的福利计划。假定符合条件的人们（例如失业者）每月得到 300 元的现金补助，只要他们一直处于劳动力队伍之外。如果这些失业者进入劳动力市场，政府就会假定他们不需要公共援助，就会立即将他们剔除福利名单（不论他们挣多少收入）。

现金补助计划对工作激励的影响如图 4.17 所示，在没有福利计划的情况下，预算线是由 FG 给定的，该工作者每天消费 8 小时的闲暇，工作 8 小时。

为简化起见，假定该失业者并不具有任何非劳动收入，于是对不工作者 300 元的现金补助会将点 H 引入到该机会集中。在该点上，不工作的话，他就可以购买价值 300 元的消费品。然而，一旦他进入劳动力市场，福利补助就会被取消，并且该机会集会转回到起初的预算线 FG。

位于点 H 的现金补助，会极大地减少工作激励。如图 4.17 所示，该失业者通过选择在点 H 上的角点解（也就是福利解决方案）可以获得比选择点 E 上的内点解（也就是工作解决方案）更高的效用水平。

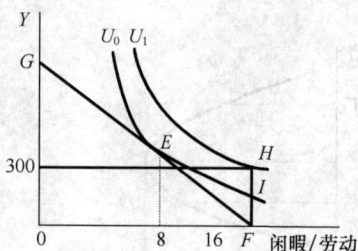

图 4.17　现金补助对工作激励的影响

该类型的享受或退出现金计划会使得很多工作者退出劳动力队伍。事实上，低工资的劳动者更有可能选择福利方案。正如我们已经论述过的，馈赠点的改善（从点 F 到点 H）可以提高工作者的保留工资，因此会降低低工资工作者进入劳动力市场的可能性。事实上，只要失业补助超过 FI，对于该失业者来说，选择完全闲暇是最佳选择，此时，效用比劳动任何一小时的效用都要高。

值得注意的是，福利计划并不会降低那些低工资工作者的劳动力参与率，但会降低低工资工作者的工作热情。因为正是这些工作者最有可能发现由福利制度所提供的经济机会优于在劳动力市场所获得的经济机会。

（二）福利对劳动力供给的影响

考虑到图 4.17 中所示的福利计划的极端负激励效应，社会援助计划通常允许福利受益者参与劳动力队伍。为了吸引更多的人参与劳动，需要对福利计划进行改进。比如政府可以选择：规定工作一定时间后才能享受失业补助；或者收入超过一定水平后不再享受补助；或者规定享受补助的时间；更重要的是要研究补助数额，最好不要超过 FI；同时还要帮助失业者很快找到工作。

二、所得税与劳动供给

（一）劳动的比例所得税

假定某人所有的工作时间都能得到某种既定的工资率，而且，他能够按照自己的意图调整工时，那么，比例所得税按某种既定比例降低闲暇对收入的替代程度。税收对工时的影响取决于收入效应和替代效应的相对强度。替代效应一般会减少工作时间（即税率上升引起净工资率下降，从而闲暇的代价下降，人们用闲暇代替工作）。但是，税收对工作时间的总效应是否为负，则要取决于抵消作用的收入效应的大小（假设闲暇为正常物品）。若替代效应大于收入效应，则劳动供给曲线斜率为正图值；但是，若收入效应大于替代效应，就会出现向后倾斜的劳动供给曲线。图 4.18（a）和图 4.18（b）反映了这两种情况。

在图 4.18（a）中，税收使工资率下降的效应表现为工作时间减少，即替代效应大于收入效应，导致工时供给曲线斜率为正值。在图 4.18（b）中，收入效应大于替代效应，得出工资率与工时之间的负向关系。假定在期初，工资率为 OA/OT，政府没有对人们的所得征税。当政府按 BA/OA 的税率征收比例所得税后，OA/OT 的总工资率降为 OB/OT 的净工资率。如果劳动供给曲线斜率为正值，见图 4.18（a），则工时由 H_1 降到 H_2。但是，如果劳动供给曲线的斜率为负值，见图 4.18（b），则税收的作用是使工作时间由 H_1 增加到 H_2。

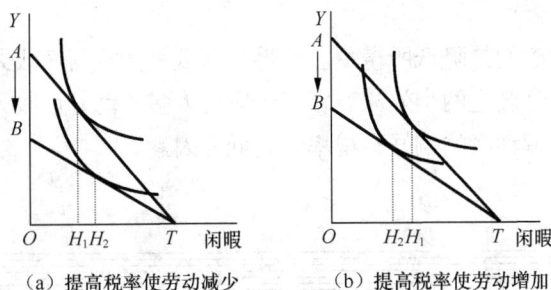

（a）提高税率使劳动减少　　　（b）提高税率使劳动增加

图 4.18　劳动供给与比例所得税

（二）劳动的累进所得税

为了与比例所得税效应进行比较，我们假定累进所得税能够给政府带来与比例所得税相同的税收，并考察它对个人的影响。图 4.19 表明，在 OA/OT 的工资率下，劳动者在 E 点达到税前均衡。如政府按 BA/OA 的税率征收比例所得税，则 BT 线表示新的收入闲暇替代关系，F 点成为新均衡点。在 H_1 的工作时间里，个人得到的税前收入 OY_1，税后收入为 OY_2，（Y_1-Y_2）为税收缴给政府。

现在我们考察能给政府带来相同税收的累进所得税。这必然使均衡点处于通过 F 点且与

AT 平行的直线上，以保证税收等于 FF'（或 Y_1-Y_2）。也就是说，问题的解必然处于等距离的，低于 AT 的 $A'T'$ 线上（它与 AT 的垂直距离始终是 FF'）。累进所得税就如图 4.19 中的 AT 一样，引起收入与闲暇替代关系。预算约束线的斜率随工时增加而减少，反映收入增加时税率的递增。新的切点 G 处于 $A'T'$ 上，从而新的税收等于比例所得税下的原有税收收入。但是，个人的工作时间从 H_1 降到 H_2。

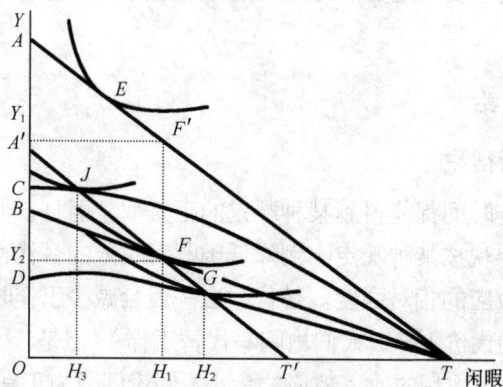

图 4.19　劳动供给与累进所得税制

能够带来同样税收收入的累进所得税制不仅是一种，不同累进税制对工时的影响存在显著差异。例如在图 4.19 中，某种累进所得税制导致出现 CT 的收入/闲暇替代关系，且均衡点 J 也处于 $A'T'$ 线上。这种累进所得税的税收入与上述情况相同，但是它使个人工作 H_3 小时（与征收比例所得税比，现在此人要工作更多的时间）。因此，累进所得税对工作的效应是不确定的。具体要取决于税收制度的性质、税率、税率的累进程度以及个人无差异曲线形状。我们必须注意到，当个人处于 J 点时，他不仅比其他两种情况下工作时间更长，而且获得了更高的效用水平。因此，预测不同的税制对个人劳动供给的影响是比较困难的。

与提高所得税相对应的是降低所得税。所得税降低，意味着净收入增加，或者说小时工资率相对上升，这同样会产生两个效应。替代效应使人多劳动，而收入效应使人少劳动。具体情况如何，同样要看劳动者的偏好和税率的高低等因素。

本章小结

劳动供给是指一个经济体在某一段时期中，可以获得的劳动者愿意并能够提供的劳动能力的总和。需要把握三个要点：个体决策、个体意愿和时间要素。

劳动供给的工资弹性表示为劳动力供给量变动对工资率变动的反映程度，表现为五种类型：供给无弹性、供给有无限弹性、单位供给弹性、供给富有弹性和供给缺乏弹性。

劳动供给量的变动是指在其他条件不变的情况下，仅由工资率变动所引起的劳动供给量的变动。劳动供给的变动是指在工资率不变的情况下，由其他因素的变化所引起的劳动供给量的变动。

劳动力，也称为劳动能力，是指一个人的身体即活的人体中存在的、生产某种使用价值时所运用的体力和智力的总和。对劳动力的理解可从以下几个方面进行：劳动力是人所特有的一种能力、劳动力是存在于活的人体中的能力、劳动力是人在劳动中所运用的能力、劳动力是人在劳动中运用的体力和智力的总和、劳动力是指具有劳动能力的人。

劳动力资源总数是指在劳动年龄内，具有劳动能力，在正常情况下可能或实际参加社会劳动的人口数。劳动力资源是指能够从事各类工作的劳动力人口，它是劳动力人口的数量和其平均素质的乘积。

劳动参与率是衡量和测度潜在劳动力资源人口参与社会劳动程度的指标。广义劳动参与率可表示为在一定范围内的现实劳动力占该范围的潜在劳动力的比例。劳动参与率只是测试和反映人口参与劳动程度的指标，影响劳动参与率的因素主要可以从以下几个方面进行分析：人口规模、人口结构、教育体制与教育供给规模、宏观经济状况、工资政策及工资水平、个人非劳动收入、家庭生产率的变化、社会保障制度、社会分工程度等。

劳动者选择一部分时间作为闲暇来享受，选择其余时间作为劳动供给。前者即闲暇直接增加了效用，后者则可以带来收入，通过收入用于消费再增加劳动者的效用。因此，劳动者在闲暇和劳动收入之间进行选择，以满足自己效用最大化的愿望。收入与闲暇的最优消费是由预算线与无差异曲线相切的那一点决定的。

由于替代效应和收入效应的作用，个人劳动力供给曲线被称为向后弯曲的劳动力供给曲线，因为它最终会向后弯曲，且斜率为负。但市场劳动供给曲线向右上方倾斜，表现为正斜率。

综合练习题

一、选择题

1. 下列关于无差异曲线的论述，不正确的是（　　　）。
   A. 无差异曲线随主体偏好不同而具有不同的形状
   B. 同一主体的无差异曲线绝对不能相交
   C. 离原点越远的无差异曲线所代表的效用越低
   D. 无差异曲线的斜率恒为负值

2. 与横轴平行的劳动力供给曲线的劳动力供给弹性为（　　　）。
   A. 0　　　　　　　B. 1　　　　　　　C. 无穷小　　　　　　D. 无穷大

3. 对劳动力拥有不可动摇的所有权的人是（　　　）。
   A. 国家　　　　　B. 企业　　　　　C. 劳动者　　　　　D. 雇主

4. 人力资源中在业人口和正在求职的人口在总人口中所占百分比称为（　　　）。
   A. 人力资源率　　　　　　　　　　B. 劳动参与率
   C. 人力资源相对量　　　　　　　　D. 失业率

5. 工资率的变化能带来两种效应：收入效应和（　　　）。
   A. 替代效应　　　B. 成本效应　　　C. 总体效应　　　　D. 消费效应

6. 劳动力是指（　　　）。
   A. 人的劳动能力　　　　　　　　　B. 具有劳动能力的人

C. 人的生理劳动   D. 劳动

7. 劳动供给的无差异曲线向原点凸起，当左边比右边陡峭，这种形状说明（   ）。

A. 货币收入越高，闲暇时间越少   B. 货币收入越高，闲暇时间越多

C. 货币收入越低，闲暇时间越低   D. 货币收入高低，对闲暇时间无影响

8. 当工资率增加所产生的替代效应大于收入效应时，个体的工作时间为（   ）。

A. 减少   B. 不变   C. 增加   D. 不确定

二、思考题

1. 什么是劳动供给？有哪些特点？

2. 什么是劳动供给弹性？劳动供给弹性有哪几种类型？

3. 劳动供给的变化与劳动供给量的变化有何不同？

4. 什么是劳动力？什么是劳动力资源？

5. 影响劳动参与率的因素有哪些？

6. 如何理解个人劳动闲暇供给决策？

7. 个人劳动供给曲线与市场劳动供给曲线的特征是否相同？为什么？

7. 如果非劳动收入增加，保留工资会发生什么变化？为什么？

9. 为什么福利计划会产生工作负激励？

10. "想有钱就应该去挣"这句话对吗？

三、案例分析

农村劳动力供给不足 年轻代农民仅余16.4%

据财新网 2012 年 12 月 10 日报道（记者 沈乎）目前，16～25 岁年龄段的农村户籍劳动力近一半已经入城，农业劳动人口只有 16.4%。

西南财经大学中国家庭金融调查与研究中心 2012 年 12 月 9 日发布《中国城镇失业报告》称，一方面明显存在农民工挤压城镇人口就业机会的情况；另一方面，农村后续劳动力供给不足，民工荒将长期存在，尤对东部地区构成困扰。

该报告数据显示，中国外来农村人口占城镇总劳动人口 40.9%，以此推算城镇外来农村人口总量约 1.4 亿人。农民工挤压城镇人口就业机会的情况明显。报告显示，外来农村人口失业率为 3.4%，大大低于城镇户籍劳动者 11.2% 的失业率。

东、中、西部城镇户口劳动者的失业率分别高达 8.2%、10.4% 和 17.3%。城镇户籍劳动者相对过高的保留工资，可能是失业率居高不下的原因。面临同样的劳动力需求时，用人单位倾向选择劳动力成本相对较低的农村移民。农村移民低廉的工资诉求使其在就业市场上优势颇大，失业率一直很低。

然而，中国经济下行的影响主要体现在农民工就业市场的委靡。2012 年上半年，外来农村人口总体失业率由 2011 年的 3.4% 上升至 6.0%。

而另一方面，农村后续劳动力存在供给不足，"民工荒"将长期存在甚至加剧。目前，16～25 岁年龄段的农村户籍劳动力近一半已经入城，农业劳动人口只有 16.4%；26～35 岁的农村劳动力 42.3% 进城务工，21.1% 仍为农业从业人员。

报告称，农村"空巢"现象严重：青壮年大部分选择外出打工，中老年则更多留在农村生产生活。人口老龄化的到来使得农村劳动力可能无法维持原有的输出结构。外来农村人口

可能无法继续呈现"无限供给"的状况，青壮年农村后续劳动力已面临紧缺。

东部地区"民工荒"冲击将最严重，受需求较高和供给走低两面夹击。该报告分析，农民工在东部地区工资的相对优势，不足以弥补其高额的生活成本。随着中西部经济进一步发展带动劳动力需求增加，农民工大量回流，东部劳动力市场农民工供给持续走低。

然而，由于东部地区城镇居民超高的工资诉求，使得东部地区对于农民工的需求一直保持较高的水平。东部地区城镇居民年平均工资为 5.22 万元，较农民工劳动者高出 71.6%。相比而言，西部地区城镇居民年平均工资仅超出农民工劳动者 30.5%，中部地区也只超出 48.2%。

因此，农民工劳动力的供求失衡加剧并拉长了东部地区的用工荒，使得东部地区农民工劳动者的失业率处于较低的水平。长期来看，中东部失业率上升、中西部失业率下降的现象将会出现。

思考讨论

试根据上述资料分析：

（1）"民工荒"形成的原因是什么？

（2）"民工荒"对我国经济的发展会产生什么影响？

阅读资料

明年总劳动人口数超10亿 青壮年劳力数量逐年下降

中国青年网北京 2012 年 12 月 23 日电（记者 黄群雅）近日，国家信息中心、中国社科院社科文献出版社共同发布《经济信息绿皮书中国与世界经济发展报告（2013）》。

根据报告显示，36 岁以上的劳动人口仍在增加，但 20 岁的新增劳动人口数量，自 2010 年以来已经连续两年下降。研究人员对未来青壮年劳动力的变动进行了模拟计算，预测 2013 年新增 20 岁劳动人口数量只有 2 077 万人。16～35 岁的青壮年劳动人口，也将从 2012 年的 2.203 亿人降至 2013 年的 2.17 亿人，"丰富的人力资源"会成为越来越宝贵的资源。2013 年发生的总劳动人口数量上的转折，将对今后我国发展产生长远的影响。

未来青壮年劳动力成为社会稀缺资源

2013 年，中国的总劳动人口数量将达到顶峰，首次超过 10 亿人。之后，总劳动人口数量将逐步下降，在工业化、城镇化快速推进，大量农村劳动力持续向外转移，农村可供转移的剩余劳动力也将持续减少。

《经济信息绿皮书中国与世界经济发展报告（2013）》统计数据显示，2011 年全国流动人口 2.3 亿人，其中农村户籍人口占 80%，"80 后"新生代农民工已占劳动年龄流动人口的一半。今后，农村可供转移的劳动力主要是学校毕业生，以及技术进步后剩余的农村劳动力，潜力都不是很大。如此一来，农村"谁来种地"问题日益突出。

据人民日报记者对湖南产粮第一大县宁乡的一项农村调查统计，1 000 户农户中，粮食生产从业人员 50 岁以上的占了 63%，20～29 岁的只有 3.5%，30～49 岁的约占 25.3%；从男女比例来看，男性仅占 34.3%，女性占到了 65.7%，由此看来，从事粮食生产的人员年龄比例成递减趋势，未来青壮年劳动力成为社会稀缺资源。

就业压力大 劳动力供求结构性矛盾凸显

尽管总劳动人口数量将达到顶峰后，总劳动人口数量会逐步下降，整体就业压力也逐步缓解，但报告认为，高校毕业生的就业压力在 2013 年仍然较大。2013 年大学毕业生预计高达 700 万人，比 2011 年毕业生多出约 100 万人。

根据 2012 年 12 月 18 日出炉的太原市第四季度职业供求状况分析报告显示，企业用人需求主要集中在批发、零售业，住宿、餐饮业和制造业，私营企业、国有企业和有限责任公司的用人需求较大，求职人员相对集中的职业是商业和服务业人员、生产运输设备操作工。劳动力需求与供给基本持平，但供需结构性矛盾较为突出。

人力资源和社会保障部在今年初就曾表示，2012 年城镇需要就业的劳动力达 2 500 万人，其中高校毕业生规模达到 680 万人。如今，中国面临总劳动人口数量达到顶峰，年轻劳动力从农村转移，城区就业人口居高不下的问题。专家表示，现阶段中国劳动力素质结构已较难适应时代发展需求，劳动力素质结构亟须合理改变。

中国社科院社会学研究所副所长张翼指出，明年高校毕业生就业形势将比今年严峻一些，"这主要是因为社会新增加的白领工作岗位比较有限，而高校毕业生的数量一路走高，特别是对那些通过在职教育获得高学历的毕业生来说，形势将更为严峻。"据智联招聘预测，2013 年企业招聘大学生计划和岗位需求将明显减少，但对毕业生而言，机遇还是存在的。智联专家认为，由于很多酒店业与地产挂钩，旅游地产、商业地产等新兴行业对人才的需求量较大，机会也较多，因而毕业生可以多选择服务行业。另外，可以选择放弃"北上广"这样的一线城市，去二、三线城市和中西部地区寻找就业机会。

第五章　劳动供给分析的拓展

在第四章中，我们分析了劳动力供给的静态模型，通过模型研究了人们如何在劳动力市场和闲暇活动之间配置他们的时间。这一模型可以帮助我们理解诸如收入和工资率一类的经济变量是如何影响是否工作以及工作多少小时的。这一章，我们对劳动供给进行深入分析。首先讨论人们在整个生命周期中是如何利用经济机会的变化来配置自己的时间，经济要素是如何影响退休时点的决策的。紧接着，我们研究职业选择问题，进一步研究弹性工作和风险对职业选择的影响。接下来，我们还扩展了劳动闲暇模型，用于解释家庭成员的劳动力供给决策，讨论经济变量是如何影响家庭生育决策的。最后我们还要对时间作进一步的分析。

第一节　生命周期中的劳动供给

我们在第四章中论述劳动力供给模型时，是从一个劳动者的角度分析是否劳动以及劳动多少小时间的，也就是假定他在单一时期内配置自己的时间，并且在今后的许多年里将持续做出类似的选择。事实上，由于消费与闲暇决策是在整个工作生命周期中做出的，以致劳动者可以用今天的部分闲暇时间去"交换"明天的额外消费。本节我们将重点讨论三个问题：生命周期中的劳动生产率与工时、生命周期中的劳动参与率、退休年龄的选择。

一、生命周期中的生产率与工时

大量的证据表明，典型的工作者的年龄收入曲线，即穿越整个生命周期的工资路径具有一种可预测的途径：当工作者年轻时，他们的工资倾向于较低；随着年龄的增长，他们的工资也在上升，在大约 50 岁时达到顶峰；50 岁之后，工资率倾向于保持稳定或者轻微下降。这一典型的年龄收入曲线如图 5.1（a）所示，该年龄收入曲线意味着闲暇的价格对于较为年轻和年老的劳动者来说是相对较低的，而对于处于黄金工作岁月的劳动者来说则是最高的。图 5.1（b）显示整个生命周期闲暇价格的变动，这意味着当工资率较高时，劳动者会将相对更多的时间奉献给劳动力市场；而在工资率较低时，则会减少工作时数。

劳动者的市场生产率并非常量，它会随时间推移而变动，其主要原因取决于人力资本总增量以及人力资本折旧。年轻时随着人力资本增量超过折旧量，劳动生产率上升，工资当然也会增加，闲暇成本上升，人们选择多劳动。年龄超过一定限度，人力资本增量下降，而折旧量在不断增加，当人力资本增量小于折旧量时，劳动生产率会下降，从而工资也会相应下降，闲暇成本相对下降，人们选择闲暇。

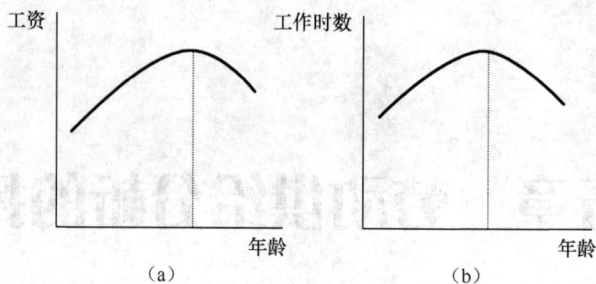

图 5.1　工资的生命周期路径与工作者的工作时数

一位非常年轻的劳动者面临同样的情形。他会发现，他非常年轻时消费闲暇活动是最优的，因为他的工资非常低。他不应当在中年时大量消费闲暇，因为到那时这些闲暇活动的价格会非常高。因此，在工资率高的岁月中，我们应当努力工作；而在工资率低的那些年月中，我们应当消费闲暇。

关于人力资本增量变动问题，我们可以这样理解。一个人在其生命周期早期，由于赚钱能力较弱，从而接受培训所放弃的收入较少。另一方面，个人在年龄增长过程中工资会提高，培训的机会成本相应增加，且培训的回报期会相应缩短。最后，当回报期变得很短时，培训的净收益变成负值，个人不再接受进一步培训，从而人力资本增加下降。关于人力资本问题的进一步理解，到下一章再作说明。

二、生命周期中的劳动参与率

生命周期理论表明，不仅工资与工作时数之间，而且工资与劳动力参与率之间都存在着一种联系。如同我们在第四章中所论述的，劳动参与决策取决于保留工资与市场工资之间的比较。因此，在生命周期中的每一年，劳动者都会比较保留工资与市场工资。一般来说，劳动者会在工资高的时期进入劳动力市场。对于年轻人来说，参与率较低；对于位于黄金工作岁月的劳动者来说，参与率较高；而对老年工作者来说，参与率则又下降了。

然而，参与决策还取决于保留工资在生命周期中是如何变动的。例如，家庭中幼童的存在，对于直接负责照顾幼童的人来说，增加了非市场部分的时间价值，由此也会增加保留工资。因此，某些已婚妇女间歇性地参与到劳动力队伍之中也就不足为奇了。她会在第一个孩子出生之前工作，当孩子幼小和需要照顾时，她们就会从劳动力市场撤离，一旦孩子开始上学时，她又会返回到劳动力市场。当孩子出生后，夫妻至少一方的边际家庭生产率相对较高，随着孩子成长，这一生产率可能随之下降。较高的家庭生产率表现为等效用曲线较为陡峭，这意味着主要照看孩子的一方（主要是妇女）从事市场工作的时间较少。随着孩子成长，等效用曲线会从陡峭变得相对平坦，这意味着主要照看孩子的一方市场工作时间会增加。如图 5.2 所示。

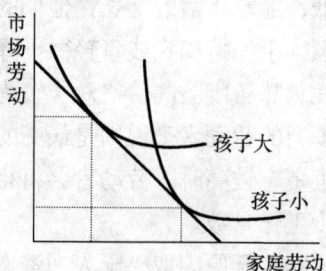

图 5.2　已婚妇女的劳动参与模式

三、退休年龄选择

很多国家都设有包括对退休年龄加以规定的法定退休制度，但人们的实际退休之日并不都由法定退休制度决定，也就是说人们的实际退休年龄不一定是法定退休年龄。有的人在提前退休优惠制度等的诱导下，未达到正式退休年龄就提前退休；有的人在正式退休后还要设法再就业，这包括利用原工作单位的返聘或延长退休年龄制度。

为了减化对退休年龄决策的讨论，我们假定他们退休之后就不再进入劳动市场。假设劳动者60岁退休，依靠养老金安度余生；若推迟退休，收入会发生什么变化呢？

通过一年的工作，工资收入增加。一方面，养老金由养老金的定额部分、年平均工资收入（调整了物价因素后的工作期间的年工资收入的平均值）、实际工作年限等因素决定。如果推迟实际退休年龄，上述实际工作年限增加，将增加养老金。另一方面，推迟实际退休年龄，如果工资降低，因而使年平均工资收入下降，又会减少养老金。上述增减效果哪一方面更强，因不同的状况而异。另外，在西方有些国家，养老金还与工资收入挂钩减额给付。如果工资收入超过在职养老金的给付最高标准，养老金将减至零。

1. 退休年龄的决定因素

影响实际退休时间决策的因素除了个人或家庭的财富积累程度和工作兴趣之外，主要有工资、养老金制度、社会经济环境、个人生理条件等四个方面。

（1）工资。工资上升会使个人收入增加，替代效应占优时，会使人们延迟退休；收入效应占优时，会使人们提前退休。

（2）养老金。假定随着年龄增长，养老金是不断增长的趋势，这样可以产生抑制老年劳动力推迟退休的效应。

（3）再就业机会多寡。市场上总体就业机会的增减一般来说会对各个阶层的就业产生影响。就业机会多，老年劳动者会推迟退休。因为一般来说，就业机会多，意味着工资水平也较高，对于低收入者替代效应一般占优。

（4）健康程度。老年人的健康状况是影响老年人实际退休年龄的生理因素，也是影响老年人劳动力参与率最基本的约束条件。一般来说身体健康，会使劳动者推迟退休。

2. 退休决策

从法定退休年龄（如60岁）到去世为止的预期余生收入（此处指工资收入加养老金收入）在法定退休年龄时点的现值，如图5.3所示，用曲线 AB 表示。曲线 TH 表示劳动收入。随着年龄的增长，工资率下降，用现在的贴现率除以未来工资收入总值得到的各年工资收入也下降。因此，TH 曲线呈逐渐趋向平缓的态势。在工资收入之上加上养老金收入即为曲线 AB，可以将曲线 AB 看成约束线。

如果实际退休年龄早，则延长了退休后的闲暇时间，效用提高。如果实际退休年龄推后，余生工资收入上升，也可以提高效用。可以用无差异曲线表示实际退休年龄和余生工资收入之间效用的相互替代。在图 5.3 中，无差异曲线 C 与约束线 AB 的

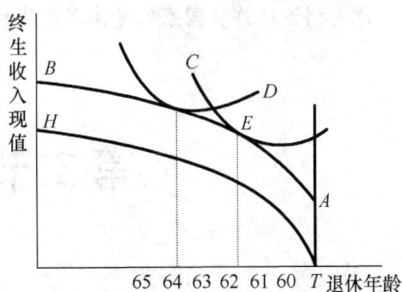

图 5.3　退休年龄选择

切点 E 可创造最大的效用,点 E 的垂线与横轴的交点所表示的年龄可以认为是最佳退休年龄。如果年金额增加,约束线向右上方移动。由于收入效应的变化,人们将做出实际退休年龄提前的选择。如果工资收入上升,将如前述的劳动力供给分析所示,退休时间的决定会依从于收入效应造成的实际退休年龄下降和替代效应造成的实际退休年龄提高这两个正负效应冲突中作用力更强的那一方。

如果身体健康,不必在家休养,那么,推迟实际退休年龄所造成的效用下降的程度不大。因此,无差异曲线的斜率将如曲线 D 那样变缓。结果,在相同的约束线上,健康人的实际退休年龄可以推迟。

课堂讨论

目前世界各国退休年龄

目前,世界上共有 129 个国家和地区规定女性的退休年龄为 60 岁及以下,占 77.25%,60 岁以上的占 22.75%。规定女性的法定退休年龄为 55 岁的国家和地区最多有 59 个,占 35.33%;其次是 60 岁的国家和地区 52 个,占 31.14%;再次是 65 岁的 26 个,占 15.57%,规定这三个年龄为女性的法定退休年龄的 137 个,占 82.04%。此外,还有一些国家和地区规定女性的法定退休年龄为 40 岁、50 岁、53～57 岁、55～59 岁、55.5 岁、56 岁、57 岁、58 岁、59 岁、60～65 岁、61 岁、62 岁、63 岁、64 岁、66 岁、67 岁。

中国女性的法定退休年龄分三种情况:女性专业技术人员 60 岁;非专业技术人员 55 岁;其他人员 50 岁。我国 1951 年颁布的《中华人民共和国劳动保险条例》规定,退休年龄男性为 60 岁,女干部 55 岁,女工人 50 岁。1992 年有文件规定党政机关、群众团体的县处级女干部、或高级知识分子,凡能坚持正常工作,本人自愿,其退休年龄可到 60 岁。

日本 65 岁的退休年龄仅指国民年金计划,可以领取养老保险金的年龄是 60 岁。男性将从 2013—2025 年,女性将从 2018—2030 年间,退休年龄逐步从 60 岁延长到 65 岁;韩国的法定退休年龄到 2033 年将提高到 65 岁;科威特目前的退休年龄为 50 岁,到 2020 年将逐步延长到 55 岁;英国女性的退休年龄在 2010—2020 年逐步延长到 65 岁;克罗地亚女性的退休年龄到 2007 年逐步延长到 60 岁;意大利 1996 年起新加入的劳动力退休年龄为 57 岁;比利时女性退休年龄从 2009 年逐步延长到 65 岁;列支敦士登逐步变为男女都是 64 岁;瑞士女性的退休年龄从 2005 年从 62 岁逐步延长到 64 岁;巴西城市就业者退休年龄为男 65 岁、女 60 岁退休;农村就业者男 60 岁、女 55 岁退休;澳大利亚女性的退休年龄到 2013 年逐步延长到 65 岁。

思考讨论:许多国家的退休年龄比我国高,你是怎么看的?

第二节 职 业 选 择

渴望有一个好的职业,成就一番事业,这是每一个有进取心的劳动者梦寐以求的事情。从劳动者个人偏好的角度来说,为什么有些人会选择高风险高收入的工作,而有些人宁愿从事风险较低收入较少的工作？在选择职业时，与一项工作相关的弹性工作时间的安排是如何影响雇员做出职业选择的？

本节我们首先讨论职业的概念，接着分析寻求最佳匹配的雇用双方的市场决策以及最终实现的均衡结果。雇用双方寻求最佳匹配的过程实际上是一个非常艰难的试错过程：从雇员的角度来说，追求的是总效用水平的最大化，而工作的货币方面和非货币方面都是影响其效用水平因素；从雇主的角度来说，用于吸引雇员而提供的工资、弹性工作时间等都是影响其利润最大化决策的基本因素。

一、职业的特征与价值

职业选择是个体职业生涯的起点，也是影响个体未来职业发展前景的关键因素。从社会学的角度看，职业是一个人为了不断取得收入而连续从事的具有市场价值的特殊活动，这种活动决定着从事它的那个人的社会地位。那么，什么是职业？职业有什么特征？职业的价值何在？

1. 职业的概念

职业基本的功能是作为人们谋生的手段。众所周知，人们的生存离不开衣、食、住、行和学习，否则，生命就无法维持。要生存，就必须通过劳动来取得生活资料。只有通过劳动，才能创造社会财富，人们才能有生活来源。

职业是个人发挥才能和获得发展的条件。劳动创造了人，也提高和完善了人。人具有主观能动性，每个人都有自己的特长和才能，利用自身的特长和才能进行创造性的劳动是一种人人所共有的心理需求。在创造性的劳动中，人们充分认识自身的价值，理解人生的意义，发挥自己的聪明才智。人们在一定就业岗位上劳动，一方面改变着自然界，另一方面也改变着社会和人类自身，也就是说，人们在改造自然界和社会的同时，人们自身的体力、智力、知识、技术水平也得到了发展和完善。

职业从某种意义上说，是人们为社会做贡献的途径。劳动者要实现自身的社会价值，就必须选择一份能够发挥自己作用的工作，而当他在这个工作岗位上施展自己才华的时候，也就为社会做出了贡献。

2. 职业活动的特征

职业活动与其他社会活动相比，具有如下的特性。

（1）职业活动与社会分工的关系极为密切。职业随着社会分工的出现而产生，随着社会分工的发展而发展变化。每个人只能在社会分工中占有一席之地，扮演相应的劳动角色，这就是他的职业。

（2）职业活动具有明显的经济性和连续性。前者是指人们从事职业活动会因此获得经济收入及报酬；后者则是指这种有经济收入及报酬的职业活动在时间上的持续性。有无经济收入或报酬，这是职业活动区别于其他活动的一个重要标志。职业活动是获得个人收入的主要来源，是个人赖以生存以及维持家庭生活的手段。当然，权利和义务是密不可分的，人们在职业活动过程中既获得收入，同时也为社会和他人尽到了职责与义务。

（3）职业活动具有知识性和技术性。知识性和技术性乃是一切职业活动共有的特性。有的职业活动的知识和技术必须在特定的学校、培训机构经过较长时间的学习和培训才能掌握，有些则可以在家庭通过父传子、师带徒，在就业实践中获得。而且由于科学技术的发展与管理水平的提高，要求从业人员必须有更高的科学知识和操作技能；同时由于职业的不断发展和变化，从业人员转换职业越来越频繁，这就使得人们不得不放弃过去那种一次选择定终身的传统观念，树立不断选择、不断发展的观念，不断提高自己的职业素质。

（4）职业活动具有特定的规范性。"不以规矩，不能成方圆"。任何职业活动特别是技术性较强的职业活动就要受一定的职业规范的约束。职业规范主要是指人们在就业活动中必须遵守的操作规则及办事章程、职业道德规范和在职业活动中养成的种种习惯等。

3. 职业的价值

得到并保住一个有发展前途的职业，已经成为每个人拥有把握未来优先权的筹码之一。那么，职业对人生究竟有什么作用呢？

（1）职业是获得个人生活来源并维持家庭生活的手段。职业活动是谋取衣食、赖以生存和发展的手段。在一个人漫长的一生中，一般都有三四十年的职业生活期，可以说职业是关系着每一个社会成员一生的重大问题，职业乃是人的第二生命。一个人如果不从事某种职业，其"安身立命"、"成家立业"就无从谈起。

（2）职业是发挥和发展个人才能，实现人生价值的舞台。职业活动不仅为人们的物质生活资料提供经济来源，而且在职业生涯中可以展现自己的智慧和才华，发挥和发展自己的潜能，实现自己的人生理想和价值，创造人生的辉煌，包括在敬业、勤业、精业、乐业的职业活动中获得个人的荣誉、地位、权利及各种福利等。由于职业与人生价值的实现是联系在一起的，从这个意义上说，选择职业就是选择人生。

（3）职业也是个人服务社会、服务他人的岗位。在我们的社会里，人人都是服务对象，人人又都为他人服务。每个人都是社会的一分子，既享受社会提供的便利和服务，同时，每个人进入劳动年龄阶段以后又应当承担一定的社会义务，为社会创造财富，为现代化建设出力，为他人提供服务。个人从事的某种职业既是个人在社会劳动体系中进行具体劳动创造的体现，又是为社会建功立业的途径。

总之，在人漫长的一生中，人的职业生活是人的一生的主体，是人生旅程中最关键、最辉煌的阶段，人的价值就在于职业及其从事的职业活动。

从经济学的角度分析，假设进行职业选择的个体都是"理性的"，那么他在进行职业选择的决策时，要将与某项工作相关的收益和成本进行比较。其中，收益包括潜在的货币收入和非货币报酬，成本包括机会成本、培训成本等。只有当收益显著大于成本时，个体才会选择接受这份工作。

在所有因素中，工资对个体职业选择决策的影响是最为重大的。对于雇员来说，工资是收入来源和生活水平的决定因素；对于雇主来说，工资是成本的重要组成部分。而且，我们在讨论劳动力市场的相关活动时，总是假设货币是各种劳动报酬形式的代表，企业在进行重大决策时，所考虑的收益和成本也都是用货币作为参考单位的。因此，如果能将与某项工作相关的非货币特征货币化，得到与此项工作相匹配的工资水平，无论对雇主还是雇员来说，意义都非常重大。

气质与职业选择

气质是一个心理学名词，是指人们心理活动的速度、稳定性和灵活性等方面的心理特征。它特别表现在情绪状态产生的快慢、情绪体验的强弱、情绪状态的稳定性和持久性，情绪变化的幅度以及语言、动作的速度等方面。它使人的全部活动都染上某种独特的色彩。因此，求职者在选择职业时，正确认清自己的气质类型是十分重要的。

（一）人的气质类型

人的气质类型可分为四种。

（1）多血质。其特征是情绪兴奋性高，性情活跃，外部表现明显，反应敏捷，善于交际，但注意力和情绪容易转移。

（2）胆汁质。其特征是情绪兴奋性高，直爽热情，精力旺盛，情绪体验强烈而持久，但抑制能力差，反应速度快却不灵活，容易激动，急躁，易怒。

（3）粘液质。其特征是情绪兴奋性较低，安静沉稳，内倾明显，自制力强，外部表现少，反应速度慢但稳定性强，偏固执、冷漠。

（4）抑郁质，其特征是情绪兴奋性低，但体验深刻，反应速度慢而不灵活，好静，内倾，感受性高耐受性低，往往是多愁善感的人。

（二）职业气质

根据国外职业分类规范和国内心理学界的研究成果，职业气质可以分为十二种类型。

（1）变化型。这些人在新的、意外的活动或工作环境中感到愉快，喜欢工作内容经常有些变化。在有压力的情况下，他们的工作往往很出色。他们追求多样化的活动，善于将注意力从一件事情转移到另一件事情上。典型的职业有记者、推销员、采购员、演员等。

（2）重复型。这些人适合连续不断地从事同样的工作，喜欢按照一个机械的、别人安排好的计划和进度办事，爱好重复的、有计划的、有标准的工作。典型的职业有纺织工、印刷工、装配工、电影放映员、机械工及中小学教师等。

（3）服从型。这些人喜欢按别人的指示办事，不愿意自己独立做出决策，喜欢让他人对自己的工作负起责任。典型职业有秘书、办公室职员、翻译人员等。

（4）独立型。这些人喜欢计划自己的活动和指导别人的活动，在独立的和负职责的工作环境中感到愉快，喜欢对将要发生的事情做出预测。典型职业有管理人员、律师、警察、侦察人员。

（5）协作型。这些人在与人协作工作时感到愉快，善于让别人按自己的意思办事，也能按别人的意愿办事，很想得到同事们的喜欢。典型的职业有社会工作者、咨询人员等。

（6）孤独型。这些人喜欢单独工作，不愿意与人交往，较合适的职业有校对、排版、雕刻等。

（7）劝服型。这些人喜欢设法使别人同意自己的观点，一般通过谈话、写作来表达思想，对别人的反应有较强的判断力，且善于影响他人的态度、观点和判断。典型的职业有政治辅导员、行政人员、作家、宣传工作者等。

（8）机智型。这些人在紧张和危险的情况下能很好地执行任务，在危险情况下能自我控制镇定自如，在意外的情况下工作得很出色，当事情出了差错也不易慌乱。典型的职业如驾驶员、飞行员、公安员、消防员、救生员、潜水员等。

（9）经验决策型。这些人喜欢根据自己的经验做出判断，当别人犹豫不决时，他们能当机立断，做出决定。喜欢处理那些能直接经历或感觉到的事情，在必要时，用直接经验和直觉来解决问题。典型职业如采购、供应、批发、推销、个体摊贩和农民等。

（10）事实决策型。这些人喜欢根据事实做出决定，根据充分的证据来下结论，喜欢使用调查、测验、统计数据来说明问题、引出结论。典型的职业如化验员、检验员、自然科学研究者等。

（11）自我表现型。这些人喜欢表现自己的爱好和个性，喜欢根据自己的感情做出抉择，通过自己的工作来表达自己的理想。典型职业如演员、诗人、音乐家、画家等。

（12）严谨型。这些人注意细节的精确，按一套规则和步骤尽可能将工作做得完美。典型的职业如会计、出纳、统计和档案管理。

思考讨论：你是什么样的气质？你将来适合什么样的工作？这是否与你的愿望相一致？如果不一致，你会怎么办？

二、弹性工作时间与职业选择

随着经济的发展和现代信息技术的进步，现代社会工作方式发生了明显的变化，传统的工作时间受到越来越严峻的考验。电子网络的存在，使人们可以通过网络随时随地完成他们的工作。在人力资源的实践领域，"弹性工作制"作为一种新兴的、更适应时代发展的激励方式应运而生。有关研究也显示弹性工作时间减少了工人的工作压力，并减少了工作与生活的冲突。

1. 弹性工作制的概念

所谓弹性工作制，是指在完成规定的工作任务或固定的工作时间长度的前提下，员工可以灵活地、自由地选择工作的具体时间安排，以代替统一的、固定的上下班时间的制度。这种制度之所以能够存在，是基于这样一个假设，即人们不仅仅关心他的工资收入，也关心自己的自由权。因此，个体在职业选择之初就应该对某项工作的工作时间安排有所了解，根据自己的偏好，做出正确的选择。

弹性工作制比起传统的固定工作时间制度，有着很显著的优点。弹性工作制对企业的优点主要体现在以下几点。

（1）弹性工作制可以减少缺勤率、迟到率和员工的流失。

（2）弹性工作制可以增进员工的生产率。弹性工作制可以使员工更好地根据个人的需要安排他们的工作时间，并使员工在工作安排上能行使一定的自主权。其结果是，员工更可能将他们的工作活动调整到最具生产率的时间内进行，同时更好地将工作时间同他们工作以外的活动安排协调起来。

（3）弹性工作制增加了工作营业时限，减少了加班费的支出。

（4）弹性工作制可以吸引偏好灵活工作的劳动者，特别是年轻劳动力，而这些人正是生产经营活动的主力军。

（5）弹性工作制有利于降低人工成本，因为弹性员工在工资尤其是福利和培训方面的支出通常低于全职员工。

（6）弹性工作制可以增强企业的生产灵活性，使企业易于适应多变的需求波动。特别对于季节性生产的企业来说，这一点很重要，客观存在可以避免过多的固定员工所带来的人工成本。

（7）弹性工作制可以有利于企业寻求更合适的全职员工。

弹性工作制对员工个人的优点有以下几点。

（1）员工对工作时间有了一定的自由选择，他们可以自由按照自己的需要作息，上下班可以避免交通拥挤，免除了担心迟到或缺勤所造成的紧张感，并能安排时间参与私人的重要社交活动，便于安排家庭生活和业余爱好。

（2）由于员工感到个人的权益得到了尊重，满足了社交和尊重等高层次的需要，因而产生责任感，提高了工作满意度和士气。

（3）弹性工作在时间上更自由，具有变化性和挑战性，有助于更新技能，能赚取额外收入。

但是，弹性工作制也具有一定的缺陷。

（1）它会给管理者对核心的共同工作时间以外的下属人员工作进行指导造成困难，并导致工作轮班发生混乱。

（2）当某些具有特殊技能或知识的人不在现场时，还可能造成问题更难以解决，同时使管理人员的计划和控制工作更为麻烦，花费也更大。

（3）许多工作并不宜转为弹性工作制，例如，百货商店的营业员、办公室接待员、装配线上的操作工，这些人的工作都与组织内外的其他人有关联，只要这种相互依赖的关系存在，弹性工作制通常就不是可行的方案。

为了简化弹性工作时间对职业决策影响的讨论，我们只考察在其他因素不变的条件下，弹性工作时间这一单一因素对职业选择的影响。为了全面地理解选择的过程及结果，首先要考察雇主和雇员双方的市场行为，然后再分析两者结合选择。

2. 雇员的选择

如果雇主可以给予员工弹性工作时间的承诺，那么这可以看作是对雇员的"奖赏"。这种"奖赏"有利于提高一些雇员的效用水平。假设雇员的效用满足来自于两个方面：一是货币化的工资；二是弹性工作时间安排。雇主出于成本的考虑，通常不能同时为雇员提供高水平的工资和弹性很大的工作时间安排，因此雇员必须在这两者之间进行选择。

不同的雇员对于弹性工作时间的偏好是不同的。现实中存在"工作导向"和"闲暇导向"两种不同价值观的劳动者，而灵活的弹性工作制能给闲暇导向的雇员和雇主都带来收益。

我们用无差异曲线来反映雇员对于工资和弹性工作时间的选择，如图 5.4 所示，任何一条无差异曲线上的各点所代表的工资和弹性工作时间的组合能够给雇员带来的效用水平是相同的。

工资与弹性工作时间无差异曲线具有以下五个特点。

（1）无差异曲线向右下方倾斜。这是因为弹

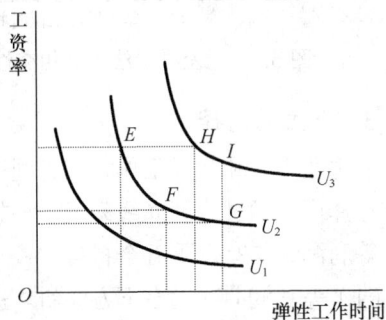

图 5.4 工资与弹性工作时间的无差异曲线

性工作时间是对雇员"有利的"、"好东西",而非"不利的"、"坏东西"。如果把工资和弹性工作时间都看作是商品,则雇员必须通过减少一种商品的持有,来获得更多的另外一种商品,即两者之间是一种替代关系,该无差异曲线的斜率是负的。

(2)无差异曲线凸向左下方。这与边际替代率递减这一假设相一致。劳动者得到的工资率越高,弹性工作时间越短。为了得到较长的弹性工作时间,劳动者必须放弃较多的工资。而且随着劳动者得到更多的弹性工作时间而损失更多的工资。但是随着弹性工作时间的增长,工资越来越少,劳动者就越来越不想失去太多的工资。如图5.4所示,从 E 到 F 到 G,劳动者增加同样的弹性工作时间,愿意放弃的工资越来越少,三点组合效用相同。

(3)不同的无差别曲线所代表的效用水平不同,位置越高,效用越大。如图5.4所示,H点与 E 点的组合中,工资水平相同,但 H 点有更多的弹性工作时间,从而效用增加。I点与 G 点相比,弹性工作时间相同,但工资较高,从而效用较大。

(4)同一个体的无数条无差异曲线之间互不相交。每一条无差异曲线上点的组合效用相同,不存在相交的可能。如果相交,交点与每一条线上的每一点的效用相同,各线之间只能重合。如图5.5所示。假设对于同一个劳动者的两条无差异曲线相交,交点为 E。按无差异曲线的第一特点,E、F 点均在无差异曲线 U_1 上,效用相同。同时,E、G 点又在无差异曲线 U_2 上,效用相同,可推 F、G 点的效用相同,故 F、G 点应在同一条无差异曲线上。进一步推断,E、F、G 三点应在同一条无差异曲线上,这与两条无差异曲线相交的观点相矛盾。

(5)不同劳动者对弹性劳动时间的偏好不同。比较重视工作灵活性的劳动者与不太重视工作时间灵活性的劳动者相比,为了得到相同的弹性工作时间而愿意放弃的工资较多,从而表现为他的无差异曲线更为陡峭一些,如图5.6所示。为了维持各自原有的效用水平不变,比较重视弹性工作时间的劳动者 A 比不太重视弹性工作时间的劳动者 B 所愿意放弃的工资更多。

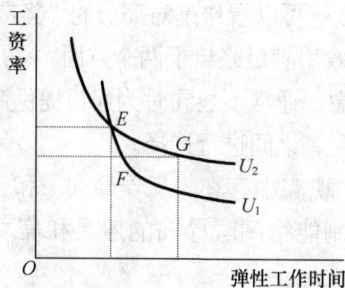

图 5.5 无差异曲线的非相交性

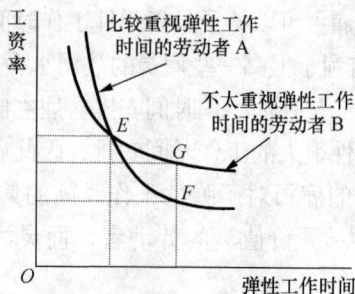

图 5.6 偏好不同的无差异曲线

3. 雇主的选择

雇主在工资和弹性工作时间之间进行选择,目标是在控制成本的前提下保持竞争力。雇主的选择可以通过等利润线来表示,如图5.7所示。

等利润线具有以下五个特点。

(1)等利润曲线向右下方倾斜。这是因为弹性劳动时间与工资率对雇主成本的影响是一致的,在其他条件不变情况下,企业要保持总成本不变,必须在延长弹性工作时间的同时降低工资,在缩短弹性工作时间的同时提高工资。

（2）等利润曲线凸向右上方。这与弹性工作时间边际成本递增的假设相一致的。例如，在等利润曲线的 E 点，弹性工作时间很短，雇主提供一定的弹性工作时间所付出的"代价"相对较小，因而企业并不需要大幅度降低工人的工资水平。但随着弹性工作时间的增加（沿着等利润曲线向右下方移动到 F 点），企业提供弹性工作时间的"代价"将越来越大，甚至当

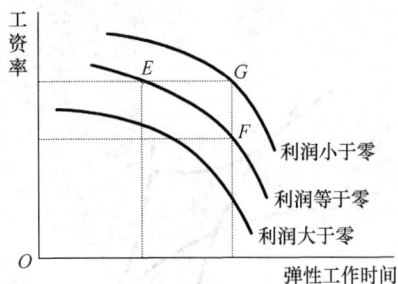

图 5.7　弹性工作时间与工资率的等利润线

弹性工作时间达到一定量以后，将会影响厂商的正常生产活动。因此，要保持利润，必须大幅度减少工资，在 F 点，等利润曲线的陡峭程度比 E 点大得多。

（3）不同的等利润曲线代表不同的利润水平。利润曲线位置越高，利润越低。在图 5.7 中，三条利润线。如果中间的等利润曲线代表利润水平为零，则这条等利润曲线的下方和上方的两条曲线分别代表利润水平大于零和利润水平小于零的情况。若 E、F 点的弹性工作时间和工资率组合利润为零，G 点的弹性工作时间与工资率的组合就小于零，因为 G 点与 E 点相比，同样的工资成本，但弹性工作时间增加而效率下降，从而利润下降为负。

（4）等利润曲线之间互不相交。这一点的分析方法参见图 5.5。

（5）不同厂商等利润曲线陡峭程度不同。不同企业其所能提供工作的性质不同，为员工

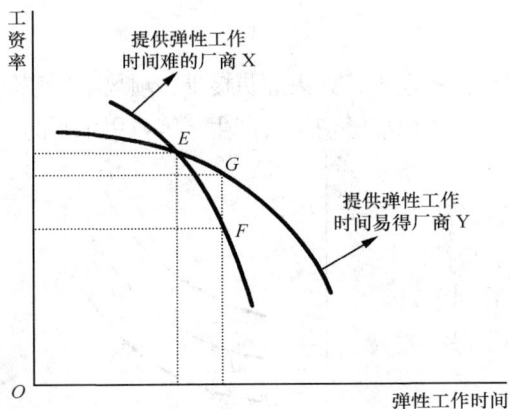

图 5.8　提供弹性工作时间难易不同的
厂商的零等利润线

提供弹性工作时间的程度也是不同的。对于提供弹性工作时间要付出很高代价的雇主来说，为了保持利润不变，必须要大幅度地削减工人的工资。在这种情况下，等利润线比较陡峭，这主要是集体作业的厂商，如采用流水线方式进行生产的企业，难以提供弹性工作时间。如图 5.8 所示，以零利润为例。增加同样的弹性工作时间，厂商 X 要大幅度削减工资，如从 E 到 F，如果不大幅度削减工资，厂商利润会因成本增加而下降。而对容易提供弹性工作时间的厂商 Y 来说，只需要削减部分工资即可，如从 E 到 G。

4. 雇员和雇主选择的结合

在劳动力市场上，劳动者追求效用最大化，厂商追求利润最大化。若劳动力市场供需均衡了，则表明两者能够实现各自效用最大化。为了简化讨论，假设在劳动力市场上存在着对弹性工作时间偏好不同的两类劳动者 A、B，他们对工资和弹性工作时间的选择分别用无差异曲线 aa′、bb′ 来表示。同时，劳动力市场两类企业 X、Y，他们对工资和弹性工作时间的选择分别用等利润曲线 xx′、yy′ 来表示。我们将不同的无差异曲线和等利润曲线放到同一坐标系中来分析均衡状态的实现。

由图 5.9 可知，重视弹性工作时间的员工 A 与不太重视弹性工作时间的劳动者 B 的选

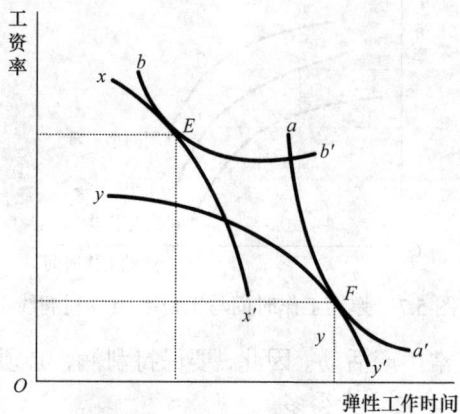

图 5.9 厂商与劳动者的结合

择是不同的。前者愿意接受雇主 Y 提供的较多的弹性工作时间和相对较低的工资水平,后者愿意接受厂商 X 提供较少的弹性工作时间和相对较高的工资水平。这样选择的结果是具有不同偏好的劳动者在进行职业选择时进行了分流:那些希望得到弹性工作时间的劳动者最终会在能够提供较多弹性工作时间的厂商工作从而得到相对较低工作(均衡点 F),那些不太愿意接受较多弹性工作时间的劳动者最终会在工作时间安排严格的厂商工作从而得到相对较高工资(均衡点 E)。

三、工作风险与职业选择

相对于闲暇选择,劳动都是有风险的。若劳动者无差别,当风险相同时,劳动者当然愿意选择工资高的工作;当工资相同,劳动者当然愿意选择风险小的工作。由于不同的工作,风险不同,每一项工作都得有人干。从理论上讲,要吸引劳动者从事高风险的工作,必须提高工资。下面将采用与上一节相同的分析方法和思路来对雇员"不利的"工作特征,即工作风险对个人职业选择的影响进行探讨。

(一)雇员的选择

工作风险是一种不利的工作特征。根据补偿性工资理论,如果雇员接受一项风险概率较大的工作,则可相应得到较高的工资,反之亦然。如果将能够使工人产生同等效用水平的一系列工作风险概率与工资率的组合联结起来,就形成一条无差异曲线,如图 5.10 所示,它代表了劳动者的偏好。

工资与风险组合的无差异曲线具有以下五个特征。

(1)无差异曲线向右上方倾斜。这是因为工作风险对雇员是"不利的"、"坏东西"。如果风险增加,为了保持效用不变,工资必须增如,即两者之间是一种互补关系,该无差异曲线的斜率是正的。

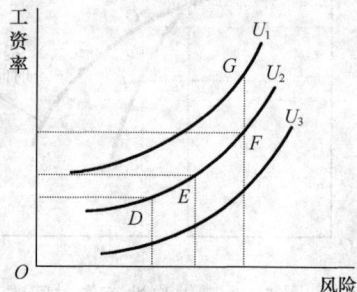

图 5.10 工资率与风险的组合
无差异曲线

(2)无差异曲线凸向右下方,这是与边际替代率递减这一假设相一致的。风险越大,劳动者得到的工资率越高。风险越小,工资越低。但当风险降低时,劳动者愿意得到的工资下降速度是递减的。如图 5.10 中 U_2 线的 F 点到 E 点到 D 点,工资下降的速度要低于风险减少的速度。

(3)不同的无差别曲线所代表的效用水平不同,位置越往左上,效用越大。如图 5.10 所示,G 点与 F 点的组合中,风险相同,但 G 点有更高的工资,从而 U_1 所代表的效用比 U_2 所代表的效用要高。

(4)同一个体的无数条无差异曲线之间互不相交。每一条无差异曲线上点的组合效用相同,不存在相交的可能。如果相交,交点与每一条线上的每一点的效用相同,各线之间只能重合。(可参照前面分析弹性工作时间与工资率的无差异曲线特征的分析方法)。

（5）不同劳动者对劳动风险的偏好不同。不同的人对劳动风险的厌恶程度是不同的。面对同一程度的危险的增加，敏感者会要求工资大幅提高，而不敏感者只要求较少的工资增长就可以保持效用水平的不变。因此，对劳动风险敏感的劳动者的无差异曲线更陡峭。如图5.11所示，当劳动风险概率增加时，为了维持原有的效用水平不变，特别厌恶风险的劳动者A比不太厌恶劳动风险的劳动者B所要求的工资率的增加幅度更大。

（二）雇主的选择

对于雇主来说，减少雇员工伤危险需要支付很高的费用，如必须在机器上安装昂贵的安全装置，或牺牲生产时间为工人培训安全知识等。这样，如果雇主制订一个减少工作危险的计划，为了控制成本保持竞争力，他必须降低工资水平。雇主在工资率与所提供工作的伤害风险之间的选择，可以通过等利润曲线表示出来，如图5.12所示。

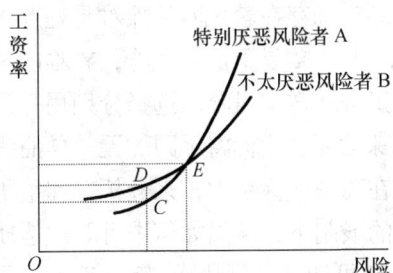

图 5.11　风险程度不同的无差异曲线　　图 5.12　工作风险与工资率的等利润线

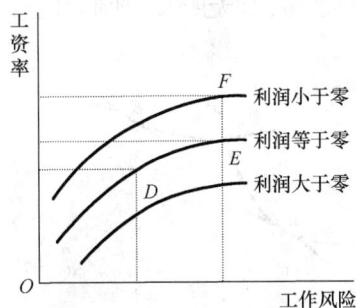

等利润曲线具有以下特征。

（1）等利润曲线向右上方倾斜。在其他条件相同的情况下，雇主倾向提供与低工资相联系的低危险工作和与高工资相联系的高危险工作。

（2）等利润曲线凸向左上方，这是与安全支出收益递减假设相一致的。例如，在等利润曲线的E点，工作危险较高，企业用于减少危险的第一笔开支将有较高的投资收益。这是因为企业在解决安全问题时，总是首先选择最明显、所需费用最低的危险点，将其消除。因为危险（和伴随的成本）减少比较大，为了保持利润不变，企业并不需要大幅度降低工资；相反，在D点，由于风险程度已很低，容易解决的安全问题都已解决，雇主进一步增大安全程度的投资收益率较低，因此为了保持利润不变，必须大幅度降低工资。在D点，曲线的陡峭程度比E点大得多。

（3）不同的等利润曲线代表不同的利润水平，等利润曲线之间互不相交。

（4）等利润线位置越高，利润越低。因为在同一危险程度下，工资率越低，雇主的成本越低，利润水平越高。

（5）不同雇主消除风险难易程度不同。对于减少劳动风险要支付很高的费用的雇主来说，为了保持利润不变，在执行安全计划时要大幅度降低工资。在这种情况下，等利润线比较陡峭；相反，等利润线比较平坦，如图5.13所示。对于厂商Y来说，由于风险不易消除，当风险增加时必须提高工资，如从D到F；而对风险易于消除的厂商X来说，只要较少地提高工资就可以了，如从D到E。

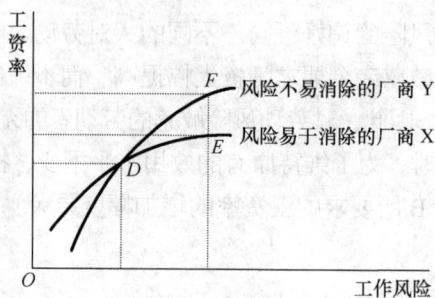

图 5.13　风险消除程度不同的两厂商的等利润线

（三）雇员和雇主的选择结合

为了简化分析，我们假设在劳动力市场上存在着对风险偏好不同的个人 A、B，其中 A 特别厌恶风险，B 无所谓。他们对工资和劳动风险的选择分别用无差异曲线 aa′、bb′ 来表示。

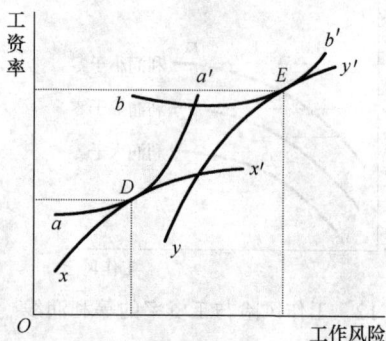

图 5.14　厂商与劳动者的选择结合

同时，在产品市场存在着风险消除难易程度不同的企业 X、Y，其中 X 易于消除风险，Y 难以消除风险。他们对工资和伤害风险的选择分别用等利润曲线 xx′、yy′ 来表示。我们将不同的无差异曲线和等利润曲线放在同一坐标系中，来分析在雇主所提供的工作机会的限制下，雇员如何进行职业选择。

从图 5.14 可知，厌恶风险的劳动者 A 与风险易于消除的厂商 X 在较低的风险和工资下组合，可以实现各自的效用最大化；而不太厌恶风险的劳动劳动者 B 与风险难以消除的厂商 Y 在较高的工资和风险下得到组合，实现各自的效用最大化。由此可见，工作匹配过程，实际上是厂商提供工作机会和劳动者接受工作，并最大限度地实现各自效用最大化的过程。

第三节　家庭生产

我们在第四章中论述简单的新古典劳动闲暇模型时分析，一个人既可以把他的时间配置在闲暇活动中，也可以用于劳动力市场中，即选择工作。与配置在劳动力市场中的工作时数不同，配置到家庭领域中的工作时数并不能带来较高收入。"家庭生产"的产出（如做一顿可口的膳食）毕竟很少在市场上出售。配置在这些活动上的时间可以使我们的生活质量得以提高，因为它产生了我们在家庭内部消费的产品。通过研究不同的家庭成员如何在不同的领域中配置他自己的时间，我们可以提出一系列与现代经济学密切相关的问题，如为什么一些家庭成员擅长于在市场中工作，而另一些家庭成员则擅长于在家庭中工作？

一、家庭生产与时间配置

时间分配的家庭生产理论建立在加里·贝克尔的新家庭经济学的基础之上。新家庭经济学开始于对家庭经济作用的重新解释。经济学的传统看法是生产活动只是在企业进行，而消费活动在家庭进行。新家庭经济学认为，家庭起着双重作用，它既是生产者又是消费者。与认为个人直接从物品和闲暇中获得效用不同,该理论认为家庭实际上进行着大量的生产活动，家庭将时间和各种购买的投入结合起来以生产"家庭商品"以供自己使用。正是这种家庭生产商品才是家庭效用的最终源泉。一个家庭几乎变成了一个专业化的、生产自身效用的小企业。

1. 家庭等产量曲线

当我们把生产的概念扩大到家庭消费的每一样东西时，闲暇和物品不再作为效用的直接来源，我们把时间和物品都作为家庭生产的投入品来看待。家庭生产的等产量曲线就是指在生产同样家庭商品产量的家庭生产时间和购买物品的不同要素组合和轨迹，客观存在具有一般意义的等产量曲线的特征，如图5.15所示。横轴从左向右表示为家庭生产时间，从右向左为市场工作时间。纵轴代表用收入购买的市场商品数量。

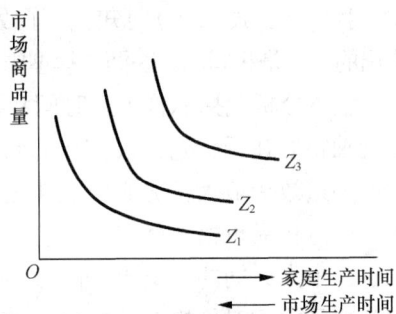

图 5.15 家庭生产的等产量曲线

2. 家庭生产效用最大化

在劳动闲暇模型中，个人的目标是选择效用最大化的物品和闲暇的组合。家庭生产的实质也是要使整个家庭的效用最大化，唯一的区别是物品和时间通过家庭生产商品而间接提供效用。

假定只有一种家庭商品 Z，它可以用不同数量的物品 G 和时间 T 生产出来。物品的市场价格为 P，时间的价格为个人的工资率 W。假定工资是已知的，并且个人在该工资下可以工作任意工作时数。如果一个人多工作意味着将减少用于家庭生产的时间，同时采取一个更为物品密集的生产技术。下面通过边际分析法分析家庭生产效用的最大化问题。

首先考虑增加一单位家庭生产时间对家庭效用的影响。这种影响是两个方面的：第一，家庭商品将会增加；第二，由于 Z 的消费增加，故总效用增加。参见下式的表述：

$$(\Delta U/\Delta T) = (\Delta Z/\Delta T) \times (\Delta U/\Delta Z) \tag{5.1}$$

式（5.1）中，$\Delta U/\Delta T$ 表示家庭生产时间的边际价值，用 MV_T 表示；$\Delta Z/\Delta T$ 表示家庭生产时间的边际产量，用 MP_T 表示；$\Delta U/\Delta Z$ 表示家庭商品 Z 的边际效用，用 MU_Z 表示。故上式可以写为

$$MV_T = MP_T \times MU_Z \tag{5.2}$$

其次，考虑增加一单位家庭生产物品投入对家庭效用的影响。同理，其影响也是两个方面：一是家庭生产会随外购物品增加而增加 Z；二是由于 Z 的增加，而使总效用增加。见下式：

$$(\Delta U/\Delta G) = (\Delta Z/\Delta G) \times (\Delta U/\Delta Z) \tag{5.3}$$

在式（5.3）中，$\Delta U/\Delta G$ 表示外购物品的边际价值，用 MV_G 表示；$\Delta Z/\Delta G$ 表示外购物品的边际产量，用 MP_G 表示；$\Delta U/\Delta Z$ 表示家庭商品 Z 的边际效用，用 MU_Z 表示。类似地可以得到以下等式：

$$MV_G = MP_G \times MU_Z \qquad （5.4）$$

由于在家庭生产中花更多的时间意味着在劳动市场上工作较少，因而在家庭生产中使用的物品就较少，故效用最大化条件涉及 MV_T 和 MV_G 的比较。在完全竞争的条件下，时间的边际价值 MV_T 等于工资率 W，物品的边际价值 MV_G 应等于其在商品市场上的价格 P。因公式（5.2）和公式（5.4）中的 MU_Z 是相等的，故可以推出下式：

$$\frac{MP_T}{W} = \frac{MP_G}{P} \qquad （5.5）$$

我们从公式（5.5）可知，除了改变对问题的生产方面的解释外，这个条件与劳动闲暇模型推出的式子是相同的。在两个模型中，对时间和物品的选择都应使边际产量与其价格成比例。

上述分析包括怎样组合时间和物品以生产 Z 以及生产多少 Z 这两个效应。家庭生产方法的独特性在于，它使人们认识到不同家庭在如何选择生产家庭商品上有着重大的区别。我们知道效用最大化的必要条件是家庭商品生产应该按成本最小的途径进行。在现实生活中，虽然物品价格对所有消费者都是一样的，但不同家庭不同的个人时间价值不同。简而言之，个人之间的工资率不同。高工资的人一般选择更为物品密集的方式生产家庭商品，因为物品的相对价格对他们来说较低；而低工资的则通常使用较为时间密集的技术生产家庭商品。

如图 5.16 所示，高工资的人选择 A 点生产，使用较少的时间和较多的物品；低工资的人选择 B 点生产，使用较多的时间和较少的物品。虽然高工资的人将用较少的时间和较多的物品生产任何给定数量的家庭商品，但这并不意味着他们用于家庭生产的总时间较少。高工资能使人们接受更多的时间和物品，因而高工资的人们会进入一条更高的等产量曲线，但仍使用更为物品密集的生产技术，如在 C 点生产。

3. 家庭生产的劳动供给曲线

为了推出家庭生产条件下的劳动供给曲线，我们需要考虑当时间价格变化时，用于家庭生产的时间如何变化。一般认为，企业很少使用价格上升的生产要素，而家庭生产却不同，因为当家庭生产的时间价值增加时增加了家庭这个"企业"的财富。如图 5.17 所示，假设某个人的起始位置在 A 点，我们来考察当工资增加时的效应。

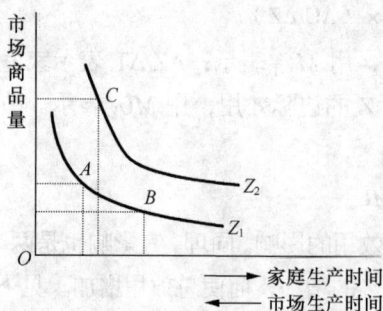

图 5.16 工资对家庭生产时间和物品的影响

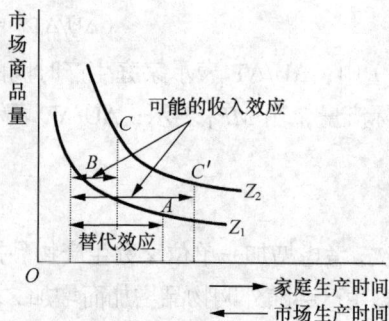

图 5.17 工资对家庭生产时间的影响

工资变动对家庭生产时间会产生两大效应，我们以工资上升为例加以说明。首先，当工资增加时，时间的价格上升，这样即使生产同样数量的产出，消费者也会移向 B 点，增加市场工作时间，减少家庭生产时间，即发生替代效应。其次，工资率的增加会增加个人的收入，使消费者有可能购买更多的市场商品（如 C 点）和更多的家庭生产时间（如 C' 点），因而增加了家庭的生产和消费，这是收入效应。同劳动闲暇选择模型相比较，这里的收入效应和替代效应要复杂得多。故在家庭生产情况下，收入效应会使家庭增加物品和时间的数量，因而减少劳动市场工作时间，最终结果是 C 还是 C'，取决于收入效应的相对强度。正如劳动与闲暇模型一样，由于收入效应和替代效应相反，家庭生产模型也没有预言工资率上升时劳动供给是增加了还是减少了。

总之，家庭生产模型与劳动闲暇选择模型得出了相同的结论，但家庭生产模型却得出了一些更为重要的思想。家庭生产模型把时间视为一种生产性投入，得到了两个结论：其一是时间的生产率随不同的人的变化而变化；其二是技术变化可能影响家庭生产过程。例如，家用电器改变了家庭的生产过程。

二、家庭联合劳动供给决策

考虑一个由两位成员赵明和钱丽组成的家庭。这对已婚夫妇想使他们的效用达到最大化，该效用取决于他们在市场上能够购买的商品的价值 C，以及他们在家庭中生产的商品的价值 Z。在市场上购买商品，赵明和钱丽需要货币支付，假定获得货币的唯一方式是进入劳动力市场并找到一份工作。生产家庭中的商品，赵明和钱丽需要在家庭活动中配置一部分时间。为简化起见，我们假设赵明和钱丽每天有 10 个小时可以贡献给这两种类型的工作（剩余的14 小时被配置到个人休息）。赵明和钱丽所面临的经济问题很明显：他们应当如何在市场和非市场领域分配他们的 10 小时工作时间？同时一方工资对另一方的市场劳动有何影响？

1. 家庭生产预算线

家庭生产函数告诉我们：在给定的时间配置中，赵明和钱丽可以创造多少家庭产出。为了较容易地展示赵明和钱丽如何配置他们的时间，我们假设赵明用于家庭领域中的每小时能够生产价值 10 元的产出；钱丽贡献给家庭领域中的每小时能够生产价值 25 元的产出。

假设赵明的工资率为每小时 20 元。如图 5.18 所示的 AB 是赵明作为单身男人所面临的预算线。如果赵明把他可获得的 10 小时全部贡献给劳动力市场，他就能够购买价值 200 元的市场商品。因为赵明在家庭领域中的边际产品每小时只有 10 元，如果他把自己的所有时间都贡献给家庭领域，他能够生产出价值 100 元的家庭商品。显然，赵明可以把他的时间在劳动力市场与家庭领域之间进行划分，这将可以得出两个角点 A 到 B 之间的各个点。

假设钱丽的工资率为每小时 15 元。图 5.18 所示 CD 为钱丽单身时的预算线。她可以把她可获得的全部时间配置到市场领域并且购买价值 150 元的市场商品，也可以把自己的时间全部配置到家庭领域中，生产出价值 250 元的家庭商品。

如果赵明和钱丽打算结婚，他们就不再受这些预算线的约束。该家庭的机会集将得到扩展，因为他们每个人都会在他们自己生产率相对较高的领域中进行专业化分工。为了弄清楚这一点，我们为赵明和钱丽的家庭衍生出该机会集。假设赵明和钱丽

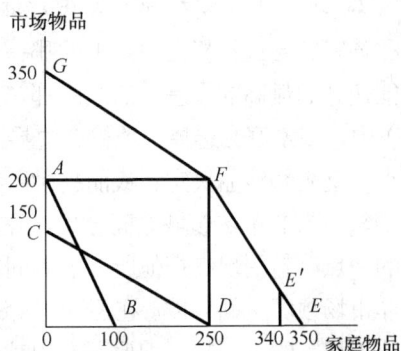

图 5.18　已婚夫妇的预算线和机会边界

两人决定把他们自己的所有时间都配置到家庭领域中，由于赵明和钱丽分别能够生产出价值100元和250元的家庭商品，因此两人合计可以生产出价值350元的家庭商品。这一联合决策如图5.18中的点 E 所示。

假设赵明和钱丽希望在市场上购买一些商品，那么他们将不得不向劳动力市场配置部分时间以获得购买商品所需的现金。谁应当把第一个小时配置到劳动力市场中？如果赵明配置第一个小时，该家庭就放弃了价值10元的家庭商品，获得价值20元的市场商品。如果钱丽配置第一个小时，该家庭就放弃了价值25元的家庭商品，获得价值15元的市场商品。赵明和钱丽共同决定赵明应当进入劳动力市场，并且工作第一个小时，这颇具经济意义。每放弃价值 1 元的家庭商品，赵明就可以获得价值 2 元（20÷10）的市场商品。如果钱丽进入劳动力市场，则该家庭每放弃价值 1 元的家庭商品，只能得到价值 60 分（15÷25）的市场商品。

这一决策产生了在该家庭的机会边界上的点 E′，即赵明和钱丽家庭可获得的选择集的边界。现在我们考虑如果赵明和钱丽想拥有更多的市场商品并且决定把第二个小时配置到劳动力市场中会发生什么变化。同样的算法依然适用：如果赵明把第二个小时配置到劳动力市场中，他们每放弃价值 1 元的家庭商品，就能获得更多的市场商品。事实上，很显然赵明总是会选择把每一额外的小时配置到劳动力市场中，直到他不再剩下一点时间。赵明在图 5.18 中的点 F 耗尽了他能够支配的 10 个小时，也就是将其所有的 10 个小时都贡献给了劳动力市场，而钱丽则将其所有的 10 个小时都贡献给了家庭领域的生产（使得他们能够购买价值 200 元的市场商品和价值 250 元的家庭商品）。

如果该家庭此时希望购买更多的市场商品，钱丽就不得不把她配置到家庭领域中的部分时间重新配置到劳动力市场中。因为钱丽的工资率相对较低，向劳动力市场每配置 1 小时，只能获得价值 15 元的市场商品。结果是，机会边界的斜率向着点 F 弯曲的左侧会变得较为平坦。最终，如果赵明和钱丽把他们所有可支配的时间都配置到劳动力市场中，他们就能够购买价值 350 元的市场商品，如点 G 所示。

因此，家庭的机会集是由边界 GFE 所限定的，它由两个线段构成：一个是相对陡峭的线段（FE），在此线段上钱丽把她所有的时间都配置到家庭领域，而赵明则在市场领域与非市场领域之间分摊他的时间；另一个是较为平坦的线段（GF），在此线段上赵明把他所有的时间都配置到市场领域，而钱丽则在市场与家庭之间分摊她的时间。陡峭的线段 FE 的斜率与赵明的"单身"预算线的斜率相同，而平坦的线段的斜率与钱丽的"单身"预算线的斜率相同。

2. 最优市场劳动与家庭生产选择

该家庭会选择机会边界上的哪一点？一个追求效用最大化的家庭会选择使得该家庭处于可能达到的最高的无差异曲线的那一点。图5.19展示了三个截然不同的解决方案。在图5.19（a）中，该家庭会选择沿着机会边界（并且获得 U 单位效用）上陡峭线段上的那一点。在均衡点，赵明和钱丽决定：钱丽把她所有的时间都配置到家庭生产中，而赵明则把他的时间在市场领域与非市场领域之间分摊。在图 5.19（b）中，该家庭会选择沿着该边界平坦的线段上的一点。赵明现在把他所有的时间都配置到市场领域中，而钱丽则把她的时间在市场领域与非市场领域之间分摊。在图 5.19（c）中，均衡点位于拐点处，表明赵明和钱丽完全是专业化分工配置的，即赵明把他所有的时间都配置到劳动力市场中，钱丽则把她的所有时间都配置到家庭领域中。

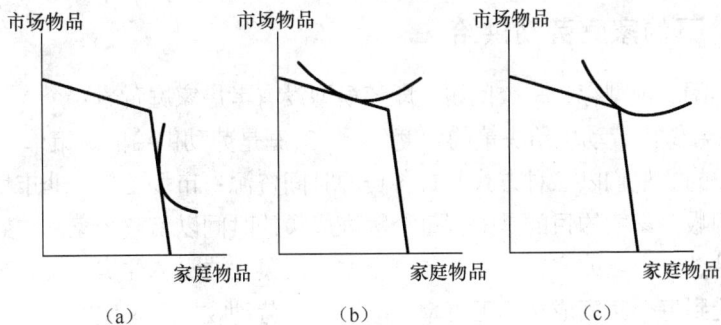

图 5.19　家庭中的劳动分工

我们的数字假设表明，家庭成员之间的市场工资差异在决定家庭中的工作配置时非常重要。尤其是，较高的工资率可以创造出分工于市场领域的激励。这一结果容易理解。即使家庭中的双方在家庭生产中具有相同的效率，该家庭仍然可以通过使得工资率较低的一方在家庭生产中贡献大多数时间而扩展家庭的机会集。

丈夫与妻子的工资差异可以创造专业分工激励的事实如图 5.20（a）所示。在初始均衡点 P_1，赵明把他的时间在市场领域与非市场领域之间分摊。假设赵明的工资会明显地增加，机会边界的陡峭线段现在也变得更加陡峭了。如果工资增加得足够多，该家庭将会从点 P_1 移动到点 P_2，点 P_2 位于更高机会集的拐点上。工资增加将鼓励赵明完全从家庭领域中撤离，并将所有时间都配置到市场领域中。

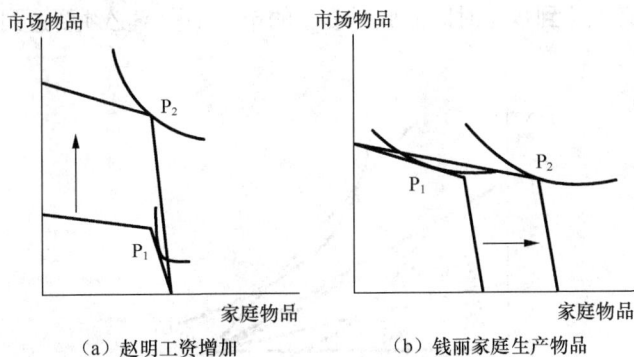

（a）赵明工资增加　　　　　　　（b）钱丽家庭生产物品

图 5.20　工资提高和家庭生产率提高对分工的影响

家庭中的劳动分工也取决于赵明和钱丽在家庭领域生产产出方面的相对能力。图 5.20（b）中，初始均衡点 P_1，赵明会将所有的时间都配置到市场领域中，而钱丽则会将她的时间在这两个领域中分摊。假设钱丽在家庭领域中的生产率显著提高，则机会边界会向外移动，如果钱丽在家庭领域中边际产品的增加足够大，该家庭就会从点 P_1 移动到更高的机会边界上的新的拐点 P_2，因此，家庭领域中相对高的边际产品会对钱丽产生激励，促使她把所有的时间都贡献到家庭领域中。

当然，该模型既不会预见丈夫倾向于将所有时间配置于劳动力市场，而妻子倾向于将所有时间配置于家庭领域；也不会预见工资率较低的配偶或者在家庭领域中边际产品更大的一方，正是有可能将所有时间配置于家庭生产的一方。

三、不同条件下的家庭劳动供给

传统的劳动闲暇模型存在一个问题，即该模型没有考虑家庭背景对个人劳动供给决策的影响。从家庭联合做出劳动供给决策的角度分析，家庭是劳动供给的决策单位，它是由丈夫、妻子和孩子构成的。他们以三种方式配置各自的时间资源：市场工作、非市场工作（做家务或者上学）和闲暇。家庭的目的是配置每个家庭成员的时间以使整个家庭的效用最大化。所获得的市场商品、非市场或家庭商品（如家里做的饭菜、清洁的住房、抚养孩子等）以及闲暇的数量组合受到每个家庭成员的工资率、家庭的非劳动收入和家庭的每周总的时间量三个方面的约束。

1. 非劳动收入变化对家庭时间配置的影响

如同以前一样，闲暇被假定是正常商品。家庭非劳动收入的增加将会导致负的收入效应，使所有的或者部分家庭成员的工作时数下降。例如，家庭获得较大的遗产或者资本财产收入，可能导致丈夫减少加班工作时间或者妻子或者孩子一起退出劳动市场。在家庭联合劳动供给模型中，并不必然意味着市场工作时间需求的同等下降。通过减少家庭工作时间而不是市场工作时间可以获得更多的闲暇时间。

2. 一方有劳动收入，另一方在制度工作时间下的劳动供给决策

假设一个家庭中的男性已经就业，他的收入保持不变而妻子的就业决策是在先生的已有工作且有收入基础之上做出的，且工作时间为制度工作时间。对一个劳动者来说，要么不工作，一旦工作，就必须达到规定时间。此时妻子的市场工资率必须要达到一定标准才会吸引她工作。如图 5.21 所示。

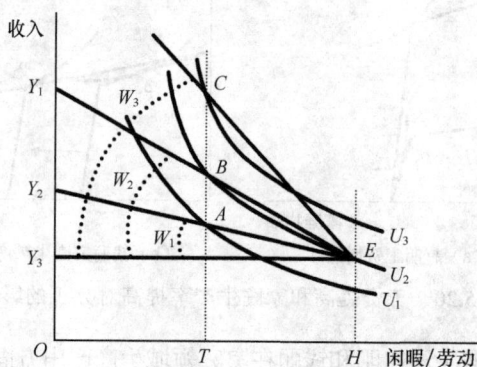

图 5.21　制度时间下的一方工作决策

在图 5.21 中，H 表示劳动时间，T 表示制度工作时间，EH 表示非劳动收入或者说是先生的收入，W_1、W_2、W_3 表示妻子三个不同的工资率，U_1、U_2、U_3 表示工作时与三个工资率相对应的效用曲线。因为要工作就必须要达到制度工作时间，对于妻子来说，由于有非劳动收入，从而提高了她的保留工资。只有当工资率达到 W_2 及以上时，才会吸引她参与市场劳动。

两点分析：一是家庭成员收入增加后的影响。家庭收入增加以后，如果家庭的偏好保持不变，则一方的工作决策不变，对最低工资的要求也不变。但如果偏好改变，则一方的工作决策也要变化。现实中，家庭收入增加后，偏好倾向于增加闲暇，因此一方对工资的要求提高。二是制度工作时间延长的影响。如果工资率不变，制度劳动时间越长，闲暇边际效用越

大，则劳动参与率越低，或者说要提高工资才会吸引劳动。反之亦然。

3. 工资变化的交叉替代效应

我们考察每个成员的工资率变化如何影响每个家庭成员的时间配置。家庭成员 i 的工资率变化既影响当事人自己的劳动供给决策，也影响其他家庭成员 j 的劳动供给决策。影响的渠道有三个：第一，成员 i 的工资率变化将导致当事人自己工作时数的正的替代效应。第二，工资率的变化也将通过负的收入效应部分抵消了替代效应从而影响劳动时间，具体的影响要看收入效应和替代效应的相对强弱。第三，还有一个影响途径就是"交叉替代效应"，这一效应在劳动闲暇模型中是无法看到的。该效应衡量家庭成员 i 的工资率变化对家庭成员 j 的影响大小。

为了更加具体地对这一问题进行讨论，我们假定一个家庭只由丈夫和妻子构成。最初丈夫在市场上全日制地工作，而妻子在家里做家务，并假定由于经济增长妻子可以在市场上工作的工资率上升。这对家庭的时间配置有以下几个方面的影响。

（1）就妻子自己的劳动供给决策来说，工资的上升提高了在家庭工作和闲暇的机会成本，从而增加妻子参与市场劳动的欲望。然而，只有当市场工资上升到足以超过妻子的保留工资时，她才有可能离开家庭寻找就业机会。

（2）当妻子离开劳动市场时，其市场工资率的上升导致正的替代效应，这一效应使得她利用非市场工作时间和闲暇的机会成本上升。一旦她处在劳动市场，工资率的进一步提高既会产生收入效应又会产生替代效应。就既定的工作时数而言，工资的上升导致更高的收入，而负的收入效应使得她减少工作时数而增加闲暇。工资的上升也提高了非市场劳动时间的价值，导致正的替代效应，使得她增加工作时数而减少闲暇和家庭工作时间。因此，妻子的工资提高对其工作时数的净影响是不确定的，它依赖于收入效应和替代效应的相对强弱。

（3）在家庭联合劳动供给模型中，妻子工资的提高也导致第二个收入效应。当妻子决定工作时，不仅妻子的收入增加，而且能够供给其丈夫的收入也增加，这样对丈夫的劳动供给产生负的收入效应。假定丈夫的工资率仍然不变，妻子的更高收入等同于增加了丈夫的非劳动收入，导致丈夫增加对闲暇的需求，从而提供更少的市场劳动时间和家庭劳动时间。这一结论反过来对于妻子也成立：如果丈夫的收入增加，给妻子可提供的收入越多，妻子参与劳动市场的可能性就越低。这一预言是与以下的观察结论一致的：已婚妇女的劳动市场参与率趋势随着其丈夫收入的增大而下降。

（4）妻子工资的增加也导致对其丈夫劳动供给的交叉替代效应。交叉替代效应是指在保持家庭收入不变的条件下，家庭成员 i 的工资率变化所引起的家庭成员 j 的工作时数的变化。

$$交叉替代效应 = \frac{\Delta H_j}{\Delta W_i} \times 100\% \tag{5.6}$$

交叉替代效应的符号可能为正也可能为负。保持收入不变，妻子工资的上升，导致其通过替代效应而工作更多时间。如果妻子和丈夫的市场工作时间是替代的，即当妻子工作时丈夫工作更少，例如，丈夫将花费更多的时间做饭和打扫卫生，这将会导致负的替代效应。然而，也有可能妻子的市场工作时间与丈夫的市场工作时间是互补的，例如，当妻子在市场工作更多时间，丈夫也是如此的情况。在互补的情况下，交叉替代效应为正。

有些现实研究发现对于没有孩子的家庭而言，交叉替代效应为零；而对于有孩子的家庭而言，交叉替代效应为负，即在保持家庭收入不变的条件下，丈夫（或者妻子）的工资和劳动供给增加将会导致妻子（或者丈夫）的市场工作时间减少。

该模型还表明，与男性的劳动力供给相比，女性的劳动力供给对工资变化的反应或许更强烈。事实表明：工资增长在使得家庭生产的价值相对降低的同时，也提高了闲暇的价格。因此，工资增长会鼓励一个人将配置到家庭生产中的时间替换到其他领域中，使他更倾向于市场工作。于是真实工资的上升会使大批女性从家庭生产领域中撤离，投入到市场领域中。此外，许多节省劳动力的设施被家庭广泛采用，有助于减少花费在家庭中的时间价值。相对于花费在市场中的生产时间，这些技术改进有助于减少花费在家庭中的时间并提高了生产率。结论是，致力于家庭生产中的个人对工资增长的反应会更加强烈。

总之，家庭联合劳动供给模型描述了现实的家庭中，一个成员工资率和收入的变化与该成员自身的工作时数以及由此导致的其他家庭成员工作时数的变化之间的复杂关系。

📖 拓展知识

调查显示：八成北京市民对闲暇生活比较满意

新华网北京 2009 年 9 月 25 日专电（记者金小茜）随着经济、社会发展，闲暇时间和国民收入逐渐增加，百姓的闲暇消费在消费中的比重日益增大。日前，北京第二外国语学院中国闲暇经济研究中心、清华大学政治经济学研究中心联合搜狐旅游发布了"2009 年度北京市国民时间使用与幸福感调查"年度报告。

北京第二外国语学院中国闲暇经济研究中心主任魏翔教授主持的此次调查，历时一年半，采用入户调查的方式，对北京市国民时间使用进行了研究。借鉴当今世界三大时间调查体系——美国体系、日本体系和欧盟体系，为北京初步建立起国内首个时间调查系统。

报告的联席负责人、全国政协委员、清华大学教授蔡继明指出，此次调查具有很强的社会经济学意义，详细展现和分析了北京市民的闲暇活动、饮食习惯、作息方式和生活方式，进而为国民的假日安排、就业取向、消费行为、福利政策等提供可量化的依据，对闲暇经济与旅游经济的脉络有了全新的认识。

调查显示，闲暇时间和闲暇活动对幸福感的影响主要体现在其是否满足人们在非惯常环境下对生活的期望。性别、年龄、学历、工作性质、工作环境以及婚姻状况影响人们的闲暇时间和闲暇活动，而闲暇时间和闲暇活动的质量影响人们的幸福感。现阶段，在家庭生活中男性与女性闲暇时间获得的幸福感无显著差异。82.9%的北京市民对自己的闲暇生活比较满意。闲暇生活开始真正走入人们的实际生活。同时，家庭幸福是和谐社会逐步实现的基石，已婚人士幸福感高于未婚人士。

调查发现，北京市民的休闲活动有如下特征：一是休闲活动多集中在娱乐性、消遣性、低花费的活动中；二是"再苦不能苦孩子，再穷不能穷教育"观念根深蒂固，由孩子来决定家庭消费流向成为一种趋势。北京市民最喜欢的三项休闲活动分别为看电影、听音乐和读书；在平均每日个人活动的时间分布上，用于睡觉及休息的时间最长，其次是"吃"，个人卫生活动占的时间也很多。

通过考察闲暇时间和闲暇活动可以看出，目前北京的社会不平等状况并没有想象中的严重。时间使用显示，一是学历越高的人，工作时间越长，学历越低的人，休闲娱乐的时间越长；二是收入越高，闲暇时间越多；三是消费额和家庭休闲娱乐的时间正相关，一个人的娱乐、家庭活动越多，越倾向于消费。

本次调查还反映了闲暇对消费的影响。研究结果显示：消费额和学习培训、就业活动时间呈负相关关系，即学习培训时间每增加 1 小时，消费额减少 12.5 元，就业时间每增加 1 小时，消费额减少 8.9

元；消费额和个人活动、家务活动、娱乐时间呈正相关关系，即个人活动每增加 1 小时，消费额增加 14.2 元，家务活动每增加 1 小时，消费额增加 12.14 元，娱乐时间每增加 1 小时，消费额增加 7.3 元。

魏翔认为，中国未来闲暇经济的发展应往效率经济上发展，休闲能够提高幸福感，同时要提高劳动生产率以获得更多的闲暇时间。闲暇经济是民生经济，应承担提高生活质量和拉动相关行业发展的责任，实现"牵一发而动全局"。

思考讨论：如何度过自己的闲暇时光最有意义？

四、生育率

人口的规模是影响劳动力供给的一个重要因素。人口的增加，为经济发展提供了大量的劳动力，从而也提高了劳动者的收入。收入的增加会不会促进家庭人口膨胀呢？托马斯·马尔萨斯认为收入与生育率之间存在着正相关关系。但现实问题不是这样。当人均收入上升时，生育率并没有上升，而是在下降。随着国家变得较为富裕，家庭不是变得更大，与此相反，家庭实际上变得更小了。我国历年生育率如表 5.1 所示。

表 5.1 我国历年生育率 （单位：‰）

年份	1950	1960	1970	1980	1990	2 000	2010
生育率	4.52	3.31	3.89	2.57	1.87	1.35	1.59

1. 家庭孩子数量的选择

对生育决策的现代经济分析通过强调一个家庭的生育决策不仅取决于收入，而且还取决于价格。假设家庭既关注它所拥有的孩子的数量 N，又关注它所消费的商品数量 X。N 和 X 都是"商品"，在此意义上，家庭偏好于拥有更多的孩子和更多的商品。于是 N 和 X 之间的无差异曲线具有通常的形状，如图 5.22 所示。

然而，家庭的消费活动是受其收入 I 约束的。假设 P_N 为新增一个孩子的价格；P_X 为其他商品的价格。我们假定该家庭可以在现行价格水平上拥有它所希望的孩子的数量或是购买它所希望数量的商品，因此这些价格是保持不变的。

生育孩子的每个人很快会发现，孩子是极其昂贵的商品。提供诸如衣服、住所、食品和教育等生活必需品的费用是相当可观的。除了这些直接的成本之外，孩子的价格还包括父母中的一方从劳动力市场中撤离（或者减少配置到劳动力市场中的时数）以致力于抚养孩子所产生的机会成本，也就是放弃的收入。此外，还有重新进入职场时，由于职业中断而导致的收入的可能降低和机会的错失。而且有些损失甚至是永远无法弥补的。因此，与大多数其他商品相比，孩子是一种"时间密集"程度突出的商品。所以，一个人时间价格的提高（也即工资率的提高）将对生育孩子的价格产生特别重要的影响。

图 5.22 展示了预算约束。如果所有可获得的收入都用于商品，则预算线的截距为 I/P_X。如果所有可获得的收入都花费在孩子身上，该家庭可"购买" I/P_N 个孩子。这两个点为预算线的两个顶点。显然，该家庭可以把它的收入花费在商品和孩子的某种组合上，并且这些不同的选择都分布在预算线上。该家庭通过选择点 E 可以达到效用最大化。

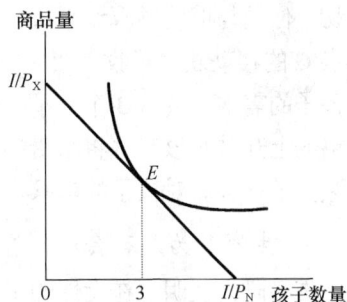

图 5.22 家庭生育决策

2. 收入和价格对家庭的生育影响

这一标准模型现在可以用来分析家庭的生育决策如何随着收入和价格的变化而改变。图 5.23（a）显示了在价格不变的情况下，收入增加对人口生产的影响。家庭收入的增加会使得预算线向上移动，并且把该家庭的最优消费束从点 E 移动到点 F。假定孩子是一种正常商品，家庭收入的增加会使得该家庭对孩子的需求从 3 个提高到 4 个。

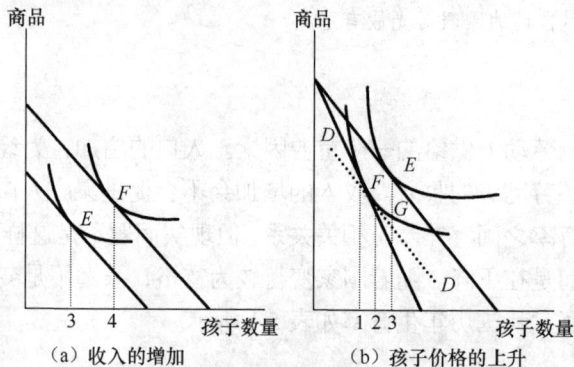

图 5.23　收入与价格对家庭生育的影响

然而，所欲求的孩子数量毕竟也取决于他们的价格。拥有孩子的成本的增加（如婴儿食品的成本、大学教育的成本、父母中主要负责抚养孩子的一方的工资率）会使得该预算线向内旋转，如图 5.23（b）所示。起初该家庭位于点 E 并且希望生育 3 个孩子，当抚养孩子的价格上升后，该家庭会移动到点 F，并且只希望生育 1 个孩子。

通过把从点 E 到点 F 的这一移动分解成相应的收入效应和替代效应，容易看出，抚养孩子价格的上升，减少了对孩子的需求。我们现在画一条新的补偿预算线，与新的无差异曲线相切，但是与旧的预算线平行。这一预算线（即图 5.23 中的 DD）产生了相切点 G。从点 E 到点 G 的移动获得了收入效应。随着抚养孩子的直接成本的上升，该家庭的真实收入下降了，对孩子的需求也会从 3 个孩子减少到 2 个孩子。从点 G 到点 F 的移动是替代效应。抚养孩子价格的上升鼓励该家庭将昂贵的商品（孩子）替换为便宜的商品（其他商品）。替代效应进一步减少了该家庭对孩子的需求。

3. 生育行为是否会对经济变量做出反应

许多研究表明，在女性的工资率与她愿意生育的孩子数量之间存在着一种很强的负相关关系。这种负相关关系有助于我们理解为什么马尔萨斯未能预测到随着国家的富裕，生育行为会发生怎样的变化。因此，经济增长不仅使得我们更加富裕，而且也提高了孩子的价格。因为女性的生育行为对价格变动的反应很强烈，因此伴随着经济增长而出现的真实收入与工资的增加会减少人口生育是不足为奇的。

第四节　劳动时间的进一步分析

按经济学的说法，企业为了完成生产而决定的劳动投入量，并不是指雇用了多少劳动者，即不是指以人员为单位的劳动量，而是指劳动者人数乘以劳动时间，也就是以"人员·时间"

为单位的劳动服务量。在此，为生产同一产量，一天只工作 4 个小时的劳动者人数需要 2 倍于一天工作 8 个小时的劳动者人数。本节的讨论以劳动时间为主，通过劳动时间的计量说明，分析不同的劳动时间，最后分析缩短劳动时间的影响。

一、劳动时间的计量

在经济学中，既然产量是在一定时间内发生的流量，与此相对应的劳动投入量应该是以"人员·时间"为单位的流量（作为计量劳动量的单位，有时需考虑劳动强度）。

劳动时间又称工作时间，是指劳动者从事有酬性社会劳动所花费的时间。在劳动时间内，劳动者支出劳动力，生产物质和精神产品；在劳动时间以外（非劳动时间内），劳动者恢复和再生产出自己的劳动力。

在考虑劳动时间问题时，另一个重要因素是计量劳动时间的单位时间长度。是以一天为单位时间长度，还是以一星期、一个月为单位时间长度，以及从劳动力供给者角度，以一生为单位时间长度。随着单位时间长度的不同，其研究结果也有很大不同。每星期休息两天的制度普及后，缩短了以星期为单位的劳动时间，带薪休假则缩短了以年为单位的劳动时间。退休年龄的提前与推后在条件相同时也会影响一生劳动时间的缩短与延长。

劳动时间的计量单位一般为工日或工时。工日是指一个劳动者工作一个轮班的时间；工时是指一个劳动者工作一个小时的时间。在某些特定条件下，例如，在制定劳动消耗定额和核算单位产品劳动消耗量时，也用分钟作为劳动时间的计量单位。

工日不仅包括实际从事本职工作的时间，还包括未从事本职工作的时间（如停工待料、停电等停工时间等非生产时间）和非全日缺勤的时间。因此，以工时计算的劳动时间要比以工日计算的劳动时间更加精确。

一线作业者的劳动时间构成如图 5.24 所示。

日历劳动时间					
公休时间	制度劳动时间				
	出勤时间				缺勤时间
	加班加点时间	制度内实际工作时间	停工时间	非生产时间	
	全部实际劳动时间				

图 5.24　生产工人劳动时间构成

二、从劳动供给者的角度来看劳动时间

按照经济学传统的思考方式，劳动时间是由劳动的供给者作为最佳时间进行选择的。企业基于由市场决定的工资率确定以"人员·时间"为单位的劳动投入量，所以企业最关心的应该是以"人员·时间"为单位的劳动投入量。决定劳动时间的是劳动的供给者。供给者根据既定的工资率，选择对自己效用最大的最佳劳动时间。

用这种观点观察现实生活中的劳动时间，很难看到在很长的一段职业生涯时间中每天平均只工作短短一两个小时的劳动者。如果人们受雇于某企业工作，他们就必须支付和劳动时间长度无关的准固定成本。例如，为了在单位工作，需要支付上下班费用。虽然很多单位承担直接的交通费用，但只要上下班就需要花费一定的时间，因此，不工作一定量的时间，效用就会低于闲暇。

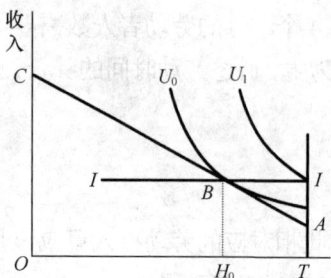

图 5.25　劳动者准固定成本存在时的
最低劳动时间

由于存在这种准固定成本，人们选择的劳动时间就会超出一定的范围。如图 5.25 所示，假设某人未参加有酬性市场劳动，有一定的非劳动收入 TI；当他出去工作时，假设他需要承担包括机会成本的准固定成本 IA，则他的收入约束线就是 $TABC$。AB 在横线 II 之下，这说明虽然在工作，却因准固定成本使收入下降，同时闲暇时间减少，效用也在下降。因此，劳动者不会选择比 H_0 更短的劳动时间。

以上是从劳动供给者的立场说明了劳动时间的下限的存在，而关于它的上限则可以从劳动供给者的生理要求进行解释。人们在工作一定时间后，会感到疲劳，对闲暇时间的需求就会急速上升，没有什么人的工作时间会超过某种长度。

三、不同的劳动时间供给

即使人的时间资源总量一定，即使法定劳动时间一致，但有的人乐于超时工作，有的人乐于兼职工作，有的人又乐于从事零星的工作。总之，人们的实际劳动时间并不像上述假定的那样规则。即使人们的劳动时间供给量一定，但由于人们在劳动时间内努力、勤奋的程度不同，事实上每个人在劳动时间内所提供的有效劳动时间也是不相同的。

1. 制度劳动时间

企业的工作或多或少需要共同工作，所以企业是不可能任由每个劳动者根据自己的情况调整劳动时间的。企业存在招聘费用、人才培养费用等与劳动时间的长度没有关系的准固定成本，企业会尽量不录用工作极短的劳动时间的劳动者。这说明在企业中劳动者并不能轻易地调整劳动时间。但是，即使考虑了更换工作单位的方式，能够选择的劳动时间的范围还是有限度的。在跳槽成本很高的经济体中，劳动者每次更换工作单位，就要对由此引起的巨大的经济损失做好心理准备。

如果企业将劳动时间和工资绑在一起进行规定，则劳动者只能从接受企业方安排的劳动条件在该企业工作或拒绝企业方安排的劳动条件不在该企业工作，两者选其一。图 5.26 显示了这种两者选其一的状况。点 A 表示无职业状态，点 C 表示接受企业所规定的劳动时间 H_0 和工资率 W_0 的雇用条件的状态。图中通过点 A 的无差异曲线 U_B 在通过点 C 的无差异曲线 U_C 的上方，劳动者选择不就业。通过点 B 的无差异曲线在无职业时的无差异曲线的上方，所以，如果存在这种职业，劳动者就会选择就业，但这是建立在劳动者可以自由选择劳动时间的前提下。

如前所述，如果劳动时间由企业规定，即使工资率相同，随着劳动时间的不同，劳动力参与率也会变化，而且缩短劳动时间会使劳动力参与率上升的可能性增强。如此看来，可以认定增加零工的雇用机会对于提高女性劳动力参与率起了很大的促进作用。

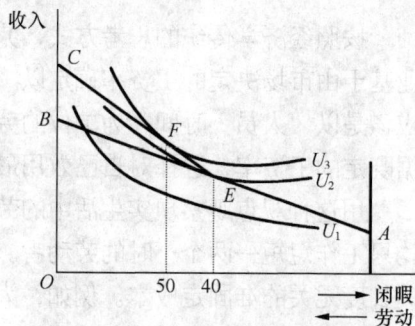

图 5.26　制度劳动时间下的劳动选择

2. 超时工作

这里所说的超时工作是指在法定劳动时间以外继续劳动，通俗地说就是"加班加点"。超时工作与制度劳动时间内的工作相比，要给付较高的劳动报酬，而且各国的法律对此都有相应的规定。在超时工作问题上，超时工作时间已经开始向人类的生理极限发展，因此，其长度不仅受到人类脑力、体力等生理因素和道德因素的制约。

图 5.27 包含两点假定：①超时工资率是定时工资率的 N 倍，$N>1$；②人们对是否接受超时劳动具有自由选择权。假设定时工资率为 W，由此得到收入约束线 AB。在不存在超时工作的条件下，人们可在收入约束线 AB 与无差异曲线 U_2 的切点 E 实现个人效用最大化；在点 E 上人们每周的工作时间是 40 小时。当每周的工作时间超过 40 小时，则超时工资率便是定时工资率的 N 倍，这使得收入约束线在点 E 发生扭转，从而形成新的收入约束线 AEC。

图 5.27 中点 F 是收入约束线 AEC 与无差异曲线 U_3 的切点。无差异曲线 U_3 位于无差异曲线 U_2 的右上方，代表的效用水平高于无差异曲线 U_2。点 F 所对应的工作时间是 50 小时，较之原来的均衡点 E 增加了 10 小时。据此分析可见，人们对超时工作

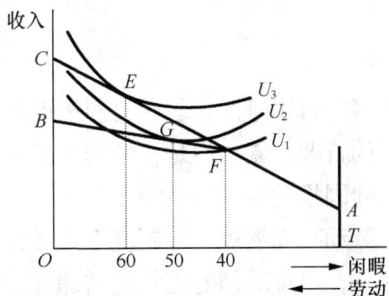

图 5.27 超时下的劳动选择

往往是欣然接受。当超时工作并不经常发生时，收入对劳动时间长短的效应几乎等于零，替代效应发挥着绝对的支配作用。因此可以说，作为诱使增加劳动时间供给量的一个手段，超时工资率不宜定得过高。

3. 兼职工作

兼职工作实际上也是一种超时工作。二者的区别在于，超时工作是在第一职业的制度工作时间之外，在同一地点为同一雇主提供额外的劳动；而兼职工作则是指在第一职业之外寻找其他的工作。超时工作带有季节性和随机性的特征，而且在各行业和各企业的分布很不均衡。乐于从事兼职工作的人对闲暇的主观价值较低，因而乐于提供更多劳动时间以取代闲暇。因此，对一些乐于从事超时工作但苦于没有这种机会的人来说，在工作之余从事第二职业，一身兼任二职甚至兼任数职，更为一种顺理成章的选择。

假定乐于兼职的人能够在本单位内随意地决定自己的劳动供给时间。在图 5.27 中，无差异曲线 U_3 上的点 E 则代表着他所乐于实现的最大效用，每周乐于工作 60 小时。但是，当雇主每周需求的劳动时间限定为 40 小时时，则该人在本单位别无选择，每周只能工作 40 小时。这样，他的收入约束线 AC 与无差异曲线 U_1 相交于点 F。因此，该劳动者为了提高自己的效用，则一定乐于放弃更多的余暇而从事更多的工作。

现在进一步假定，除第一职业之外该人可以获得第二职业，不过工资率低于原来的水平，即其收入约束线以点 F 为扭转点变成 $TAFB$。线段 FB 的斜率小于收入约束线 AC 的斜率。据图 5.28 可知，与线段 FB 相切的无差异曲线是 U_2，切点 G 代表着从事兼职活

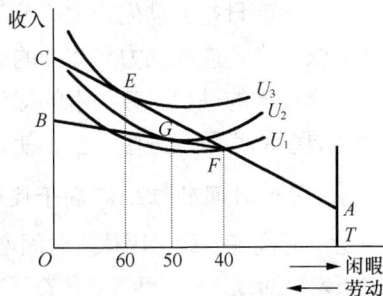

图 5.28 兼职下的劳动选择

动可获得的效用满足程度，该人乐于提供的工作时间是每周 50 小时。从效用的满足程度来看，以兼职方式实现超时工作所实现的效用虽不如在本单位加班加点高，但不管怎么说，与不从事兼职活动相比，毕竟是获得了一定程度的提高。

四、缩短劳动时间对经济的积极影响

从人类发展的历史来看，劳动时间的不断缩短、非劳动时间的不断延长，是生产力发展的必然趋势。一切社会的进步和发展都取决于劳动的节约，由于时间是劳动的天然尺度，所以一切节约归根到底是时间的节约。在现实和理论上，与经济发展水平相适应的一定范围内劳动时间的缩短有下述几个方面的积极意义。

1. 劳动时间的缩短使劳动的各个要素得到充分利用

在社会经济活动中，劳动时间的缩短有利于增加劳动者的自由时间，从而有利于促进劳动生产率的提高。一般来说，劳动生产率是决定工时水平的首要因素。但是，劳动生产率与劳动时间缩短并不永远是正向因果关系，有时也呈现出逆向因果关系。在一定条件下，劳动时间缩短也可以是原因，劳动生产率提高又会成为结果。劳动时间缩短后，制度工时虽减少了，但有效工时却提高了。这样，在不减少工作量的前提下，单位时间的工作量增加，劳动生产率随之提高。当然，缩短工时后，企业还要加强管理才能提高劳动生产率。

2. 劳动时间的缩短使劳动收益增多

在一定社会生产方式条件下，总劳动时间通常是既定的，只是相对缩短了单个劳动产品所耗费的劳动时间。这必将使人们能在既定的社会总劳动时间内创造出更多的产品，包括数量和品种方面的增多。同时，劳动时间的缩短有利于节约能源，这将进一步促进企业生产效益的提升，从而也相应提高劳动者的收益。

3. 劳动时间的缩短有利于扩大就业

在企业所需要的总的劳动时间不变的情况下，缩短单个劳动者的劳动时间可以空出一些就业岗位。这些岗位不仅可以解决企业内部冗员问题，还可以安置一批社会上的失业人员。当然，缩短劳动时间对于解决就业问题的成效在不同行业和企业是不同的。在那些冗员比较严重的企业，缩短劳动时间所产生的新的就业岗位将首先消化企业内部的富余人员。只有那些生产过程较先进合理、生产任务较饱满的企业缩短工时后产生的新的岗位空缺，才能吸收社会上的失业人员。

4. 劳动时间的缩短有利于提高劳动者素质

由于生产日益自动化，生产劳动过程的节奏加快，劳动过程中劳动者的身体和精神处于高度紧张状态，造成脑力和体力的透支。为了劳动者的身体健康，缩短劳动时间是很有必要的。科学技术的进步对劳动者的知识水平提出了越来越高的要求。缩短劳动时间可以为劳动者创造更多的学习、进修机会，使其获得全面的发展。

5. 劳动时间的缩短有利于促进第三产业的发展

劳动时间缩短后，因休息时间增加，劳动者的生活方式将趋于多样化，他们将有更多的时间进行家庭活动、文化活动、体育活动、娱乐活动及其他社会活动。这种由余暇时间增多而引起的生活方式的改变会大大促进消费，从而刺激第三产业的发展，使全社会的经济运行良性发展。

📖 本章小结

生命周期理论表明，不仅工资与工作时数之间，而且工资与劳动力参与率之间都存在着一种联系。因此，在生命周期中的每一年，劳动者都会比较保留工资与市场工资。一般来说，劳动者会在工资高的时期进入劳动力市场。整个生命周期闲暇价格的变动意味着，当工资率较高时，劳动者会将相对更多的时间奉献给劳动力市场；而在工资率较低时，则会减少工作时数。

影响实际退休时间决策的因素除了个人或家庭的财富积累程度和工作兴趣之外，主要有工资、养老金制度、社会经济环境、个人生理条件等四个方面。如果工资收入上升，退休时间的决定会依从于收入效应造成的实际退休年龄下降和替代效应造成的实际退休年龄提高这两个正负效应冲突中作用力更强的那一方。

所谓弹性工作制是指在完成规定的工作任务或固定的工作时间长度的前提下，员工可以灵活地、自由地选择工作的具体时间安排，以代替统一的、固定的上下班时间的制度。从雇主的角度来说，实行工作时间弹性制需要付出一定的代价。

相对于闲暇选择，劳动都是有风险的。若劳动者无差别，风险相同时，劳动者愿意选择工资高的工作；工资相同时，劳动者愿意选择风险小的工作。

简单的新古典劳动闲暇模型认为，一个人既可以把他的时间配置在闲暇活动中，也可以配置到劳动力市场中。与配置在劳动力市场中的工作时数不同的是，配置到家庭领域中的工作时数并不能带来较高收入。

工资变动对家庭生产时间会产生两大效应，由于收入效应和替代效应相反，家庭生产模型也没有预言工资率上升时劳动供给是增加了还是减少了。

从家庭联合做出劳动供给决策的角度分析，家庭是劳动供给的决策单位，它是由丈夫、妻子和孩子构成的。他们以三种方式配置各自的时间资源：市场工作、非市场工作（做家务或者上学）和闲暇。家庭的目的是配置每个家庭成员的时间以使整个家庭的效用最大化。交叉替代效应是指在保持家庭收入不变的条件下，家庭成员 i 的工资率变化所引起的家庭成员 j 的工作时数的变化。

企业为了完成生产而决定的劳动投入量，是指劳动者人数乘以劳动时间。由于存在这种准固定成本，人们选择的劳动时间就会超出一定的范围，即使人的时间资源总量一定，有的人乐于超时工作。社会经济的发展，劳动时间的缩短是一个趋势，这对劳动生产率的提高、劳动者素质的提升和第三产业的发展等有一定意义。

📖 综合练习题

一、选择题

1. 两种劳动力间为总互补关系时，其交叉工资弹性为（　　）。

    A. 正   B. 负   C. 零   D. 任意值

2. 下列哪一点不是弹性工作制的缺陷（　　　）

A. 弹性工作制增加了缺勤率、迟到率和员工的流失

B. 弹性工作制导致工作轮班发生混乱

C. 弹性工作制使管理人员的计划和控制工作更为麻烦，花费也更大

D. 许多工作并不宜转为弹性工作制

3. 比较重视弹性工作时间的劳动者的无差异曲线相对于不重视弹性工作时间的劳动者的无差异曲线要（　　　）

A. 陡峭　　　　　B. 平坦　　　　　C. 不确定　　　　　D. 无差异

4. 当家庭某一成员工资水平上升时，家庭生产时间（　　　）

A. 一定增加　　　　　　　　　　B. 一定减少

C. 具体情况具体分析　　　　　　D. 收入效应让生产时间减少

5. 风险不易消除的厂商等利润线相对于风险易消除的厂商的等利润线要（　　　）

A. 陡峭　　　　　B. 平坦　　　　　C. 不确定　　　　　D. 无差异

6. 收入增长对生育孩子的多少会产生替代和收入两个效应，（　　　）

A. 两大效应都使生育率提高

B. 两大效应都使生育率下降

C. 前者使生育率上升，后者使生育率下降

D. 前者使生育率下降，后者使生育率上升

7. 下列哪一项不应属于准固定成本（　　　）

A. 招聘费用　　　B. 午餐补贴　　　C. 奖金　　　　　D. 培训费用

8. MVT 表示（　　　）

A. 外购物品的边际价值　　　　　B. 家庭生产时间的边际产量

C. 家庭生产时间的边际价值　　　D. 外购物品的边际产量

二、思考题

1. 为什么有的人愿意选择风险大的工作？

2. 弹性工作制有何价值？

3. 劳动的个体决策与家庭决策有何不同？

4. 为什么家庭成员中有的成员应将所有的时间配置于劳动市场，另一些成员将所有的时间配置于家庭中，也许是一种最优的选择？

5. 劳动时间缩短对社会正常生活有何影响？

6. 美国不动产税允许家庭可以把一部分财产转移给他们的继承人。废除这一规定对继承人的工作时数和退休年龄会产生什么影响？

7. 为什么某一工作者在工资最高时会工作最多的时间，而此时没有收入效应？

8. 试分析为什么城市里又脏又累又有风险的工作都是农民工来做的？

9. 当商场有打折商品时，为什么排队的主要是老年人，特别是老年妇女？

10. 随着高考不断扩招，人口出生率不断下降，上大学的比例也会越来越高。试分析这个趋势对缓解就业压力的影响。

三、案例分析

弹性工作制

弹性工作制是指在完成规定的工作任务或固定的工作时间长度的前提下，员工可以灵活地、自主地选择工作的具体时间安排，以代替统一、固定的上下班时间的制度。据了解，在欧美，超过40%的大公司采用了"弹性工作制"，其中包括施乐公司、惠普公司等著名的大公司；在日本，日立制造所、富士重工业、三菱电机等大型企业也都不同程度地进行了类似的改革。而在我国，近年来也涌现出越来越多试行该种制度的工厂和企业。

弹性工作制形式主要有以下几种。

（1）建立自主型组织结构。在这种组织结构中，为改善工作组织，组织建立弹性工作制，让员工可以自主地决定工作时间，决定生产线的速度。如沃尔沃集团为发挥团队合作的效率优势，从1988年开始，将装配线改为装配岛，使员工从重复枯燥的流水线上解脱出来，8~10人一组，灵活合作，可以自主决定自己的一切（包括生产时间、休息时间等）。

（2）工作分担方案。该计划允许由两个或更多的人来分担一个完整的全日制工作。例如，企业可以决定一周有40小时的工作，由两个人来分担。其中一个人上午工作，另一个人则可以在下午工作。

（3）临时性工作分担方案。主要在企业困难时期采用，企业用临时削减员工工作时间的方法来对付临时解雇员工的现象出现。例如，为了防止不得不解雇30名员工，企业的400名员工愿意每人每天只工作7小时，每周拿35小时的工资。

（4）弹性工作地点方案。只要员工能够完成单位指定的工作任务，以电子通信为手段与单位沟通，单位允许员工在家里或在离家很近的其他办公室中完成自己的工作。

（5）选择弹性工作时间。欧洲一些企业规定，员工可以在第一年过完6个月后，选择自己在下一年每个月愿意工作的时间，使员工有更灵活、更自由的时间去处理个人事务或进修学习。比如说，一个希望平均每个月工作110小时的员工，可以在一月份工作150小时，而在二月份只工作60小时，剩下的时间可以自主安排。

（6）核心时间与弹性时间结合。企业可以决定，一个工作日的工作时间由核心工作时间（通常为5个小时）和前后两头的弹性工作时间组成。核心工作时间是每天某几个小时所有员工必须上班的时间，弹性时间是员工可以自由选定上下班的时间。在核心工作时间内，所有员工都要来到工作岗位。

（7）工作任务中心制。公司对员工的劳动只考核其是否完成了工作任务，不规定具体时间，只要在所要求的期限内按质量完成任务就照付薪酬。

（8）紧缩工作时间制。员工可以将一个星期内的工作紧缩在2~3天内完成，剩余时间自己安排"充电"。

案例："弹性工作"应不应该付薪

张某原是宁波市某企业的门卫，2008年劳动合同到期后，双方后续签了一份劳动合同，合同期限为2008年4月1日至2011年3月31日，工作岗位为清洁卫生，月工资850元，包括午餐补贴、通信费、奖金、加班工资等。张某离职前12个月平均工资为988元，各月份扣除加班工资后的实发工资数额未低于宁波市最低工资标准。企业原为张某在门卫处提供住宿，后张某在外租房居住，但仍隔天晚上睡在门卫处并从事简单的开、关大门及查看警报器工作。

2009 年 3 月 2 日，企业以张某工作不称职为由解除了与张某的劳动关系，并支付张某经济补偿金 2 523 元和额外支付 4 月份工资 960 元。张某认为在该企业工作期间，企业白天安排自己从事清洁工作，晚上隔天安排做门卫工作 12 小时，但企业只支付清洁工作的工资。张某要求企业支付夜间做门卫的工资共计 23 400 元及 25%的经济补偿金 3 900 元。张某的请求被劳动仲裁委员会驳回后，张某又向法院提起了民事诉讼。

对于张某的诉讼请求，被告认为当时张某因无处居住，被告才安排其睡在门卫室，张某只是在夜间偶尔开关大门查看报警器等，并没有安全保卫工作职责。2008 年 11 月份企业被盗损失 7 000 元，张某当时没有任何察觉，被告也并没有因此而追究张某的责任，就是因为张某没有门卫职责。因此，张某要求支付门卫工资没有事实依据。

法院经审理认为，原告、被告就原告的工作岗位和工资报酬已在劳动合同中予以明确约定，该合同对双方均具有约束力。原告在被告单位主要从事卫生打扫工作，晚上在门卫室睡觉值班只是简单的附属性工作。原告未提供证据证实双方曾约定该附属性工作需另行支付工资报酬，且原告在职期间也未就该工作内容另行主张过工资报酬，应视为原告对工资报酬及工作内容的认可，故对原告的诉请不予支持。据此，法院驳回了原告的诉讼请求。

（佚名）

思考讨论

试根据上述资料分析：

（1）你认为法院判决对你将来的工作选择有何指导意义？

（2）对企业来说，弹性工作制有什么优点和缺点？

（3）如何充分发挥弹性工作制的作用？

📖 阅读资料

影响我国劳动力短缺的八大因素

2004 年我国东南沿海以及珠三角地区首次显现"招工难"现象，迄今针对该现象的理论解释仍然是劳动经济学领域热议的问题之一。现阶段我国是否全面出现"用工荒"，并由此进入劳动力短缺时代？拥有世界最多人口并且一直被劳动力过剩困扰的中国，为什么会出现劳动力短缺？关于劳动力短缺的种种疑问，表面上看似一个悖论，实际可能暗含着理论与现实的某种规律性。本文结合我国劳动力供求现状，从八个方面分析造成劳动力短缺的根源。

一、劳动人口基数的减少是制约我国劳动力供给的基础性因素

国家人口和计划生育委员会发布的《国家人口发展战略研究报告》显示，我国自全面推行计划生育以来，生育率下降，人口再生产类型由"高出生、低死亡、高增长"转向"低出生、低死亡、低增长"；总和生育率从 20 世纪 70 年代初的 5.8 下降到现阶段 1.8 左右，低于更替水平。计划生育使我国提前跨入低生育水平国家行列，30 多年来我国总共少生了 4 亿多人。与此同时，根据《2010 年第六次全国人口普查主要数据公报》，我国 60 岁及以上人口占总人口的 13.26%，其中 65 岁及以上人口占比 8.87%，这标志着我国已经进入老龄化社会。与 2000 年第五次全国人口普查数据相比，0～14 岁人口的比重下降 6.29 个百分点，人口少子化趋势也愈加明显。据预测，我国 15～64 岁的劳动年龄人口将于 2016 年达到高峰，此后

会不断减少。这表明，虽然我国人口总量在不断增长，但是速度已经减缓，并且老龄化和少子化趋势明显，劳动人口基数有明显下降趋势，这构成了我国劳动力短缺的基础性原因。

二、高等教育招生规模的变化，改变了劳动力供给的人力资本结构

一方面，自 1999 年以来，我国高等教育规模迅速扩张。根据教育部《全国教育事业发展统计公报》资料，1998 年普通高等学校招收本专科生 108.36 万人，2009 年的招生规模则上升到 639.49 万人。这意味着我国劳动力供给的人力资本结构发生了巨大变化。根据第五次和第六次人口普查数据测算，2000 年，我国具有大学文化程度的人口占总人口比例为 3.53%，2010 年这个比例上升到 8.73%。而这些拥有知识型人力资本的大学毕业生并不能充分满足我国当前经济发展的急需，大学生日益严峻的就业形势导致其劳动参与率的下降。与此相对照，我国经济发展亟须的、劳动参与率较高的技能型劳动力供给不足，甚至不进反退。教育部发布的《全国教育事业发展统计公报》显示，全国技工学校数量由 1998 年的 4 395 所下降到 2009 年的 3 077 所。教育发展导致了我国劳动力供给的人力资本结构发生了巨大变化，人才供给结构难以与需求结构相匹配，造成了整体劳动参与率的下降以及适宜劳动力的供给不足。

三、二元结构状况的改善，减少了涌向城市的劳动力

从发展经济学的角度来看，农村劳动力流向城市的根本原因在于城乡劳动要素边际产量存在差异，以及由此引起的劳动者收入的差距，这是引导劳动力流动的基本经济动力。近年来，国家稳步加大了对"三农"的扶持力度。根据《2011 年政府工作报告》资料，"十一五"期间，中央财政"三农"投入累计近 3 万亿元，年均增幅超过 23%；彻底取消农业税和各种收费，每年减轻农民负担超过 1 335 亿元；2011 年农民的生产补贴资金达到 1 226 亿元；对重点粮食品种实行最低收购价和临时收储政策，小麦、稻谷最低收购价提高了 25%～40%；农民人均纯收入达到 5 919 元，实现了持续较快增长。我国城乡二元鸿沟逐步缩小，劳动要素报酬的城乡差距日益改善，在客观上抑制了农村劳动力进城务工的动力，从而减少了制造企业可得的劳动力供给数量。

四、部分劳动者的劳动供给曲线向后弯折

根据劳动经济学理论，劳动力商品的供给性质与普通商品不同，在劳动工资较低的区间，单个劳动者的劳动时间随着工资的上涨而增多；而当工资上涨到一定阶段，收入效应大于替代效应，工资的上涨会使劳动时间供给不升反降。改革开放以来，我国职工工资水平有了显著提高，根据国家统计局数据测算，平均名义工资从 1978 年 615 元提高到了 2010 年的 36 539 元，扣除物价上涨因素，实际工资增长了约 883%。与此同时，我国收入分化现象严峻，国家统计局《中国全面建设小康社会进程统计监测报告（2011）》指出，2010 年我国的基尼系数已经达到了 0.412。收入差距的悬殊，涌现出一大批高收入人群，2011 年《福布斯全球富豪排行榜》显示，在全球 1 210 名亿万富豪中，我国大陆占比近 10%。整体收入水平上涨加上收入差距的扩大，意味着我国很多高收入劳动者的劳动供给曲线已经向后弯折，从一定程度上影响了劳动力的有效供给。

五、经济的不断增长拉动劳动力需求

2000 年开始，中央政府先后部署了西部大开发、振兴东北老工业基地、中部崛起、天津滨海新区、山东半岛蓝色经济区、浙江海洋经济发展示范区等多项国家级发展战略，实施了如青藏铁路、西气东输、西电东送、三峡工程、南水北调等一系列大工程。在 2008 年全球金融风暴来临之际，又推出了"4 万亿"投资计划。政府不断推出的发展战略推动了经济的持

续快速增长，2000 年以后我国的国内生产总值增长率都在 8%左右。经济快速发展必然引起对劳动力引致需求的增加，这是我国劳动力需求增长的基础性原因。

六、普通劳动者工资水平的低下，导致劳动力需求偏高

改革开放以来我国平均工资的较快上涨，并不能改变整体工资水平长期偏低的现实，从收入法核算的国内生产总值数据来看，2007 年我国劳动报酬在初次分配中的占比仅为 39.7%，而当今发达国家的该比例在 50%以上。另外，广大普通劳动者尤其是农民工的工资长期偏低。根据国家统计局《2009 年农民工监测调查报告》数据显示，外出农民工月平均收入仅为 1 417元，略高于最低工资标准。这显示了我国劳动力价格长期处于较低水平。较低的劳动力价格必然引起劳动替代资本，造成过度的劳动力需求，使得我国劳动力相对于其他生产要素短缺。

七、全球经济波动，导致劳动力需求在生产时间上更加集中化

经济全球化是世界经济发展的大势所趋，在经济全球化时代，我国经济发展状况受国际经济形势影响程度显著，这大大增加了经济运行中的不确定性。2011 年《中国的对外贸易》白皮书指出，我国已经成为出口世界第一、进口世界第二的贸易大国。《中国统计年鉴》数据显示，自 2003 以来，我国外贸依存度基本都在 50%以上。而当今世界经济动荡加剧，次贷危机、欧债危机等各种经济危机频发。我国在世界经济动荡中也经历着越来越常见的经济波动，这将导致劳动力的需求量随之频繁起伏。在全球经济复苏和繁荣期，劳动力的需求会猛增。这种情况无疑将使得处于经济发展阶段的人口大国，成为全球化条件下资本扩张与收缩的"蓄水池"。

八、创业时代的来临，进一步扩大了劳动力需求

近年来，我国各级政府陆续出台了一系列的创业支持政策，创业势头发展迅猛。根据国家工商行政管理总局数据测算，从 2006 年底到 2011 年上半年，我国私营企业数量从 498.5万户增长到 903.5 万户，五年左右时间将近翻了一番；个体工商户数量从 2 595.6 万户增加到3 601.1 万户，增长幅度高达 38.7%，体现了我国创业活动的高度活跃。进入创业时代的中国，众多创业者身份从"受雇者"转变为"雇人者"，这一现象不仅直接减少了劳动力的供给，同时增加了对劳动力的需求，两方面影响的重叠，进一步加剧了我国劳动力的短缺局面。

（罗润东，2012）

第六章　人力资本

　　前面几章在研究劳动力供求时，基本上都是假定劳动力是同质的，实际上并非如此。这里既有先天的原因，也有后天的原因。从后天原因来看，医疗卫生保健、教育培训、劳动力流动等都会影响到劳动力的质量。在相同的劳动力数量下，劳动力素质越高，生产率水平也越高。本章主要研究劳动力素质的提高问题，也就是人力资本投资问题，重点分析教育和培训两方面，劳动力流动问题留待后面第八章作进一步讨论。

第一节　人力资本的基本概念

　　人力资本理论开辟了关于人的生产能力分析的新思路。劳动不再单纯是生产发展的外生变量或生产的客体要素，而是经济增长重要的内生变量。所以，人的能力的形成与发展，为人们所格外关注。人力资本理论的产生，为确立人力资源在现代经济发展中的地位和作用，也为开发人力资源，提供了理论依据，它不可避免地成为现代人力资源开发与管理的理论基础。

一、人力资本理论的内容

　　人力资本理论突破了传统理论中的资本只是物质资本的束缚，将资本划分为人力资本和物质资本。这样就可以从全新的视角来研究经济理论和实践。该理论认为，物质资本指现有物质产品上的资本，包括厂房、机器、设备、原材料、土地、货币和其他有价证券等，而人力资本则是体现在人身上的资本，即对劳动者进行普通教育、职业培训等支出和其在接受教育的机会成本等价值在劳动者身上的凝结，它表现在蕴含于人身上的各种生产知识、劳动与管理技能和健康素质的存量总和。按照这种观点，人类在经济活动过程中，一方面不间断地把大量的资源投入生产，制造各种适合市场需求的商品；另一方面以各种形式来发展和提高人的智力、体力与道德素质等，以期形成更高的生产能力。这一论点把人的生产能力的形成机制与物质资本等同，提倡将人力视为一种内含与人自身的资本即各种生产知识与技能的存量总和。

　　人力资本理论主要内容包括：

　　（1）人力资源是一切资源中最主要的资源，人力资本理论是经济学的核心问题。

　　（2）在经济增长中，人力资本的作用大于物质资本的作用。人力资本投资与国民收入成正比，比物质资源增长速度快。

　　（3）人力资本的核心是提高人口质量，教育投资是人力投资的主要部分。不应当把人力资本的再生产仅仅视为一种消费，而应视同为一种投资，这种投资的经济效益远大于物质投资的经济效益。教育是提高人力资本最基本的手段，所以也可以把人力投资视为教育投资问题。高技术知识程度的人力带来的产出明显高于技术程度低的人力。

（4）教育投资应以市场供求关系为依据，以人力价格的浮动为衡量符号。

二、人力资本的概念和特征

什么是人力资本？全国科学技术名词审定委员会对其的解释是：人力资本是指通过教育、培训、保健、劳动力迁移、就业信息等获得的凝结在劳动者身上的技能、学识、健康状况的总和。也可以说人力资本是指通过费用支出（投资）于人力资源，而形成和凝结于人力资源体中，并能带来价值增值的智力、知识、技能及体能的总和。人力资本概念包括以下几方面的含义。

（1）人力资本是活的资本，它凝结于劳动者体内，表现为人的智能（智力、知识、技能）、体能，其中真正反映人力资本实质的是劳动者的智能，此为人力资本之实质内容。

（2）人力资本直接由投资费用转化而来，没有费用投入于劳动者，就没有人力资本的形成。这种投资在货币形态上可以表现为保健费用支出、教育费用支出和迁移费用支出等。

（3）人力资本独特的本质功能是，与物质资源要素相结合，创造价值并产生新的价值增值。这是其成为资本之根本所在。

（4）人力资本内含一定的经济关系。因为人力资本是一种资本，由实际的投资行为而形成，故不可避免地存在着产权归属关系，即存在人力资本产权关系，它包含着人力资本投资、使用及收益分配等过程中的一系列经济关系。

人力资本具有一般资本的特征，但与物质资本相比，它呈现出一定的自有特征。

（1）人力资本存在于人体之中，它与人体不可分离。这一不可剥离性决定了人力资本不可能如物质资本那样可以直接转让、买卖和继承。

（2）人力资本具有客观性。人力资本以一种无形的形式存在，必须通过生产劳动方能体现出来。劳动者若未从事生产劳动，则其体内的人力资本看不见、摸不着，无法发挥作用，只能说其具有潜在的人力资本。

（3）人力资本具有时效性。人力资本的形成和发展与使用均具有时间性。人力资本非与生俱来，其形成有一个过程：体能随人的成长逐渐增强，而智力、知识、技能的提高，需要接受数年的教育。

（4）人力资本具有收益性，其对经济增长的作用大于物质资本。人力资本经济价值的上升，使劳动相对于土地和其他要素的作用日益扩大。经济增长的事实说明，人力资本能比物质资本更有效地推动经济发展。

（5）人力资本具有无限的潜在创造性。人力资本是经济资本中的核心资本，是一切资本中最宝贵的资本，其原因在于人力资本的无限的创造性。

（6）人力资本具有累积性。一方面表现为人力资本的形成是多年教育投资、逐步积累的结果；另一方面表现在人力资本使用上。在生产活动中，人力资本的使用也会产生损耗，但可以通过消费生活资料、进行闲暇休息，以及不断地再教育和培训予以补充。

（7）人力资本具有个体差异性。人力资本是蕴藏于人体内的智能、体能，它与人体的不可剥离性，决定它会受人的个人特质等诸多因素的影响，从而产生个体的人力资本的差异。

不同个体有各自不同的成长环境、背景和历程，形成了各自稳定的心理、意识等品质特征，从而使个人之间人力资本存量有别。

（8）人力资本具有很强的社会性。人力资本和物质资本一样，在具有生产功能的同时，体现着一定的社会关系，即人与物的关系及人与人的关系。但有所不同的是，人力资本的社会性更加鲜明和复杂，它不仅是一定社会关系的体现者，某种程度上还是这种关系的主动再生产者、维护者或变更者，这是因为人力资本不仅用于生产，还广泛用于政治统治、文化建设等领域，它的载体作为具体的人，是有思想、有意志、有情感的，因此，在从物质资本雇用劳动为主向人力资本雇用劳动为主转变的背景下，人力资本所有者的价值观不仅仅会影响个体，还会对相应的社会关系产生深刻影响。

三、与人力资本相关的几个概念

对人力资本与相关概念进行辨析，是进一步认识人力资本的内涵，理清"人力资本"之概念的必要环节。

1. 人力资本与人

人力资本是一种财富，一种资本，不是人本身，但它是人的一部分，是人的一种素养或能力。人并不是资本，也不能把人看作商品或者资本，但人的某些素养、技能可以作为资本，两者并不是简单的资本和"载体"关系，而是一个人包含资本而资本又具相对独立性的状态。人力资本与人的这种对立统一状态是特定历史条件下的表现和产物。资本的出现，尤其是人力资本的出现，是从"以物为中心"到"物、人并重"再到"以人为中心"，是人类经济由农业经济走向工业经济再走向知识经济的必然结果和要求，为人类进入未来美好社会提供了最巨大、最根本的推动力。

2. 人力资本与非人力资本

非人力资本是除人力资本之外的物质资本与无形资本的统称。两者的共同之处在于，同属于经济学意义上的"资本"，都具有价值和生产要素的功能，都有"按资"分享生产成果的权利和要求。两者的区别在于人力资本"人"的特性与非人力资本"物"的特性之间的不同，人力资本的依附性、外部性、主观影响性、所有权不可让渡性等特性，也正是人力资本与非人力资本的差别所在。同时，两者的联系又是极其紧密的。在资本的形成上两者相互推动，人力资本的出现以非人力资本的相当发达为条件，正是相当发达的非人力资本推动了社会经济及科学教育的发展，使现代人力资本的形成成为可能；也正是因为非人力资本经济的不断积累和发展，才使得知识经济得以出现，人力资本的重要性得以凸显。在后工业化时代，经济的发展越来越表现为人力资本与非人力资本的"强强联合"上，才能在日益激烈的经济竞争中取得优势。

3. 人力资本与人力资源

人力资本与人力资源的共性在于，两者都与生产劳动密切相关，都以人为核心因素，都离不开人。两者的区别主要体现在：

（1）理论角度不同。人力资本主要指存在于人身上的能力和知识的资本形式，强调投资于人所获得的能力、技能等价值，可以在促进生产过程中带来更大回报。人力资源理论则将人力视为财富源泉，从人的潜能与财富之间关系的角度强调人力作为生产要素在生产中的重要性。

（2）内容侧重点不同。人力资源是具有体力劳动和脑力劳动能力的人口的总和，侧重点在以人为主体的社会资源形式，其理论以人力的形成、开发、使用管理等为研究重点，意在揭示人力资源在社会经济生活中的运用规律。人力资本则是体现在人身上的知识、能力、健康等价值形式，其理论的落脚点在于这种资本的产权关系、投资收益、经济作用及核算方法等，关注的是这种资本作为价值形式的循环规律和回报能力。

（3）概念外延不同。人力资源在外延上大于人力资本，是一个比较宽泛的范畴。人力资本是一个反映价值量的概念，主要限于凝结于人、能够投入生产活动并带来新价值的资本。

（4）社会意义不同。人力资本和人力资源都兼具社会性和自然属性，但人力资本的社会性更多地体现为以自然属性为媒介的剩余价值占有关系、人们在生产中的相互关系和社会关系。而人力资源的社会性则主要体现为人力作为资源，由于其自身的社会化而具有的思维、情感、意志等社会特征。

拓展知识

人力资本理论的缺陷

第一，教育与经济发展的实践表明，教育增长与经济增长并不总是成正比的。

第二，教育、教育产品不能像商品、经济组织那样进行严格而准确的成本核算和费用分摊，更难以计算它的即时"利润"。

第三，经济增长是受多因素变量制约的，教育水平仅仅是其众多因素之一，而且相当多的时候也不是决定性因素。

第四，人力资本理论着重从经济角度衡量和研究教育问题，容易冲击、忽视教育的主体价值。正是因为这些缺陷，当许多国家发现教育投资并没有像人力资本理论所预言的那样带来丰厚利润的时候，从 20 世纪 80 年代中期开始削减教育投入，人力资本理论也有所势衰。

第五，与人力资本拓展了"资本"的内涵，问题是：人力资本与马克思所讲的"资本"区别何在，如何界定其中的性质，这是我国学者今后研究中需要解决的问题。

第六，自 20 世纪 60 年代以来，不少经济学家在测量人力资本方面做了大量的工作，尽管目前尚能定性地说人力资本对增长有明显的贡献，但定量分析仍没有令人信服的结果。因此，解决人力资本测量问题是今后我们要解决的问题。

第七，人力资本与知识、分工、专业化、知识资本等经济范畴之间的关系，仍没有得到完美的理解，今后可能要从深入理解它们之间的关系中建立更完善的人力资本理论。

第二节　人力资本投资模型

任何一项投资都要讲究收益，也就是要比较投资成本与投资收益，人力资本投资也不例外。要做出理性的人力资本投资决策，需要比较投资成本和收益，但此时会出现一个复杂情况，与人力资本投资相联系的成本和收益是发生在不同时点上的，因为在不同时点上花费和赚得具有不同的价值，所以与人力资本投资相联系的成本和收益只有在同一时点上比较才有意义。同时随着年龄的增长，投资的边际成本是一个不断增加的趋势，而边际收益却是下降的。本节我们先解释人力资本投资的概念，然后从净现值、内含收益率和边际收益与成本等三个角度来对人力资本投资进行决策分析。

一、人力资本投资概念

所谓人力资本投资，是指投资者通过对人进行一定的资本投入（货币资本或实物），增加或提高人的智能和体能，这种劳动能力的提高最终反映在劳动产出增加上的一种投资行为。其包含如下基本含义。

（1）人力资本投资首先需要确定投资者，亦即投资主体。投资者可以是国家（中央、地方政府）、事业单位、企业、社会团体，也可以是家庭和个人等。

（2）人力资本投资的对象是人，一般为投资主体所辖范围之内的人。

（3）人力资本投资直接改善、提高或增加人的劳动生产能力，即人进行劳动所必需的智力、知识、技能和体能。

（4）人力资本投资旨在通过对人的资本投入，投资者未来获取价值增值的劳动产出及由此带来的收入的增加，或者其他收益。

从上述含义来看，人力资本投资具有投资的一般性质。它同物质资本投资一样，是能够带来新的价值增值的一种真正的投资行为或活动，是一种生产性的投资，且其投入产出收益大于物质资本投资，是一切投资中收益最高、获利最大的投资。

（一）人力资本投资的内容

对于人力资本投资的内容，一般包含以下五类。

（1）正规教育，即各级学校教育。

（2）在职人员培训，包括企业所进行的离职培训和在职培训。

（3）医疗和保健，从广义上讲，它包括影响一个人的寿命、力量强度、耐久力、精力和生命力的所有费用。

（4）工作搜寻。

（5）个人和家庭的迁移。

（二）人力资本投资的特征

相对其他领域的投资，人力资本投资有以下几个特征。

1. 人力资本投资的连续性、动态性

人力资本投资的连续性体现为在生命历程的各阶段上都要进行人力资本的投资。一个人在完成一定的正规教育之后进入社会从事生产劳动，要接受各种在职培训，退出劳动过程还要参与多种继续教育。不能因为处于生命历程中的某个阶段而中断人力资本投资，中断即是人力资本的贬值。从时间跨度上讲，人力资本投资要贯穿于人的一生，此即人力资本的长期性。不同时期人力资本投资的形式、内容、目的是不同的，它是一个不断发展、不断升华的动态过程。在这个过程中，人力资源逐步适应社会化大生产的要求，适应各种环境变化的要求，最终带来生产的提高、社会的进步。

2. 人力资本投资主体与客体具有同一性

就个人而言，当个人为实际的人力资本投资者时，他是在进行自我投资，表现为投资主体与客体的高度同一性。当他人（如国家、社会、企业）进行人力资本投资时，投资客体本人实际上也是投资者，因为他至少需要投入自己的时间、精力和劳动。因此，发生在个人身上的人力资本投资，投资主体与客体具有同一性。

3. 人力资本投资的投资者与收益者不完全一致性

由于人力资本是一种无形资本，它潜藏于人体中，与人体具有不可剥离性，只有通过对其载体即人进行投资，方能取得。因此，人力资本投资的获益者往往是个体之人，即投资对象，而投资者只有通过投资对象的活动才能受益。再者，人力资本投资可以由社会、企业、个人三方中的任何一方承担，但收益却三方均可获得。

4. 人力资本投资收益形式多样性

物质资本投资收益形式一般表现为物质产品产出、服务产出及其他价值产出，生产力水平的提高，以及社会物质财富的增加等。人力资本的投资收益，除了表现为上述形式之外，还表现为人的教育水平、思想素质水平、健康水平的提高与全面发展，人的生活质量、社会经济地位、社会精神文明的提高和人类社会的进步等多种形式。

（三）人力资本投资的成本

人力资本投资支出分为以下三类。

（1）实际支出或直接支出。包括学杂费（教育投资）、流动支出（迁移）、培训支出（企业、国家和个人）以及国家用于教育、社会保障方面的支出等。其中属于个人支出的部分被称为个人直接支出，属于国家或社会支出的部分被称为社会直接支出。

（2）放弃的收入或时间支出。接受教育、寻找工作期间不可能工作，至少不能从事全日制工作，必然会放弃相应的收入。由于这部分支出并没有实际的任何投资发生，仅仅是可能的收入损失，所以被称为机会成本。

（3）心理损失。因为学习是一件艰苦、孤独的过程，寻找职业令人乏味、费神，工作迁移需要离别家人、朋友，这种心理损失被称为人力资本投资者的心理成本。

二、人力资本投资之净现值法

一般来说，与所有投资一样，人力资本投资是投资在前，收益在后，且未来收益有不确定性。由于成本与收益发生的时间不同，不能直接进行比较，必须利用时间价值法进行分析。如何做好最佳的投资决策，要确定投资的现在和未来的成本，计算其现在和未来的收益折算到当前的净价值，或简称净现值。

将来的一元与今天的一元具有不同的价值，因为贷款或"租用"货币需要支付正利率，但是这又提出了一个新的问题：为什么使用或"租用"货币要支付利息？原因在于时间偏好的概念，即在给定的选择条件下，大多数人愿意今天得到满足而不愿意接受将来带来满足的保证。大多数人愿意现期消费而不愿意未来消费。这是因为，在生活中存在着众多不确定性的情况下，前者似乎更为真实，因而更有价值。简而言之，时间偏好是这样一种观念，即现在与未来同样的物品相比，人们主观上更愿意选择现在的物品，要推迟个人的现期消费，也就是让他把一部分收入进行储蓄，就必须用利息来给予他"补偿"。如果某人认为今天 100 元的物品等于一年以后 110 元的物品，我们可以认为他的时间偏好率为 10%，必须支付给他 10 元或 10%的奖励才能让他放弃价值 100 元的现期消费。

对现期消费的偏好使得支付正利率成为必然。一年后赚得的 1 元价值小于今天得到的 1 元，这是因为今天得到的 1 元能以某一正利率贷出或投资，从而在一年之后，其价值将超过 1 元。如果利率是 10%，某人贷出 1 元，则在一年之后可以得到 1.10 元。这 1.10 元等于本金 1 元加上 0.10 元，可以由下述代数式来表示：

$$FV = PV(1+i) \tag{6.1}$$

公式（6.1）中，PV 表示现值或当前值，如今天的 1 元；FV 表示从现在起一年以后的价值（如 1.10 元）；i 表示利率。

我们可以将公式 6.1 变形，即有

$$PV = \frac{FV}{(1+i)} \tag{6.2}$$

这个过程称为贴现，也就是找到未来值的现在价值。即如果利率是 10%，一年后收到的 1.10 元今天只值 1.00 元。投资的成本和收益都是在一定年限内发生的，我们可以将贴现公式（6.2）扩展如下：

$$PV = \frac{FV_1}{(1+i)} + \frac{FV_2}{(1+i)^2} + \cdots + \frac{FV_n}{(1+i)^n} \tag{6.3}$$

公式（6.3）中，FV 代表收入流（FV_1 是第一年末的新增收入，依此类推）；n 是收入流的年限，或者说是工作生命周期；i 是利息率。如果该年没有收益，FV 等于零。

现在我们回过头来再次讨论 18 岁的高中毕业生要不要上大学的决策问题。假定他可以在 18 岁工作，也可以大学毕业后 22 岁开始工作，60 岁退休。一个高中毕业生的终生收益现值为

$$PV = \frac{FV_1}{(1+i)} + \frac{FV_2}{(1+i)^2} + \cdots + \frac{FV_{60}}{(1+i)^{60}} = \sum_{t=18}^{60} \frac{FV_t}{(1+i)^{t-18}} \tag{6.4}$$

该公式表明，可以用个人的工作期间贴现的新增收入之和来计算现值。

大学教育投资的决策将带来成本和收益（增加的收入）。我们可以利用净现值的一般公式进行计算：

净现值=收益现值-成本现值

$$NPV = \sum_{t}^{n} \frac{FV_t}{(1+i)^t} - \sum_{t}^{m} \frac{C_t}{(1+i)^t} \tag{6.5}$$

公式（6.5）中，C 表示成本，m 表示成本计算期；FV 表示收益，n 表示收益计算期。

决策原则：NPV > 0。

决策原则是十分清楚的，如果投资的净现值远远大于零，个人就应该进行投资。净现值为正，说明收益的贴现值大于成本的贴现值，投资决策在经济上是合理的；如果净现值为负，那么成本大于收益，投资决策在经济上就是不合理的。

三、人力资本投资之内部收益率法

另一种关于投资决策的评价方法，首先是计算一项投资的内部收益率 i，与利率 j 进行比

较。这里所说的内部收益率是一种贴现率，使用这一贴现率对实际投资进行贴现，其净现值恰好为零。内含收益率计算公式为

$$NPV = \sum_{t}^{n} \frac{FV_t}{(1+i)^t} - \sum_{t}^{m} \frac{C_t}{(1+i)^t} = 0 \qquad (6.6)$$

这里不是使用等式（6.6）中的利率 i 来计算净现值是正还是负，而是选择一定的贴现率，使未来成本和收益的现值相等，从而使净现值为零。显然，i 是指投资者能够接受的最大利率，在此利率下，个人能够偿还为人力资本投资所借的贷款，收支相抵。

投资决策原则涉及对内部收益率 i 和利率 j 进行比较。如果 i 超过市场利率 j，投资是赢利的，该项投资是可行的。例如，如果某人能以 10% 的利率贷款并且进行回报率为 15% 的投资，则进行该项投资是赢利的；但是如果 i 小于 j，该项投资就不应进行。后面我们将会发现，人力资本投资的收益递减，因此，随着在校年限的增加，i 不断递减，给定 j，对所有 $i=j$ 或 $i>j$ 点的人力资本投资机会进行投资都将是可行的。

根据人力资本投资所示的基本模型，做以下补充说明。

1. 收入流的期限

其他条件不变，投资之后的新增收入流期限越长，人力资本投资的净现值将越有可能为正。换句话说，收入流期限越长，内部收益率就越高。人力资本投资在一生中进行得越晚，其净收益现值越低（同时也意味着较低的 i），因为在这种情况下工作年限较短，从而结束投资之后新增收入为正的年限也较短。这有助于解释为什么上大学的主要是年轻人，以及为什么年轻人比老年人更愿意迁移（对地理上的流动进行投资），它同样也解释了传统上存在于男性和女性之间的一部分收入差距。在许多情况下，女性的劳动参与一直是间断的，在正规教育完成后，许多女性往往工作几年后就结婚，因此不得不退出劳动市场以抚养孩子，直到最小的孩子开始上学后，她们才能重新返回劳动市场工作。此外，由于不能连续地工作，也抑制了雇主们对她们进行在职培训的投资。

2. 成本

其他条件不变，人力资本投资的成本越低，发现这项有利投资机会的人就会越多，如果上大学的直接或间接成本下降，大学的入学人数将会增加。如政府降低了上大学贷款所收取的利息。通过降低大学教育的个人直接成本，大学入学人数将会增加。类似地，上大学的间接成本或机会成本的变化也将会影响大学入学人数。例如，如果经济衰退使高中毕业生所能赚得的收入减少，或者说，使其找到工作的可能性减小，上大学的机会成本就会降低，大学入学人数就会增加。较低的成本增加了大学教育的净现值，使得原来认为教育投资不划算的人转变了看法。

年龄较大者一般不愿意进行人力资本投资。随年龄增长，收入也会增加，这样老龄工人上大学的机会成本就比较高，其他条件不变，与人力资本投资相关的净现值和内部收益率将下降。年长者对大学教育投资的可能性小，实际上有两个原因：①未来收入流的时间相对较短；②上大学的机会成本较高。

3. 收入差别

在做人力资本投资决策时，不仅获得收入流的期限很关键，而且收入差别的大小也是很重要的一个因素。经验证据证实，其他条件不变，大学毕业生和高中毕业生之间的收入差距

越大，愿意投资于大学教育的人就会越多。

四、人力资本投资之边际分析法

边际分析法的含义就是当人力资本投资的边际收益大于投资成本的边际成本时，就增加投资，这样做有益于效用的增加；反之，当人力资本投资的边际收益小于边际成本时，就减少人力资本的投资。最终达到人力资本投资的边际收益等于边际成本，这个时候效用达到最大化。

我们用图形更直观地描述人力资本投资的边际分析法。图 6.1 假定，追加每一单位人力资本投资的边际成本是不变的，而边际收益 MR 的现值是下降的。这是因为，多增加一年的人力资本投资就意味着要少获得一年的收入，对于任何人来说，能够达到效用最大化的人力资本投资数量都是在 $MC=MR$ 的点上取得的。当投资的边际成本增加时，人力资本投资会减少；当投资的边际收益增加时，人力资本投资会增加。反之亦然。

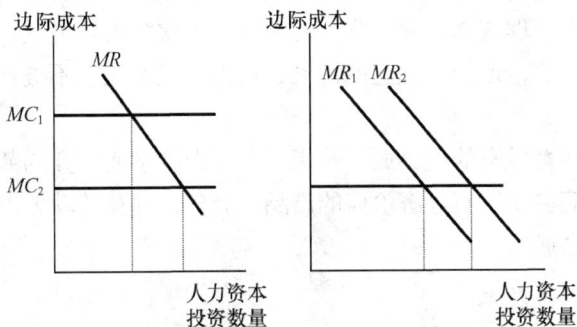

图 6.1　人力资本投资最佳数量决策

一般来说，人们是根据不同的投资能力以及未来期望的前提下进行投资决策的。对于那些学习感到特别费力的投资者来说，他们进行人力资本投资必然会有更高的成本，从而会减少投资。那些预计在追加的人力资本投资中获得的未来收益较少的人，则会减少人力资本投资。

第三节　教育投资分析

教育是一种对人的投资，它所带来的成果是一种资本，即人力资本。当然也许有人讲教育是一种消费，接受教育仅仅是为了提高某种效用。但是无论是消费还是为了投资，教育都是要投入大量的资源，也会带来一定的收益。

一、教育的投资成本收益分析

在现代社会，人们在结束普通义务教育之后一般会进入劳动年龄。此时，人们面临着两种选择，要么继续接受教育，要么进入劳动市场。在就业和就学之间进行选择，人们会受多种因素的影响，其中最重要的是经济因素，即对各种形式的成本和收益的比较。

（一）教育投资的成本支出

教育投资是人力资本投资的最典型形式之一，国家、企业和个人人力资本的来源主要来自教育。教育投资既可以发生在受益主体身上，也可以由其他人承担投资成本。人们在投资决策中必须考虑教育投资收益与支出的不对称现象。一般来说，决策者总是从投资的直接成本和间接成本、私人成本和社会成本方面来加以对比。

1. 教育投资的私人成本支出

个人进行教育投资决策，受到教育投资费用的影响。教育投资的私人成本包括三个部分。

（1）直接成本，包括学费、书籍费等直接教育费用，以及因受教育而产生的额外支出。学生的日常生活费用则不应计入人力资本投资，因为进不进学校，这部分生活费用都会发生。当直接教育费用由公共部门支付（如九年制义务教育）时，教育的直接成本基本上接近于零。但对中等教育和高等教育来说，直接成本在总投资中仍占有相当比例。但在个人（家庭）支出的教育费用中，奖学金或助学金必须从私人成本中扣除，因为它代表了一种转移支付。

（2）间接成本，即心理成本。部分学生可能并不喜欢学校和考试，从而增加学生对人力资本投资的心理成本评价，但因计量上的困难，这部分成本往往不被计入教育投资的私人成本收益分析范围。

（3）机会成本。教育投资的机会成本是指一个人因就学而放弃的劳动收入。假定一个人不就学的话，他会受雇去生产有经济价值的产品和劳务，并在劳动力市场取得相应报酬，这一报酬就是入学的机会成本。

2. 教育投资的社会成本

投资成本的社会性意味着在进行教育投资分析时，必须扩大社会投资的成本范围。例如，政府对教育的任何补贴都应计入教育的社会成本。具体地说，教育的社会成本应包括目前因提供教育所使用的物品和服务的总价值，即包括教师、图书管理员和行政人员的工资、福利费用，教育设施的使用、维修费，以及教育设施所包含的资本利息和折旧费用，但社会成本不应包括为学生提供的后勤服务、组织校内运动队及其他因非教育性活动而发生的费用。学校所花费的奖学金、助学金及其他对学生的财务资助也应被视为转移支付，应从教育投资的社会成本中剔除。

（二）教育投资的收益率

教育投资将从多方面、多途径得到回报。由于教育资本总是具有正的外部效果，投资者并不能完全享受到投资带来的全部收益，其中有很大数量的收益流出投资主体收益范围之外，为不同层次的社会成员所共享。教育资本投资与收益主体不对称、不一致的现象，促使我们在进行教育资本成本收益分析时，往往分开来考察，即考察人力资本的私人收益和社会收益。

1. 私人收益

追求私人收益最大化是投资支出者的基本动机。而私人收益率衡量教育投资产生收益的能力，私人收益的大小直接影响人力资本投资的决策。影响私人投资收益率的因素主要包括五个方面。

（1）个体偏好及资本化能力。能力低的人接受教育比能力高的人接受教育的边际收益率低。

（2）资本市场平均报酬率。把同一笔资金用于人力资本投资与其他投资时，投资者选择的条件是，人力资本收益至少不低于资本市场的投资收益。因此，资本市场的平均收益改变了人力资本投资的机会成本，从而影响人力资本投资决策。

（3）收益期限。收益期越长，人力资本投资越多。

（4）劳动力市场的工资水平。投资者受时间资源约束，而时间机会成本是以放弃的收入来衡量的，因而人力资本投资的私人收益直接受个人生产率和劳动力市场影响。另外，生命周期是对个人的硬约束，在生命周期内，个人生产力是不一致的。生命周期也影响人的时间主观贴现率，例如，临近退休时，个人贴现率会很高，它不会为取得未来的预期职业收入而投资；同时年龄越大，平均预期寿命越小，投资风险性也越大。

（5）国家政策。国家政策从宏观与微观上影响着人力资本投资的实际收益率。例如，通货膨胀将导致名义利率和实际利率的不一致，从而影响到投资的成本与收益。

2. 社会收益

社会收益是指人力资本投资收益中外溢出投资主体并且为社会所分享的部分。通常，外部收益可以分为以下几类。

（1）近邻效应或地域关联收益。收入再分配过程将会使人力资本投资收益在不同收入者之间发生收入流动。一个普通人和诺贝尔奖获得者出生在同一城市、同一街道，就读于同一学校，可能会发生无形资产共享，如旅游者增加导致的旅游业收入增加。同时，良好的示范作用将会使孩子更勤奋努力等。

（2）收益的职业关联。生产过程是团体努力的结果，劳动者的人力资本投资对其他人的生产率、经济机会产生正面影响。这种收益的相互关联效应会使人力资本投资产生外溢收益。比尔·盖茨引发的产业革命虽然获得了丰厚的私人回报，但他创造的产业就业机会、经济增长率和生产效率的提高使社会收益大大增加。

（3）社会收益。教育投资可以减少在社会福利计划、犯罪预防和法律实施等方面的税收支出，即社会可以从教育投资中获益。更多的教育意味着社会政治决策进程运行得更有效率，从而给整个社会带来收益。父母接受过良好教育的孩子，可能在一个更为理想的家庭环境中成长并且得到更好的抚育、指导和非正式的学前教育。

影响社会收益率变动的因素有以下三类：①投资成本与收益的大小及其变动关系。②宏观经济水平及国家的财政政策、货币政策和分配政策。当发生通货膨胀时，名义的社会收益会大于实际收益；失业率上升影响国民收入总体产出；税收水平变动会导致私人收益分配与社会收益分配的比例变化。③人力资本投资类型不同，其收益率是不一致的，如基础教育的社会收益率大于高等教育收益率，基础科研的社会收益率往往大于企业人力资本投资收益率。

（三）模型分析

图 6.2 显示的是两类人的年龄收入差异曲线。其中，收入流 EF 代表未受过大学教育的终生收入流，这部分人 18 岁开始工作，60 岁退休。收入流 BCDGH 代表受过大学教育的人的终生收入流，这部分人 22 岁工作，60 岁退休。受过大学教育者前四年的收入流是负的，也就是要承担教育投资成本。这个包括两部分：一部分是 ABCD 面积表示的直接成本；另一部分是 ADGE 面积表示的间接成本，即大学期间放弃的收入。不规则图形 GFH 的面积表示是接受大学教育后增加的收入，若无增加，不会有人投资。当然增加多少也是影响投资的一个重要因素，这要利用第二节的现值分析法进行分析。

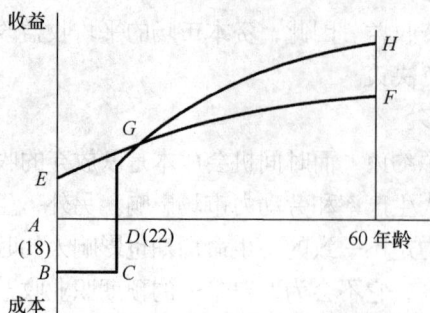

图 6.2　受过大学教育和未受过大学教育的
年龄收入曲线

从以上分析中，我们可以提出以下几点与大学教育决策有关的结论。

（1）成本。其他条件不变时，上大学的总成本降低，对上大学的需求将增加；反之，总成本上升，对大学教育的需求下降。如政府对大学生进行贷款贴息，或进行困难补助，会增加上大学人数。经济衰退会使高中毕业生找到工作可能性降低，同时收入减少，这会使得接受大学教育的机会成本下降，也会刺激大学人数增加。

（2）收入流。其他条件不变时，大学毕业生与无大学学历劳动者的收入差别扩大，则要求上大学的人数增加。即收入流的规模会对教育决策产生影响。

（3）收入流的长度。其他条件不变时，投资后的新增收益期越长，人力资本投资的净现值将越高。换句话说，收益期越长，内含收益率越高。由于年轻人未来工作时间长，因而其总收益的现值要大于老年人。因此，接受教育者、多数大学生是年轻人。

二、文凭的信号功能

关于教育的作用，人们一般认为有两种功能。第一种功能是接受高等教育能提高人们的生产效率，而生产效率的提高会促使工资水平提高，因此高学历的人能获得高报酬。第二种功能是信号功能。接受高等教育不是提高员工生产效率的手段，高等教育并不一定能保证提高受教育者的生产率，或者说接受高等教育能提高生产效率并不是高学历与高报酬之间存在正向关系的唯一解释，学历只是一种发现哪些员工具有高生产效率的手段。

在招聘员工时，雇主并不完全知道求职人员的实际生产效率。雇主所能观察的只是与雇员的生产率相联系的一些特征，如年龄、性别、工作经验和受教育水平，按照教育信号功能假说，员工的受教育水平对企业决定雇用哪些工人有重要影响。

在劳动力市场上，往往应聘人对自己的能力比雇主知道得更清楚。设想市场上有两种应聘者，即高能者和低能者，雇主不能区分这两类劳动者，因此只愿意按照应聘者的平均能力支付工资。这样，高能力的劳动者就有可能退出劳动力市场，导致该市场不断萎缩，最终留在市场上的都是低能力的应聘者。这就是劳动力市场中因信息不对称而造成的"劣币驱逐良币"现象。

文凭是一种发现哪些应聘者具有高能力的手段。因此，文凭具有重要的信号功能，是解决劳动力市场上信息不对称的一个重要机制。这一理论是由斯宾塞（Michael Spence）于 1972 年首先提出的。他提出，教育本身并不提高一个人的能力，它纯粹是为了向雇主"发出信号"表明自己是能力高的人。斯宾塞认为，进行同样的教育投资对能力低的人其边际成本更高，在劳动力市场，虽有信息不对称，但市场交易中具备信息的应聘者可通过教育投资程度来显示自己的能力，而雇主根据这一示意信号便可区别开不同能力的人。显然，这种示意方法可以帮助克服信息不对称带来的困惑。但是，这种示意方法是有成本的，这里的成本就是对教育的过度投入。下面我们用图形来分析文凭的信号功能。

如图 6.3 所示，同样假设有 A、B 两类求职者，A 类劳动者目光短浅、年龄较长和学习能力较低；B 类人有远见卓识、年龄较轻和学习能力较强，具有较高的劳动生产率。雇主倾向于认为那些在高中毕业后至少接受 E 年教育的人是 B 类人。如果报酬结构按终身工资报酬现值表示，那么 A 类人的终身工资报酬率贴现总值为 PV_A，B 类人的终身工资报酬率贴现总值为 PV_B。假定 C 是 A 类人的年均教育成本，$C/2$ 是 B 类人的年均教育成本。无论 A、B 哪类人所选择的正规教育水平都将能够使他们的终生工资报酬现值和教育成本现值之间的差额达到最大的一点，即以最小的代价获得最大的收益。

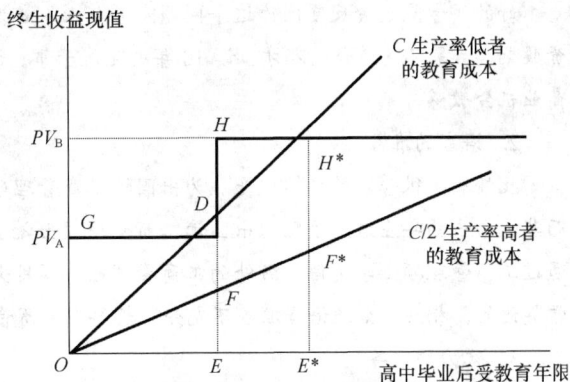

图 6.3　A、B 两类人的教育成本与收益

对于 A 类人来说，他的终身贴现工资报酬与教育成本之间的差额将会在高中毕业后不继续增加教育的情况下达到。这是因为，如果他们高中毕业后增加 E 年教育所带来的净收益 HD 比高中毕业后不增加教育所带来的净收益 GO 还要小，那么 A 类人在高中毕业后如果继续 E 年的教育，其获得的收益不足以弥补额外增加的成本。而对 B 类人来说，增加 E 年教育所带来的净收益 HF 比高中毕业后不增加教育所带来的净收益 GO 大得多，所以这类人在高中毕业后如果继续 E 年的教育投资是有利可图的。

如果雇主将 E 年的标准延长至 E^* 年，A 类人会发现，高中毕业后不继续进行学习是最好的选择；对于 B 类人来说，是否继续投资教育，要看 H^*F^* 大小。若 $H^*F^* > GO$，则投资可行。需要指出的是，除了对特殊工作或特殊人才的需求以外，为了避免人力资本投资的成本过大，雇主会使 E^* 限制在一定的范围内。

人力资本模型确实为教育如何增加收入提供了一个合理的内在一致的解释。这就是说教育使投资者的生产率大大的提高，也就是说，一个受过教育的、有文凭的劳动者比没有受过教育或是受教育较少的劳动者更有生产率，所以雇主愿意支付较高的工资。教育是一种过滤器，是一种信号，能够区别出生产率不同的劳动者。

📖 课堂讨论

留学投资也当理性　一年五十万读洋MBA值不值

一、投资成本分析

就读工商管理硕士（MBA）的成本大致包括几个方面：学费、生活费、社交费和其他花费。但是其实还有一项最为高昂的成本：机会成本。全职 MBA 意味着中断工作，暂时放慢职业积累。

目前美国排名前 50 的商学院多为两年，每年学费 4～5 万美元不等。加上生活费，两年花费 10～15 万美元极为正常。通常就业机会越多的地方学费越贵，生活费也越贵。

二、投资的准备与收获

当我们决定投资工商管理硕士以后，问题就不再是 1 年还是 2 年，欧洲或者美国学校。而是如何充分的准备？有几个关键问题需要梳理。

1. 首先要问自己是否适合读工商管理硕士？为什么？

好的商学院也会反复问你这个问题。并非人人都适合读工商管理硕士，正如不是每个人都适宜投资股票。如果不是适合的人才，读10年也无济于事。读工商管理硕士的人大多乐于和人打交道并且对商业机会敏感。

2. 语言的准备

此外有个很普遍的误解就是认为出国读工商管理硕士是为提高英语。语言的提高在于日积月累，而非一个一两年左右的项目。出国读工商管理硕士之前一定要事先做好语言方面的准备，而不要指望通过工商管理硕士学英语。海外的工商管理硕士项目大多用英语，但是这样昂贵的投资显然不是用来学英语的。相反，如果语言准备不充分，想要在工商管理硕士项目中生存是很困难的。

3. 体力的准备

美国的工商管理硕士学习极为辛苦，体能的储备尤为重要。美国研究生教育的课业负担是国内无法比拟的。工商管理硕士还有很多社交活动，这是它的独特之处。毕竟工商管理硕士培养的是管理者，而不是学者。

4. 职业规划

这是中国的工商管理硕士学生较少考虑的方面。很多人是在陷入职业倦怠、无所事事的迷茫中走进商学院。这恰恰是入学之前要仔细掂量的，否则毕业后会有很大的心理落差！美国的教育提倡自立、自主和自助，这点与中国的权威中心导向截然不同。工商管理硕士是成年人的培训，更应该考虑到自己的未来，而不是依赖学校。

5. 技能与思维的突破

欧美工商管理硕士的最大好处是对学生软性技能的提升，其中最重要的是跨文化沟通。经济全球化方兴未艾，学会与不同种族的人打交道尤为重要。工商管理硕士教育则是把学生解放到了极限。工商管理硕士的精髓不是在于教授告诉学生如何管理企业，而是让学生在竞争与合作中走向成熟。道理其实很简单：企业家不是课堂教出来的，而是在市场中厮杀出来的。

6. 人脉

全职工商管理硕士的重要收益在于拥有紧密的同学关系，这是在职学习所无法比拟的。在商场上交朋友很难，但是在商学院拥有朋友则要容易得多。原因在于回到学校，利益冲突少了许多。对于中国人而言，留学可能是唯一能够拥有较多外国朋友的机会。随着中国企业走向海外，这样的关系将是非常重要的资源。即便是在美国这样讲究自我奋斗的地方，圈子也是很重要的。

7. 工作机会

在欧美读工商管理硕士的直接收益是可能获得海外就业机会。这一点国内的工商管理硕士几乎没有可能。海外学习的经历可以为进入在华跨国公司高层打下良好的基础，原因在于海归工商管理硕士善于和老外打交道。此外，随着中国企业走向海外，留学生将拥有很多竞争优势。

三、投资的心态：理性

作为昂贵的投资，出国读工商管理硕士的成败在于准备是否充分，而不是项目的长短和花钱多少。学生的前途取决于人的基本素质与能力。工商管理硕士可以让翡翠受到雕琢、抛光，焕发应有的光彩。但是工商管理硕士绝对不可能将废铁炼成黄金。

对于教育机构而言，时间是最好的试金石。而对于工商管理硕士学生和商学院，最好的考官就是职场。找到适合的工作、实现职业发展目标比什么都重要。

美国的工商管理硕士教育具有强大的生命力，当然远非完美。也许我们本来就不应该以追求完美的态度来看待工商管理硕士，因为这个世界注定是不完美的。如果你非要以追求完美的态度来看待工商管理硕士投资，恐怕要最终失望。工商管理硕士投资的是人的未来，而未来充满不确定性。我们只能尽量减少不确定性，却不能消除。

（黄浴宇，2009）

思考讨论： 在国内读工商管理硕士与在国外读有何差异？读工商管理硕士真的能提高你的价值吗？

第四节 在 职 培 训

人力资本培训投资支出发生在三个层面上，国家对公共服务系统人员的培训支出、企业为增进人力资本投资的培训支出和个人培训支出。培训具有很强的目的性，它大都发生在专业技能的增进上，包括管理能力、技术能力、服务能力的培训。

任何国家都注重职业培训并承担相应的培训费用，但也存在着一定的国家差异。在美国，由于外部劳动力市场较发达，培训费用大都由个人承担。企业主要是通过外部市场来代替公司内部培训。在日本，培训在公司内有组织、有计划地进行，这主要是受长期雇用制度的影响，当雇主不愿意解雇员工时，只好培训。

工人拥有的许多技能并不是通过正规教育获得的，而是通过在职培训得到的。有些培训可能多少正规一点，如工人可能参加有组织的员工培训或师傅带徒弟的计划。但很多时候，在职培训常常是非常不正规的，因而很难去衡量甚至去觉察，比如缺乏经验的工人经常"边干边学"，他们观察技术熟练的工人的操作，在这些工人生病或休假时补缺，或者在休息时间通过闲谈获得新技能。

一、培训与教育支出的差别

培训和教育投资一样，也有着类似的成本，只是因影响因素不同而与教育支出有所差别。

1. 时间因素

教育投资与人口年龄结构有关。虽然从广义上说，接受教育是一个终身过程，但是从人力资本投资角度来说，只有为了获得预期收益的教育投资才算人力资本投资。人们只在某些年龄段接受某类教育，正规教育大都发生在职业生涯前期；而培训则可以发生在人的生命周期中的任何时期，集中发生在职业期间。培训支出一般是短期的，且无固定时间限制；而教育支出则不同，它有特定的时间限制，如九年制义务教育等。

2. 收益分布

教育投资成本支出的收益分布在未来整个生命周期内，但主要集中于职业期间。培训支出收益目标导向性很强，它针对某一需要，追求快速得到回报。企业今天的培训，不会等到10年后再看效果，它只关注投资的短期回报。这是因为法人生命续存时间是一个很不确定的因素，它中途可能会破产或进行人力资本结构性调整，接受培训者可能会离开企业。

3. 费用分担

国家公务人员的入职培训、晋级培训及专业培训方面的费用，直接由国家负担；企业管理、技术及日常培训方面的费用，主要由企业负担；个人的入职培训的费用，一般由个人负担。

二、在职培训成本和收益

为了理解相关的成本和收益是如何在工人和雇主之间分配的，我们必须区分两种不同情况的在职培训。一种是一般培训，是指对所有厂商和行业都有用的技能培训。这种培训能提高所有厂商的工人的劳动生产率。另一种培训是特殊培训，它是指只适用于特定工种的培训，这种培训仅能提高提供该项培训的厂商的工人的劳动生产率。如果该劳动者离开企业，这种特殊培训价值就会消失，如练习开航天飞机。实际上，大多数在职培训包含了一般培训和特殊培训这两方面的内容，因而很难就二者进行分类。不过，大致可以说，培训员工使其具有在合理的时间内完成某项任务的能力、阅读能力、简单的数学统计能力、遵守指令的能力等都属于一般培训。而特殊培训包括教授员工操作本企业产品专有装配线的技能等。

区分一般培训和特殊培训很重要，因为：第一，这有助于解释是工人还是雇主更有可能支付在职培训的成本。第二，有助于理解为什么雇主可能会更愿意留住那些受过培训的工人。

与正规教育一样，在职培训需要牺牲现在的收入以换取将来的收益，因而也是一种人力资本投资，也能用净现值和内部收益率的框架来分析。在决定是否提供在职培训时，厂商将权衡培训所产生的预期收益和提供培训的成本。如果培训投资所得收益的净现值为正，厂商将投资；如果该值为负，厂商就不会投资。

对雇主来说，提供培训可能涉及教师的讲课费和增加对工人的管理等直接成本，还有在培训期间工人的产出减少等间接成本；工人则可能不得不接受培训期间的低工资。厂商潜在的收益在于，得到培训的雇员的劳动生产率提高，因而将对厂商做出更大的贡献；同时，得到培训的工人由于其劳动生产率提高，可以预期获得更高的工资。

三、培训成本的分配

分析由工人还是雇主支付在职培训的成本有一些复杂。为了便于说明，特提出若干假设：市场是竞争性的，工人可以完全流动，工人通过获得较低工资的方式来支付一般培训成本，厂商承担特殊培训的成本。

1. 一般培训的成本分配

一般培训给予工人的技能和知识是可以转移的，他们能够以较高的工资率到其他企业去谋职。如果由雇主承担该成本，工人可能在结束培训之后离职，这样，雇主不可能获得在培训投资上的任何收益。换言之，在结束培训之后，雇主不得不支付与工人较高劳动生产率相称的工资率，这就减少了雇主在培训投资上的可能收益。因此，如果进行一般培训，通常需要由工人以降低工资率的形式支付培训成本。

图 6.4 描述了一个一般培训的例子。这里 W 和 MRP 分别表示一个未经过培训的工人的工资率和边际收益产品。边际收益产品是雇用新增工人所带来的厂商总收入的增加量。新雇用一个工人将增加厂商的总产出，从而增加厂商的收入，收入的增加部分即为 MRP。

图 6.4 中，培训期间的工资率和边际收益产品分别由 W_1 和 MRP_1 来表示，而 W_2 和 MRP_2 分别表示培训后的工资率和边际收益产品。MRP_1 低于未经过培训的工人的 MRP，因为在培

训期间工人把时间从生产转移到学习上。由于是一般培训，培训后的边际收益产品与所有厂商都有关，因此，与之竞争的公司将提高接受培训工人的工资率直到等于 MRP_2。因为如果支付低于工人边际收益产品的工资率，雇主就不可能有获得培训投资收益的机会。既然培训只是以较高工资的形式使接受培训的工人的收益增加，那为什么雇主要承担一般培训的成本呢？在培训期间，工人通过接受低于未接受培训工人的工资的形

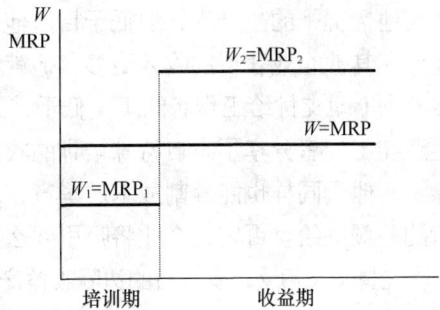

图 6.4　一般培训

式，支付一般培训的成本。竞争将使工人的工资率上升到等于培训后的边际收益产品（MRP_2）这一事实，以及雇主无法得到收益的事实，解释了为什么一般培训主要是在学校里进行，而不是在工作中进行。

如果一个企业准备为一般培训付费，那么该企业肯定就能够吸引大量的工作申请者。因为企业不能合法控制完成一般培训的工作者的流动，这些工作者将利用这个免费的培训机会，然后到另外一个愿为他们提供与他们新近学得的技能相当的工资的企业工作。所以，为一般培训付费但不提高培训后工资的企业可以得到数目过多的被培训者，但会在培训后失去这些工作者。这个企业就面临最坏的可能结果：它为培训支付了成本但没有得到任何利益。一个以利润最大化为目标的企业很快就会降低工资，因为它拥有过多的被培训者供给，从而将其培训成本转嫁给工作者。

2. 特殊培训成本分配

一旦工作者离开企业，来自特殊培训的生产率收益就会消失。所以工作者的可替换的工资（其他企业愿意支付的工资）与培训无关，而等于他培训前的生产率。那么，谁为特殊培训付费？谁将获得收益回报？

考虑如果企业为特殊培训付费将发生什么。即使企业中工作者的边际产品价值增加，企业也可以通过不改变培训期后工资的方式承担培训成本并获取利益。因为 MRP_2 将超过 MRP，提供培训将有利可图。但是，如果工作者在培训后离开企业，企业将遭受资本损失。因此企业不愿意为特殊培训支付成本，除非它拥有工作者不会离职的保证。

再假设特殊培训的费用由工作者承担。于是，工作者在培训期内获得的工资较低，而在培训后得到的工资较高。但是，他们无法确信自己在培训后仍然会被雇用。如果工作者被解雇，他将无法得到培训投资的回报，因为由特殊培训得来的技能在别的地方无用武之地。因此，工作者不愿意投资于特殊培训，除非他们自信不会被解雇。

所以，企业和工作者都不愿意投资于特殊培训，问题源于缺乏一种有法律约束力的合约将工作者和企业终身捆绑在一起，没有哪一方愿意采取主动而支付培训费用。

走出这一困境的途径是，对培训后的工资进行微调，以降低离职和解雇的可能性。图 6.5 详述了这一概况。W 和 MRP 分别表示未接受过培训的工人的工资率和边际收益产品，MRP_1 和 MRP_2 分别表示工人受训中和受训后的边际收益产品。考虑一种劳务合同，培训后的工资如下式所示，即

$$MRP < W_2 < MRP_2 \qquad (6.7)$$

这个合约表明，工作者和企业分享了来自特殊培训的收益。工作者的培训后工资高于他

在其他情况下的生产率，但低于目前他在该企业的生产率。可以注意到，如果工作者在该企业比在其他企业获得的收入更多，他就没有动力离职。同样地，企业雇用该工作者比解雇他更有利（即支付给工作者的工资低于其边际产品价值），于是企业就不会解雇该工作者。如果企业和工作者分享了来自特殊培训的收益，培训期满以后工作者与工作分离的可能性也就消除了，他们同样也能分割成本。毕竟，如果企业支付所有特殊培训的费用，它就存在被培训者的差额供给。否则，企业将吸引要么过多要么过少的工作申请者。

与图 6.5 相反，受训后的边际收益产品仅适用于该厂商，工人获得的特殊培训将提高该企业的劳动生产率。因为特殊培训不能转移，即这种培训不能通过劳动市场的竞争，使工人得到较高的工资率，所以工人将拒绝支付这种培训的成本，并且不接受培训期间的低工资，因此在培训期间，工人的工资率将保持在 W。这意味着雇主必须通过支付超过工人边际收益产品（MRP_1）的工资率来承担培训成本。然而，因为这种培训不可能给其他企业带

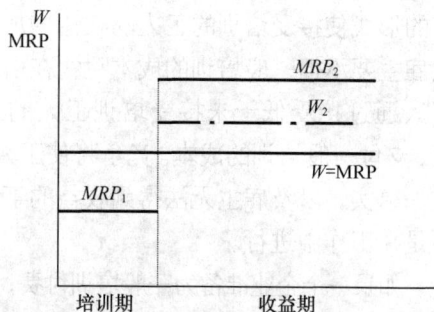

图 6.5 特殊培训

来好处，所以在培训期之后，雇主不需要将工资率提高到高于 W 的水平。这样，从雇主的角度看，培训导致了在培训期间的成本 W 超过了 MRP_1，但随之而来的是培训后的收益 MRP_2 超过了 W。如果这些资金流的净现值为正，厂商会发现给工人提供一定的特殊培训将是有利可图的。

一般来说，特殊培训是不能转售给其他厂商的，因此厂商必须承担这种培训的成本。在培训期间，雇主支付给工人的工资高于其边际收益产品，培训后，雇主可以收回其在特殊培训上的投资，因为工人的边际收益产品将会超过他的工资（$MRP_2 > W$）。由于雇主在特殊培训上的收益与培训后的时间长度有关，雇主通常会自愿地支付高于竞争性的工资以减少工人的离职。

3. 特殊培训的启示

值得注意的是，特殊培训割断了在工作者生命周期中工资与其边际产品价值的关系。相应的特殊培训契约表明，培训期内，工作者只能够得到少于其边际产品价值的工资，因为他们必须为特殊培训支付部分费用。培训期后，工作者在提供培训的企业中得到的是少于其边际产品价值的工资。

特殊培训的概念对于劳动力市场还有其他的启示。它对"后雇用，先解雇"的规律提供了一种简单的解释。该规律是指当经济萧条时，通常最先被解雇的工作者总是最后被雇用的。在某个企业已经待了很久的老员工比新员工受过的特殊培训更多。当企业产品需求降低时，产品价格和工作者的边际产品价值也会下降。老资格的员工在他们的边际产品价值和工资之间有一个"缓冲区"，所以工作者对企业贡献值的下降会使得这些老员工不被解雇。也就是说，由于受过特殊培训的工作者生产边际产品价值多于他们所得的工资，当企业遭受产品需求的突然下降时，它不必解雇许多这样的员工。所以，利润最大化的雇主如果想缩减员工，首先会解雇新被雇用的人。

如果受过特殊培训的工作者确实被解雇了，他几乎没有动力去寻找另外一份工作。如果他转行的话，将遭受一种资本的损失。因此，受过特殊培训的工作者将偏好于在失业期内一直等待，直到被以前的雇主重新雇用。在美国，至少 60% 的失业会因为原来的雇主重新雇用失业的工作者而结束。

因为特殊培训将企业和工作者"结合"在一起，单个工作者离开企业的可能性（不论是解雇还是辞职）会随着工作资历的增加而下降。新雇用的工作者面临更高的解雇率，而较老资格的员工的解雇率较低。但是，如果所有的培训都是一般培训，解雇率与工作资历之间的反向关系将不会发生。一般培训获得的技能是可以随身携带的，可以在任何时候带到任何其他企业。所以，没有理由相信工作者在现有单位的经济机会（相较于其他企业）会随着时间的推移而提高。

四、培训理论补充说明

1. 关于一般培训

企业不得不提供这种一般培训，目的是确保自己有足够的合格工人。通常，这些企业会在培训期降低工人工资。但是在另外一些情况下，法定最低工资阻碍了这一策略的实施。这样，某些企业可能不得不自己来支付一部分培训成本。

最低工资可能迫使某些企业在培训期内支付高于边际收益产品的工资，那么，这些企业怎样才能收回一般培训的费用呢？培训期结束后，如果工资低于边际收益产品，这些雇员会不会到其他企业工作呢？答案在于，在现实世界中，工人并不是完全流动的。改变工作和迁移到其他地区的成本很高，因而这些企业能够在培训之后的一段时间或全部时间里，通过支付低于工人边际收益产品的工资来收回在一般培训上的投资，工人因改变工作而得到的额外报酬可能不足以弥补其寻找工作和重新安置的成本。

2. 关于特殊培训

图 6.5 中的讨论也需要修正。培训之后，企业通过支付低于工人边际收益产品（MRP_2）的工资 W_2 来实现特殊培训的收益。这一差异所得的总收入或总利润将直接随工人在该企业工作期限的变化而变化。简言之，雇主以经济激励来降低受过特殊培训的工人的流动率或辞职率，雇主可能愿意通过支付高于工人在其他企业得到的工资来达到上述目的。培训后的工资可能设定在这样一个水平上，在此工资水平上，雇主和雇员分享特殊培训的收益。

3. 得到正规教育时间最多的人一般会得到更多的在职特殊培训

与一个只有高中文凭的人相比，一个取得大学学位的人更可能被雇主选择来参加特殊的在职培训，因为企业对大学生培训的成本较低。当工人在短期内就可以掌握培训技能时，雇主就能够获得较高的收益率，而大学学位恰恰是有能力很快接受所培训技能的证明。受过更多正规教育的人平均得到更多在职培训的事实，解释了为什么受过较多教育的工人，其年龄收入剖面曲线（见图 6.2）比那些缺乏教育的工人上升得快。

4. 大企业提供的培训机会比小企业要多

可能是因为大企业分工更细，或者企业更有实力，更有长远规划来提高劳动者的技能。当然还一个重要的理由，大企业对劳动者的吸引会更高，从而有效地阻止了劳动力流动。

5. 培训使工资得到了增长

不管是什么培训，都会导致以绩效等级分数衡量的工作绩效的改善，从而提高了劳动生产率，这为企业提高工资创造了条件，也进一步促进了劳动效率的提高，进一步刺激厂商培训的积极性。一般来说，在工作的最初几年中，工人工资增长得特别快，这段时间正是可能进行培训的时期。此外，在培训数量和收益上的性别差异，部分地说明了工资收入的性别差异。

本章小结

人力资本是指通过教育、培训、保健、劳动力迁移、就业信息等获得的凝结在劳动者身上的技能、学识、健康状况和水平的总和。人力资本具有以下特征：人力资本存在于人体之中、人力资本具有客观性、人力资本具有时效性、人力资本具有收益性、人力资本具有无限的潜在创造性、人力资本具有累积性、人力资本具有个体差异性、人力资本具有很强的社会性。

人力资本投资，是指投资者通过对人进行一定的资本投入，增加或提高人的智能和体能，这种劳动能力的提高最终反映在劳动产出增加上的一种投资行为。人力资本投资具有以下特征：人力资本投资具有连续性和动态性、人力资本投资主体与客体具有同一性、人力资本投资的投资者与收益者具有不完全一致性、人力资本投资收益形式多样性。

人力资本投资支出分为三类：实际支出或直接支出、放弃的收入或时间支出和心理损失。常用的人力资本投资分析方法主要有净现值、内含收益率和边际分析三种。

一般认为教育有两种功能。第一种功能是接受高等教育能提高人们的生产效率，而生产效率的提高会促使工资水平提高，因此高学历的人能获得高报酬。第二种功能是信号功能。高等教育并不一定能保证提高受教育者的生产率，学历只是一种发现哪些员工具有高生产效率的手段。

要区分两种不同情况的在职培训。一种是一般培训，指对所有厂商和行业都有用的技能培训。这种培训能提高所有厂商的工人的劳动生产率。另一种培训是特殊培训，它是指只适用于特定工种的培训，这种培训仅能提高提供该项培训的厂商的工人的劳动生产率。

综合练习题

一、选择题

1. 一般培训的成本通常由（　　）来支付。

   A. 企业　　　　　　B. 员工　　　　　　C. 政府　　　　　　D. 社会

2. 从折现公式看，利率与现值成（　　）关系。

   A. 正比例　　　　　B. 反比例　　　　　C. 等比例　　　　　D. 无关

3. 人力资本理论是在 20 世纪（　　）建立起来的。

   A. 50 年代　　　　　B. 60 年代　　　　　C. 70 年代　　　　　D. 40 年代

4. 1959 年，美国经济学家（　　）首次提出了人力资本的概念。

   A. 西奥多·舒尔茨　B. 马歇尔　　　　　C. 加里·贝克尔　　D. 卢卡斯

5. 下列哪个不是人力资本的特点（　　）。

   A. 间接性　　　　　B. 同质性　　　　　C. 迟效性　　　　　D. 长期性

6. 对人力资本投资理论的推论，下列错误的说法是（　　）

   A. 年龄越年轻收益越大

B. 目光短浅者的学习贴现率较高

C. 上大学成本越高大学入学人数越少

D. 家庭财富较少的学生最有可能处于上大学决策的边际状态

7. 上大学的间接成本是指（　　　）

A. 上大学的杂费　　　　　　　　B. 上大学放弃的工作收入

C. 上大学的住宿费　　　　　　　　D. 上大学的心理压力

8. 高等教育的信号是指（　　　）

A. 高等教育可以产生远大的外部收益

B. 高等教育可作为厂商筛选员工的最实用工具

C. 高等教育可以提高劳动者的收入

D. 高等教育可以提高劳动者的道德水平

二、思考题

1. 人力资本理论的基本内容是什么？

2. 什么是人力资本投资？有什么特点？

3. 如何理解人力资本投资的净现值分析法？

4. 如何理解人力资本投资的内含收益率分析法？

5. 如何理解人力资本投资的边际分析法？

6. 如何进行一般培训的成本与收益分配？

7. 如何进行特殊培训的成本与收益分配？

8. 就个人如言，获得大学教育所带来的成本和收益是什么？从全社会角度来看呢？

9. 当经济持续衰退时，你认为大学入学人数是增加还是减少？为什么？

10. 有人说，"我不愿意给员工培训，因为培训后他们会流失的。"这种观点对吗？

11. "以文凭论英雄"的观点是否正确？

12. 在2013年的全国人大和政协两会上，有代表提议设置一个高考最低录取分数线，比如375分，你怎么看？

三、案例分析

专家称中国劳动力素质不高 与市场需求不匹配

网易财经2013年1月16日讯 1月16日上午，《经济学人》邀请120位银行及金融业高管、政府官员和著名学者举办第二届"领军者系列：中国峰会"。

北大光华管理学院教授朱善利谈到就业问题时称，在中国，高素质的劳动力还是缺乏的，或者说现在劳动者的素质还不能够满足经济结构调整的需要，还不能够适合经济发展的需要。

北大国家发展研究院教授黄益平则表示，低端的劳动力已经出现短缺，但是对于那些受教育程度比较高的人来说，却又找不到工作，这么一种不匹配的现象是因为，中国是全世界的制造工厂，很多行业还是属于低端的劳动密集型行业，他们占了中国出口的75%。与此同时，在房地产、基础设施方面的投资，又占了中国全部固定资产投资的一半以上，占了国内生产总值的一半以上，也就是说国内生产总值的一半以上都是属于劳动密集型的行业。这样的话，在低端劳动力市场确实出现了劳动力短缺的状况。

而对大学生来说，他们应该成为白领工人，应该成为高端制造业的产业工人，应该成为高级人才，但是相应的行业本身发展是比较初级的，所以他们找不到工作。

以下是文字实录。

朱善利：我想就中国政府来说，可能现在做得也还不够，因为您知道在中国，就像刚才黄教授所说的那样，中国的劳动力市场有自己的特点，如果经济的增长能够有8%，那么就能够实现充分的就业。中国其实是在进行经济结构的调整，这样的话，就意味着我们需要劳动者的技能进一步提高。但就目前来说，恐怕在中国高素质的劳动力还是缺乏的，或者说现在劳动者的素质还不能够满足经济结构调整的需要，还不能够适合经济发展的需要。

可思梦：好，马上我们来看大学毕业生，是不是现在一毕业就失业，或者对自己找到的工作不满意？一方面，低端的劳动力已经出现短缺，但是对于那些受教育程度比较高的人来说，却又找不到工作，这么一种不匹配的现象怎么去解释？

朱善利：中国大多数的劳动者现在仍然是来自农村地区，农村的劳动力向城市转移，所以这样的劳动者通常教育程度是比较低的，比如说很多人可能刚读完了初中。因为在中国的话，我们实行的是九年的义务教育，这是义务教育，很多的农村孩子可能就刚读完初中，甚至还没读完初中就来城市打工了。这样的话，他们的劳动素质确实不是很高，他们只能在制造业或者服务业找一些低端的工作。但是，我们这两个行业本身是在发生变化，那么这样的劳动者就跟不上形势了。

黄益平：我想这确实跟中国的经济结构有关，我们都知道，中国是全世界的制造工厂，也就意味着目前来说，我们的很多行业还是属于低端的劳动密集型行业，占了我们出口的75%。与此同时，在房地产、基础设施方面的投资，又占了中国全部固定资产投资的一半以上，占了国内生产总值的一半以上，也就是说国内生产总值的一半以上都是属于劳动密集型的行业。这样的话，在低端劳动力市场确实出现了短缺的状况，而对大学生来说，他们应该成为白领工人，应该成为高端制造业的产业工人，应该成为高级人才，但是相应的行业本身发展是比较初级的，所以他们找不到工作。

曹远征：是，这就意味着我们需要对中国的经济进行结构调整。

思考讨论

试根据上述资料分析：

（1）我国劳动力素质不高的原因是什么？

（2）如何提高劳动力素质？

（3）文中提到高学历人才也会失业，这又是何故？

📖 阅读资料 ═══════════════════════════════

人力资本理论的产生与发展

现代人力资本理论问世至今不到50年，但有关人力资本思想的火花，却不断在经济学文献中闪耀。包括配第、亚当·斯密、萨伊、穆勒、瓦尔拉斯、恩格尔、李斯特、马歇尔、庇古和费雪等著名的经济学家都曾经从国民财富和国家实力研究、国家财政和税收研究、教育、健康投资经济意义分析、人口迁移经济效应分析、个人收入差别研究等不同的方面、不同的角度提出和阐述过有关人力资本的观点和思想。

一、人力资本的理论渊源

著名的古典学派代表亚当·斯密（Adam Smith）首先注意到人力资本问题。在其 1776 年出版的《国富论》中，提出了初步的人力资本概念。他说："学习是一种才能，须受教育、须进学校、须做学徒，所费不少，这样费去的资本，好像已经实现并且固定在学习者的身上。这些才能，对于他个人自然是财产的一部分，对于他所属的社会，也是财产的一部分。"[1]

阿弗里德·马歇尔（Alfred Marshall）是现代人力资本理论形成之前，对有关经济思想加以重视的又一著名的经济学家。他在《经济学原理》中对人的能力作为一类资本的经济意义提出了新的认识。马歇尔一方面认真地研究教育的经济价值，主张把"教育作为国家投资"，教育投资可以带来巨额利润。

二、现代人力资本理论

现代人力资本理论诞生于 20 世纪 50 年代末、60 年代初，其产生有当时的历史背景，是实践与理论发展的客观必然。

首先，世界两大阵营的形成与对峙，推动了人力资本理论的产生。第二次世界大战后，以美国为首的西方阵营和以苏联为首的东方阵营之间的军事对抗和经济竞争异常激烈。1957 年苏联发射第一颗人造卫星，这一卫星上天事件极大地刺激了美国，美国政府感觉到自己科学技术已经落后。在此过程中，人们研究的观点聚焦于教育投资对科学技术发展和经济增长的巨大作用。

其次，马歇尔计划的成功，推进了人力资本理论的诞生。第二次世界大战给交战双方带来了巨大的生命与财产损失，重建和复兴成为许多国家面临的迫切而艰巨的任务。美国政府于 1947 年采纳了当时的国务卿乔治·马歇尔的建议，制定了一项旨在帮助欧洲重建与复兴的经济援助计划，即马歇尔计划。马歇尔计划执行后，西欧国家在短短几年内就从战争的废墟上重新站了起来。其成功的重要原因或基本条件在于，西欧拥有诸多具有技术知识和有必需的技能以及学习新技术能力的工人。

其三，"经济增长之谜"是人力资本理论产生的学术背景和推动力量。从经济理论的发展来看，由于宏观经济学的兴起及日趋成熟，使人们对于诸如总投资、总收入、总储蓄、总消费等总量问题的研究日益深入，从而发现一系列经济学尚无法解释的"经济之谜"。美国著名经济学家库兹涅茨在对美国的资本形成的研究中发现，美国在经济增长的同时，其资本形成的速度却在下降。这些"谜"为经济学新的发展创造了机遇，为人力资本理论的出现孕育了时机。

在现代人力资本研究方面有突出贡献的经济学家及其理论主要有以下几个。

1. 舒尔茨的人力资本理论

西奥多·W·舒尔茨（T·W·Shultz）从 20 世纪 50 年代开始人力资本理论的研究，在 50 年代末和 60 年代初连续发表了几篇重要文章，成为现代人力资本投资理论的奠基之作。这些文章有《教育与经济增长》（1961）、《人力资本投资》（1961）和《对人投资的思考》（1962）。1960 年，他以美国经济学会会长的身份在年会上发表《人力资本投资》的主题演讲，在学术界引起轰动。

舒尔茨认为，人力资本主要指凝集在劳动者本身的知识、技能及其所表现出来的劳动能力，这是现代经济增长的主要因素。他认为人力是社会进步的决定性因素，但人力的取得不是无代价的，需要耗费稀缺资源。人力，包括知识和技能的形成，是投资的结果，掌握了知识和技能的人力资源是一切生产资源中最重要的资源。

---

1 亚当·斯密国富论[M].商务印书馆，1964，第 257~258 页。

舒尔茨所提出的人力资本理论的基本内涵是：人力资本是体现在劳动者身上的以劳动者的数量和质量表示的资本。劳动者的知识、技术水平、劳动技能的高低不同，决定了人力资本对经济的生产性作用的不同，结果使国民收入增长的程度也不同。

舒尔茨的人力资本理论有五个主要观点。

（1）人力资本存在于人的身上，表现为知识、技能、体力（健康状况）价值的总和。一个国家的人力资本可以通过劳动者的数量、质量以及劳动时间来度量。

（2）人力资本是投资形成的。投资渠道有五种，包括营养及医疗保健费用、学校教育费用、在职人员培训费用，择业过程中所发生的人事成本和迁徙费用。

（3）人力资本投资是经济增长的主要源泉。舒尔茨说，人力投资的增长无疑已经明显地提高了投入经济奋飞过程中的工作质量，这些质量上的改进也已成为经济增长的一个重要的源泉。有能力的人民是现代经济丰裕的关键。

（4）人力资本投资是效益最佳的投资。人力投资的目的是为了获得收益，人力资本投资是回投率最高的投资。

（5）人力资本投资的消费部分的实质是耐用性的，甚至比物质的耐用性消费品更加经久耐用[1]。

舒尔茨对人力资本理论的贡献在于：他不仅第一次明确地阐述了人力资本投资理论，使其冲破重重歧视与阻挠成为经济学上的一个新的门类；而且进一步研究了人力资本形成的方式与途径，并对教育投资的收益率和教育对经济增长的贡献做了定量的研究。

2．贝克尔的人力资本理论

加里·S·贝克尔（Gary·S·Becker）被认为是现代经济领域中最有创见的学者之一，他的著作《人力资本》被西方学术界认为是"经济思想中人力资本投资革命"的起点。

如果说舒尔茨对人力资本的研究可看作教育对经济作用的宏观分析的话，贝克尔则主要从微观进行分析。贝克尔在《人力资本》一书中，分析了正规教育的成本和收益问题，还重点讨论了在职培训的经济意义，也研究了人力资本投资与个人收入分配的关系。他在人力资本形成方面，教育、培训和其他人力资本投资的过程方面的研究取得的成果，也都具有开拓意义。

贝克尔对人力资本理论的贡献在于：他注重微观分析，弥补了舒尔茨只重视宏观的缺陷，注意将人力资本投资理论与收入分配结合起来。其理论的不足之处表现在：他沿用舒尔茨的人力资本概念，缺乏对人力资本本质的分析，也缺乏对人力资本全面的研究等。

3．丹尼森的人力资本理论

丹尼森对人力资本理论的贡献在于对人力资本要素作用的计量分析。由于在用传统经济分析方法估算劳动和资本对国民收入增长所起的作用时，会产生大量未被认识的、难以用劳动和资本的投入来解释的"残值"，丹尼森对此作出了最令人信服的解释。他最著名的研究成果是通过精细分解计算，论证出美国1929～1957年经济增长中有23％的比例归功于教育的发展，即对人力资本投资的积累。许多人认为，从20世纪60年代开始长达十多年的全球各国教育经费的猛增，在很大程度上归功于丹尼森的研究成果。

三、当代人力资本理论的发展

20世纪80年代后期以来，人力资本理论的研究又出现了一次高潮，使人力资本理论跨上了一个新的理论高度。这一时期的代表人物是P·M·罗默和R·E·卢卡斯，他们在80

1　西奥多·W·舒尔茨·人力资本投资——教育和研究的作用[M].北京：商务印书馆，1990.

x

年代后期分别发表的《收益递增与长期增长》和《论经济发展机制》的文章，这使"内生性经济增长"问题成为西方经济学家们研究的热点，并在此基础上形成了"新发展经济学"。这个时期不少经济学家都把目光扩展到发展中国家的经济发展上，并建立了许多"增长模型"。其中具有代表性的有：罗默的"收益递增模型"和卢卡斯的"两资本模型"等。

1. 罗默的模型

罗默在 1986 年发表的《收益递增经济增长模型》一文中提出了罗默模型。在模型中，罗默把知识作为一个变量直接引入模型。同时也强调了知识积累的两个特征：第一，专业知识的积累随着资本积累的增加而增加，这是由于随着资本积累的增加，生产规模的扩大，分工的细化，工人能在实践中学到更多的专业化知识；第二，知识具有"溢出效应"，随着资本积累的增加，知识也在不断地流通，每个企业都从别的企业那里获得了知识方面的好处，从而导致整个社会知识总量的增加。

2. 卢卡斯的模型

1988 年，卢卡斯（R·Lucas）发表了著名论文《论经济发展的机制》，提出了经济增长模型。他把舒尔茨的人力资本理论和索洛的技术决定论的增长模型结合起来并加以发展形成人力资本积累增长模型。卢卡斯在模型中强调劳动者脱离生产、从正规或非正规的学校教育中所积累的人力资本对经济增长的作用。

新经济增长理论在人力资本理论研究方面的主要贡献表现在将人力资本纳入了增长模型。同时，新经济增长模型从经济增长模型中阐述其人力资本理论，将对一般的技术进步和人力资源的强调变成了对特殊的知识即生产所需要的"专业化的人力资本"的强调，从而使人力资本的研究更加具体化和数量化，极大地发展了人力资本理论，也使人们在实践中正确认识人力资本在经济增长中的作用。

今天，人们对人力资本投资形式与途径、人力资本投资成本与收益、人力资本与经济增长的关系、人力资本与技术进步和劳动生产率的关系、人力资本与个人收入分配的关系、劳动力流动、健康保健、教育与培训等问题颇为关注，从而导致人力资本理论研究进一步深化与完善。

（付小平，2009）

第七章 工 资 理 论

在市场经济条件下，任何一个企业都需要有一个合理的工资制度，它既要能体现企业价值，又要能保证员工利益。对于个人来说，工资是其劳动贡献所得，有利于劳动力的生产与再生产；对企业来说，既可以保证企业合理利润，又可能促进企业发展。科学的工资制度是吸引、激励和发展人才的有力工具。因此，研究工资理论对于一个市场竞争中的企业来说，对其生存与发展至关重要。本章从企业角度，主要从工资的基本概念出发，明确工资的制定原则、目标和影响因素，最后从激励工资、效率工资和差别工资等方面讨论工资理论。

第一节 工 资 概 述

一、工资的概念

人们谈到工资一词时，往往有着不同的理解。企业经营管理者视薪酬为企业生产成本的重要组成部分，是他们参与市场竞争的重要武器。同时，企业管理者迫于市场竞争又不得不从自己的支付能力出发，谨慎地做出工资决策，并根据内外条件的变化对工资决策作出必要的调整。企业管理者不仅把员工的工资当作一种费用，还要当作影响员工工作态度、工作方式和工作绩效的重要因素。员工得到的工资方式会影响他们的工作质量和对顾客需求的关注程度，也会影响到他们灵活处理工作中遇到的困难的自主性，还会影响到他们不断地学习掌握新技能，提出创新和改进性建议的积极性和主动性，甚至会影响到他们与企业长期合作的关系。而对企业的员工来说，他们对工资的理解则完全不同，他们会把工资看作自己安身立命、成家立业的唯一手段和基本保障。他们将工资作为选择职业的主要尺度，大多数求职者总是倾向于选择月薪、年薪高的工作岗位。员工将工资理解为是对所提供劳动或服务的交换，是对圆满完成工作任务的回报。因此，员工在工作中所得到的工资，不但是其生存、享受和发展的主要源泉，也是生活富足、家庭幸福的一个重要标志。

从广义角度看，工资是指员工作为劳动关系中的一方，从用人单位所得到的各种回报，包括物质的和精神的、货币的和非货币的。从一般意义上看，工资是指劳动者付出自己的体力和脑力劳动之后，从用人单位获得的货币收入，以及各种具体的服务与福利之和。

与工资相对应的一个概念是薪水，是指给专业人士的报酬，换取员工持续的工作或服务，以相对比较长一点的时间段为基础来计算（但可能按月来支付），不以劳动时间为基础来计算。而工资是指给普通劳动力的报酬，以劳动时间为基础来计算，换取员工依据合约或其他协议所提供的服务而支付的报酬，通常是以金钱作为报酬，并且依据计时、计天或计件工作来支付。

二、工资的形式

从广义上说，企业员工的工资范围很广，既包括直接的货币收益，也包括间接的非货币收益，如职业安全、个人地位、晋升机会、富于挑战性的工作等。货币收益是员工工资中的主要部分，即直接以现金形式支付的工资（如基本工资、绩效工资、激励工资等）。此外，企业还通过福利和服务，如养老金、医疗保险、带薪休假等形式，使员工获得一定的非货币性工资。企业设计员工的工资分配方案时，可以采用多种不同的形式，主要有以下几个方面。

（1）计时工资是指按计时工资标准和工作时间支付给个人的劳动报酬。包括：对已做工作按计时工资标准支付的工资；实行结构工资制的单位支付给职工的基础工资和职务（岗位）工资；新参加工作职工的见习工资等。

（2）计件工资是指对已做工作按计件单价支付的劳动报酬。包括：按劳动部门或主管部门批准的定额和计件单价支付给个人的工资；按任务包干方法支付给个人的工资；按营业额提成或利润提成办法支付给个人的工资等。

（3）奖金是指支付给职工的超额劳动报酬和增收节支的劳动报酬。包括：生产奖、节约奖、劳动竞赛奖、机关和事业单位的奖励工资等。

（4）津贴和补贴是指为了补偿职工特殊或额外的劳动消耗和因其他特殊原因支付给职工的津贴，以及为了保证职工工资水平不受物价影响支付给职工的物价补贴。其中，津贴包括：补偿职工特殊或额外劳动消耗的津贴、保健性津贴、技术性津贴等。物价补贴包括：为保证职工工资水平不受物价上涨或变动影响而支付的各种补贴。

（5）加班加点工资是指按规定支付的加班工资和加点工资。

（6）特殊情况下支付的工资包括：根据国家法律、法规和政策规定，因病、工伤、产假、婚丧假、事假、探亲假、定期休假、停工学习、执行国家或社会义务等原因按计时工资标准或计时工资标准的一定比例支付的工资。

工资是劳动者劳动收入的主要组成部分，但以下劳动收入不属于工资范围。

（1）单位支付给劳动者个人的社会保险福利费用，如丧葬抚恤救济费、生活困难补助费、计划生育补贴等。

（2）劳动保护方面的费用，如用人单位支付给劳动者的工作服、清凉饮料费用等。

（3）按规定未列入工资总额的各种劳动报酬及其他劳动收入，如根据国家规定发放的创造发明奖、国家星火奖、自然科学奖、科学技术进步奖、合理化建议和技术改进奖、中华技能大奖等，以及稿费、讲课费、翻译费等。

三、工资战略的目标

由于工资合理与否，不仅影响到员工的忠诚度，进一步影响到员工的生产率，更重要的是影响到企业的竞争力，因此，对工资构建要从战略上去思考。企业工资战略应当强调三大基本目标：一是效率，二是公平，三是合法。

1. 效率目标

效率是企业制定整体性工资战略优先考虑的目标。效率等于企业工作产出与员工劳动投入的比值。企业员工同等的劳动投入带来的工作产出越多，说明企业的效率也就越高，反之亦然。在确立企业工资战略时，工资的效率目标主要可以分解为：①劳动生产率提高的程度；②产品数量和质量的提高；③工作绩效的提高；④客户满意度的提高。

2. 公平目标

实现公平是工资制度的基础，也是企业制定整体性工资战略必须确定的目标。公平应当体现在两个方面，即对外的公平和对内的公平。

对外的公平是指体现在员工工资总水平上的公平性，企业工资战略应确保员工在一段较长的时期内，获得等于或者高于劳动力市场价格的工资水平。对内的公平指对员工公平，是指体现在员工绩效工资与激励工资上的公平性，应当确保员工"多劳多得，少劳少得，不劳不得"，即员工的绩效工资与激励工资能充分体现员工的贡献率，员工对企业的贡献大，就应当支付与之对应的绩效工资和激励工资，获得比一般员工更高的劳动报酬。

3. 合法目标

合法作为企业工资战略决策的目标之一，包括遵守各种全国性和地方性的法律法规。一旦这些法律法规发生变化，薪酬制度也应做出相应调整，以保持其合理合法性。

由于企业总体发展战略的方向以及内外资源环境和条件的不同，各类企业在确定工资目标时，常常会存在很大的差异。一般来说，工资目标的确立应当服从于企业人力资源总体战略的方向和目的。例如，当企业采取人力资源投资策略的模式时，其特点是：重视人才储备和人力资本投资，企业与员工建立长期工作关系；重视发挥管理人员和技术人员的作用，那么，与之相适应的薪酬目标就应当将重点放在如何提高吸纳和维系各类专业人才，不断提高专业人才的核心竞争能力上。

📖 **课堂讨论**

工资自己说了算，元芳你怎么看？

据东北新闻网2013年3月8日报道（曾婷）近日，全国人大代表吴顺江在审议政府工作报告时，提出了自己的观点：公务员不能自己给自己定工资，应该由上级政府审定。听到此处，笔者不禁想到一则小故事：七个和尚分吃一桶粥，无奈僧多粥少，总是分配不均导致怨声载道。最后想出一个让先分粥的人最后挑选，才圆满地解决了这个难题。

故事虽小，寓意却深。放眼当下，国家越来越富裕，百姓的收入也有大幅提高，可以说生活水平是不断提高，缘何社会上对社会财富分配还有很大的意见？简而言之，不患寡而患不均，是收入分配制度不够公平惹的祸。当媒体上频频爆出个别地方"又是运动员又是裁判员"，自己给自己发奖的报道，也难怪群众有所不满。

公务员既是"取粥人"更是"分粥人"，到底给自己碗里舀多少、怎么舀，群众的目光是齐唰唰地盯着，切莫在这个关键问题上寒了群众的心，失了群众的信任。

公务员工资谁说了算？应该是科学的管理制度说了算。由不直接"取粥"的上级来制定规则，由直接关系自身利益的群众来进行监督。若是任由公务员工资标准自定薪酬，难免会出现自利现象，从而导致公务员工资水平与其他社会群体收入水平的差距继续拉大。将"取粥"和"分粥"分开，将职责和权利分开，做到权责对等，把权利关进笼子里。

公务员工资谁说了算？应该是建立在广泛的民众意见基础上的科学计算说了算。根据权威机构统计出的企业工资标准原则确定公务员工资浮动的标准，将公务员工资水平维持在一个合理的程度，最大程度地实现社会的公平正义。

同时，公务员作为社会的管理者、服务员，应该清醒地认识到建立科学、合理、公平、兼顾效益的收入分配制度才是维护社会和谐稳定的重要途径，要甘于上级严格管理，常怀自律自省之心，敢于接受社会监督，耐得住清贫饥饿，真正做到"先分"而"后取"才是暖民心、取民信的王道。

思考讨论：你认为公务员的工资应由谁来定？

四、影响企业工资水平的外在宏观因素

工资既是劳动者劳动支付的衡量，又是影响企业利润的一个重要因素。工资水平的高低不仅影响到员工的积极性，也影响企业的发展。因此，科学合理地制定工资水平，要从企业内外因素出发，通盘考虑。影响企业工资水平的外在因素主要有以下几项。

1. 国民经济发展水平

目前，国际上通用的反映国民经济发展水平的指标之一就是人均国内生产总值，即一个国家在一定时期内，平均每一国民所生产和拥有的最终产品与劳务量。一个国家或地区的人均国内生产总值越高，即使在工资所占份额不变的情况下，工资总额的绝对量也会不断增大，从而为工资水平的提高提供根本保证。此项指标的总水平与人均水平是决定工资水平的基础性因素。

2. 社会劳动生产率

社会劳动生产率是指一个国家或地区社会劳动者在单位时间内人均创造价值量的多少。它代表着该国家或地区的财富创造能力。从根本上看，工资水平的增长只能来源于社会劳动生产率提高所带来的物质财富的增长。劳动者工资水平和劳动生产率的关系实质上是劳动者的劳动报酬和劳动成果的关系，即在劳动者创造的劳动成果中，按照何种比例在国家、企业和劳动者个人之间进行分配的问题。

在劳动者人数持续增长的情况下，要使工资水平有所增长，就必须使工资总额持续增加，并超过劳动者人数的增长速度。而工资总额的增长，只有依靠国内生产总值（或国民收入）的增加。因此，正确处理工资水平和社会生产力发展水平的关系，就必须安排好平均工资增长与社会劳动生产率增长的比例关系，使平均工资的增长与社会劳动生产率的增长速度相适应。

3. 人口增长状况

经济学原理认为，物质资料的生产与人类自身的生产之间必须保持一定的比例关系。作为生产者的人只有同生产资料相结合，才能进行生产，创造社会财富。如果人口增长过快，劳动力供给超过了生产资料可以容纳的限度，整个社会生产过程就会出现人浮于事的现象，就会阻碍社会劳动生产率的提高，甚至会导致社会劳动生产率的下降。因此，社会生产过程中劳动力的总投入必须与生产资料的总量保持适当的平衡，这实际上也是要求社会劳动力总供给要与社会劳动力总需求保持大体上的平衡。要做到这一点，一方面要不断扩大生产规模，开拓新的生产领域，创造更多的就业机会；另一个更重要的方面，就是要控制人口增长，使

之与生产资料的增长相适应，才能提高社会劳动生产率水平和人均国民收入水平，从而使劳动者工资水平得到真正的提高。

4. 市场劳动力供求状况

当市场上对企业产品的需求增加时，会导致企业扩大生产规模，使劳动力需求增加，此时企业为能雇用到数量足够、质量合格的劳动力，将提高工资水平；当产品需求下降时，会使劳动力需求下降，若其他条件不变，企业会以降低工资的办法停止雇用新职工，甚至使部分原有员工离开本企业。当其他行业或本行业其他企业的工资水平上升时，会导致本行业、本企业劳动供给数量的减少。本企业为雇用到一定数量、质量的劳动力，将会提高工资水平。当其他行业或其他企业工资水平下降时，本企业工资水平也将下降。

总之，劳动力供求对工资水平的影响，可以归结为：如果社会上可供本企业使用的劳动力大于企业需求，则工资水平可降低；反之，则应提高。

5. 政府对企业工资水平调控决策

市场经济条件下，政府对企业工资水平的干预，主要表现为以发展、完善劳动力市场为中心，用宏观经济政策调节劳动力供求关系，引导市场，从而间接地影响企业工资水平；同时，政府将用立法来规范企业的分配行为，从而直接影响企业的工资水平，如最低工资制度等。此外，政府可以利用税收这一经济手段直接调控企业的工资水平。

6. 物价水平的变化

物价水平，尤其是消费价格水平的变动，是对劳动者工资水平有直接影响的重要因素。当货币工资水平不变，或其上升幅度小于物价上升幅度时，物价上升将导致劳动者实际工资水平的下降。为了保证劳动者实际生活水平不受或少受物价影响，企业会采取必要措施给予补偿，这将导致企业货币工资水平的上升。

7. 行业工资水平的变化

行业工资水平的变化主要取决于行业产品的市场需求和行业劳动生产率两大因素。当产品需求上升时，工资水平可以提高；当行业劳动生产率上升时，工资水平也可在企业收益上升的幅度之内按一定比例提高。行业内部各企业之间工资水平的提高则主要取决于自身劳动生产率和经济效益的提高。当市场价格关系顺畅，企业在合理竞争的条件下，行业内各企业之间工资增长应以行业工资总水平为参照系，依自身劳动生产率与行业劳动生产率的比例而决定增长幅度。

当确立工资战略时，如何评价来自企业竞争对手的压力显得日益重要。企业为了保持自己的竞争优势，必须定期或不定期地收集竞争对手的薪酬资料并做出分析，当企业员工薪酬水平明显落后于劳动力市场同行业水平时，应适时地做出调整，才能吸引并留住企业所需要的各类专业人才。企业在制定未来工资战略规划时，应当充分考虑到同行业竞争对手的变化趋势，并据此提出本企业员工工资总水平调整的速度。

五、影响企业工资水平的内部微观因素

企业内部因素对工资水平的影响，主要表现为企业文化、劳动差别、分配形式和企业经济效益等方面。

（一）企业文化与价值观

企业文化是其在长期的社会实践活动中逐步形成的行为方式、经营理念、价值观。因此，企业在构建工资战略过程中，应当使工资政策和策略充分展现出企业文化的内涵和价值观。企业应通过工作（岗位）结构的建立，认可员工个人的价值，使员工在完成工作时有自我满足感、安全感，给员工提供晋升的机会，与员工共享企业发展的成果。

（二）劳动差别因素

1. 岗职劳动差别

岗职劳动差别主要表现为各岗位、职务在工作繁简、难易、责任轻重、危险性以及劳动环境等方面的差异。从事难度大、责任重、环境艰苦的工作的，工资应高些；反之，工资应低些。

2. 个体劳动差别

个体劳动差别主要表现在以下几个方面。

（1）个人劳动贡献大小。工作劳动质量高、成果多或劳动时间长，其工资水平就高一些。

（2）工作经验。经验丰富者工资应适当增加。

（3）本人学历。文化知识水平是员工潜在劳动能力的识别标志之一。学历高者，智力投资相对多，工作潜力大，工资相应高些是合理的。

（4）身体健康状况差异。身体健康状况好，精力充沛，能胜任繁难工作，工资自然要高些。

（5）工作时间性。一般来说，短期工和临时工的小时工资比长期工和固定工的工资要高，原因有三：一是这些人过了合同期就有可能长期失业；二是这些人可能没有劳动保险；三是这些人没有福利。

（6）年龄与工龄。理论上讲，工龄不能体现员工的劳动能力，更不能体现劳动者的劳动成果，但实际上工龄在工资中起着一定的作用，原因有三：一是补偿过去的贡献；二是平滑年龄收入曲线，避免因年龄增长而引起的生产效率下降所导致的过快的工资下降的幅度；三是减少劳动力流动，保持劳动力队伍的稳定性。

（7）职务的高低。职务既包含着权力，同时也负有相应的责任。

（8）技术和训练水平。原则上，技术水平越高，所受训练层次越深，则应给予的工资越高。这份较高的工资不仅有报酬的含义，还有积极的激励作用，即促使劳动者愿意不断地学习新技术，提高劳动生产水平。

（三）分配形式

（1）企业工资形式改变时，工资水平会随之变化，如从计时改为计件，会在一定时期导致工资水平上升。又如，从无限计件改为有限计件，又会导致工资水平下降。

（2）员工福利及各种优惠待遇水平，如企业为员工提供免费午餐、住宿、带薪休假、旅游等，将会影响到工资支付结构及水平。较高的福利水平同样可以起到对劳动力的激励和吸引作用。

（四）企业经济效益

能够影响企业经济效益的诸因素同时也是决定工资水平高低的重要因素。主要有以下几点。

（1）企业劳动生产率的变动。当其他因素不变时，企业劳动生产率提高，意味着员工在单位时间内创造财富的增加，这是企业工资水平提高的基础。

（2）企业拥有人才的数量与质量。高素质的人才是企业提高经济效益的关键，是工资水平得以增长的重要因素。

（3）产品的销售状况。销售是实现企业经济效益的关键环节。产品适销对路，质量上乘，供不应求，促进企业发展，为工资增长提供必要的资金来源。

（4）企业分配政策。如企业在不同效益水平时期工资分配实行"以丰补歉"。由于企业产品需求以及其他经济状况的起伏变化，企业经济效益也会随之上下波动。在效益好时，应适当控制工资水平的增幅，留有一定的储备，以保证在效益不好时员工工资仍能有所增加，以利于保持员工的生产积极性，使企业向更高的阶段发展。

（5）企业劳动管理水平对工资水平的影响。企业经济效益不仅取决于生产经营状况，也取决于管理水平。企业劳动管理包括劳动组织、编制定员、劳动定额等项内容，其目的就是要在生产计划一定的情况下，使活劳动的投入最小。

（五）员工对工资制度的期望

企业制定工资制度时，往往容易忽视员工个人在薪酬问题上各种不同的态度和偏好。例如，年老的高薪员工可能希望享受应得的福利保险，以此来减轻个人所得税的支付；而青年员工则需要大量现金来购房、购车；年富力强的双职工家庭也许更愿意把钱用于抚养小孩、汽车保险；家里上有老人下有小孩的中年员工则希望家庭成员得到更多的照顾和实惠等。由于员工个人态度、偏好和需求的多样性，使企业在薪酬结构形式的决策上面临诸多的困难和问题。

（六）薪酬在整个人力资源管理中的地位和作用

企业工资制度改革的实践也充分证明，员工的薪酬问题是企业人力资源管理中最具战略性和挑战性的问题。它不仅涉及全员的切身利益，也关系到企业产品和服务的成本与竞争能力。薪酬问题如果解决得好，就有利于提高员工积极性、主动性和创造性，挖掘各种生产的潜力，提高劳动生产率；如果解决得不好，就会影响企业员工队伍的稳定性，难以吸引并留住优秀人才，丧失企业人力资源的竞争优势。

第二节　激励工资理论

在劳动力供求理论中，企业存在对个人时间的需求，劳动者供给的劳动也是由时间单位来加以衡量的。然而，厂商想要的是劳动服务，即劳动者所提供的实际体力和脑力劳动。尽管雇主想要的是劳动服务，但是通常的做法是根据劳动者供给的劳动时间获得工资。一般的雇用合同在这一关键问题上是不完整的，因而劳动者在他们供给什么、供给多少这一问题上保有一定的控制权。难道雇用合同不应该有明确的激励以确保工人完成雇主希望他们完成的工作吗？尽管薪酬不是激励员工的唯一手段，也不是最好的办法，但却是一个非常重要、最易被人运用的方法。薪酬总额相同，支付方式不同，会取得不同的效果。所以，如何实现薪酬效能最大化，是一门值得探讨的艺术。

一、委托代理理论

委托代理理论是建立在非对称信息博弈论基础上的。非对称信息指的是某些参与人拥有但另一些参与人不拥有的信息。信息的非对称性可从以下两个角度进行划分：一是非对称发生的时间，二是非对称信息的内容。从非对称发生的时间看，非对称性可能发生在当事人签约之前，也可能发生在签约之后，分别称为事前非对称和事后非对称。研究事前非对称信息博弈的模型称为逆向选择模型，研究事后非对称信息的模型称为道德风险模型。从非对称信息的内容看，非对称信息可能是指某些参与人的行为，研究此类问题的，我们称为隐藏行为模型；也可能是指某些参与人隐藏的知识，研究此类问题的模型，我们称之为隐藏知识模型。

委托代理理论是 20 世纪 60 年代末 70 年代初一些经济学家深入研究企业内部信息不对称和激励问题发展起来的，主要研究的委托代理关系是指一个或多个行为主体根据一种明示或隐含的契约，指定、雇用另一些行为主体为其服务，同时授予后者一定的决策权利，并根据后者提供的服务数量和质量对其支付相应的报酬。授权者就是委托人，被授权者就是代理人。委托代理理论的中心任务是研究在利益相冲突和信息不对称的环境下，委托人如何设计最优契约激励代理人。

委托代理理论的主要观点认为：委托代理关系是随着生产力大发展和规模化大生产的出现而产生的。其原因一方面是生产力发展使得分工进一步细化，权利的所有者由于知识、能力和精力的原因不能行使所有的权利了；另一方面，专业化分工产生了一大批具有专业知识的代理人，他们有精力、有能力代理行使好被委托的权利。但在委托代理的关系当中，由于委托人与代理人的效用函数不一样，委托人追求的是自己的财富更大，而代理人追求自己的工资津贴收入、奢侈消费和闲暇时间最大化，这必然导致两者的利益冲突。在没有有效的制度安排下代理人的行为很可能最终损害委托人的利益。

就完全信息而言，对于委托人、代理人模型的问题的解决是简单的。图 7.1 描述的是代理人在工资与努力坐标系中的无差异曲线，其中横轴表示努力程度，纵轴表示工资。无差异曲线的斜率是正的，这表明努力是"劣质的"：即在其他情况都相同时，代理人更偏好于更少的努力。曲线是凸向右下方，这是假定努力对工资的边际替代率沿努力的正方向而递增。如果努力是可以通过合同规定，那么企业同劳动者签订的合同是可供选择的最好合同。如果最好合同带来的效用是 U_0，那么在 U_0 曲线上的任意工资与努力的组合都是可接受的。对于所有的可能，企业当然是期望能给它带来最高利润的合同，给定一个利润函数 π_0，我们发现最优合同劳动者给的努力为 E^* 时，工资为 W^*。

然而，事情并不像我们所说的那么简单。有两个因素会使这一问题变得复杂：一是不对称性，二是不确定性。努力是一个模糊的概念。一个劳动者可能握有私人信息，知道他们所付出的努力有多少是雇主观察不到的。努力是不能由合同来规定的，雇主不可能肯定是否劳动者已经付出了合同规定的努力量。一个可供选择的方法就是把工资建立在劳动者生产的产量基础上。在确定性情况下，这一方法几乎不会产生什么问题，但经常有许多劳动者个人所控制不了的因素可能影响产量，进而影响工资。正式

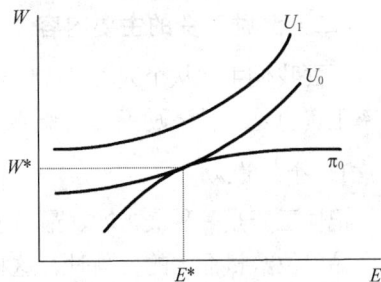

图 7.1　工资与努力均衡和最优合同

的模型中将把产量作为一个随机变量（具有不确定性）。当工资和随机变量相联系时，劳动者将必须承担风险。一般来说，雇主是偏好风险或风险中性，劳动者是风险回避型的。这一矛盾构成了委托代理问题的核心：既要激励劳动者努力工作，又不会让劳动者承担过多的风险。

由于委托代理关系在社会中普遍存在，因此委托代理理论被用于解决各种问题。如国家与国企经理、国企经理与雇员、公司股东与经理，选民与官员，医生与病人，债权人与债务人都是委托代理关系。因此，寻求激励的影响因素，设计最优的激励机制，将会越来越广泛的被应用于社会生活的方方面面。

二、激励工资的内涵

现实世界中，那些影响工资合同选择的因素更为多样性，也是变化多端的。有时候，个人的产量是可以观察到的，但是，有时候只有群体的产量才能被观察到。有时候，产量完全处于个人的控制之下，而有时候，努力和产量之间的关系还受到其他许多因素的影响。同样地，在不同的情况下，努力的可观测性、监督费用和监督信息价值也是不同的。因此，当我们看到存在大量各式各样的工资合同时，并不感到吃惊。

（一）激励工资的概念

激励在心理学中是指激发人的行为动机。在人力资源管理中是指通过某种有效方法，激发调动员工的积极性。激励是一个完整的、良性的系统过程。这个过程依赖于管理制度的体系化、制度化。在上面这个模型中，员工通过努力在一定的内外部环境下取得工作绩效，由公司领导根据工作绩效做出评定，给予员工所需要的激励，满足员工的需要，激励员工继续努力工作。激励的工作模型如图 7.2 所示。

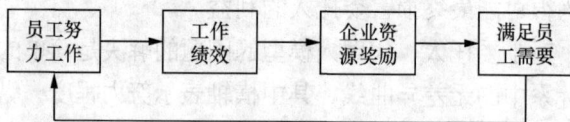

图 7.2 激励工作模型

激励工资，也称浮动工资，指根据雇员是否达到某种事先建立的标准、个人或团队目标或公司收入标准而浮动的报酬。激励工资与传统的工资很大的不同之处在于它是一次性加资，不会给公司带来沉重的负担。传统的公司加薪主要依据绩效和资历来加薪，根据不同的工作岗位，有的是激励工资代替全部或大部分基本工资，例如，销售部门，有的则利用基本工资加部分激励工资，这些加薪大部分都是永久性加薪。

（二）激励工资的主要内容

下面我们主要从个人激励、团体激励和利润分享三个方面对激励工资理论作简单分析。效率工资也是一种激励工资，留待下一节再作专门分析。

1. 个人激励

记件工资是一种最古老、最普遍的以个人的成绩为基础的工资。通常，工资是根据生产的产品单位数量而定的，同时，这种产品必须符合最低的质量要求。如果工人承担的工作任务多种多样，而对于每一项任务都必须有各自的记件方法或价格，那么记件工资的简单原则将变得非常复杂。记件工资的应用在制造行业最为普遍，因为这一行业具有更多适合采用记件工资的条件：产量易于计量，而且能够把产量分给具体的个人，同时，劳动者控制能力之外的因素对产量没有什么大的影响。因此，无论在理论上还是实践中，寻求激励和高效的风险分担之间的平衡是很重要的。取得平衡的方法往往是废除极其简单的记件工资方案，如线性合同。在这种合同中，如果为了避免把太多的风险转移给工人，而令固定部分较大，那么为了使工资保持在一个合理的限度内，单位变动部分就必须是小的。但是，这样一来，合同的激励往往会不足。如果情况相反，工人就可能承担太多的风险。线性合同的这一局限性是能够得到解决，同时又能继续保持简单化的，那就是，当产量超过一定的基本水平时，记件工资开始生效。

记件工资体制在促进工作速度方面可能是非常有效的，但对细心程度和精确程度起不到激励作用，而这两个因素恰恰决定了产品的质量。另外，一心追求高工资可能导致非劳动投入的过量使用，例如，原料浪费、缺乏对设备资产的维护和关心。即使在最简单的情况下，也不是只需要速度，而是还需要精确度。通常，公司不仅仅想要其劳动者生产某些东西，而且还希望他们积极地参与整个生产过程，搜寻并掌握信息、做出决策。原则上，是有可能设计一种能够精确贯穿公司所需求的一系列劳动服务的记件工资的：精确到每一件产品，质量指标的每一点等。但这是很复杂的。

另外一种以个人的工作成绩为基础的较为普遍的工资形式是以销售额为基础的佣金。对于那些作为销售人员而独立工作的个人来说，佣金是相当普遍的，但对于那些零售环节的销售助理人员来说，这种佣金形式不是普遍的。原因并不难理解。对于前者，销售额主要取决于个人的工作成绩，监督是不可能的。而对于后者，销售助理人员只是销售群体中的一部分，而且对其监督也是相对容易的。

2. 团体激励

以劳动者团体的产量为基础的激励方案不会直接引起与个人记件工资有关的问题，但却是间接的。提高生产效率的主要方法是：改变工作的组织形式，提高克服生产障碍的合作水平，采用新工序和新技术。通过这些途径能否提高生产力最终取决于劳动的行为，从而取决于提供的劳动服务的类型。这些劳动服务，包括信息分享、创新、监督、协调和决策，对团体工作成绩的影响要大于对个人成绩的影响。换句话说，这些劳动服务具有外部效应，也不能说明包含个人工作成绩的指标到底是多少。因此，要激励工人提供这些服务，就只有把个人的工资同团体的成绩指标结合起来。

正是由于这些原因，许多国家已经明显地开始从个人记件工资方式向团体绩效工资方式转移。尽管团体绩效工资方案越来越受到人们的欢迎，但是，由于免费搭车问题的存在，使它的激励作用被削弱。免费搭车意味那些逃避责任的工人依靠更加勤勉的团队成员的支撑。免费搭车的个人可以从逃避责任中获得所有效用，而就产出和工资来说，所发生的费用作为一个整体由团队全体成员承担。从个人最优化角度来看，这种情况对逃避责任者是非常有利的。很显然，免费搭车问题会随着团队规模的增加而增加。从实际角度看，这意味着团体绩效工资方案在较小规模的团队中是更有效的。

理论上，对免费搭车问题的解决方法是使用一个高压合同。在团队中，高压合同是根据团队产量来定的。它规定如果团队产量超出了某一水平，那么就会支付给团队成员一定的工资，然而，如果产量低于这一水平，那么团队成员将一无所获（或非常少的工资）。如果平均产量水平只有在没有人逃避责任的情况下才能完成，那么免费搭车问题就不存在了。一个成员逃避责任将导致其（和所有其他成员）一无所获。换句话说，工人个人将承担集体行为的所有费用。这种理论上的解决办法当然很难付诸实践的。如果我们引入不确定性因素，那么就会进一步出现问题，劳动者要承担大部分风险，而这有悖于高效的风险分担条件。

对免费搭车问题的讨论，我们还可以从以下几个方面考虑：如何培养团队精神、如何促成团队成员的相互监督、如何提高社会约束力（也就是同群体的压力）等。另外，积极的外部环境、融洽氛围和对合作行为的激励都是非常重要的，可能足以弥补免费搭车所产生的不利影响。

3. 利润分享

利润分享制产生于上世纪 80 年代。这一理论的发起人马丁·韦兹曼（Martin Weitzman）于 1986 年在他的著作《分享经济》（The Share Economy）中提出了一种对利润分享持赞成态度的非常具有说服力的观点。他注意到，传统工资特点意味着公司面对需求量的减少，会减少产量和就业数量。这种传统体制被称为"工资经济"。而在"分享经济"中，工人的工资同公司的业绩相联系，并自动调整适应变化的经济环境。韦兹曼认为，当经济不景气时，工人的工资自动会下降，公司会降低产品价格，而产量和就业水平保持不变。换句话说，分享经济比工资经济具有更强的能力。

利润分享往往意味着公司的一部分利润作为劳动者基本工资的附加在劳动者之间进行分配。这样，它实际上是一种团体激励制度，但是，由于利润分享有具体的特点，因此它一般被认为是不同于其他的团体激励方案的。最显著的特点是利润除了取决于整个企业劳动者的工作成绩外，还取决于其他投入品的价格、使用这些投入品的效率和产品的价格。既然这些因素都是大部分劳动者不能直接控制的，那么团体的工作成绩同他们的工资之间的关系就非常微弱。因此，是否应该把利润分享看作类似于个人或团体的激励方案就值得怀疑。利润分享更多的是影响了劳资关系，削弱了资方和劳方的对立态度，并且促进了参与意识和承担义务的意识。利润分享的主要目的是使劳动者的行为符合公司的目标。这不仅仅是一个单向过程，不仅仅是管理层努力使工人认为自己像个资本家的过程，同时也是管理层把一部分决策权转移给工人的过程。用一个术语表示就是"授权"，这是一种给予信息和决策权的机制，而传统上决策都是由高层管理人员完成的。原因很明显，因为利润分享具有激励作用，工人必定能够对利润水平产生影响。因此，利润分享同雇员分享所有权的关系比其同其他形式的激励工资更为密切。

由于同样的原因，利润分享也得到了保守的政治集团的广泛欢迎，它被视为一种缓和劳资双方传统利益冲突的方法。为了进一步说明问题，我们把实行利润分享制的竞争性公司的利润表示为

$$
\begin{aligned}
\pi &= pq(L) - s[pq(L)/L]L \\
&= (1-s)pq(L)
\end{aligned} \tag{7.1}
$$

在公式（7.1）中，p 表示产品价格，L 表示劳动者数量，q 表示生产函数，s 表示公司收入中分配给劳动者的份额。

使公司利润最大化的 L 的条件是

$$(1-s)pq'(L) = 0 \qquad (7.2)$$

或用传统方法表示为

$$(1-s)\text{VMP} = 0 \qquad (7.3)$$

这表明雇用水平应该达到使劳动的边际产品价值等于零这一点。这在直观上很显然的，在劳动的边际产品为零之前，总收入随劳动者数量的增加而增加（当产品价格不变时）。公司的绝对利润是总收入的（1-S）倍，并保持持续增长直到总产量达到顶点。

利润分享制也可能是带有欺骗性的。就工人而言，利润分享是希望吸收更多的工人，其意愿确实存在缺陷，更多工人意味着现有工人的工资水平会降低。因此，利润分享的公司虽然希望雇用更多的劳动力，但并不意味着它真的就能这么做。为了吸引和留住工人，就长期来看，公司必须提供具有竞争力的工资。因此公司不能任意决定 L，而不考虑 s。实际上，就长期而言，s 是公司设定的，能够使公司达到利润最大化就业水平的决策变量。

利润分享的优点一直是人们仔细研究的课题。但利润分享经济的一个明显的弱点是工人必须承担可变收入引起的部分风险。然而，要想获得利润分享的潜在利益，并不需要一种纯粹的分享体制。正如上面所说的，有保证工资加利润分享部分就是够了。即使从个人角度看，这种体制可能导致无效的风险分担，但是，它却具有积极的外部宏观经济效应。因此，利润分享制应该辅助于优惠的税收待遇，以补偿利润分享体制所引起的单个代理人的不经济。

三、激励工资体系的设计策略

工资结构设计的目标是要让员工所获得工资额与其贡献成正比，使员工的精力集中到努力工作、提高工作业绩上来。企业采用何种工资体系和怎样的工资结构必然存在差异，只有根据公司特点建立合理的工资结构，才能较好地发挥工资的激励作用。

1. 工资战略明确化

世界领先企业的工资体系有一个共性，即都有明确的工资战略，并且工资战略与公司的经营战略、企业文化保持高度的一致，大多数的企业都制订了 2～5 年的工资战略目标。工资战略目标的明确化有利于企业为员工制定长期的激励计划，有利于增强员工对企业的认同，并能够给员工长期的职业安全感。

2. 工资政策透明化

工资是回报，更是激励。工资制度的活力在于员工能够看到自己的表现得到准确和公正的评价。让员工了解企业的工资政策，有利于提升企业对员工的吸引力。

很多企业在工资政策上采取保密行为，不让员工知道工资到底是依据什么制定的，员工无从了解企业在激励什么、鼓励什么、回报什么，工资政策对员工的激励作用就会大大减弱。因此，不仅不能对工资政策进行保密，相反更应该宣传，让工资政策透明化，从而让员工看到企业对自己的期望，并据此调整自己的行为。工资政策的透明化不仅可以正确地引导员工的行为，而且还可以减少诉讼和纠纷的发生，以利于劳动者和用人单位双方建立互信的机制。

3. 工资激励长期化

很多企业对员工缺乏长期激励计划。一些企业热衷于制定短期激励计划，但是短期激励计划虽然有助于提升企业的吸引力，但是不利于长期地稳定优秀员工，因为企业没有长期激励措施，员工不可能有长期的行为。世界一流的企业大都针对员工实施了员工持股和股票期权计划。所以，我们认为企业应该从长期激励的角度出发，给员工适度地开放股权。

一些优秀的企业有一个共性，就是公司的所有者或者公司的创业者把股权大量地开放给员工，甚至有的老板在公司的股权不到 5%。这种长期激励方式实现了企业与员工的共赢，员工在分享公司的成功和利益的同时也承担了公司的经营风险。

4. 福利待遇货币化、社会化

从世界一流企业的福利政策来看，福利应逐渐走向社会化和货币化，从而使企业把主要的激励政策和组织绩效结合起来，提升企业的持续竞争优势。

📖 **课堂讨论**

几种激励工资模式的设计

一、经营者年薪制的设计

经营者是指具有法人代表资格的企业厂长、经理。经营者年薪制是以年度为单位确定经营者的基本收入，并视其经营成果给予浮动支付效益年薪的工资制度。年薪制设计是指以年度为单位对经营者收入所做的全面系统的考虑和安排，并以文字性方案表述出来，形成一份确定和处理经营者收入直接依据的一个有法律效力的文件。

一般认为，企业经营者年薪收入包括基本收入和效益收入两部分。基本收入也称基本年薪，效益收入也称效益年薪。

经营者年薪的支付形式有以下几种：①基本年薪加效益年薪，这是年薪制的基本形式；②基本年薪加效益年薪，其中效益年薪部分用于购买本企业股份；③基本年薪加股权。

由年薪基本结构派生出的其他年薪结构主要有以下三种具体模式：

年薪收入＝基薪收入+风险收入+年终收入+特别年薪奖励

年薪收入＝基本年薪+增值年薪+奖励年薪

年薪收入＝年薪工资+风险工资+重点目标责任工资

二、股票期权的设计

期权是在一定的时期内，按照买卖双方事先约定的价格，取得买进或卖出一定数量的某种金融资产或商品的一种权利。

股票期权又称购股权计划或购股选择权，即企业赋予某类人员购进公司一定股份的权利，是指买卖双方按事先约定的价格，在特定的时间买进或卖出一定数量的某种股票的权利。其基本内容是公司赠与被授予人在未来规定时间内以约定价格（行权价格）购买本公司股票的选择权。行权前被授予人没有任何现金收益，行权后市场价格与行权价格之间的差价是被授予人获得的期权收益。

三、期股制度的设计

期股是指企业出资者同经营者协商确定股票价格，在任期内由经营者以各种方式（如个人出资、贷款、奖金转化等）获取适当比例的本企业股份，在兑现之前，只有分红等部分权利，股票将在中长期兑现的一种激励方式。

股票期权与期股的区别：

（1）购买时间不同。期股是当期（签约时或任期初始）的购买行为，股票权益在未来兑现。而期权则是未来的购买行为，购买之时即是权益兑现之日，可以"即买即卖"。

（2）获取方式不同。期股既可以出资购买得到，也可以通过赠与、奖励等方式获得，而期权在行权时必须通过出资购买才能获得。

（3）约束机制不同。经营者在被授予期股后，个人已支付了一定数量的资金，但在到期前只有分红权，没有转让权和变现权，因此，期股既有激励作用，又有约束作用，是一把"双刃剑"；而期权则是获得了一种购买股票的权利，如果行权时股价下跌，经营者可以放弃行权，个人利益不受任何损失。

四、企业福利制度的设计

所谓福利就是企业向所有员工提供的，用来创造良好工作环境和方便员工生活的间接薪酬。福利有多种多样的形式，一般可以划分为如下几类。

（1）非工作日福利。非工作日福利分为两种情况，一种为无薪非工作日，另一种为带薪非工作日。这里所指的非工作日主要是指法定节假日、企业规定的各种休假和病休等。

（2）保险福利。劳动保险是指国家规定的在员工年老、患病、工伤、失业、生育等情况下获得的帮助和补偿。《中华人民共和国劳动保险条例》规定的劳动保险有：①员工因工负伤、残废、死亡保险。员工因工负伤、残废、死亡时的医疗和生活补助。②员工非因工负伤、残废、死亡保险。员工在非因工负伤、残废、死亡时的医疗和生活补助。③员工的医疗保险。员工在生病期间的医疗和生活补助。④员工养老保险。劳动者丧失劳动力之后，在养老期间的医疗和生活补助。⑤员工生育保险。

（3）员工服务和额外津贴。除了非工作日工资和劳动保险外，企业还向员工提供其他各种各样的服务和额外津贴。常见的形式有：①住房福利。②交通福利。③饮食福利。④文艺休闲福利。⑤培训和教育的福利。⑥其他福利：向员工提供法律咨询、心理咨询、性骚扰保护、隐私保护等。

思考讨论：企业经营者的几种薪酬设计形式有何差异？

第三节　效率工资理论

如果个人产出可以很容易地被衡量，则绩效工资的做法在很大程度上能够解决委托人代理人问题。但就很多工作而言，对个人产出的衡量极其困难，在这种情况下，一种可能的解决办法就是直接观察代理人在工作中的行为。为避免偷懒现象的发生，企业可设法监视工人工作的努力程度（例如，企业可以雇用监督人员完成这项工作）。由于害怕失去工作，那些处于监督之下的工人将不会消极怠工或偷懒，生产效率也会得到提高。实际上，现实中的很多职位也都是具有监督性质的。

但是，监视的做法有时会带来极高的成本。例如，雇人对一个警卫，或是一个经理的工作进行监督，根本就是得不偿失；要想雇用足够的监督者来监督装配线上每一个工人的工作质量，就更加不可能。因此，在个人产出难以衡量，同时监督成本又很高的情况下，企业到底应该怎么办？一种可能的方法就是：给予工人们超出市场出清水平的工资，这就是效率工资。

一、效率工资的价值

　　根据完全竞争理论，有两个权威的竞争均衡法则即市场出清价格法则和一价法则。这种模型存在问题，因为我们注意到的事实是，失业工人愿意在现行的、甚至是更低的工资水平下工作。为什么失业者愿意获取更少的报酬来工作，为什么公司面对超额劳动供给而不降低工资？

　　要解决这些问题，我们先来考虑劳动力市场中的竞争模型实际上是如何运行的。公司和工人以市场出清价格签订合同，并明确或隐性地规定雇员必须提供一定水平的劳动服务以换取工资。然后，雇用双方都必须密切注视对方以确保合同的各项条款得以履行。对工人来说，这是容易的，只要公司支付了工人合同工资，公司就履行了合同。但是对公司来说，就不那么简单了。公司必须监督工人的行为，以确保他们提供了合同规定的劳动数量。如果发现一个工人并没有这么做，在缺乏对违约行为进行惩罚的条件下，公司唯一能实施的惩罚方式是解雇这个逃避义务的工人。

　　这种惩罚方式可能发挥作用。但是，在竞争均衡的条件下，由于市场出清，被解雇的工人总能够找到另一份相同工资的工作。这样，由于逃避而受到的惩罚是微不足道的，因此公司必须密切注视工人的一举一动。当然，这种做法的成本是极高的，而且还可能产生负面影响。工人自然对这种严密监视非常反感，从而造成士气低落，然后是更严密的监视，从而形成恶性循环。

　　聪明的公司会想，是否能够通过增加工资来削减高昂的监督费用，给工人高于其他公司的工资，这样一来，如果他们被解雇，他们将遭受损失。如果一切顺利，那么工人的士气也可能提高。更高的工资，更少的监视，这样，员工会感到他们的状况改善了，因此在某些情况下，工资率的上升将会对劳动生产率产生积极的影响，从而导致劳动需求曲线向右移动。总之，更高的工资可能实际上增加了利润。

　　工资增加将会提高生产率的理论为效率工资理论。效率工资理论的基本思想是：如果公司支付给工人的工资多于他们应该支付的，公司可能从中受益。与传统的边际生产率的工资理论不同，效率工资理论认为，员工的生产率取决于工作效率，工资提高将会导致员工工作效率的提高，故有效劳动单位成本（工资、福利、培训费用）反而可能下降，生产率会得到提升。原因主要表现在以下几个方面。

　　（1）刺激效应和惩罚机制。一个员工要想偷懒，就有可能被解雇，而解雇的代价是因偷懒而被发现的概率及因此被解雇而发生的报酬收入损失。为了提高因偷懒而被解雇的代价，给员工支付高于其他企业的薪酬，增大被解雇的代价。这种方法会改进员工的工作刺激，从而会提高效率。

　　（2）逆向选择效应和筛选机制。人们的能力与人们愿意接受的最低工资有关。因此，企业的现行工资对于它将招募到的员工的质量会产生重要的影响。那些在本企业个人生产率高于现行工资的员工，将会向高工资的企业求职。对于低工资的企业而言，其平均生产率随工资下降而下降，因为工资降低将会导致更多高生产率的工人退出这一企业的求职者的行列。

　　（3）流动效应和效率机制。从企业的人工成本核算来看，总劳动成本比工资成本更重要。总劳动成本是变动成本（工资）和准固定成本（如培训成本）之和。辞退率的增加对变动成本影响不大，但会导致准固定劳动力成本的增加，因为需要更多的招聘支出和新员工的培训支出。提高工资，表面上是增加了劳动成本，实际上它降低了辞职率，这对企业来说最终是降低了成本，提高了效率，可能是合算的。

　　（4）社会伦理效应和认可机制。在劳动力市场上，一个人相对其他人的报酬水平的高低，对于雇员的心理感受而言，是十分重要的。如果员工感到不公平，他将会采取辞职、降低努力水平等一系列行为，以便使自己的努力与报酬对等，即所谓"按酬付劳"。相反，而当员工相信他们自己受到公正的优待时，不但会增加对企业的忠诚度，而且会努力工作，回报企业。因此，吸纳和维系优秀的人才，就有必要将收入水平维持在一定的高度，这样才有利于工作效率的提高。

当然，效率工资只是在员工与企业保持长期的雇用关系的情况下才会有效。显然，对于一个随时准备辞职的人来讲，解雇并非是一种有效的惩罚。

二、索洛条件

效率工资理论是由索洛首先提出的（1979）。他的目的是想说明，对于工资黏性的原因，除了宏观经济学家提出的传统原因外，还可能有另外一个原因。在论证这一效率原因的过程中，他提出，在成本最小化工资水平，努力的工资弹性是 1，这就是著名的"索洛条件"。

为了推导出索洛条件，我们先看公司的利润函数：

$$\pi = pq(eL) - wL \tag{7.4}$$

在公式（7.4）中，p 为产品价格，为常数；q 为产量；e 为努力程度，$e=e(w)$ 是工资的函数；w 为工资；L 为劳动。在这里，生产函数是努力和工人数量的乘积函数。其含义是，如果努力增加一倍，那么只需要原来工人数量的一半就可以获得相同的产量水平（然而事情并不这么简单，例如，很难使一个工人付出双倍的努力来同时操作两台机器）。

分别对 L 和 w 求偏微分，我们得到：

$$pq'_e(eL) = \frac{w}{e} \tag{7.5}$$

$$pq'_w(eL) = \frac{1}{e'(w)} \tag{7.6}$$

公式（7.5）决定了最优的劳动投入水平。它的一般表达形式是"边际产品价值等于工资"，现在，我们用效率单位来表示。e 倍的 L 是用效率单位表示的劳动投入。w/e 是一效率单位劳动的成本。式（7.6）给出了公司的最优工资水平。它的一般表达式是"边际产品价值等于边际努力程度"。由于上述两公式左边都相等，因此通过联合两个条件等式，我们整理得到：

$$\frac{w}{e} = \frac{1}{e'(w)} \tag{7.7}$$

进一步变形，得到：

$$\frac{\Delta e}{\Delta w} \times \frac{w}{e} = 1 \tag{7.8}$$

即努力的工资弹性应该是 1 个单位。弹性为 1 表明：在最优工资水平，工资的一定百分比变化引起努力的相同百分比变化，这是非常有意义的。如果在此之后的变化较大，那么工资增加且其变化大于它所引致努力的变化。

然而，重要的并不是弹性为 1 的结果，而是我们得出了"最优工资取决于工资努力关系"的结论。

三、非出清的劳动市场

效率工资理论为商业周期中的实际工资刚性提供了一种解释，如果效率工资水平高于劳动力市场出清的工资水平，公司就不会为了利用超额劳动力供给而降低工资水平，同时也表明很可能

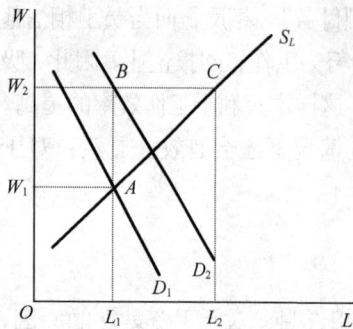

图 7.3 非出清劳动市场

存在一个失业均衡。而且如果劳动者不愿到工资低的企业去就业的话，这种失业就永久存在。我们通过图 7.3 来简单说明这种可能性。

在某些情况下，工资的增加将会提高劳动者的效率和劳动需求。假定工资水平从 W_1 提高到 W_2，这使得劳动效率提高，从而劳动需求曲线由原来的 D_1 右移到 D_2，同时企业也实现了单位有效劳动的工资成本的最小化。虽然 W_2 也是一种均衡工资，但它不是市场出清的工资，此时产生了 BC 的劳动供给过剩，从而造成非自愿失业。并且，劳动的供求曲线弹性越大，这种失业就越多。

第四节 工资差异理论

以前我们假定，无论是劳动的供方还是劳动的求方，它们都是完全同质的。因此，当劳动者选择要从事的工作时，只需考虑工资率就可以了。但在现实生活中，工作并不是同质的，劳动者也不是同质的。多样化的工作具有不同的非工资特征，雇主也是形形色色的，他们之间也存在诸多不同。因此，劳动者面对不同的厂商，厂商面对不同的劳动者，劳动者面对不同的工作，厂商支付和劳动者得到的工资报酬都是不同的。总的来说，这种工资差异可分为两个类型：一个是工作差别工资差异；一个是劳动者差别工资差异。

一、工作差别与工资差异

现实生活中，工作并不是同质性，多样化的工作具有不同的非工资特性，需要不同类型和不同熟练程度的技能。同时考虑同地区差别、地位差别、厂商态度等差别，工资表现为一定的差异性。

（一）补偿性工资差异

造成补偿性工资差异的主要原因是，不同工种在工资之外的其他方面存在差异。由于某些工作可能具有一些令人讨厌的特征，雇主通常需要向工人支付一个工资补偿。补偿性工资差异属于均衡工资差异，因为它不会引起工人向高工资工作的转移，因此工资率不会趋于均等。补偿性工资差异起到了资源配置的作用，它使那些虽不令人喜欢但却对社会有益的工种能够得到足够的劳动力配置。造成这种工资差异的不同工种的非工资特征，主要表现在以下几个方面。

1. 工伤和死亡的危险

在工作中受伤和死亡的危险越大，这种职业的劳动力供给就越少。因此，与在劳动技能上要求相同的其他工作相比，事故发生率较高的工种就要求有补偿性工资。

2. 附加福利

附加福利在雇用同等工人并支付相近工资的雇主那里差别很大。假定某些企业雇用某种劳动力只支付 10 元的小时工资，而其他雇用同种劳动的雇主除了支付 10 元的小时工资外，还提供诸如交通补贴、生活补贴、病假、带薪假期以及医疗保险等附加福利，那么在其他条件相同的情况下，工人会选择后一种雇主。因此，为了吸引高质量的劳动力，不提供附加福利的企业就必须支付补偿性工资，使两种情况下工人的总报酬趋于均等。这一原则在那些有小费收入的工种同样适用：其他条件相同，有小费收入的工作，其工资要相对低一些。如导游的基本工资很低，有的旅行社给导游基本工资为零。

3. 工作的社会声誉

有些工作具有较高的社会地位和声誉，吸引了大量的劳动者到这些行业就业；但是，有些职业则为世俗所轻视。例如，殡仪人员、清洁工等的社会评价明显低一些。劳动供给在一定程度上会受到不同职业社会评价的影响，因此，在声望高低不同的工作中也会产生补偿性工资差异。不过现实问题是有些地位低的岗位的工资并不高，如清洁工。再如公务员，本来地位就高，再加上工资福利又高又好，这就是每年有成千上万的人考公务员的原因。

当然，社会地位是从文化的角度来定义的，社会对不同工作的尊重程度不同并且是不断变化的。例如，在20世纪70年代早期，美国军事部门工作人员的社会地位有限，这反映了当时人们对越南战争的普遍反对情绪。但是，1991年海湾战争的胜利提升了美国军人的社会地位，结果使军队更容易地实现招兵目标。

4. 工作地点

工作地点的差异也会影响工人的福利和生活成本。那些以"适于居住性"著称的城市要比那些环境污染的城市更能吸引劳动力来这里就业。因此，在环境恶劣的地区就会要求有补偿性工资。

不同地区价格水平的差异也会导致补偿性货币支付。例如，由于生活费用高昂，等量货币工资在上海的购买力要远小于在贵州的购买力。自然的结论是，相对于劳动需求而言，若是采用同一工资率，上海的某种类型劳动的供给就会少于贵州。因此，正如我们所看到的，上海的均衡工资要比贵州的高。这种名义工资率的差异实际上是与两地的实际工资率紧密联系在一起的。

5. 工作保障性

有些工作为工人提供长期的就业保障，但是有些工种，诸如建筑业、咨询业以及代理销售等职业，其工作和收入都具有多变性，因此无法向工人提供长期就业的保证。自然，这些行业中的工人就要求得到一个补偿性工资。也就是说，作为对他们无法全年每周工作40小时的补偿，他们的小时工资可能相对较高。西方经验证据支持这样的结论：失业可能性较大的工作中存在补偿性工资差异。

6. 增加工资的前景

企业不同的人力资本投资水平也会导致工作之间的差异。例如，一个22岁入政府机关工作的年轻人自然可能希望接受持续的在职培训，以便使自己能够在以后的日子里步步高升，不断晋升到工资更高的职位。而一个同年龄的决定选择司机工作的年轻人，其收入的增加却相当困难。假定人们对收入的偏好相同，则在工资率确定的情况下，人们将选择收入提高希望较大的工作，因此这些工作的劳动供给自然就比较大。而那些终生收入变化不大的工作，其劳动力供给可能很少。要获得足够的劳动力供给，这类职业就有必要给工人的初始工资以提供一个补偿。因此，公务员的初始工资可能要比驾驶员的初始工资低，但公务员的工资会随着工作年限的增加有规律地上升。

7. 工作节奏的控制程度

与其他工作相比，有些工作在工作时间上缺乏弹性，个人也很难控制工作节奏。许多人不太喜欢这种类型的工作，均衡工资差异由此产生。有关研究表明，美国工会和非工会工资差异的2/5是由不变的工作环境、工作时间缺乏弹性、雇主规定的加班以及较快的工作节奏导致。

（二）技能性工资差异

不同的工作有不同的技能要求，从而表现为一定的工资差异性。假定 X、Y 两种工作具有同样的非工资特征，而且所有工人对现期收入与未来收入的选择有相同的偏好。但是 X 职业要求应聘者在高中毕业后继续接受 4 年的教育，而 Y 职业只要求应聘者具有高中毕业证即可。如果两个职业的工资率相等，人们就没有动机选择 X 职业。为了吸引足量的劳动力从事 X 职业，雇主就必须支付比 Y 职业更高的工资。这样，在两个职业中就会存在均衡工资差异，由此导致的收入差异将使 4 年教育投资的内部收益率 r 等于受教育期间借款的利率 j。如果工资差距变大，从而使 r 超过 j，那么会有更多的人愿意进入大学继续深造，从而造成 X 职业的劳动力供给扩大、市场工资降低（同时也是收益率的降低），这又会使两个职业间的工资差距缩小。另一方面，如果 X 和 Y 职业间的工资差距不够大，进入 X 职业的人数将很少，从而最终使工资差距上升到一个较高的均衡水平。

总之，其他条件相同时，那些要求大量教育和技能培训的工种必须支付较高的工资率。不同工种在技能要求上的差别是经济中存在工资差异的主要原因。由此，技术工人和非技术工人之间的工资差异通常也被称为技能差异。

因技能要求不同导致的工资差异可能加剧、降低或逆转由于工作的非工资特征导致的差异。假定相对于较安全的工作 B，工作 A 有较高的工伤风险，因此需要为从事这种工作的工人支付每小时 10 元的补偿工资。如果工作 A 的技能要求比工作 B 的要求更高，那么不难理解，两个工作间的实际工资差异将会超过 10 元；反过来，如果工作 A 要求的技能相对简单，而工作 B 要求相对较多的人力资本投资，则 A、B 职业间的实际工资差异将会小于 10 元。在后一种情况下，工资差异的大小取决于技能差异的程度；如果技能要求的差异特别大，较为安全的工作 B 的工资甚至会高于较为危险的工作 A 的工资。例如，虽然马路清洁工在工作中受伤的危险很大，但其收入要比医生的平均收入低得多，其中的道理即在于此。

因此，我们会看到高工资劳动者的工作环境也很好，但这与补偿性工资差异理论并不抵触。在许多时候，由技能差异导致的工资差距可能会抵消反向作用的补偿性工资差异。

（三）效率工资差异

在上一节我们发现，在某些情况下，雇主支付高于市场出清水平的工资率更能促进利润的增加。因此，效率工资也有助于解释为什么在同等素质的劳动力之间会存在工资差异。根据效率工资理论，即使既定素质的劳动力愿意接受稍低的工资，企业也没有动机降低工资。因此，由效率工资导致的工资差异属于均衡差异。

1. 怠工与工资差异

在监督成本很高或者偷懒会使雇主蒙受很大损失的行业，雇主将选择支付效率工资。高于市场均衡水平的效率工资提高了工人失业机会成本，工人因而会变得更加尽职尽责，从而降低了雇主为每一单位有效劳动支付的成本。但在那些监督成本不高或者个别工人渎职给厂商带来的损失很小的行业，单位有效劳动的成本将被降低到市场出清的工资水平。

2. 劳动力流动模型与工资差异

由前面的分析我们知道，在雇用和培训成本较高的情况下，雇主支付高于市场出清水平的工资会提高工人对工作的价值评价，从而降低辞职率和减少人员流动。结果，企业平均的劳动熟练程度和劳动生产率都会提高。在这里，行业内和行业间的工资差异将取决于这类效率工资的支付计划导致的效率增进。

（四）工会地位

经验证据表明，工会能够为其会员带来更高的工资。工资差异的一部分可能是对工会化企业特有的结构性工作设置、缺乏弹性的工作时间以及雇主要求的加班给予的工资补偿，另一部分则可以被认为是对工会化工人的较高生产效率的反应。但是大部分经济学家认为，工会与非工会的工资差异也应包括由工会对市场的影响能力导致的。工会在要求厂商雇用工会会员，并支付高于市场出清的工资，否则就是罢工相威胁。如图 7.4 所示。若不考虑其他因素，工会要求厂商提高工资可能会造成劳动者非自愿失业。

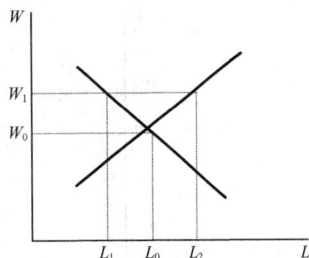

图 7.4　工会要求提高工资造成的失业

（五）歧视倾向

在第九章我们将发现，雇主有各种可能导致歧视的倾向。有些雇主往往会对某些人群（例如，黑人、女性或一些少数种族）持有偏见，而这种偏见最终会导致相应的劳动力市场出现工资差异。雇主对于他所偏爱的工人和歧视的工人会产生强弱不同的需求，从而导致在白人和黑人之间、女性和男性之间以及其他群体之间出现明显的工资差异。

（六）企业的规模

那些规模或市场份额较大的企业一般比小企业支付的工资要高，其原因主要表现在以下几个方面：①大企业比小企业更可能被工会化；②大企业工人的生产率比小企业同类工人的生产率可能更高（导致这种生产率差异的原因可能包括：在大企业，每个工人拥有更多的、性能更优良的资本；技能专业化使工人接受更多的在职培训；大企业的工人更可能是优秀工人，他们比一般工人需要更少的监督等）；③大企业的高工资很可能表现为一种补偿性工资福利。与小企业相比较，大企业的工作环境可能更官僚，更不舒服；④大企业一般坐落在大城市的市区，包括上下班、泊车等在内的各种生活费用都比较高；⑤大企业一般来说效益都不错，否则它也不会发展到那么大。

（七）地区工资差别

地区工资差别是一种普遍存在的工资差别，形成地区间工资差别的根本原因在于地区间经济发展的不平衡。从形成地区工资差别的原因方面看，地区间经济发展的不平衡主要反映在以下方面：①地区劳动力市场劳动力供求差异；②人均物质资本差异；③人均人力资本差异；④市场竞争程度差异。

依据完全竞争市场条件下工资决定的理论，在长期内，同质劳动力在不同地区之间工资不会存在差别。这是由于地区间的贸易、资本流动和劳动力流动可使地区间的工资差别趋于消失。但在短期内，地区间的工资差别不易消除，其原因有以下三个方面。

1. 地区间贸易

为了分析简便，假设两个地区其他条件都具有可比性或者都相同。两个地区的唯一差别在于同质劳动力的工资率不同，因而两地区同类产品的生产成本中人工成本也不同。进一步假设，在初始时期两地区不进行商品贸易，所以产品的运输成本为零。那么，通过市场的竞争和地区间商品的流通，使地区间的工资差别趋于消失。现结合图 7.5 加以说明。

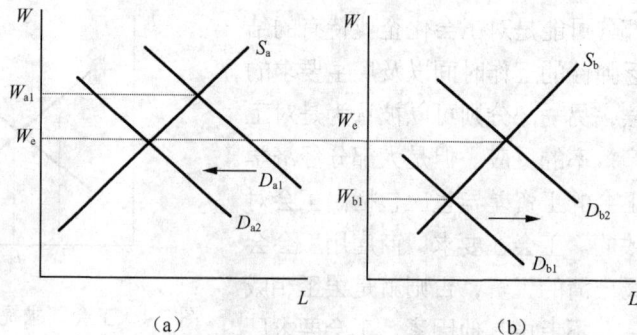

图 7.5　地区贸易对地区工资的影响

在图 7.5 中，（a）为高工资地区 A，（b）为低工资地区 B。在初始时期，A 地区的劳动力市场的均衡工资率分别为由 D_{a1} 和 S_a 决定的 W_{a1}，B 地区的劳动力市场的均衡工资率分别为由 D_{b1} 和 S_b 决定的 W_{b1}，且 $W_{a1} > W_{b1}$。B 地区较低的工资率造成较低的生产成本，两地区商品的竞争及地区间的商品流通必然导致 A 地区商品需求的下降和 B 地区商品需求的上升，从而导致 A 地区产品价格下降，B 地区产品价格上升。两地区商品需求和价格的变化改变了两个地区的劳动力需求曲线：A 地区的劳动力需求曲线左移，B 地区的劳动力需求曲线右移，竞争的结果使商品的价格均等，地区间的工资差别趋于消除，两地的工资率均等于 W_e。

但问题是商品流通是有成本的，获得商品价格方面的信息也需一定时间和成本的，从而有些商品的流通成为不可能，某些产品和服务不能进行地区间的流通，只能在产地消费。因此，地区商品竞争不能完全消除地区间工资差别。

2. 资本流动

资本流动对地区工资水平的决定具有直接的效果。如果地区的工资差别如图 7.5 所示，那么这种工资差别就会刺激 A 地区的企业向 B 地区迁移，或者向 B 地区扩大投资。道理很简单，原因是 B 地区的低工资和低生产成本。

以图 7.5 加以说明。资本增加将造成劳动的边际生产力的增长，B 地的低工资引起资本从 A 地区向 B 地区流动，使得 A 地区的劳动力需求左移动，B 地区的劳动力需求右移，这两个地区劳动力需求的变化使两地区的工资差别趋于消失，最后统一到 W_e 的水平上。

然而，在现实经济中，任何一个经济地区的发展都要充分利用本地区的资源，发展相应的行业和产业。低工资地区仅依赖于工资的优势，仅依靠资本的流动来消除工资差别是不现实的。例如，因为 B 地区的低工资，A 地区把某些产业建立在 B 地区，但企业所需要的某些资源必须从 A 地区运进来，生产的产品再运输出去，这样是不符合资源配置的一般规律的。因而，资本流动有利于缩小地区工资差别，但不能从根本上消除工资差别。

3. 劳动力流动

劳动力流动是弱化地区工资差别最有力的杠杆，如图 7.6 所示。假设劳动力流动成本为零，劳动力有从 B 地区向 A 地区流动的趋势。在劳动力地区间流动的作用下，A 地区劳动力供给曲线将从右移，B 地区劳动力供给曲线左移。作为劳动力供给转移的结果，地区间的工资趋向于 W_e，并且只要存在地区工资差别，这种流动就不会停止。

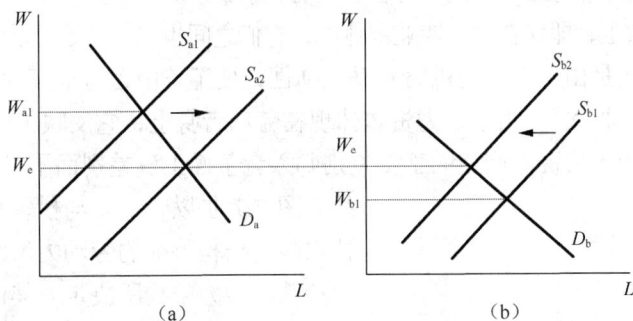

图 7.6 劳动力流动对地区工资的影响

在现实生活中，劳动力地区间流动在缩小地区间工资差别方面存在着一系列障碍和阻力。劳动力地区间流动离不开准确的职业信息。搜寻恰当的职业信息既需时间，又需费用。另一个更大的阻力在于流动成本，流动成本既包括直接的迁移成本，又包括心理成本。迁移成本是有形的，可以准确计量；而无形的心理成本则是难以估计和准确计量的。关于这一点到第八章再作分析。

二、劳动者差别与工资差异

现实生活中，高工资的工作并不都是劳动环境差、社会地位低的工作，有些是劳动环境好、社会地位高的工作。为什么会如此？原因是除上前面所分析工作和雇主的多样性是工资差异的一个主要原因外，还有一个重要原因是劳动者之间是有差别的。

（一）人力资本差异

人是千差万别的，说得更确切一点，不同的人往往有不同的人力资本存量。在任何时刻，劳动力大军都是由大量的非竞争性群体构成的，其中每一群体的成员都可能胜任一个或几个职业。

在市场经济条件下，劳动者自由流动，自由地选择职业。首先，每一个劳动者都想选择劳动环境好、社会地位高、工资待遇优厚的工作单位，但不能都如愿以偿。只有那些素质高的劳动力才有可能如愿，素质差的人只好从事工资低的工作，由此产生了工资差别。其次，两个劳动者所处的环境与个人机会完全一致，而这两个人的劳动成果却不一样，一个劳动效率高，一个效率低，由此前者工资高后者工资低，产生了工资差别。显然，这种工资差别是能用补偿性工资差别加以解释的。

（二）垄断性工资差别

垄断性工资差别既非补偿性工资差别，也非竞争性工资差别，它是由于劳动者的特殊素质或特殊层次而产生的。前者主要表现在某个劳动者在某一方面有超常的天赋，能从事别人很难胜任的工作；或者有些工作需要高素质劳动力，而这种劳动力不是短时期内可以培养出来的。因此，以上两类劳动力求大于供，很难得到补充，使这些劳动者在某些工作上处于垄断地位，获得了垄断性的高工资。后者主要表现在由于受到经济能力和社会地位所限，或是由于工会、行政权力及经济体制的影响，致使某些工资相对较高的工作只限于少数人能够进入这一层次，其他人无法转入，从而处于垄断地位。

学习和表演能力等天赋方面的差异是造成人力资本差异的一个原因。只有少数人拥有使其能够在以后成为核物理学家、歌剧演员以及职业模特等所必需的智力和身体的先天优势。这些职业群体与大量的熟练和非熟练工人之间不存在有效的竞争关系。在物理学家和专业运动员之间也不存在替代关系。事实上，即使在同一职业群体内，它们之间也并不总是可以完全替代。

垄断性工资收入是由于劳动力供给几乎无弹性，使工资中含有很高的"租金"部分，所以又称"租金性工资收入"。由于人力资本体现在劳动者身上，它反映了劳动者的素质高低，因此有的学者将由于人力资本产生的工资差别归入竞争性工资差别而不是补偿性工资差别。

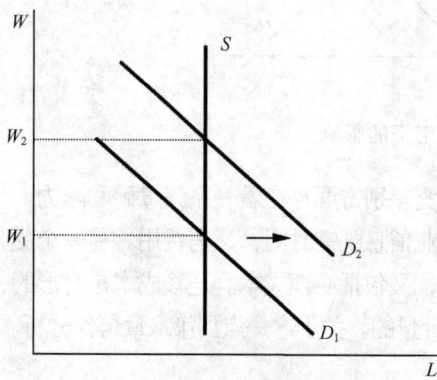

图 7.7　垄断性工资差别

结合图 7.7 加以说明。与横轴垂直的曲线为具有特殊能力结构特征的劳动力供给曲线，由其劳动力特殊的能力结构所决定，其供给没有弹性，故在需求的作用下，其工资可急剧上升。显然，这类劳动者的工资收入不是由其自身的价值决定，而是由需求决定。对他们的需求越是增长，其垄断性的工资差别就越大。

理论上讲，劳动者可以通过人力资本投资从一个非竞争性群体流动到其他非竞争性群体中。加油站工人可以选择进入大学学习以获得会计专业的学位，但要想实现这一目标，他就必须有足够的资金和必要的先天智力条件。由于收入、信誉状况以及先天学习能力的分布是不均匀的，非竞争性群体间的工资差异将会持续地存在下去。另外需要注意的一点是，教育质量也是有差异的，与一个名不见经传的大学的会计学位相比，一个声望很高的大学的会计学位更能给拥有者带来较多的收益。

先天禀赋的差异，所受教育或培训的类型、数量和质量的不同，使人们拥有相差很大的人力资本存量，这就使很多劳动力群体甚至个人之间都不可能完全相互替代。总之，人力资本的这一差异性使人具有不同的生产率，并最终导致工资差异。长期内，人们确实倾向于向高收入职位流动，但是流动本身又受资金实力、学习和应用知识技能的内在能力的限制，因此，工资差异将会长期存在下去。

（三）个人偏好的差异

除了人力资本存量的差异之外，人们对收入的时间偏好、对工作的各种非工资特征的偏好也有很大不同。这些不同也是导致工资差异的重要原因。

1．收入的时间偏好

就对收入的态度而言，有些人重视现在而不太愿意考虑将来；有些人则相反，他们愿意牺牲眼前的收益以争取将来更大的回报。根据人力资本投资理论，我们假定人们具有不同的

贴现率 r。那些重视现在的人，其贴现率 r 也较高，除非他们在将来能够得到十分可观的收入，否则他们将不愿意牺牲现在的消费以进行投资。较高的 r 意味着较低的未来投资的净现值，从而这些人更不可能进行人力资本投资。但那些更加看重将来的人则愿意放弃现在的消费，以换取将来哪怕一个相对较小的收入增加。这些人的贴现率较低，既定的人力资本投资将使他们获得更高的净现值，结果，他们比那些重视现在的人更愿意进行人力资本投资。

2. 对工作的非工资特征的偏好

不同工种在工伤的可能性、附加福利、社会评价、工作地点、收入的规律性、增加工资的可能性等各种非工资特征上表现出很大的不同。人们对这些非工资特征的偏好也是不同的，例如，有些工人喜欢安全一点的工作，而另外一些人则可能不那么讨厌风险；有些工人对带薪假期比较喜欢，而有些人则可能不太喜欢度假，愿放弃度假以得到更高的小时工资；有些人很在乎工作的社会声望，而有些人不关心别人对其职业的评价。因此，无论是工人还是工作本身，在这里表现出极大的差异性。

（四）年龄间工资差别

从理论上讲，一个人从出生到死亡，经历了纯消费阶段，再后到既消费又生产阶段，再到纯消费阶段。在既消费又生产这一阶段，经过从能力低到能力高，再到体力弱的各个阶段，其工资应该是两头少中间多。但事实上很多国家往往是年龄越大，工资越高，工资与年龄成正比，直到工资升到顶点后再逐步下降。为什么会出现这一现象？有两种原因在起作用：一是人力资本理论；二是知识和经验也在不断积累。

（五）性别间工资差别

从理论上讲，工资分配实行同工同酬，不应该存在男女工资差别。但是，事实上男性劳动者工资比女性高（从总体上讲）。造成差别的原因包括以下几个方面。

（1）传统观念中轻视妇女，妇女升职与受培养的机会少于男性，致使有的妇女受压抑，得不到重用，积极性下降。

（2）由于受教育少而能力低，因此女性平均工资低于男性。

（3）由于生理、心理等自然原因，使女性进入高收入劳动者行列的机会受到限制。

📖 **课堂讨论**

垄断业年薪：平均工资1.6倍

据 2012 年 6 月 19 日《南方日报》报道（记者陶达嫔）如果你在广州的餐饮业工作，又是一名普通员工，你的收入大概一年为 2.11 万元左右；但如果你在广州的证券业工作，即使是一名普通的职工，年均收入也能超过 25 万。

由广州市社科院 2012 年 6 月 18 日发布的《关于广州收入分配体制的研究报告》，显示了广州不同行业间收入的巨大差别。

居民劳动报酬增长最慢

"在广州国民收入初次分配中，政府所得增长最快，劳动报酬增长最慢。"研究报告称，2000 年到 2010 年的 10 年中，居民所得劳动者报酬总量从 1 027.75 亿元增加到 4 508.76 亿元，增长约 4.4 倍；政府所得生产税净额从 347.03 亿元增加到 1 908.52 亿元，增长约 5.5 倍；企业所得营业盈余从 661.98 亿元增加到 3 182.16 亿元，增长约 4.8 倍。

报告将广州与北京、上海及广东全省相比显示，广州居民劳动报酬过低，政府所得过高。以 2009 年为例，初次分配中劳动者报酬比重广州为 41.99%，约低全省水平 3.2%，低北京市 8.6%；政府所得生产税净额比重广州为 27.83%，分别比北京、上海和广东全省高 2.14%、3.39% 和 2.96%。

研究认为，广州政府收入增速快，是以居民或企业收入比重下降为代价的。以一般预算收入为例。"十一五"期间，广州财政一般预算收入增长速度远高于城市居民收入增速，超过 GDP 增速。这表明，经济增长的福利较多地向政府倾斜。2011 年 GDP 增速为 11%，财政一般预算收入增速为 16.5%，而城市居民人均可支配收入增速为 12.3%。

"低工资收入将会造成两方面影响：一是人才流失；二是低收入导致低消费，最终影响经济增长基础。"研究建议广州建立工资增长机制，将工资增长与经济增长速度挂钩，使得工资增长率不得低于同期经济增长速度，从而保证居民能够分享经济增长的红利。

行业收入差距大

研究显示，广州行业收入差距大。2010 年广州职工收入最高的行业是证券业，最低的行业是餐饮业，证券业职工年均收入达 250 671 元，而餐饮业职工年均收入仅为 21 131 元，前者约为后者的 11.9 倍。

"在广州，高收入的行业主要分为三大类：知识技术密集型、资本密集型和垄断型。"研究报告介绍，知识技术密集型行业主要包括软件业、专业技术服务业等。资本密集型行业主要包括金融业（银行业、证券业和保险业）等。垄断性行业主要包括电力、煤气及水的生产和供应业、电信和其他信息传输服务业、航空运输业、广电影像业、公共管理和社会组织等。

垄断性行业成高收入"主力"

垄断性行业在高收入行业中占绝大多数。2010 年垄断性行业职工年均工资收入约为 85 738 元，是全市职工年均工资的 1.6 倍左右。

广州职工低收入的行业主要是劳动密集型行业和市场竞争激烈的行业。一是低端制造业，例如，纺织服装、鞋帽制造业、皮革毛皮及其制造业等，这些行业 2010 年职工年均收入约为 24 115 元左右。二是低端服务业，例如，餐饮业，2010 年该行业职工年均收入约为 21 131 元，是全市职工收入最低的行业。

研究认为，垄断行业主要利润来自于其市场的垄断地位，是非市场竞争的结果。垄断容易造成社会资源错位配置，导致资源利用低效率化。从优化社会资源配置的角度来看，垄断行业应该将垄断利润大部分上缴给政府，由政府进行再分配。事实上，大部分垄断行业上缴利润较少，甚至有些企业还出现亏损现象，但是其工资薪酬水平并不低。广州垄断行业工资收入水平远高于全市平均水平，造成行业收入差距较大，形成"等量劳动不同酬"现象。

思考讨论：垄断行业为什么工资较高？有何不利影响？

本章小节

工资是指员工作为劳动关系中的一方，从用人单位所得到的各种回报，包括物质的和精神的、货币的和非货币的。从一般意义上看，工资是指劳动者付出自己的体力和脑力劳动之后，从用人单位获得的货币收入，以及各种具体的服务与福利之和。工资主要有计时工资、计件工资、奖金、津贴和补贴及加班工资等形式。

企业工资战略应当强调三大基本目标：效率、公平和合法。影响工资制定的外在宏观因素主要有：国民经济发展水平、社会劳动生产率、人口增长状况、市场劳动力供求状况、政府对企业工资水平调控决策、物价和行业工资水平等。影响企业工资水平的内部微观因素主要有：企业文化与价值观、劳动差别因素、分配形式、企业经济效益、员工对工资制度的期望和薪酬在整个人力资源管理中的地位和作用等。

大部分关于激励问题的经济分析是在委托人代理人模型中进行的。这一框架首先被用于对经理人员的激励分析，以促使他们以股东的利益行事。

激励工资指根据雇员是否达到某种事先建立的标准、个人或团队目标或公司收入标准而浮动的报酬，主要有个人激励、团体激励和利润分享等三个方面。

效率工资理论的基本思想是：如果公司支付给工人的工资多于他们应该支付的，公司可能从中受益。原因主要表现在以下几个方面：工资提升会产生刺激效应和惩罚机制、逆向选择效应和筛选机制、流动效应和效率机制以及社会伦理效应和认可机制。

工资差异可分为两个类型：一个是工作差别工资差异；一个是劳动者差别工资差异。前者主要表现在：补偿性工资差异、技能性工资差异、效率工资差异、工会地位、歧视倾向、企业的规模和地区工资差别等。后者主要表现在：人力资本差异、垄断性工资差别、个人偏好的差异、年龄间工资差别和性别间工资差别等。

综合练习题

一、选择题

1. 实行计件工资制，工人低生产率的风险主要由（　　）承担。

   A. 企业　　　　　　B. 工人　　　　　　C. 政府　　　　　　D. 社会

2. 劳动力市场均衡时，工资率等于（　　）。

   A. 产品价值　　　　　　　　　　B. 边际产品价值

   C. 边际生产价值　　　　　　　　D. 边际成本

3. 劳动报酬形式不包括（　　）。

   A. 计时工资　　　B. 津贴　　　　C. 股份　　　　D. 奖金

4. 年薪制一般的适用对象为（　　）。

   A. 普通工人　　　B. 管理人员　　C. 企业家　　　D. 技术人员

5. 集体激励的缺点是（　　）。

   A. 集体中所有个人难以步调一致　　B. 集体激励面太宽

   C. 不能突出个人业绩　　　　　　　D. 搭便车问题

6. 以时间为基础的工资方案易产生（　　）。

   A. 风险规避问题　　　　　　　　B. 产出衡量问题

   C. 道德问题　　　　　　　　　　D. 团体合作问题

7. 效率工资一般在（　　）有效。

   A. 长期雇用关系的情况下　　　　B. 短期雇用关系的情况下

C. 生产规模大雇用关系情况下 D. 生产成本低雇用关系情况下

8. 由于禀赋的差异造成的工资差异称为（ ）。

A. 人力资本投资性工资差异 B. 垄断性工资差异

C. 偏好性工资差异 D. 劳动负效用工资差异

二、思考题

1. 企业制订工资的目标是什么？

2. 影响企业工资制定的内外因素有哪些？

3. 激励工资产生的原因是什么？

4. 个人激励与团队激励有何不同？如何防止团队激励中的"搭便车"现象？

5. 效率工资产生的原因是什么？

6. 工资差别产生的原因有哪些？

7. 地区工资差别能消失吗？为什么？

8. 什么是补偿性工资差别？其中的"补偿"是什么意思？

9. 为什么大学教授通常比受聘于企业的同等学历的人的工资要低？

10. 公务员工资水平并不比许多企业高，可为什么还有很多人愿意考公务员？

11. 既然效率工资的作用是十分巨大的，为什么许多企业在招聘时对要求工资高的员工说"不"？

12. 在美国，环卫工人的平均工资比一般公务员的工资还要高，而我国恰恰相反，大部分环卫工的工资仅比最低工资高一点，这是为什么？

三、案例分析

福特的效率工资

1914 年福特汽车公司开始向其工人支付每天 5 美元的工资。由于当时流行的工资在每天 2～3 美元之间，所以福特的工资远远高于均衡水平。求职者在福特汽车工厂外排起了长队，希望获得这样的工作机会。

福特的动机是什么呢？亨利福特后来写道："我们想支付这些工资，以便公司有一个持久的基础。我们为未来而建设，低工资的企业总是无保障的。为每天 8 小时支付 5 美元是我们所做出的最好的减少成本的事之一。"

从传统经济理论的角度看，福特的解释有点怪。他提出的高工资意味着低成本，而不是高成本。

实际上有证据表明，支付如此高的工资有利于公司。根据当时的一份调查报告："福特的高工资摆脱了惰性和生活中的阻力。工人绝对听话，而且可以很有把握的说，从 1913 年的最后一天以来，福特工厂的劳动成本每天都在下降。旷工减少了 75%，这表明工人的努力程度大大提高了。"高工资改善了工人的纪律，使他们更忠实地关心制度，并提高了他们的个人效率。

（佚名）

思考讨论

试根据上述资料分析：

（1）福特提高工资的原因是什么？

（2）如何对员工进行有效激励？

薪酬管理是人力资源管理成败的关键

西门子全球总部人事副总裁高斯说："我们西门子这么大的公司能凝聚在一起，它的凝聚力主要有两个原因：一是金钱，一是人力管理。"对企业而言，薪酬是企业的运营成本，成本不能超出员工的创造价值，否则企业就会亏损。

企业如何进行薪酬管理，反映了决策者的价值观，如能长期积淀，还会形成特定的企业文化。由此可见，薪酬管理不仅是企业得以吸引优秀劳动力和人才的首要因素，也是企业培育人、激励、挽留人才的成败。

在薪酬设计中，通过薪资调查和员工岗位价值，确定不同岗位的薪酬结构比例，制定对外具有竞争力、吸引力，对内具有公正性、能激励员工的薪酬政策；通过绩效考核制定员工提薪政策。例如：依据工作特点，制定相应的以业绩为导向、以工作为导向、以能力为导向及综合薪酬和中长期激励薪酬政策。同时，依据企业文化的内涵，制定一些非经济报偿的薪资激励政策。因为随着企业发展，员工经济收入的提高，员工的收入已能满足他们的生活、安全需要，工作兴趣、自我实现已成为金钱之外的追求，为企业引人、育人、激人、留人提供有力的薪酬保障。

在薪酬设计中，为了保证内部公平，就需要用科学的技术和方法，科学、合理地划分岗位等级，这就需要对各类岗位进行系统调查和岗位分析，写出岗位说明书，并依据一套科学的岗位评价标准，对岗位进行评价，将这些岗位进行分析、分组、分级，从而确定与之对应的薪资等级。同时，为了保证薪资管理的外部公平和竞争力，还要进行薪资市场调查，依据同行业、类似岗位进行可比性分析，对岗位评价结果的合理性进行验证。

再者，要保证员工间的公平，发挥薪酬的激励职能，还要建立科学的绩效管理体系，将员工的薪资真正和企业经营目标完成度、员工所在部门考核结果、个人考核结果直接挂钩，实现企业和员工的双赢。

因此，我们说，岗位管理是人力资源管理的基础，是做好绩效管理和薪酬管理的前期工作。绩效管理是人力资源管理中的难点，薪酬管理是人力资源管理成败的关键，而成功的薪酬管理，必须要和企业文化相结合，使之相辅相成。

只有在"以人为本"的文化氛围内再加上成功的薪酬管理，企业才能真正建立吸引人才、留住人才、激发人才、培养人才的机制，从而促使企业在激烈的经济市场和人才市场保持长久的竞争优势。

（佚名）

第八章　劳动力流动

在现实世界中，产品需求、劳动生产率、人力资本水平、工资和个人对非工资福利态度等方面的变化都是很常见的，这些变化会导致一些劳动者改变雇主、变换职业或变更工作地点。雇主也在不断地雇用或者解雇劳动者，以便使企业不断适应经济形势的变化去赢得竞争优势。综合来看，工人和雇主的这些行为使劳动力从一个雇主到另一个雇主、从一个职业到另一个职业、从一个地区到另一个地区频繁流动，这就是劳动力流动。劳动力流动是市场经济条件下一种重要的社会现象。本章主要阐述了劳动力流动的基本理论，首先叙述了劳动力流动的概念和主要形式，继而对劳动力流动进行成本收益分析，最后分析资本流动和产品流动对劳动力流动的影响。

第一节　劳动力流动概述

现代社会，劳动力在不同工作岗位、不同职业、不同区域之间的流动，是劳动力市场最为显著的特征之一。同样，应对变化莫测、经常变化的社会经济环境，雇主也会及时做出反应。当经济繁荣时，为了扩大生产，雇主需要招募新员工、增加新设备；出现衰退时，雇主就会解雇现有员工、关闭部分机器设备，或者将公司转移到成本较低的区域。工人和雇主的这些行为使得更多的劳动者在岗位、职业和工作区域中不停地变换。劳动力的这种自由流动，使劳动力转移到其社会价值最大的位置，从而提高资源配置的效率，使得劳动者、企业和消费者的效用达到最大化。当然，流动并非在每个人身上发生，它要受多种因素的影响和制约。

一、劳动力流动的概念

劳动力流动也可称为劳动力迁移，是指劳动力为了获得更高的劳动报酬而在地区间、产业间、部门间、就业状态间、企业间的转移。劳动力流动，是劳动力商品化的结果，是劳动力追求价值最大化的直接表现。从宏观角度来看，劳动力流动属于劳动力资源配置和再配置的问题；从微观角度来看，劳动力流动是劳动力在寻找工作的过程中基本现象的总称。

劳动力流动是一个比人口流动有着更严格限制的题目。劳动力流动通常不考虑随父母迁移的儿童和退休人员在退休时或退休后的流动。退休人员的移动和在职人员的移动受不同的原因所支配。退休人员经常是流动到气候宜人和那些生活费用低的地方，因为这样能够增大他们退休金的实际价值。

　　劳动力流动在很大程度上受到劳动力市场化程度的影响。在我国改革开放以前，政府通过特定的工资和社会保障制度以及严格的行政控制手段，对劳动力在不同工作单位和经济部门之间的流动进行了严格的控制，因此，个人的职业流动率是很低的。研究表明，我国现行的户籍制度、人事档案制度以及社会保障制度等仍对人们的职业流动构成一种障碍。

二、劳动力流动类型

　　劳动力流动一般有以下几种类型。

1. 单位内部的流动

　　企业组织内部的流动，是指劳动者在企业组织内部各工种、各职位之间进行的流动，这一般通过提升或变换工作岗位实现。这种内部劳动力市场对专业人员特别重要，它客观上有利于充分提高专业人员的劳动生产率。单位内部流动也可以表现为集团公司内部各公司之间的流动。

2. 地域之间的流动

　　劳动力在地域之间的流动是指劳动力的职业没变，但可能是在地区之间或国家之间进行流动。例如，一位在跨国公司工作的部门经理，因为工作的需要，从一个国家或地区流动到另一个国家或地区工作。区域流动首先要发生直接的成本与移动距离有关，需要适应当地的风土人情。区域流动放弃了当前的机会收益，也会增加一定的心理成本，还会发生一定的风险成本。

3. 行业之间的流动

　　劳动力在行业之间的流动是指劳动力从一个行业换到另一个行业。这种情况相对较少，因为劳动力从一个行业换到另一个行业，会经历较大的改变，"隔行如隔山"，他必须承受更多的心理成本、学习成本和信息成本。

4. 职业之间的流动

　　劳动力在职业之间的流动是指劳动力的职业发生了变动，劳动力可能由于自己或外界的原因，如发现了更适合自己的工作而主动转换职业，并最终流向自己最喜爱的职业。这种职业变动多数发生在年轻人身上，在西方国家，70%进行此类变动的劳动者在35岁以下。

5. 劳动力队伍本身的流动

　　劳动力队伍本身的流动是指进出劳动力队伍的流动。这种流动劳动力主要是学生或者已婚妇女，他们有时为了增加收入而参加工作，有时为了学习或从事家务又退出劳动力市场。

6. 就业和失业之间的流动

　　劳动力在就业和失业之间的流动，是指劳动力由就业者变为失业者，或者相反，由失业者变为就业者。就业转为失业的流动一般是非自愿流动的，它主要受经济周期变动的影响。经济衰退时，工作岗位缺乏，失业率高，非自愿流动增加，自愿流动减少，经济高涨时期则相反。

7. 社会流动

由于人总是生活在社会中，身份是一种相对地位的信号，它决定了人的经济机会和认同感。身份显示了人的职业能力特征，这些特征很容易为雇主所注意，因而在市场中会减少搜寻费用。同时，显赫的身份会增加进入的市场价值和声誉，因而交易发生的概率上升。正是因为身份的这些好处，人们会为此而发生成本支出。

三、劳动力流动的成因

对劳动力流动的研究表明，70%～80%的人移动是由于经济原因，其中，大约 30%的人是为了改变职业和工作。也就是说劳动力流动的经济动因是最直接、最主要的，这种动因是通过以下各种因素发挥作用的。

1. 区域间劳动力供求的不平衡

劳动力资源和劳动力供给需求状况在各国或不同地区之间有很大差异，影响劳动力供求的不仅有各国或不同的人口和劳动力的自然因素，例如，人口的绝对密度及数量；也有国家或不同地区的经济发展水平和速度。经济发展水平和速度直接影响对劳动力需求的增长，在经济发展较快的地区，人口的自然增长赶不上生产对劳动力需求的增长，会出现所谓劳动力短缺，就业相对容易，于是就会对劳动人口相对过剩的地区的劳动力产生吸引力，导致这些地区劳动力的流动。19 世纪中下旬到 20 世纪初，欧洲人口大量流入美国的在很大程度上就是基于这样一个原因。1840～1900 年间，美国人口增加了 3.5 倍，对促进美国经济发展起着很好的促进作用。由此可以看出劳动力的国际流动是从经济发展较慢的国家流向经济高速增长的国家。

2. 经济发展水平的差异

经济发展水平的差异决定了劳动力供求的不同。在发达地区，农业过剩人口释放已经接近完毕，剩余劳动力在工业化过程中被逐步吸收，庞大的经济规模与巨大的劳动力市场和劳动力吸收能力同时存在，创造的就业机会远远高于不发达地区，劳动力自然从工业化程度较低的地区流向工业化程度较高的地区。换言之，获得工作机会的多少同样是该地区具有吸引力的一个重要因素。人们会从工资报酬机会相对较差的地区向工资报酬机会较好的地区迁移，目标地区较好的机会所产生的"拉力"与流出地区较差的机会所产生的"推力"共同强化了劳动力流动。

3. 不同地区间同质劳动力的工资差别

在完全竞争条件下，各地工资是统一的。但现实的市场非不是完全竞争的，同一质量的劳动力在不同国家或地区的工资收入会有很大的不同，从而造成劳动力的国际或地区间迁移，即从低工资地区向高工资地区移动。劳动力向高工资国家或地区的短期流入以储蓄为目的，生活水平相对不太重要，因为流入的劳动人口并不把收入的主要部分消费在当地，他们一般与当地消费水平关系不密切。但长期移居的劳动人口，生活水平即实际工资就具有决定意义。

还有一个重要方面：有些地区的工资报酬分配结构比另外一些地区的工资报酬分配结构更为平均，在这些国家中，技术工人和非技术工人之间的平均工资报酬差别要小一些，这意味着人力资本投资的收益在这些国家要比在另一些国家要少。这些国家的一部分劳动者就会有移动或迁徙的愿望，以求在新的国家或地区获得最大的人力资本投资收益。相对而言，不发达国家或地区的工资报酬分配一般较为平均，所以更多、更经常地发生由不发达国家或地区向发达国家或地区劳动力短期流动甚至移民的现象。

4. 经济周期引起的波动

一般情况下经济繁荣或高涨时，企业开工率高，对劳动力需求大，就业机会多，工资较高，这样的劳动力市场对外来工人既有吸引力又具备一定容量，将会有较多劳动力向其中流入。反之，经济衰退时，劳动力市场急剧收缩，失业率大幅上升，受失业的威胁，工人不得不接受较低工资，不仅劳动力流入暂时会停止，还会引起劳动力外流和外来工人的倒流。此外，工人的辞职率在劳动力市场较为宽松的时候比劳动力市场较为紧张的时候要高。当劳动力市场宽松的时候，辞职率趋于上升；当劳动力市场紧张的时候，辞职率趋于下降。

5. 国际资本流动的影响

当一个国家的跨国公司建立之后，要在国外建立分公司、子公司，除雇用当地工人以外，总要带去一些本国职工，以承担管理、培训等工作。对于移入国来说，迁移到此的劳动力实际上增加了所在国的人口，而这些人既是生产者，同时又是消费者。当精力旺盛的迁移劳动者将其收入的一部分汇回原所在国时，对劳动力输出国来说，即获得了宝贵的外汇收入；对劳动力流入国来说，该货币构成了它们的外汇支出。正是这样的"支出"和"获得"使国际的资本流动得以保持蓬勃的朝气。

6. 工作匹配的意愿

人力资本理论认为，变换工作是一种有成本的交易，这种交易只有在预期收益相对较高的情况下才会被当事人自愿采取。因此，工作流动被工人看成是改善自身福利的手段之一。从更为全局性的角度来看，劳动力的流动在执行着一种有用的社会功能，即使得工人与那些对他们的技能评价最高的雇主匹配起来的功能。每个工人都有着区别于他人的技术和兴趣，不同的雇主对于各种技术以及其他各种工人特征存在着不同的需求。由于工人和雇主最初拥有的关于对方的信息是不完善，因此，一个工人与一位雇主达成的最初"匹配"很可能并不是最优的，并且也不会永远保持在最优的水平上。这样一来，最初的匹配实现之后所发生的流动在改善工人在某一段时间内的工作匹配状况方面就扮演着极为重要的角色。雇主们则希望解雇那些实际生产率比他们雇用时所预期的生产率要低的工人；而如果工人所具备的素质足以使他们能够在别的地方提出更高的工资要求（假如这是因为他们在那里具有更高的生产率），那么他们会希望离开现在的雇主。

四、劳动力流动的决定因素

劳动力流动是劳动者的自主选择行为。从选择的角度来看，一个人是否要在劳动力市场流动，以及流动后应如何寻求最适合他的劳动力市场，是经过评估个人自身条件、所处内在环境和外在因素后所作的决策。因此，在这个选择的过程中，有多种因素影响和支配着劳动者的决策。这些决定因素主要包括以下几个方面。

1. 年龄

研究表明，年龄是劳动力流动的一个最为重要的因素。在其他条件相同的情况下，年龄越大流动越少。其原因主要包括以下几个方面。

（1）年龄大的迁移者回收投资的年限较短。在迁移成本既定的情况下，一个人获得迁移收益的时间越短，收益的现值就越小。一个年轻人可能认为相对较小的工资差异对其一生来说比较重要，而一个距离退休只有两三年时间的人不大可能为了这几年的工资差异而选择迁移。

（2）年长者对于目前的雇主来说具有较高的人力资本。年龄、工作年限和年均工资都是正相关的，一个人的工作年限越长，所获得的在职培训以及由雇主支付费用的特殊培训投资也越多。一个人从事某种职业几年后，其工资部分地反映了对特定人力资本投资的回报，而且这个回报可能高于在其他地方所获得的工资水平。不考虑回收投资成本的时间长短，年长者迁移的可能性较小。

（3）年长者通常比年轻人有较高的迁移成本。打算迁移的年轻人可能只丢掉少许的资历及养老金收益，而年长者则可能会产生很大的损失；同时，迁移的心理成本也随着年龄的增长而增加，年长者比年轻人对出生地区可能有更深厚的感情，并且有一个稳定的工作地的朋友圈等。这些心理净成本越高，迁移的可能性也就越小。

（4）年龄和迁移之间反向关系的存在，部分原因是由于人们完成人力资本投资后更容易流动。很多人在高中结束时就开始工作，从而可能会导致地区迁移。对于进入地区性或全国性劳动市场的大学毕业生来说，这种迁移就更明显。

2. 家庭

随着家庭规模的扩大，迁移的潜在成本也成倍增加。在教育背景等其他因素相同的条件下，单身者比已婚者更倾向于迁移。对那些配偶不工作或工作报酬很低的已婚者来说，迁移概率也可能很高。双方的工资都很高，在迁移过程中要放弃的家庭收入就很高，而且如果配偶一方若不能在目的地找到工作，这个成本损失就会降低家庭迁移率。学龄孩子的存在也会降低迁移的可能性，父母和孩子可能都认为迁移的心理成本将大大高于预期的货币收益。总的来说，未婚人员更可能迁移；妻子的工作服从于家庭的易迁移；妻子工作期限越长，家庭越不可能迁移；家庭中学龄孩子的存在降低了迁移的可能性。

3. 人力资本投资

其他条件相同，一个人所获得的教育水平越高，迁移的可能性越大。大学毕业生和受过研究生教育的人都会到地区性或全国性的劳动力市场上找工作。在这种市场上，雇主一般希望找到合格的劳动力，这种市场一般有充分的就业机会，并且参与者有能力分析并筛选有用信息。对于不需要大学教育的职业，工会工资等级和最低工资率降低了它们的工资差异。对于从事专业性和管理性工作的雇员来说，工资的差异给他们提供了一个向那些要求高度责任心并能获得高报酬工作流动的机会。对于那些专业化技术水平较低的工人来说，可以通过本地区职业间的流动来提高工资。这个途径对于专业化技术水平较高的工人来说不可行，他们只有通过地区间的流动来实现收益的提高。

4. 距离

迁移的可能性与需要迁移的距离呈反向变化的关系。距离越远，潜在迁移者获得有关工作机会的信息就越少，运输成本和迁移的心理成本也越大。考虑到这些因素，跨城镇、跨省甚至跨国的迁移就成了问题。通过遵循"老路子"并聚集到有熟人的目的地，心理成本可能有所降低，但不可能消除。迁移者通常遵循家人、朋友或亲戚以前的路线，这些前期的迁移者通过提供工作信息、就业联系、临时性的住房，以及文化上的联系来降低后继者迁移的难度。但是，迁移的距离越远，所获得的有关工资差异的信息越少，心理成本越大，个人迁移的可能性就越小。

5. 失业率

根据人力资本模型，本地区的高失业率会提高迁移的净收益，从而促使工人下决心离开。也就是说，一个失业人员必须权衡在当地再就业和到潜在目的地找到工作的可能性。研究结论表明：①失业人员做主的家庭比其他家庭更可能迁移；②失业率与流动人员数量有正向变化的关系。然而，当决策者主要是年长者或受教育较少的工人，或者失业补助及其他转移支付较高时，这种外迁的数量并不太多；③失业者倾向于迁移到失业率低于平均水平的地区。

6. 其他因素

还有很多因素影响迁移，主要表现在以下几个方面：①住宅所有权阻碍迁移；②政府在服务方面的人均支出水平越高，流动率越高；③政府吸引新产业的政策可能会导致向某个地区的大量迁移；④国际迁移地的语言是影响迁移的主要因素；⑤工会会员身份也可能是个决定因素。工会代表劳动者说话，去改变令人不满的工作条件，从而降低流动性；或者从另外的角度说，工会也许为劳动者追求增加工资以降低会员迁移到新地区的动机；⑥流入地的环境质量问题。

📖 **课堂讨论**

劳动力流动三大壁垒

据财经网 2011 年 5 月 16 日报道（记者 王熙喜）2011 年 5 月 14 日，2010 年诺贝尔奖经济学奖得主克里斯托弗·皮萨里德斯在上海交大演讲时表示，由于受到住房成本、福利无法转移及教育不足等三大因素制约，劳动力从农业流向工业、服务业存在摩擦和壁垒。他同时表示，向服务业转移，包括私人护理服务（健身教练、医生、家政）和高端金融服务，都可以吸纳更多劳动力。

当天，他接受了记者和专家的群访。皮萨里德斯表示，很多国家在发展中都会遭遇"刘易斯拐点"。当经历第一次改革，大量来自农村的廉价劳动力会进入工业领域。然后生产力逐渐提高，工资相应提高，廉价劳动力开始锐减，而经济仍在发展，因为产业技术不断进步。他觉得有两点要提醒一下：①中国仍有大量潜在的廉价农村劳动力。中国农村劳动力流向城市的比重是非常大的，大概超过 40%，也许今后会降到 10%，但还远远没到枯竭的地步。②如果廉价劳动力枯竭，生产力需要更多资金、产业经验和受过更高教育的劳动力，这种趋势在产业结构初次转变时发生。在向工业以及服务业转移的更高阶段，教育将成为产业转移必须越过的一大壁垒。

皮萨里德斯表示，当你希望经济发展更具包容性，保障房是项好政策。城市劳动力对住房有需求，而土地是有限的，你不得不平衡这种矛盾，保障房就是一种选择。保障房不仅让大家有房住，而且可以是租赁形式，这样也可以保证劳动力的流动性。住房成为劳动人口流动的又一大壁垒。过了若干年后，如果条件允许，保障房可以成为商品房，让这些劳动者有一种归属感。

皮萨里德斯还强调薪资福利（养老保险等）应该能够在国家不同的区域流动，以便于劳动力跨区域流动。

服务业吸引更多的劳动力，但与高端服务业如金融等相比，私人护理服务即低端服务业，在短期可以吸收大量劳动力，而且市场广阔，也可以使妇女等从家庭劳动中解放出来，更多地参与社会工作。

思考讨论： *影响劳动力流动的三大壁垒对劳动力流动会产生什么样的影响？*

第二节 劳动力流动决策

劳动力的流动性是现代经济的一个突出特征。流动改变了劳动力的经济机会、决策方式，直接增进人们的获益能力和抵抗能力。在劳动流动过程中，人力资本得以增进，从而社会整体的资源配置得到优化。衡量市场是否完善，进入或退出壁垒的一个重要方面就是通过流动性来考察。正是因为流动的人力资本改进效应，流动支出也是人力资本投资成本的一部分。但我们也应该看到，劳动力流动是一项大工程，既有成本，也有收益，需要进行科学决策。

一、劳动力流动的成本

劳动力流动并非没有代价，而是要发生成本支出的，流动的成本包括以下几个方面。

1. 直接成本

主要表现为劳动者必须花费一定的时间来搜寻与工资和工作条件相关的信息。这涉及交通成本、信息成本等。一旦找到新工作，劳动者还要面临向新环境转移所需的货币成本，即搬家成本等。

2. 机会成本

劳动力流动意味着要脱离与当前雇主的关系，往往意味着放弃现有的薪酬福利待遇，你不可能在两个工作单位同时获得劳动报酬，必须有所放弃。当选择一个新单位时，所放弃的原单位的收益就是你的机会成本。

3. 心理成本

流动同时也意味着要离开自己的朋友和熟悉的环境。在一个陌生的新环境，会产生一定的相应的心理成本。

简而言之，劳动者为了在以后增加自己的效用，就必须在短期内承受向新雇主转移的成本。

二、劳动力流动的收益

劳动力流动的收益是指流动行为产生之后，新的工作给劳动者带来的各方面效用的增长，它主要包括更丰厚的收入、更优质的福利、更满意的工作、更好的地位和更好的发展机会等。正是因为这些原因吸引着劳动者，拉动他们离开现在的工作岗位甚至家乡，向更好的地方流动。

当人们自愿决定由一个地区迁移到另一个地区时，他们期望提高整个生命周期的效用。经验研究证实，迁移会增加迁移者的终生收入。当讨论迁移的收益率时，至少有五点应该注意。

1. 不确定性和信息不充分

迁移决策是建立在预期净收益的基础上，而且多是在不确定性和信息不充分的情况下做出的。较高的平均收益率并不意味着所有迁移者都会得到正的收益率。在很多时候，迁移者在目的地无法顺利地找到预期工作，迁入地的生活费用以及离开家人和朋友的心理成本也可能比预期的高，预期的工资增加或晋升也并非随手可得，所有这些都有可能使迁移者的预期收益不能够实现。因此，在迁移者中存在大量的回迁现象。

并不是所有的回迁都是非赢利的人力资本投资。有些人暂时迁移以积累财富，或通过在职培训、业余教育来增加自己的人力资本存量，一旦实现了资金或人力方面的目标，多数迁移者会回到最初居住地。

2. 获取收益的期限

迁移将带来更多的终生收入，但这并不一定意味着迁移后的前几年就可以获得增加的收益。研究表明，一些移民在移民后的前期先会经历一个低收入时期，经过这一时期之后收入才有较大幅度的增加。一些迁移者把迁移后短期的收入降低当作换取未来更高的收入增长率的代价。

3. 收入差异

迁移导致终生收入的增加，并不意味着迁移者的收益一定要与目的地原有工人的收入相等。迁移者掌握的技能在地区间、雇主间和国家间若不具有普适性，这种技能的可转移性降低意味着，迁移尽管可能会提高自己的工资，但与受过同样培训、同等教育并在目的地受雇员工相比，其获得的工资要少。

另一方面，迁移有自由选择的特征。在拥有同样技能的其他人不迁移的情况下，迁移者选择迁移可能是出于更强烈地改善经济状况的动机，或者更愿意牺牲目前的消费以获得将来更高水平的消费。有关研究表明，年轻的流动者在开始时确实比迁入地当地工人的收入低，但几年内这种工资差异就会消失。迁移的距离越远，目的地的经济状况越差，迁移者一开始的工资劣势就越大。

4. 配偶的收入

由迁移给家庭收入带来的收益增加并不意味着夫妻双方的工作收入都增加。美国有关研究表明，平均来讲，迁移使一方的收入提高，但却倾向于减少另一方的收入，至少在迁移后的五年间会如此。迁移一般来说会增加家庭的收入，但是也会降低一方的工作动机或市场机会，甚至两方面都可能发生。

5. 工作损失导致的工资缩减

迁移的正回报率并不意味着收入会高于过去的收入。有些移民是由于失业或政治迫害而被迫进行流动，所以对这些人来说，流动并不是自愿的。

三、劳动力流动决策模型

劳动力流动既然是一种投资行为，那么必然就存在劳动者对其成本和收益的考虑。我们用下面这个模型来表示劳动者选择流动的决策过程，它借鉴了人力资本投资模型的构建思想，利用净现值法来体现劳动者对流动的成本收益的权衡。劳动力流动净现值为

$$NPV = \sum_{n=1}^{N} \frac{Y_{2n} - Y_{1n}}{(1+r)^n} - \sum_{n=1}^{N} \frac{C_n}{(1+r)^n} - Z \tag{8.1}$$

在公式（8.1）中：NPV 为劳动力流动净现值；Y_{2n} 为第 n 年新工作的收益；Y_{1n} 为没有找到新工作，在原工作岗位第 n 年的收益；N 为新工作期限；r 为贴现率；C_n 为第 n 年迁移的直接成本和间接成本；Z 为迁移的净心理成本。

如果新工作给劳动者带来的收益的净现值大于流动产生的成本，那么流动就会发生；反之，劳动者则不会发生流动。当新工作的收益越大，原工作给劳动者的收益越小，劳动者在新工作上持续的时间越长，流动的净收益现值就越大，流动成本越低时，流动就越有可能发生。

课堂讨论

重视欠发达地区劳动力过度转移

据 2011-05-27《中国社会科学报》报道（洪名勇）近年来，欠发达地区农村劳动力转移对于缓解人口、资源压力，增加农民收入等方面起到了较大作用，发展劳务经济成为一些地区发展的重要内容。但是，在涉及欠发达地区农村劳动力时，人们往往忽略了一个极为重要的问题，即欠发达地区农村劳动力的过度转移问题。

一、农村劳动力过度转移引发社会问题

农村劳动力的过度转移，给当地的经济社会发展带来了诸多问题。

首先，青壮年劳动力大量外出不利于当地发展农业生产。由于城镇经济的发展对劳动力的要求相对较高，这种需求导致农村劳动力的转移多以青壮年为主，而农村的农业生产主要由老人和妇女来进行。在我们的调研中发现，农村青壮年劳动力有 49.41% 未从事农业生产，40 岁以上的劳动力占 53.33%。由于老人和妇女的劳动能力较差，因此，农业生产存在经营粗放、结构单一、劳动生产率低、土地耕作质量下降等问题。

其次，高素质劳动力大量转移也对农业生产带来了不利影响。贵州省农村劳动力的文化程度本身就低，初中文化程度以上外出务工的劳动力较多，小学及以下文化程度的劳动力主要是在家务农。这不利于农业结构的调整、生产率的提高和先进农业生产技术的使用。

此外，农村劳动力的过度转移，导致了留守老人、儿童问题的出现。农村留守老人比一般老人承担着更多的社会责任，他们不但要承担生产劳动任务，而且还要看管孩子、料理家务。在某种程度上，留守老人可能正由过去的照料接受者向照料提供者转变。同时，留守老人对留守儿童的教育和管理心有余而力不足，因此，给留守儿童的成长带来了一定的不良影响。

二、根据市场变化调整农业生产结构

农村经济发展和社会进步，不仅需要有资金、技术等生产要素的投入，而且也离不开劳动力。就我们的调查来看，农村劳动力过度外出务工已对不少地区农村经济社会发展产生了负面影响。调查中发现，许多村庄不仅存在大量土地抛荒、无人耕种的现象，而且在农田水利、土地治理、农村公路等基础设施建设方面缺乏劳动力。可以说，农村劳动力过度外出务工已导致了一些村庄的衰落。

那么，如何解决农村劳动力过度转移所产生的问题？

第一，政府应高度重视这一问题。

第二，发展特色农业，提高农业效益。农村劳动力之所以大量外出务工，其中一个主要原因在于外出务工的收益明显高于在家务农的收益。因此，解决农村劳动力过度外出务工的根本途径在于，及时调整农业生产结构，充分利用贵州得天独厚的农业生产资源，大力发展效益高的特色种植、特色养殖和经济果林，提高农业效益。

第三，解决农村劳动力过度转移不宜"堵"，只宜"疏"。地方政府应根据本地自然资源优势，结合市场需要，通过发展经济留住农民，尤其是留住一批高素质的农民。

第四，实施农民创业计划。目前，政府有关部门在实施好返乡农民工创新计划的同时，应将返乡农民工创新计划扩展为"农民创业"计划。在技术培训、项目选择、项目支持及资金投入、经营管理等方面给予综合考虑，积极推进农民创业计划，以此调整农业生产结构，为农民树立在家乡致富的典型和样板，带动更多农民进行创业。

第五，加强农村社会化服务体系建设，解决留守老人和留守儿童问题。一方面通过政府投资或农村自我服务，完善农村儿童学前教育；另一方面建立农村互帮互助的"自助组"，解决留守老人问题。农村可效仿城市社区的"爱心服务队"建立自助组，通过互帮互助的形式解决留守老人问题。

思考讨论：欠发达地区劳动力流动过度会产生什么样的影响？如何防止劳动力过度流动？

第三节　劳动力流动分析

劳动力流动可以根据流动发生的迁移范围分为三大类：岗位流动、地区流动和国际流动。岗位流动也称工作流动主要指劳动者离开某个组织的工作岗位，去同一城市或地区的另一个组织的岗位工作；地区流动与工作流动的差别在于，新工作与原工作在距离上比较远，不在同一个城市或地区，通常需要跨县或省；国际流动与前两者的区别更明显，指的是劳动者离开一个国家的工作岗位，前往另一个国家进行工作的一种流动。

劳动者离开原来工作、居住的地方，在一国内部跨区域进行远距离迁移的行为叫做地区流动。地区流动和国际流动常常一起被称为劳动力迁移。地区流动只是在一个国家内部进行的劳动力调整，所以对市场经济产生影响的范围要小，它局限于对一个国家的劳动力市场和经济所产生的影响。相对于工作流动和地区流动来说，国际流动需要考虑的因素更多，而且产生的影响面也更大，不仅涉及个人，还影响到国家甚至整个世界的社会、经济等各个方面。

劳动力流动模型可以应用到工作流动、地区流动和国际流动等任何一种流动的决策过程中，它们不同的是模型中考虑的主要因素有些区别，如工作流动更多地考虑收益的情况，而国际流动不仅要考虑收益的情况，而且在很大程度上会受到各种成本等因素的影响。在不同的流动问题中，对于不同的劳动者来说，劳动力流动模型中的每个变量是不同的，所以，生活中出现的劳动力流动现象和群体特征也呈现出不一样的特点。

下面主要从岗位流动、工作搜寻和国际流动进行分析。

一、岗位流动

1. 岗位流动的概念

岗位流动是一种工作调整，是劳动者在不同的组织之间更换岗位，寻求更好的职位匹配的行为，是人一生中发生最为频繁的一种劳动力流动。岗位流动不仅包括流出行为，也包括流入行为，但不包括劳动者在组织内部的晋升、降级和平级转岗等状态的变化；岗位流动也可以分为自愿流动、非自愿流动和自然离职。非自愿流动是指员工被雇主解雇，自然离职是指退休、伤残、死亡等。这里只研究劳动者在不同组织之间的自愿流动。

研究表明，辞职的概率会随着工作资历和年龄的增长而减小。新就业的工作者辞职和被解雇的概率很可能是最高的，因为雇员和雇主双方处于"试水"阶段。年轻工作者可能在四处打探，尝试各种不同企业、不同行业甚至不同职业中的就业机会。一段时间以后，他们就会找到他们在企业中的合适位置，因而两种离职的频率都会减小。生命周期中辞职率的下降也可以通过假设工作岗位转换是一种人力资本投资来解释。年龄大的工作者收回与工作搜寻相关的成本的回报期更短，所以他们转换工作的可能性更小。

尽管辞职和被解雇的概率在某个职业中和整个生命周期中都显示出下降的趋势，但美国实证研究表明，辞职者往往更换了报酬更高的工作，而被解雇者则转移到报酬更低的工作上。平均来说，辞职的年轻人的工资至少提高了 5%（与留在原职的人的工资相比）；而被解雇的年轻人的工资则下降了 3%。[1]辞职者和被解雇者离职后的就业经历也有重要区别。辞职的工作者一般不必经历工作转换的中间失业期就能找到工作，而被解雇的工作者一般会经历一个失业期。

在市场经济体制之下，劳动者进行工作调整，选择做出一些流动行为是十分平常的现象，这种现象在竞争性强的劳动力市场中更加普遍。

2. 工作岗位匹配

在竞争性劳动力市场均衡的简单供求模型中，工作者寻找最好的工作机会和雇主努力最大化其利润相互作用的结果是，使得各个企业之间边际产品的价值相等。工作者在企业中的均衡配置可以使得劳动对国民收入贡献的价值最大化。一个工作者的边际产品的价值不会因为他转换到另一家企业而上升，因而不存在导致任何形式的离职发生的激励因素。

然而，辞职和解雇在竞争性劳动力市场中仍普遍、持续地存在。工作岗位转换的发生部分地是因为工作者的能力各异，以及企业提供的工作条件各不相同。并且，工作者对哪家企业提供的机会最好缺乏充分的信息，且企业也缺乏工作者真实生产能力的信息。

每组工作岗位匹配（也就是一家企业和一个工作者的特定配对）都具有其独特的价值，这一观点表明，工作者和企业都可以通过四处寻找以改善自身的境况。工作者有搜寻合适的工作环境的动机，这种搜寻会提高工作者的生产率和工资。企业也有搜寻能够很好地适应其环境的员工的动机，这种搜寻会增加企业的利润。

企业和工作者在工作刚开始的时候都缺乏匹配价值的完全信息。一段时间以后，企业和工作者可能都会发现他们错误地预期了该匹配的价值，而且企业甚至知道哪里有更好的工作者，工作者也知道哪家企业能够提供更好的工作岗位匹配。因而，工作岗位转换是劳动力市

---

1 （美）乔治·J·鲍哈斯：《劳动经济学》，中国人民大学出版社，2010年，第1版，第386页。

场借以纠正匹配错误的机制，可以带来更好的、更有效率的资源配置。这种工作岗位转换被称为有效转换，因为它提高了竞争性经济中劳动力产品的总价值。

3. 特殊培训与工作岗位转换

正如我们在前面论述过的，在某个职位上只工作了很短一段时间的工作者辞职和被解雇的可能性都非常大，而资历更老的工作者因辞职或被解雇而离职的可能性都很小。在一次雇用关系刚开始的时候，工作者和企业尚未对该职位特别要求的技能进行投资，因而双方之间不存在"契约约束"。一旦工作者获得了"企业特定技能"，他在这家企业的产出就会超过他的工资（降低了解雇的可能性），同时，他在这家企业获得的工资高于他在其他地方能获得的工资（降低了辞职的可能性）。于是，特殊培训意味着对一个特定的工作者而言，工作资历和离职的可能性之间存在负相关关系。如果工作者在资历增长的同时获得了特殊培训，那么随着时间的推移，这个工作者离开其职位的概率就会降低。某个工作者在某一特定雇用关系中持续的时间越长，离职率越低。

4. 工作期长短与劳动力流动负相关

考虑一个仅有迁移者和定居者的劳动力市场。迁移者始终相信别的地方更好，会为了尝试别的机会而付出成本。相反，定居者怀疑迁移到其他地方境况是否会改善，不愿意承担工作岗位转换带来的成本。于是，迁移者离职的可能性较高，而定居者离职的可能性较低。所以，不同工作者离职的可能性存在很大的差别或者说异质性。

定居者和迁移者在工作岗位转换可能性中表现一定差异。迁移者喜欢"到处走动"，具有很强的工作岗位转换倾向，迁移者大多不能获得很深的资历。因而，大多数迁移者的工作持续期较短，有工作岗位转换的嗜好。同时，由于定居者呈现出很强的"惰性"，他们的工作持续期会更长。工作者下一年辞职的可能性和工作持续期的长短呈负相关关系。但是，这种相关关系的发生不是因为某个特定工作者离职可能性的下降，而是因为工作持续期更短的工作者更可能是迁移者。

5. 工作岗位转换与年龄收入曲线

工作岗位转换会改变工作者的年龄收入曲线的形状。如前所述，辞职的年轻人的工资会显著地提高，而被解雇者的工资往往会下降。因此，工作岗位转换会导致迁移者年龄收入曲线的高度立即变动，如图 8.1 所示。在该工作者辞职的年龄 Y_1 和 Y_3，工资水平显著上升，而在其被解雇的年份 Y_2，工资水平显著下降。

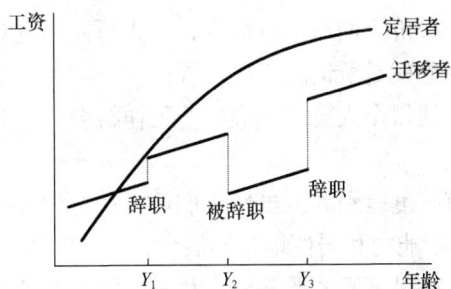

图 8.1　工作岗位转换对年龄收入曲线影响

然而，工作岗位转换对年龄收入曲线的影响并不仅仅限于离职后的工资水平。图 8.1 也通过对比迁移者和定居者的年龄收入曲线显示了工作岗位转换对年龄收入曲线的斜率的潜在影响。定居者的年龄收入曲线是连续的，且相当陡峭，因而在该职位中工资水平的上升是显著的。迁移者换了好几次工作，每换一次工作，都要经历工资水平的变化。但是，给定某一职位，迁移者的年龄收入曲线相当平坦。

公司特定培训的存在实际上暗示了工作岗位转换和某一职位上年龄收入曲线的斜率之间的这种关系。长期雇用关系中的工作者有动力投资于特殊技能。由于工作者支付部分投资成本后，可以收回部分投资回报，于是在特殊人力资本投资的规模相对较大的职位或者说长期职位上，工资的增长更快。因而，一个工作者的收入不仅仅取决于他在整个劳动力市场上的经验，也取决于他的工作经历和他在现时职位上的资历。

许多研究证明，与新受雇的工作者相比，在某一职位上工作很长一段时间的工作者的收入更多，甚至在剔除了工作者的年龄差后仍然如此。一般而言，不同工作者收入和工作持续期之间的相关关系是正的。对一个特定的工作者而言，工资不会随着持续期的延长而增长。然而，在不同工作者之间，资历能带来更高的工资，因为资历深的工作者很可能与他们的工作匹配得比较好，而资历浅的工作者与他们的工作匹配得很糟糕。

二、工作搜寻

在完全竞争市场假定下的劳动力市场模型中，当市场达到均衡时，所有劳动力应该在同一市场出清的工资水平下就业，但现实的情况是，劳动力市场并非完全竞争的。一方面，同质的劳动力之间的工资存在很大差异；另一方面，并不是所有的劳动力都能够在市场提供的工资水平下实现充分就业。在劳动力市场中，单个工人所拥有的有关可选择职业机会的信息一般是不完全的，而单个雇主有关可利用劳动力的知识同样也是不完全的。因而，搜寻理论认为，面临这种不完全信息，工人寻找职位和雇主寻找工人时，以某些形式收集某些信息或搜寻工作是理性的。显然，从事这种搜寻活动既有成本也有收益，搜寻理论分析了理性的个体搜寻者权衡成本与收益、制定最优搜寻策略的方式。

（一）工作搜寻的概念

所谓工作搜寻，就是失业者或在职人员到劳动力市场中搜寻理想（工资高或工作条件好）工作的过程。劳动者在寻找工作职位的时候，是不能完全掌握有关可选择职位的信息的。为简单起见，我们假设，在有关的劳动力市场上，所有工人都是同质的，工人面对的不是单一的市场工资报价，而是已知其出现频率的各种不同工资报价，但是却不知道具体是哪个雇主给出的以及是哪个具体工资报价。面对这种情况，工人可以通过寻访各个企业来了解哪个企业提出了哪种工资，这种现象就是所谓的工作搜寻。

劳动力市场的两个特征使得个人要寻找最好的工作机会，厂商要寻找最合适的雇员以填补工作空缺。

第一，工人和工作是有高度差别的。虽然人们可能拥有相似的教育水平、培训和经历，但是人们的个性、工作动机、能力和居住地差异很大，工作也各具特点。即使对同样的工人，雇主也会支付不同的工资，提供不同的晋升机会和不同的工作条件。

第二，市场上关于个人和工作的信息是不完全的，需要花时间去获得。因此，求职者和雇主会发现，搜寻对方的信息来改善交易条件符合各自的利益。那些没有就业但在积极寻找工作或"搜寻工作"的人即为官方的失业者。因为劳动力在劳动力市场和工作之间不断流动，所以失业者存量的减少与补充会同时发生。

（二）影响工作搜寻的因素

影响工作搜寻的因素很多，主要有以下几个方面。

1. 通货膨胀与工作搜寻

通货膨胀是否会对人们搜寻工作的时间长度产生影响呢？要回答这一问题，我们首先假设通货膨胀率为零，经济运行在产出与就业的自然水平上。假设扩张性的财政和货币政策增加了总需求，使一般物价水平上升了 5%，还假设名义工资出价的提高与物价水平的上升相适应，这样实际工资将保持不变。当实际通胀率与预期通胀率一致时，工作搜寻者将不受通货膨胀的影响，工作搜寻的平均期限不变，因而失业水平仍然保持在自然水平上。假定当前的通胀率为零，工作搜寻者预期物价继续稳定，还假设在短期内，此人没有根据实际较高的通胀率调整其预期。在这种情况下，5%的通胀率将导致该搜寻者缩短搜寻时间，失业水平将暂时降低到自然水平之下。

2. 失业补贴与工作搜寻

人们的可接受工资是建立在进一步搜寻的预期收益恰好等于预期成本的水平之上的。因此，失业补贴的存在提高了人们的可接受工资，因为它降低了人们进一步搜寻较高工资报价的预期净成本，继续搜寻的机会成本将减少到现有的最高工资出价与失业补贴之差的水平上。失业补偿降低了继续寻找高收入职业的机会成本，使人们提高了他们的可接受工资，工作搜寻时间和失业数量因此而上升。

3. 是否愿意接受最初的工作机会

工人不接受最初的工作机会，甚至寻找低于可接受工资的工作。这一事实有助于解释在总失业相当严重的情况下，还会出现大量的需要填补的工作空缺。

4. 预计工作期限

其他条件相同，预期能够工作的期限越长，人们的可接受工资就越高。假设某人期望从事某一新工作 20 年，通过搜寻获得高工资出价的预期收益将比仅仅希望工作 1～2 个月的情况要高。

5. 偶然的机会

偶然的机会在寻找工作和收入分配中起着一定的作用。某人在第一次尝试时可能得到了最高工资出价，但其他人的搜寻则可能得到了较低的工资出价，继续搜寻，最终可能会接受高于可接受工资但低于最高工资的出价。

6. 对经济衰退的看法

失业水平在某种程度上是劳动总需求的函数。在经济衰退时期，由于少有厂商要雇人，所以每一工资出价的时间将延长。如果求职者认为衰退是暂时的，那么他们可能保持其可接受工资，由此延长了求职时间并加剧了失业。

对工作搜寻过程的研究存在两条线索。一条集中于可接受工资的决定区，另一条集中于工作搜寻时间。大量的经验研究表明，在可接受工资方面的表现是：当个人对可能得到的工资出价变得更为现实时，可接受工资随失业时间的延长而降低；当人们花光了其失业补贴时，可接受工资率也将下降；受过良好教育的工人和工会化工人有较高的可接受工资；富有者的可接受工资会高一些。就工作搜寻时间而论：失业保险延长了工作搜寻的时间；较高的失业补贴会延长失业期限；领取失业津贴的时间延长，将使失业期限延长。因此，一旦失业津贴的时间结束，找到工作的可能性立刻增加。其他因素也会影响求职时间：在美国，黑人的求职时间往往会长于白人；工会工人的搜寻期限可能比非工会工人长；老龄工人的搜寻时间往往会长于年轻工人。

（三）工作搜寻模型

工作搜寻对该工人有什么好处呢？因为该工人失业，他（她）不可能立即得到工作机会，工作搜寻能使人们获得工资出价者的信息，增加了发现工资机会。通过工作搜寻的成本与收益分析，搜寻最合适的工作。

工作搜寻成本包括直接成本和间接成本。其中，直接成本包括交通费、邮费、电话费等，间接成本包括所花费的时间、放弃已有的或可能获得工作的损失。工作搜寻还包括非常重要的机会成本。因而，持续的工作搜寻的主要成本是放弃已经知道的最好机会的收益。随着搜寻的工资水平的提高，继续搜寻的边际成本也上升。而工作搜寻的收益主要是指找到新工作后的收益。

人们在接受或拒绝某种特定的工资时使用的是什么样的决策原则呢？但是，人们如何合理地选择这一工资水平呢？理论上如果一个人知道工资的频率分布，并能估计出找到新工作机会成本，那么他（或她）就能找到使搜寻工作的预期边际收益（MR）与预期边际成本（MC）相等的工资水平。如果该求职者得到的每小时工资出价超过其可接受的工资，他（或她）将认为不值得继续搜寻（$MR<MC$）；如果得到的工资出价低于可接受工资，他（或她）将拒绝接受并继续搜寻新工作机会，因为该搜寻的预期边际收益超过预期边际成本（$MR>MC$）。根据经济学原理，可以得出如下结论：最佳的工作搜寻次数应该是在搜寻的边际成本与边际收益相等的时候。

下面通过图 8.2 介绍一个简单的成本收益模型。

在图 8.2 中，假设搜寻次数是连续的，MC 和 MR 分别为边际成本曲线和边际收益曲线。N_0 点收益大于成本，搜寻者会继续搜寻，直到 N_1 达到均衡。平滑的边际收益曲线和边际成本曲线是许多职工共同的边际收益和边际成本，对个别职工来说，当一段时间没有新的工作机会时，边际收益 MR_1 下降慢，如果突然间得到工作机会，进一步寻找工作的边际收益下降很快。

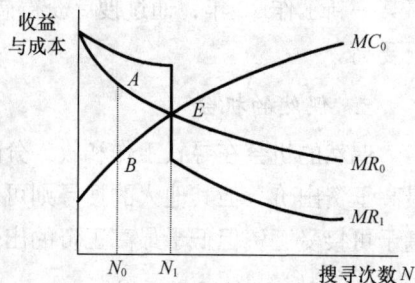

图 8.2 工作搜寻的成本与收益

边际成本递增的原因有：首先，工作搜寻是从成本最低的机会开始。其次，工作搜寻时间越长，成本也会提高。最后，消费失业保险金和储蓄。

边际收益递减的原因有：首先，工作搜寻往往从那个最有希望的机会开始。其次，进一步搜寻获得更高工资的希望越来越小。最后，搜寻时间长，获得高工资的时间越短。

但是，如果工作环境发生变化，搜寻次数必将随之发生两方面的变动：其一，若边际搜寻成本上升，将使最优搜寻数量下降。其二，若工资下降，无论搜寻数量为多少，边际收益都必将下降，换句话说，此时不论搜寻数量是多少，可获得的工资报酬都比以前低。

除了前面所说边际收益等于边际成本的方法确定搜寻次数外，搜寻者还可以设立保留工资，在此即为可接受工资，低于保留工资则继续寻找，工人将拒绝所有低于该工资出价的工作机会。

由于工作机会和工人特征的信息是不完全的，因此，为实现工作与技能的匹配，必须付出一定的时间和精力。保留工资通常低于搜寻者技能所对应的工资，保留工资越低，找到工作的可能性越大，保留工资越高，失业期越长。因此，保留工资所带来的预期失业的成本恰好等于失业过后较高工资所带来的预期收益。当保留工资等于市场最低工资时，找到工作的可能性为 100%。条件相同的个人，最终获得的工作和工资会不同。在其他条件相同的情况下，任何引起失业工人加快寻找工作步伐的因素都会减少他们的失业时间（提供信息、家务劳动必要性降低等）。如果失业成本下降，劳动者会提高其保留工资。

三、地区流动与国际流动

劳动者除了在本地区进行工作调整以外，也将选择范围扩大，可能到更远的县、市或者省实现新的就业，这种行为就是地区流动。随着交通状况的改善和信息技术的发展，选择进行地区流动的劳动者越来越多。

劳动力流动不仅发生在不同地区之间，还发生在国家与国家之间。劳动者离开一个国家前往另一个国家工作的行为叫做国际流动。在全球化的背景下，劳动者在国家之间进行流动的人数越来越多。虽然国际流动以单向流动为主，但是也存在着国际劳动力回流的现象。下面主要以劳动力国际流动分析劳动力流动的影响。

（一）劳动力国际流动的整体影响

1. 积极影响：工资差异的缩小和效率增进

当一个国家运用它所拥有的土地、劳动力、资本和企业家才能实现最大的国内产出或收入时，就实现了经济效率。劳动力的流动是实现这一目标的关键。为了说明问题，让我们做以下假定：①只存在两个劳动力市场，且都是完全竞争的，两者坐落在不同的地方。②假定每一市场上劳动力数量是一定的，且不存在失业。③假定两个地方的非工资条件和位置特征是相同的。④资本不流动。⑤假定工人对两个市场上的工资和就业信息的掌握是充分的，并且他们在两个市场流动没有成本。

我们可以很容易地用图形来说明迁移是如何导致工资差异缩小和效率增进的。如图 8.3（a）、（b）分别显示了 A 国和 B 国对劳动力的需求。

假定，A 国和 B 国的劳动需求曲线分别是 D_A 和 D_B，工资分别是 W_A 和 W_B，就业分别是 L_{A1} 和 L_{B1}。因为信息是充分的，迁移没有成本，劳动力将从 B 国流到 A 国，直到两国工资水平都实现均衡水平 W_E。可以看到，从流动中可以获得净收益增加，A 国国内产值的增加相当于图 8.3（a）中的 $aL_{A1}L_{A2}c$ 的面积，而 B 国损失的国内产值相当于图 8.3（b）中的 $dL_{B2}L_{B1}f$ 的面积，由于 A 国的增加量超过了 B 国的损失量，所以由两国所创经济总量价值增加了。结论是十分明显的：由工资差异导致的劳动力迁移将会提高迁出地和迁入地的总收入和总产量；或者说迁移可以使现有资源生产出更多的实际产出。

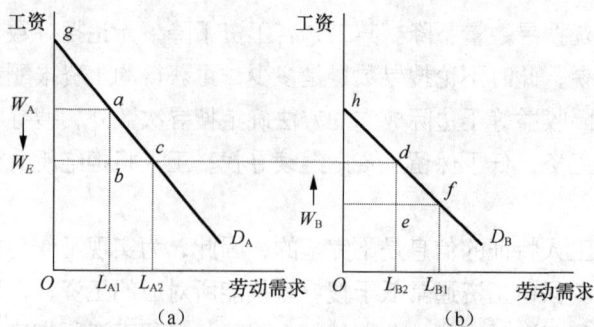

图 8.3　劳动力流动的效率

2. 外部负效应

前面分析表明，由迁移带来产出增进是直接而明显的，但为什么有人对迁移持否定态度呢？这除了大量的非经济因素，迁移的经济外部性（或第三方的影响）也是一个重要的原因。这种外部性可以是负的。

外部负效应是指私人的行为溢出到第三方带来的影响，这种溢出将导致资源的低效配置（非经济效率）。典型的例子是环境污染。在有些情况下，大量的迁移也会造成类似的负效应。私人收入的增加可能足以弥补迁移的成本，但是在拥挤的市区给人们提供住宿和子女上学的社会成本可能超过了私人净收益。由于必须提供更多的公共服务，从而增加了市区拥挤的程度，造成当地生活工作的诸多不便。同时，迁出地由于人数减少导致公共服务的过剩，使资源浪费（如中国目前农村的中小学，因生源短缺而拆并），而迁入地公共服务的生产又需要新的投资。简单地说，只要迁移的外部负效应很大而且被扩散，那么迁移者和雇主的私人收益就会超过社会的净收益。在这种情况下，迁移的数量就会超过社会配置所要求的最佳数量。例如，当向新兴城镇的迁移量很大时，像拥挤、犯罪及其他外部成本将会增加。

3. 资本所有者的收益变化

由于迁移导致劳动和资本收益的对比关系发生变化，使得迁出地和迁入地的一部分群体成为迁移的第三方潜在反对者。回到图 8.3，移民增加了 A 国总的非移民所得的国民收入，即三角形 abc。原因在于，在 A 国总产品价值从 $OgaL_{A1}$ 增加到 $OgcL_{A2}$，其中移民获得 $bcL_{A2}L_{A1}$，同时，A 国工资水平下降到 W_E，那么这部分降低了的工资成为谁的收益了呢？答案肯定是 A 国企业。这个简单的模型说明了移民所带来的商业利益的增加（至少是在短期）实际上是大量迁移发生时当地工人收益的损失。

企业以国内工人损失为代价获得移民收益的结论必须要稍加调整，因为这一结论使用的是短期、局部的均衡分析。使用长期的一般均衡理论并放松一些假定条件后，这一问题在理论上变得更加复杂了。例如，新移民在 A 国可能会花掉一部分收入，这将提高对某些劳动力的需求，并使那些与移民在生产上没有替代关系的劳动者的工资得到增加。而且，相对于 A 国的资本存量来说，收益的增加提高了资本的回报率。资本回报率的提高将增加国内投资支出，从而增加资本存量。在正常的生产状况下，劳动力的边际产品会提高，劳动力需求也会增加。因此，从长期来看，移民对工资率的负效应会减小。

（二）劳动力国际流动对流入国的影响

1. 就业影响

从流入国的角度来说，劳动力迁移对流入国劳动力市场的影响，最主要的是国外劳动力的流入是否会影响本国劳动力的就业，而争论的焦点就是大规模涌入发达国家的移民对流入国的影响。这里有两种看法：一种看法认为，移民群体由于自身技能素质较低，因此，他们在劳动力输入国一般从事的是比较低端的重体力活。既然移民从事的工作是本国劳动者不愿意从事的，所以，他们与本国国民的就业就不存在替代性，移民特别是非法移民的流入根本不会对本国劳动力的就业产生影响。另一种看法认为，如果这些移民不流入，本国的这些工作肯定是有人做的，不然整个社会经济的运行就会受到影响，所以，他们还是剥夺了本国劳动者的就业机会。不仅如此，移民特别是非法移民的流入还导致这些低端工作的工资水平更低。

迁移导致收入分配的后果从图 8.3 可以明显地看出来。移民使 A 国的劳动力供给 L_{A1} 增加到 L_{A2}，平均工资率由 W_A 降低到 W_E，A 国当地工人的工资收入由 OW_AaL_{A1} 减少到 OW_EbL_{A1}。而在 B 国，劳动力供给的减少会使其工人的工资率上升。由此，我们可以设想：移民可能会遭到迁入地区或国家的劳动力的反对，而迁出地的劳动力则有可能支持这种移民。

但是，考虑到有关总替代与总互补的区分，情况会有些差别。如果移民进入并与某些劳动力群体之间是总替代关系（替代效应大于产出效应），对这些劳动力来说会降低其需求和工资水平。如果移民的进入与其他劳动力之间若是总互补关系（产出效应大于替代效应），则会导致这些劳动力的需求和工资水平的提高。因此，移民并非对所有劳动力群体产生相同的影响。因此，有些国家就出台了一系列的清退移民的政策，以保障本国劳动力就业。

进一步分析表明，移民对流入国的不利影响过于简单化了。从图 8.4 可知，移民的流入对本国国民的就业具有部分的替代性，他们的流入会影响本国人民的就业。

在图 8.4 中，D 为本国劳动力需求曲线；S_1 为本国劳动力供给曲线；S_2 为移民进入本国后的劳动力总供给曲线。由于移民的劳动供给比本国人民的劳动供给对工资率的变动更敏感，所以，含有移民劳动供给曲线 S_2 比 S_1 的斜率低。H 点表示，在没有移民的情况下，N_1 个本国劳动者以 W_1 的工资率实现了就业。F 点表示，当移民流入后，有（N_3-N_2）个移民实现了就业，仅有 N_2 个本国劳动者实现了就

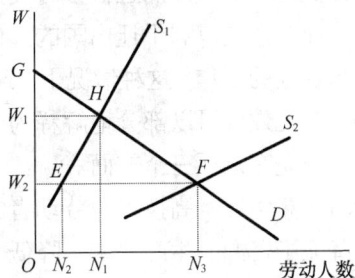

图 8.4　移民对本国劳动力就业的影响

业，而且本国劳动者的工资率也降为 W_2。移民的流入减少了本国劳动者的就业机会，也降低了他们的工资水平。

由此可见，低学历、低技能移民的流入确实影响了本国人的就业，也降低了本国人的工资水平，但这种变化不是按照 1:1 的比例发生的。清退移民只能降低本地人的失业率，同时均衡工资也提高了。

外来劳动力群体除了低学历、低技能的非法移民，还有高学历、高技能的劳动者。与低学历、低技能的非法移民不同，高端人力资源是一种稀缺资源，因此，他们与本国国民之间的就业往往是互补的，他们从事的工作技术含量相当高，本国国民绝大多数都不具备胜任能

力，所以高学历、高技能的移民不仅不会抢占本国国民的工作岗位，不会降低工资水平，还能够利用自己的创造能力和先进的技术带动发达国家的经济竞争力。由于高水平劳动力资源与本国劳动者的就业具有互补性，这部分资源的输入还能够为本国的劳动者创造更多就业机会，提高他们的就业质量。

2. 财政影响

我们还需要讨论收入的最终分配。劳动力流动通过影响转移支付和税收来影响迁入国家或地区可支配收入的分配。例如，在图8.3中，如果来A国的移民接受过高水平的教育并且具有熟练的专业技能，那么A国民众一般不会抵制这些移民，这些工人一般是净纳税人，而不是现金和转移支付的接受者。无论是高学历、高技能移民群体还是非法移民，这些人流入之后，不仅会将一部分收入作为税收上缴给流入国政府，增加流入国的财政收入，而且他们也会在当地进行储蓄、消费，扩大了内需，促进了流入国经济的发展。

如果移民是文盲，技术水平低，在A国很难找到永久性工作，那么这种劳动力流入必然增加政府的转移支付和社会保障支出，结果，这种移民或使A国国民的税负增加，或降低了当地低收入居民的转移支付水平，或者兼而有之。因此A国的纳税人和低收入阶层会反对移民。

（三）劳动力国际流动对流出国的影响

1. 迁出国的损失

尽管从B国到A国的移民提高了A国的总产出，但却降低了B国的总产出。虽然一般来说，迁移可能提高了迁出国和迁入国的产出总量，但是多数情况下，这种增加只是针对于迁入国而言，对迁出国是一种效率损失。当然也有例外。假定有$L_{B2}L_{B1}$的工人（见图8.3）迁移到了A国，但他们找不到工作（即边际产品价值为0），那么就没有产量的增加，迁入国也因为要给移民提供资助而遭受损失。相反，迁出国会因为固定的国内产出在较少的人中间分配而提高了收益；而且很多移民攒下大部分工资汇回国内，或者在短暂逗留结束时一次带回来，而这也是有利于迁出国的。但是，当目的国的高工资导致永久性迁移时，移民就会放弃原居住地的工作，这种情况下，迁入地就会经历国民收入增加的过程，而迁出国将会受损。这种再分配效应可以部分地解释为什么"人才流失"是世界上一些国家经济要素的来源。原因主要表现在以下三个方面。

（1）高学历、高技能的劳动者的迁出，造成了国家先进的生产经营管理技术和理念的流失，降低了资源的生产效率，降低了国家的创造力和发展潜力。

（2）由于高学历、高技能劳动者往往与低学历、低技能劳动者往往是互补的，高端人力资源的流出也导致流出国低端劳动者的就业率下降，从而低技能劳动者的收入下降，消费需求下降。

（3）高层次劳动力流出，流出国承担了这些人力资本投资成本。当这些高端人力资源流向他国，国家支付的人力资本投资就将无法完全收回，损害了国家的利益。从长期角度看，高端人力资源的流出也不利于国家人力资本的积累，不利于国家经济社会各方面的可持续性发展。

2. 对流出国的一定的积极影响

从整个世界的角度来说，由于劳动者是在劳动力流动模型下进行成本收益权衡分析之后才选择流动的，那么，劳动者个人流动之后的净收益现值必然为正，既然每个选择国际流动的劳动者的收益在流动之后得到了提高，那么对于整个世界来说，劳动力资源的流动也使得全世界的福利有所增加。不仅如此，国际流动有利于资源在更大范围内的优化配置，同时，先进的科学技术和管理经营理念伴随着劳动者在世界范围内进行广泛的传播，这不仅促进了不同文化制度之间的交流与融合，更有利于整个世界经济的进步和人类的发展。

课堂讨论

欧盟从劳动力市场开放中受益

据 2009 年 5 月 23 日《经济日报》报道（王宝锟）维也纳国际经济比较研究所的最新研究报告显示，欧盟对中东欧新成员国开放劳动力市场加速了欧盟内的劳动力流动。2004～2007 年，大约有 100 万新成员国劳动力移民到原来的欧盟 15 国，同期还有大约 120 万移民来自当时尚未加入欧盟的保加利亚和罗马尼亚。在此期间，因为英国和爱尔兰在 2004 年欧盟东扩后就宣布对新成员国开放劳动力市场，新成员国约 70% 的流出劳动力进入了这两个国家的劳动力市场。而保加利亚和罗马尼亚流出劳动力的 80% 则选择了意大利和西班牙。

该研究所所长兰德斯曼表示，对新加盟的中东欧国家开放劳动力市场，使欧盟自 2004 年以来的 GDP 提高了 0.2 个百分点，相当于 240 亿欧元。到 2011 年，如果现状保持不变，欧盟 GDP 总量还将增加 220 亿欧元。如果德国和奥地利等迄今仍对向新加盟成员国完全开放劳动力市场持保留态度的国家，在 2009 年也能完全开放劳动力市场，欧盟 GDP 总量还会额外增加约 10%。同时，流入德国和奥地利的新成员国劳动力数量随之可能出现明显增长，有助于改善两国专业技术人才不足的现状。

不过，开放劳动力市场也有其两面性。在短期内，劳动力输出国的失业率会轻微下降，新成员国高技术含量的劳工将从劳动力自由流动中受益。而劳动力流入国的失业率会略微上升，主要是因为低技术含量劳工失业增加。特别是在目前国际金融危机的大背景下，新成员国劳动力在欧盟内的自由流动可能会受到更多抑制。由于英国、法国、德国、意大利、西班牙等主要的劳动力流入目标国受国际金融危机严重影响，本国失业率大幅上升，这些国家对外来劳动力的需求下降。同时，原欧盟成员国劳动力市场的就业机会和就业条件大幅下降，迫使新成员国劳动力出现回流。

从长期角度看，欧盟完全向新成员国开放劳动力市场是大势所趋，其主要推动力在于原欧盟 15 国大部分存在比较大的技术人才缺口。欧盟新成员国流入原欧盟 15 国的劳动力绝大多数是年轻人，而且受过良好教育，特别是流入英国和爱尔兰的新成员国劳动力平均技术水平比其他国家移民要高，因此在当地劳动力市场具备较强的竞争力。即便是在仍对向新成员国开放劳动力市场设限的奥地利，其相关政策也越来越宽松。由于奥专业技术人才缺口超过 6 000 名，奥经济专家曾多次呼吁希望通过引进新成员国劳动力来弥补。目前奥经济部已制定计划对新成员国劳动力放宽从瓦工到汽车机修工等 50 个工种的准入门槛，同时考虑尽快让本国劳动力市场对新成员国专业技术人员开放。

欧盟的就业市场评估报告也显示，来自中东欧新成员国的劳动者不仅没有对原欧盟 15 个成员国的劳动力市场构成冲击，还为后者经济的平稳增长做出了贡献。欧盟委员会负责就业、社会事务和机会平等的委员弗什皮德拉多次敦促德国、奥地利等国尽快考虑取消对新成员国劳动者进入本国劳动力市场的限制。因为如果需要弥补原欧盟 15 国劳动力市场的人才缺口，从新成员国流入的劳动力数量在 12

年内至少还需要再翻一番。

思考讨论：开放劳动力市场有何利弊？

四、劳动力回流

　　劳动力流动中还存在着回流现象，它是指劳动力重新回到流动的起点，即原来的工作岗位、原来的地区乃至原来的国家等。从经济学上来看，流动与回流只有形式上的不同，本质上都可以理解为"流动"或者"一次新的流动"。由于工资收入、生活成本、政策支持、个人偏好等因素的影响，劳动力回流现象就可能发生。

　　对于已经进行国际流动的劳动者来说，这种流动行为并不一定是一生只发生一次。在不同因素的影响下，当劳动力流动模型中的变量随着时间发生变化时，劳动者又会做出另外的决策，进行新的流动。新的流动可能是从现在的居住国流向更加发达的国家，这种流动与前面所讨论的情况相似，就不多作讨论。也可能是因为劳动者自己原来的国家在经济、社会等各方面发展迅速，在进行了详细的成本收益分析之后，劳动者发现迁回原来的国家可以得到更多的收益，于是，劳动者又选择迁回原来的国家，这种现象叫作劳动力回流。高端劳动力资源的回流不仅带来了先进的科学技术和管理经营理念，而且国际化思维和国际化视野也能够提升本国在全球化市场中的竞争力，促进本国社会经济的发展。

第四节　资本与产品流动的影响

　　影响劳动力流动的因素很多，并非工资这唯一的因素。其中，由于资本投资效率的差异，资本的流动是长期存在，且会进一步影响工资的差异。此外，由于产品的流动，使得企业生产方式和消费方式也会随之而变。本节将主要分析资本流动和产品流动对劳动力流动的影响。

一、资本流动的影响

　　资本流动及地区、国际贸易会对工资产生影响，进而对劳动力的迁移产生影响。下面我们借助劳动力需求曲线来分析资本流动对劳动力迁移的影响。观察一个简单的模型：A 国和 B 国之间进行贸易往来对两国劳动力迁移的影响。如图 8.5 所示，两国原始的（最初的）的劳动力需求曲线都为 D，劳动供给曲线均为垂直线 S，均已实现充分就业，A 国工资比 B 国的高。分析表明，工资的差异会导致 B 国的工人向工资高的 A 国迁移。但在这里，另一个因素也在起作用，即 B 国较低的工资率也会导致 A 国一些企业迁移到 B 国去办厂。我们预期 B 国资本的增加也会导致其边际产品价值的提高，从而劳动力需求曲线向外移动到 D_1。相反地，A 国由于资本存量减少，将使劳动力需求曲线左移到 D_1。B 国劳动力需求的增加导致其市场工资率上升，而 A 国劳动力需求的减少使其市场工资率下降，假定到 W_E 处均衡。资本流动消除了工资差距，并大大降低了劳动力迁移的倾向。但是，现实问题是资本流动成本往往相当高，并且受到许多经济、政治和法律等因素的限制。

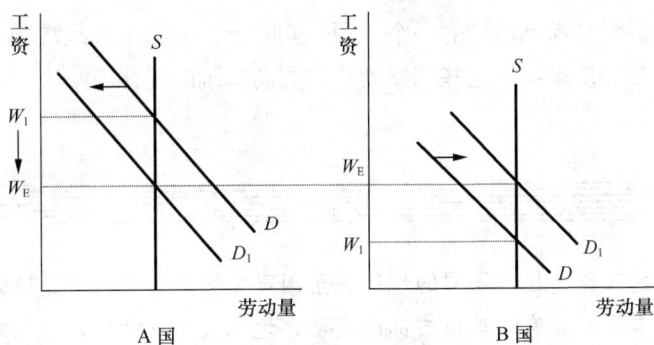

图 8.5　资本和产品流动对劳动力流动的影响

一方面，资本流动在影响工资差异方面是有限的，但是理论上，资本流动确实可以缩小工资的差距，从而可以在一定程度上减少劳动力流动。从另一方面来看，跨国公司要在国外建立分公司、子公司时，除雇用当地工人以外，总要带去一些本国职工从事管理、培训等工作。对于移入国来说，迁移到此的人口，这些人既是生产者，同时又是消费者，他们为该国增加的总产量与所消费的总产量决定了流入国中原有公民从总体上看是变得更富还是更穷了。如果劳动力到达迁移地之后继续工作，雇主支付给他们的工资不会超出其所带来的边际产品价值，他们仅仅依靠工资报酬来支撑自己的消费，因此，并不会减少接受国原有居民的人均可支配收入。如果劳动力的报酬并不等于或大大低于（这是通常存在的现象）他们为所在国所创造的产出的全部价值，则当地人的人均可支配收入会增加，接受国的资本存量会随之逐渐增大。如果是某些老年人因要与其已经成年的儿子团聚而获准迁移，他们不再工作，并且需依靠自己的孩子或者所在国家和地区的纳税人来维持消费，无疑当地人的人均可支配收入将下降。当然，当这种降低因团聚家庭综合经济效用的增加而被抵销时，对于接受迁移者的国家来说，人均收入的降低就是一个它们所愿意承担的代价了。当迁移的劳动者将其收入的一部分汇回原所在国时，对劳动力输入国来说，该货币构成了它们的外汇支出，正是这样的"支出"和"获得"使得国际资本流动得以进行，从而促进了世界经济的协同发展。

二、产品流动的影响

地区或国际的贸易对工资差异与劳动力流动有着相似的影响。如果我们假设资本和劳动力是不能流动的，A 国和 B 国的工人是同质的，并且两国的运输成本为零。低工资（B 国）和高工资（A 国）相比，对两国商品的相对竞争力将会产生什么影响呢？

假设两国的竞争力产品价格下降到边际成本，A 国的消费者会重新分配消费支出，即会购买价格较低的 B 国的商品，这将增加进口商品的总需求并最终导致对 B 国的劳动力需求的增加。如图 8.5 所示，劳动力需求曲线向外移动，这将增加 B 国的市场工资水平。相反地，A 国的产品需求下降会导致本国劳动力需求向左移动，工资水平下降。

现实中，很多商品和服务的运输成本是相当高的，并且需要很长时间，这些都是不经济的因素，因而，短期内国际贸易能够缩小工资差异，减少劳动力迁移。但是从长期看，它不能使两国工资水平相等，进而在影响劳动力迁移方面的作用也是有限的。

总之，劳动力流动、资本流动以及地区、国际贸易都会相互补充，促进资源的有效配置。

劳动力流动仅仅是资源和商品流动的一个方面，实际上，发达国家经常增加在欠发达国家的投资，以及减少贸易壁垒来缓解这些国家的劳动力向本国的迁移。

本章小结

劳动者在不同的工作岗位和不同的地区甚至国家之间进行流动和迁移的行动叫作劳动力流动。劳动力流动类型主要有：单位内部的流动、地域之间的流动、行业之间的流动、职业之间的流动、劳动力队伍本身的流动、就业与失业之间的流动和社会流动。

劳动力流动的成因主要有：区域间劳动力供求的不平衡、经济发展水平的差异、不同地区间同质劳动力的工资差别、经济周期引起的波动、国际资本流动的影响和强化工作匹配的意愿。劳动力流动的决定因素主要表现在：年龄、家庭、人力资本投资、距离和失业率等几个方面。

劳动力流动并非没有代价，流动的成本包括以下几个方面：直接成本、机会成本和心理成本。劳动力流动的收益是指流动行为产生之后，新的工作给劳动者带来的各方面效用的增长，它主要包括更丰厚的收入、更优质的福利、更满意的工作、更好的地位和更好的发展机会等。

工作流动、地区流动和国际流动是劳动力流动的三种主要形式。工作流动是劳动者在不同的组织之间更换岗位，寻求更好的职位匹配的行为，是发生最为频繁的一种劳动力流动，它主要受到工资、培训、健康保险等因素的影响。地区流动是劳动者在本国之内，跨越较大的区域进行远距离迁移的流动行为。国际流动是一种更大范围的地区流动现象，是世界范围内人力资源优化配置的条件。影响劳动力流动的因素很多，资本流动和产品流动对劳动力流动都会产生一定的影响。

综合练习题

一、选择题

1. 影响劳动流动的非经济因素不包括（　　）。
   A. 年龄
   B. 家庭
   C. 科学技术的发展
   D. 流动的距离

2. 下列哪种劳动力不易流动。（　　）
   A. 劳动力拥有的技能应用面宽
   B. 劳动力拥有的企业知识面窄
   C. 没有特长
   D. 劳动力技能比较特殊

3. 劳动力流动的机会成本是指（　　）。
   A. 劳动力的找工作的信息费
   B. 劳动力原来的收益
   C. 劳动力放弃的投资收益
   D. 劳动力在新工作岗位面临的失业风险

4. 关于劳动力流动的经济效应，下列错误的说法是（　　）。
   A. 有利于降低劳动力流出国之失业率

B. 劳动力流动时，有一个相同方向的货币流

C. 有利于流出国的资本积累

D. 有利于流入国的人力资本投资成本节约

5. 对于"退休"这种劳动力流动，其所反映的劳动力流动方向是（　　　）。

    A. 就业者成为失业者　　　　　　　　B. 失业者成为非劳动力

    C. 就业者成为非劳动力　　　　　　　D. 非劳动力成为失业者

6. 当劳动力跨地区流动时，由于远离亲朋好友和熟悉的环境而产生的不舒适是劳动力迁移的（　　　）。

    A. 直接成本　　　B. 机会成本　　　C. 外在成本　　　D. 心理成本

7. 下列哪一条不是劳动力流动边际收益递减的原因（　　　）。

    A. 工作搜寻往往从那个最有希望的机会开始

    B. 进一步搜寻获得更高工资的希望越来越小

    C. 搜寻时间长，获得高工资的时间越短

    D. 搜寻时间越长，越不想搜寻

8. 劳动力流动的净收益现值（　　　）。

    A. 与贴现率成正比，与收益成正比　　B. 与贴现率成正比，与收益成反比

    C. 与贴现率成反比，与收益成正比　　D. 与贴现率成反比，与收益成反比

二、思考题

1. 简述劳动力流动的定义、分类。

2. 影响劳动力流动的因素有哪些？

3. 如何理解劳动力流动的成本效益分析决策？

4. 劳动力的国际流动有何效应？

5. 试述劳动力流动模型的主要内容，并利用对模型的分析来说明为什么年轻人和教育程度高的劳动力更容易发生劳动力流动。

6. 分析企业的工资制度和培训制度是怎样影响员工的流动行为的。

7. 分析除了工资福利因素之外，影响我国大学生地区流动的因素。

8. 资本和产品流动对劳动力流动有何影响？

9. 简述容易进行地区流动的劳动者的群体特征，并进行解释说明。

10. 与新员工相比，为什么老员工收入更高且不易辞职？

11. 最近几年，有人在逃离"北上广"，有人逃向"北上广"；有人在流向城市，有人在流向农村（种田养猪）；有人拼命考公务员，有人辞职烤红薯。如何看待这些现象？

三、案例分析

"用工荒"凸显劳动力流动不畅

据 2013 年 2 月 26 日《农民日报》报道（刘英团）"招聘：洗碗工 2 名，配菜师 2 名，传菜 2 名，包吃住，工资面议……"、"诚聘：美容师、美发师；要求：有工作经验……"春节（2013 年）后的第一个工作日，记者走访发现，很多服务企业虽然尚未等来熙熙攘攘的客流，但"急招"、"诚聘"的招工广告却已出现在店门口。（2013 年 2 月 17 日《解放日报》）

又是一年春来到，又是一轮"用工荒"。眼下，长三角、珠三角地区部分企业用工短缺再一次"如期而至"，一些行业人员甚至重新"洗牌"。种种迹象表明，劳动力无限供给时代已经结束。据有关部门透露，上海市餐饮行业内的员工流失率高达50%，这一数字在中小型餐饮企业中更高。劳动力缺口的背后已经不再仅仅是企业能否招到工人的问题，产业布局、薪资水平、社会保障等一系列深层次的矛盾开始在"用工荒"的大背景下逐渐显现。面对"用工荒"，多数企业开始提高薪酬，希望尽快招到人。深圳人才大市场调查显示，71%的参会单位提供的职位薪酬较去年同期有所增加，较去年不少待遇普涨20%左右。

今年的"民工荒"、"招工难"比以往来得早、来得猛，着实让不少用人单位"头疼不已"。从经济学原理来说，"用工荒"意味着劳动力市场的供给不足。但笔者认为，"用工荒"的背后未必是"民工荒"或劳动力市场供需失衡。透过"用工荒"这一表象，与劳动力自由流动有关的户籍、教育等问题一一凸显。所以，与其说"用工荒"，倒不如说传统的户籍、教育等制度制约了劳动力的自由流动。

对于眼前的"用工荒"，关键在于要研究如何化解这些不利因素。中国的人口流动与发达国家的人口流动有着本质的区别。发达国家的务工人员一般"人随工作走"，可以称作真正的"迁徙"，而中国则是每年往复式的"流动"。无数农民工涌到城市打工，他们不但期待着能挣到钱养家糊口，在可能的情况下，他们更期待能融入打工所在城市。但事实上，挣到养家糊口的钱相对容易得多，但户籍、教育等问题，绝不仅仅是企业所能给予的，公共政策决定着他们是去是留、是流动还是迁徙。换句话说，要解决"用工荒"的问题，甚至解决更深层次的"产业升级"问题，有关部门需要从户籍、教育等领域进行根本的调整，进而给予农民工和城市人同样的权利。

思考讨论：

试根据上述资料分析：

（1）"用工荒"的原因是什么？

（2）如何化解"用工荒"？

阅读资料

家庭禀赋、家庭决策与农村迁移劳动力回流

在城市化进程中，农村劳动力到外地务工就业一直伴随着大量的回流现象，这引起了经济学和社会学界的极大重视。政府在为如何消化农村大量剩余劳动力绞尽脑汁的同时，大批迁移劳动力开始离城返乡，部分地区还出现了"民工荒"现象。对迁移劳动力回流动机进行深入剖析，把握回流的本质特征，也是从另一个角度研究迁移劳动力的城市融入和城市化障碍问题，对于解释中国的"半城市化"现象，为当前就业政策的选择取向提供经验支援，具有非常重要的理论意义和现实意义。

一、迁移劳动力回流研究：两种不同的视角

关于劳动力流动的行为选择，学术界有两种不同的认识。一种理论认为劳动力流动是从个人效用最大化的角度出发的个体行为选择的结果；另一种理论认为劳动力流动是家庭决策的结果，或者说劳动力外出务工是一种家庭生计策略，即家庭成员谁进城务工、谁在家务农，

是使家庭全体成员福利最大化的理性决策。劳动者从个人利益最大化为出发点作出行为决策是经济学研究的经典假设，以此为基础，学术界已经从成本收益、生命周期、人力资本等诸多角度对劳动力回流问题展开了研究。推拉理论从成本收益的角度研究认为，当流入到城市的农村劳动力在城市中的生活条件并没有得到改善，或者迁移者家乡有更好的投资机会时，他们往往就需要再次进行选择。生命周期理论将劳动力流动简化为两个阶段，即年轻时候外出打工挣钱，年龄大了以后回家乡务农、务工或经商。

与传统理论假设个人为决策主体不同，20世纪80年代兴起的新迁移经济理论把家庭看作追求收益最大化的主体。外出劳动者有义务将其收入寄回或带回，以补充家庭不时之需；当外出者没有挣得收入或受到挫折时，他可以从家庭得到支援，或者回流到迁出地。在20世纪90年代末期，新迁移经济理论专门对劳动力回流进行了研究，认为回流更多是因为：没有在城市找到体面的工作、在城市相对贫困而在家乡的生活成本更低，或在城市打工期间积累的人力资本和储蓄在家乡会带来更多的投资回报。阿马萨利特别强调，外出积累的人力资本在家乡的回报率对劳动力回流的作用最为明显。斯塔克又从相对购买力水准和家庭风险分散的角度分析了劳动力回流的动机，由于外出务工者在城市里很难进入正规劳动力市场，即使返乡后不能获得更高的收入，为了降低相对贫困感，迁移劳动力也会做出回流的决策。

二、家庭状况对农村迁移劳动力回流的影响

关于农村迁移劳动力回流决定因素的经验研究，已有研究分析的变量主要是迁移者年龄、性别、教育程度、婚姻状况、户籍性质、每人平均耕地、在外流动时间、相对收入水准等。此外，家庭特征对于农村迁移劳动力回流的作用也是社会学和经济学家的兴趣所在。

婚姻状况是影响农村迁移者是否选择回流的重要因素。赵耀辉研究发现，有配偶的迁移劳动力的回流概率比单身外出者高出15.4个百分点；如果配偶并未随之外出，那么该迁移者返乡的概率会增加16.1个百分点（Zhao，2002）。也有学者研究发现已婚状态迁移者的回流概率是未婚者的3.7倍，这主要是因为已婚者迁移成本（包括货币成本、生理成本和心理成本）更高一些（Wang & Fan，2006）。

家庭结构如孩子数量、老年人数量等也是影响迁移劳动力回流的重要因素。达斯曼等人研究发现家庭中孩子的数量对迁移劳动力是否回流有着显著的负向影响，也就是说家庭中孩子越多，迁移者越倾向于继续在外流动。白南生和何宇鹏则研究发现，子女上学已经成为影响劳动力回流的一个重要事件，有近10%的回流劳动力把孩子上学作为回乡的原因（Bai & He，2003）。

家庭社会网络对移民的回流发挥着重要作用，家庭成员都生活在迁出地农村的迁移者更倾向于回流（Brecht，1994）。汪三贵等（2010）利用调查数据专门研究了社会资本对农民工返乡创业的影响，结果显示，同质性的社会网络的扩展更有利于农民工的返乡创业，如有作为个体或私营老板的亲友等。在农村，土地禀赋是决定一个农户家庭发展的根本，也是影响家庭成员迁移与否的重要因素。有研究认为，家庭中每人平均土地数量每增加1亩，迁移劳动力回流的概率就会增加1.1倍（Wang & Fan，2006）。

三、家庭禀赋、家庭决策与农村迁移劳动力回流

家庭禀赋，是家庭成员及整个家庭共同享有的资源和能力，包括家庭人力资本、家庭社会资本、家庭自然资本、家庭经济资本。家庭禀赋是个人发展能力的拓展，是个人禀赋的外延，是家庭成员可以共同利用的资源；但与此同时，个人的行为选择还会受到家庭禀赋状况

和家庭决策的约束。

（一）家庭决策与农村劳动力回流选择

在市场程度相对较低的农业社会中，家庭既是农村的基本生产、生活单位，也是农民的基本福利供给单位，承担着农业生产、生活保障、经济扶持和福利供给等多重功能。中国城乡二元结构突出，农村经济发展落后。为了改变这种落后被动的局面，增加家庭收入，户主在与其他家庭成员商量后自然做出派人外出务工的决定。当外出务工者在外地就业遇到困难或者生活状况不满意时，或者在家乡有较好的发展机会时，就会选择返回农村。另外，在节假日会有大量的农民工返回家乡，节后还会继续外出。由此造成农村劳动力的城乡往复式回圈流动。由此也可见，随着城市生活成本的增加以及农村投资回报率的上升，迁移劳动力会选择返乡发展，这在一定程度上影响了中国人口城市化进程，至少带来了农村外出劳动力城市融入的动力不足。

（二）农村劳动力回流的家庭禀赋效应

农村劳动力回流的家庭禀赋效应主要是指家庭禀赋可以为劳动力提供长期保障和增加回流后的投资回报，而这两点正是当前部分迁移劳动力回流农村的主要动力。

从家庭禀赋作为个人发展能力拓展的视角来看，家庭禀赋可以使得迁移者在外积累的人力资本和经济资本在家乡得到更高的投资回报。由于自身文化程度和制度条件的约束，农村劳动力进城后多是进入非正规部门就业，多年的外出务工经历使得他们的人力资本和物质资本都有所积累，但在城市部门向上发展的空间和进入正规部门就业的机会较少。外出务工者回流农村，会带回一定的技术、知识或资金，也可能建立起和外界的社会网路，这样不仅可以使原有能力在农村得到充分的发挥，而且可以使整个家庭的自然资本、经济资本、人力资本和社会资本得到更好的利用。

家庭禀赋还为农村迁移劳动力提供了养老保障的作用。首先，在中国农村普遍实行的土地分配制度可以为每一位农村劳动力提供足够维持生活的土地，并且农业生产的门槛较低，对文化程度和技术水准没有太多要求，身体状况较差、年龄较高的劳动力也可以借此维持生活。其次，家庭人力资本和社会资本还可以为其提供资金或者人力的帮助，以缓解伤、病冲击，平滑收入风险。

（石智雷等，2012）

第九章　劳动力市场歧视

劳动经济学认为，工资是对劳动生产率的回报，而劳动供给是工资刺激的结果。然而，不完全信息、流动障碍、社会和制度的影响都使竞争模型不再适用。由于劳动力市场的分割性，某些群体易于受到不公正对待。歧视是以不公平不公正对待某些人，从而使某些人在劳动力市场中陷入不利境地。本章首先提出歧视的概念和类型，然后进一步研究歧视的类型，最后对劳动力市场分割理论作简要分析。

第一节　歧视的概念及类型

西方法治国家在过去 100 多年的人权历史，从一定意义上而言，就是反歧视、争取平等权利的历史。如 1860 年美国内战结果是废除黑奴制，从而宣告了对黑奴歧视的终结。19 世纪末 20 世纪初美国反种族歧视和妇女要求平等权的斗争，更加促进了美国人权事业的进步。英国、法国、德国等一大批西方国家在第二次世界大战后开展的声势浩大的反种族歧视和妇女平等权利运动，取得了重大成果。不仅如此，反歧视运动发展到反对年龄、生理特点、性倾向、政治、宗教等各个方面的就业歧视和其他方面的歧视现象。本节主要了解歧视的概念及基本类型，至于反歧视政策留待本章最后作一简单讨论。

一、歧视的概念

所谓歧视，简而言之，指不平等地看待。1789 年法国《人权宣言》宣告："所有公民都是平等的，故他们都能平等地按其能力担任官职，公共职位和职务，除了德行和才能上的差别外，不得有其他差别"。尽管歧视作为一个概念，其基本含义人们能够予以感知，但是其内涵与外延人们尚存争议。

对于什么是就业歧视，有的学者在研究就业歧视问题时引用来自国际劳工组织下的定义。国际劳工大会 1958 年通过的《关于就业及职业歧视的公约》（第 111 号公约）对就业歧视的完整定义如下。

第一条为本公约目的，"歧视"一语指：

（1）基于种族、肤色、性别、宗教、政治见解、民族血统或社会出身的任何区别、排斥或特惠，其效果为取消或损害就业或职业方面的机会平等或待遇平等；

（2）有关成员在同雇主代表组织和工人代表组织——如果这种组织存在——以及其他有关机构磋商后可能确定其效果为取消或损害就业或职业方面的机会平等或待遇平等的其他区

别、排斥或特惠。

第二条基于特殊工作本身的要求的任何区别、排斥或特惠，不视为歧视。

该公约是国际劳工组织订立的八个核心劳工标准公约之一，其主要内容是要求在就业、培训和工作条件方面消除基于种族、性别、肤色、宗教、政治信念、民族血统或社会出身等各种歧视。劳动经济学的学者往往将歧视与劳动生产率联系起来。他们认为就业歧视是指具有相同生产率特征的工人仅仅因为他们所属的人口群体不同而受到不同的待遇，或者说是在劳动力市场上对工人与劳动生产率无关的个人特征的评价。

从规范上分析，平等就业是劳动立法确立的一项基本原则，认定一个行为是否构成就业歧视应当具备以下要件。

（1）某类劳动者不能获得与其他劳动者均等的机会。这种歧视表现在使该劳动者丧失了与其他劳动者平等的机会。它包括下列几种情形：

第一，使该劳动者不能与其他劳动者一道参加职业的竞争，如未经任何考核，仅因其信仰某种宗教或属于某一民族而直接拒绝接受；

第二，使该劳动者丧失与其他劳动者享受同样就业条件和待遇机会，如劳动能力比其他劳动者强，且从事的工作岗位更为艰苦或重要，但仅因其为少数民族劳动者而给予他的劳动报酬标准比其他劳动者低；

第三，使该劳动者丧失一般劳动者普遍享受的权利的机会，如仅因其为少数民族劳动者而排除其获得劳动保险的机会；

第四，使该劳动者比一般劳动者承担更多的负担和责任而使其与其他劳动者的平等机会受到影响。例如，仅仅因为其为少数民族而要求其缴纳保证金，在其不能缴纳或无力缴纳时，便不接受其进厂工作，实际上使得其平等竞争的机会受到不利的影响等。

（2）机会的不均等是用人单位基于特定的原因而人为造成的。主要是指因用人单位或其工作人员基于对某一民族、种族、性别、宗教信仰的偏见而造成的。

（3）主观故意。就业歧视是用人单位基于对特定类别的劳动者的偏见而实施的，因此，这种行为只能是故意行为。如果用人单位或其负责人对劳动者本无偏见，但由于其疏忽，没有通知劳动者参加考核，从而使其丧失平等公平竞争的机会，尽管实际的后果相同，但劳动者仍不能以其存在就业歧视行为而对其主张权利。

（4）因果关系。即用人单位的歧视行为与劳动者某种机会的丧失或减少存在因果关系。如果用人单位具有歧视的故意，并且也实施了一定的歧视行为，但是这种行为本身并没有对劳动者的平等机会造成任何影响，则也不能构成就业歧视。

二、歧视的类型

前面说过，如果具有相同生产率特征的工人仅仅是因为他们所属的人类群体不同而取得不同的待遇，我们就说当前劳动力市场中存在歧视。劳动力市场中的歧视主要可以分为以下四种类型。

1. 工资收入歧视

工资收入歧视是指从事相同工作的员工，一部分人由于非经济个人特征而导致所获工资低于另一部分人。工资收入歧视是由于劳动生产率差别以外的因素而引起的，这些非经济因素主要表现为性别和种族等个人特征。更确切地说，工资歧视的存在是由于受雇者的个人特征不同引起的，而不是劳动生产率的不同引起的。

2. 就业歧视

就业歧视是指在其他条件相同的情况下，甚至部分劳动力供给者具有更好的劳动力条件，但是由于这部分劳动力个人的非经济特征而遭到雇主的拒绝，因而承受不适当的失业比重。如在世界各地，至今还普遍存在着妇女在劳动力市场上遭受歧视的不平等现象。

3. 职业歧视

职业歧视是指在劳动力市场上，某些劳动力即使完全有能力胜任，却因非经济的个体特征而导致被限制或禁止进入某些职业，或者被排挤到同一职业中的过低档次位置上。或者通俗点说，是指雇主故意将与其他雇员有相同生产率水平的和生产率潜力的某些雇员安排在低工资报酬的职位上或是较低责任水平的工作岗位上，而把高工资报酬、更多晋升机会的工作留给男性雇员。

4. 人力资本投资歧视

人力资本投资歧视是指某些劳动力因非经济个人特征导致较少获得能够提高劳动生产率的教育、在职培训以及较好的健康照顾等机会。在我国一些落后地区，女孩受教育的机会常常低于男孩。

前三种歧视通常被称为后市场歧视，或称当前市场歧视和直接市场歧视，因为这三种歧视是人们进入劳动力市场以后遇到的歧视。最后一种歧视中，接受教育歧视通常被称为前市场歧视，或称为过去市场歧视或间接市场歧视，因为歧视出现在人们求职之前。

三、歧视的表现

劳动力市场歧视的最主要表现是机会不均等和分配不公平。

1. 受教育的机会不均等

在劳动力市场上，某些群体由于受到歧视，其接受教育的机会可能会大大低于那些不受歧视的群体。很多雇主考虑选择一些雇员接受进一步培训深造以胜任更重要的职务或是接管更多企业重任时，在所有条件相同的情况下，雇主往往会倾向于选择男性雇员，其原因却是一些诸如更有魄力，更少受到家庭、孩子的牵绊和影响等一些非工作能力、教育水平等生产率特征因素。

2. 就业机会不均等

对于就业机会不均等这一问题，在女性就业机会上显得较为明显。女性在就业机会方面的不均等还表现在女性在较高岗位上的任职机会少，多数女性集中在职位较低的职业中，如工资较低的服务业。在就业方面，种族歧视是西方国家广泛存在的一种社会现象。在美国，同等条件和能力的黑人和白人，工作与待遇尽管比以前有所改善，但仍存在一定的差距。而在中东有些国家，情况更加对女性不利。

3. 晋升机会不均等

晋升机会包括职务、技术级别以及社会经济地位的提高。晋升机会不均等表现为某一社会集团和阶层成员，从歧视角度来看即那些在劳动力市场中受歧视的群体，经历的晋升渠道曲折，晋升到较高位置的人较少，社会地位较低。

4. 分配不公平

劳动力市场中由于歧视的存在而导致的分配不均表现在工资收入的不公平、职位分布的不均衡、福利待遇的不对称、工作环境的不协调等。以往这种由于歧视造成的分配的不公平随处可见，而今由于法律制度的完善、道德伦理的约束等，一些歧视行为有所收敛，但是仍然不能完全杜绝歧视现象的存在。

📖 **拓展知识**

美国劳动力市场中的种族与性别歧视

表 9.1 报告了根据种族与性别划分的对人力资本与美国劳动力市场运行结果的各种测度方法。最触目惊心的也许是年收入的悬殊。男人比女人赚得更多，白人比非白人赚得更多。尤其是，白种男人在任何一个群体中的年收入都最高，为 49 800 美元；白种女人的年收入为 29 600 美元；黑种男人的年收入为 33 500 美元；西班牙裔妇女的年收入为 22 300 美元。

表 9.1　技能和劳动力市场结果的性别与种族差异（2001 年）

	白人		黑人		西班牙裔	
	男性	女性	男性	女性	男性	女性
高中毕业或更高	84.3	85.2	78.5	78.9	56.1	57.9
学士学位或更高	29.1	97.4	16.4	17.5	11.0	11.2
劳动参与率（%）	76.9	59.9	72.1	65.2	83.8	59.3
失业率（%）	4.7	3.6	8.0	7.0	5.2	6.6
年收入（千美元）	49.8	29.6	33.5	26.0	30.8	22.3
年收入（千美元）	55.4	37.1	38.5	30.8	34.3	28.0

然而，这些数据也表明，年收入的差别部分是由各种群体劳动力的供给差异引发的。例如，白种男人比白种女人的收入多 68%（49 800 美元对 29 600 美元）。拥有全职工作的白种男人的收入比拥有全职工作的白种女人的收入多 49%（55 400 美元对 37 100 美元）。

群体间的工资差别部分源于受教育程度的差异。只有 16% 的白种人没有高中学历，在黑种男人和西班牙裔男人中，这个数字分别为 20% 和 44%。类似地，29% 的白种男人拥有大学文凭，而白种女人、黑种男人、西班牙裔男人拥有大学文凭的比例分别为 25%、16% 和 11%。

值得强调的是，与美国劳动力市场关系重大的种族和性别问题，在其他国家也是凸显的。例如，在马来西亚，马来人与华人的工资比为 0.57，而印度裔/华裔工资比率为 0.81。类似地，加拿大的黑人男性比白人男性的收入少 18%，英国非白人移民比同样技能的白人移民的收入少 10%~20%；组成印度社会的各个不同种性阶层之间的实际工资差异也相当大。如表 9.2 所示，在大多数发达国家中，男性与女性之间的工资差距也相当大。

表 9.2　女性/男性工资率的国际差异

国家	1979—1981 年	1994—1998 年
澳大利亚	0.800	0.868
加拿大	0.633	0.698
芬兰	0.734	0.799
法国	0.799	0.899
德国	0.717	0.755
爱尔兰	—	0.745
意大利	—	0.833
日本	0.587	0.636
新西兰	0.734	0.814
西班牙	—	0.711
瑞典	0.838	0.835
英国	0.626	0.749
美国	0.625	0.763

（乔治·J·鲍哈斯，2010）[405-406]

第二节　劳动力市场歧视理论

诺贝尔经济学奖获得者加里·贝克尔 1957 年出版的博士论文《歧视经济学》开创性地对歧视进行了当代经济学分析。此后大部分关于歧视的文献都受到加里·贝克尔分析框架的启发和引导，提出了各种歧视分析模型。

大多数经济学家们通常认为存在三种可能的劳动力市场歧视来源，而每一种歧视来源又都有一个相关的模型，来说明歧视是如何产生的以及它的后果是怎样的。第一种来源是个人偏见，这种情况主要是由于雇主、作为同事的雇员以及顾客不喜欢与某些特定标志的雇员打交道而造成的。第二种常见的歧视来源是先入为主的统计性歧视，这种情况主要是由于雇主将某种先入为主的群体特征强加在个人身上而引起的。最后，某些非竞争性的劳动力市场力量的存在，对劳动力就业和工资产生一定的歧视影响。

一、个人偏见歧视理论

贝克尔的劳动力市场歧视理论建立在歧视偏好这一概念上。这里主要分析雇主偏见、雇员偏见和顾客偏见三种歧视理论。

（一）歧视系数

假设在劳动力市场上存在两种人：A 类工作者和 B 类工作者。一位竞争性的雇主在招募雇员时，面临着下列投入的不变价格：A 类工作者的工资率用 W_A 表示，B 类工作者的工资率用 W_B 表示。如果雇主歧视 A 类人，则他从雇用 A 类人中得到负效用。也就是说，即便支付给一个 A 类人的小时工资只有 W_A，雇主也会认为自己付出的代价是 $W_A(1+d)$，其中 d 为一个正数，称为歧视系数。

实际上，种族歧视不仅会使雇主对交易的真实货币成本视而不见，而且会使雇主认为雇用 A 类人的成本高于实际成本。因此，归因于雇主偏见的歧视系数 d，给出了雇用 A 类工作者的成本的"加成"百分比。偏见越大，来自雇用 A 类人的负效用就越大，歧视系数就越大。

我们可以将加里·贝克尔的歧视偏好定义应用到其他类型的经济活动中。例如，B 类工作者可能不喜欢与 A 类工作者一起工作，B 类人顾客可能也不喜欢由 A 类人制造出来的商品和提供的服务。如果存在偏见的 B 类工作者的工资为 W_B，当他不得不同一个 A 类人一起共事时，他将视自己获得的工资为 $W_B(1-d)$。于是 B 类工作者会认为自己得到的报酬少于实际报酬。类似地，如果一位 B 类人顾客从 A 类人销售者那里买了一件商品，他会认为其实际价格不是 P，而是 $P(1+d)$。歧视系数因此使得偏见"货币化"了，不论偏见是来自雇主（导致雇主歧视）、雇员（导致雇员歧视）还是顾客（导致顾客歧视）。

（二）雇主歧视

假设劳动力市场上有两类劳动者：A 类工作者与 B 类工作者。考虑到一个竞争性的企业正在决定要使用多少投入。我们假定 A 类工作者和 B 类工作者在市场上是完全替代品，因此我们可以把生产函数写为

$$Q = F(L_A + L_B) \tag{9.1}$$

在公式（9.1）中：Q 为企业的产出；L_A 为雇用的 A 类工作者数量；L_B 为雇用 B 类工作者数量。请注意，企业产出依赖于所雇用的全部数量的工作者，无论其种族如何。因为两类人的劳动生产率相同，两个群体经济地位的不同，都不是由技能的差异而是由市场参与者的歧视行为造成的。

在将雇主的偏见引入分析前，我们回顾一下不存在歧视的企业的雇用决策。因 A、B 这两个群体的工作者的边际产品价值都相同，非歧视性的企业将会雇用更加便宜的任一群体。如果 A 类工作者的市场工资低于 B 类工作者的市场工资，则企业只雇用 A 类工作者。反之亦然。

我们假设 A 类劳动力的市场决定工资低于 B 类劳动力的市场决定工资，即 $W_A < W_B$，一个不存在歧视的企业将会雇用 A 类人，直到 A 类人工资等于其边际产品价值的那一点时为止，即

$$W_A = VMP_L \tag{9.2}$$

图 9.1 描绘了这一利润最大化的条件。因此，不存在歧视的企业会雇用 L_A 个 A 类工作者。

现在我们论述歧视企业的雇用决策。由于雇主认为 A 类人工资并非 W_A，而是 $W_A(1+d)$。

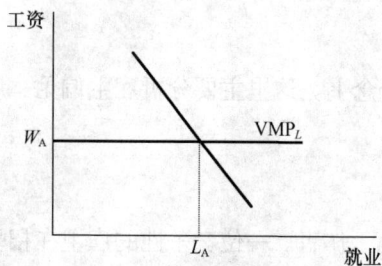

图 9.1　利润最大化条件

因此，雇主的雇用决策不是基于 W_A 和 W_B 的比较，而是 $W_A(1+d)$ 和 W_B 的比较。雇主将会利用效用调整价格较低的投入品。其结果是，歧视 A 类人的雇主的决策法则就是：当 $W_A(1+d) < W_B$ 时，只雇用 A 类人；当 $W_A(1+d) > W_B$ 时，只雇用 B 类人。这项法则显示了贝克尔雇主歧视模型的关键含义：只要 A 类工作者与 B 类工作者是完全替代品，企业就存在分隔的劳动力队伍。

为方便起见，我们将全部雇用 B 类劳动力的企业，称为"B 类人企业"；全部雇用 A 类劳动力的企业，称为"A 类人企业"。企业劳动力队伍的种族特性取决于雇主歧视系数的大小。歧视系数较小的无偏见雇主，将只雇用 A 类人。歧视系数较大、偏见很大的雇主将只雇用 B 类人。图 9.2（a）显示了 A 类人企业的雇用决策；图 9.2（b）显示了 B 类人企业的雇用决策。

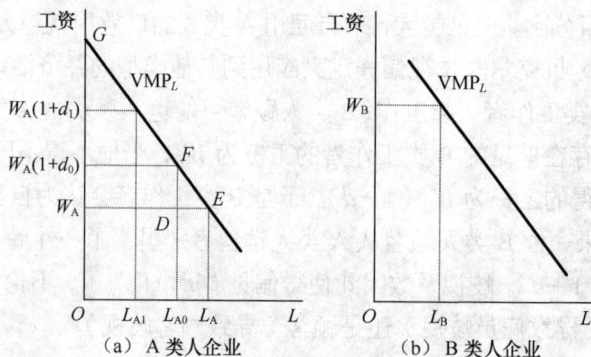

（a）A 类人企业　　　（b）B 类人企业

图 9.2　歧视企业的雇用决策

图 9.2（a）显示，A 类人企业倾向于雇用过少的工作者。非歧视企业雇用 L_A 个劳动力，而实际上 A 类人工资等于其边际产品价值。然而，歧视系数为 d_0 的企业，认为 A 类劳动力

的价格为 $W_A(1+d_0)$。由于该歧视系数足够小，以至该企业仍然会雇用 A 类劳动力，直到 A 类工作者的效用调整价格等于边际产品价值的那一点为止，即企业只雇用 L_{A0} 个劳动力。歧视系数 d_1 较大的企业雇用的工作者较少，只雇用 L_{A1} 个劳动力，等等。所雇用的 A 类工作者数量因此小于歧视系数较小的企业，因为雇主不喜欢雇用 A 类工作者，他们必定会通过雇用较少的 A 类人来使其不舒服的感觉最小化。

图 9.2（b）显示，B 类人企业会一直雇用工作者直到 B 类工作者的工资等于边际产品价值的那一点时为止，即 $W_B = VMP_L$。我们假定 B 类人工资比 A 类人工资高。B 类人企业因此会为雇用其工作者而付出更高的代价，因此会少雇劳动力（即图中的 L_B）。不愿意雇用 A 类人工作者的雇主不仅全部雇用 B 类劳动力，而且还雇用得较少，因为 B 类人劳动力很昂贵。

上述理论也表明，在劳动生产率相同，劳动力市场上存在对 A 类人歧视的情况下，如果工资水平相同，受歧视者必须具有更高的生产率；如果生产率相同，受歧视者必须接受更低的工资水平。结果，在同一工资水平上，受歧视者就业的可能性更小。

歧视只能反映歧视者的偏好，对被歧视者没有好处，对歧视者不但没有好处，而且从经济角度看，只有坏处。进一步分析图 9.2（a）。若 A 类企业没有歧视，则工资为 W_A 时，雇用 L_A，减去工资后的利润为 GW_AE。若存在歧视，歧视系数为 d_0，则雇用 L_{A0}，减去工资后的利润为 GW_ADF，净减少了 DEF 的面积。若歧视程度进一步提高，则损失更大。由此可见，歧视性雇主为了自己的歧视偏好不得不放弃一部分利润。

接下来，我们从劳动力市场的供求入手来进一步分析雇主歧视问题。假设在竞争性劳动力市场和竞争性产品市场的条件下，有两类雇员 A 和 B，他们的劳动生产率相同。若所有雇主都因某种原因对 A 类雇员存在歧视，那么 A 均衡工资必然较低。由于不同的雇主可能对 A 类雇员的歧视程度不同，从而他们得到的工资也不同。如图 9.3 所示，当 A 类雇员的相对工资是 B 类雇员的 3/4、1/2、1/4 时，雇主会选择他们。

在图 9.3 中，纵轴表示相对工资，横轴表示 A 类雇员的数量，如果没有歧视，对 A 的需求曲线就是 D_1，因为相对工资是 1。但是如果某些雇主对 A 类雇员存在歧视，需求曲线则为 D_2，其相对工资较低，为 3/4。对 A 类雇员的歧视程度越重，需求曲线就越低。

以上分析是建立在雇主的偏好无差异的基础上的，但是在现实生活中雇主的偏好不可能完全相同，有些雇主的歧视较弱，而另一些歧视较强。如果某些雇主对两类雇员均没有特殊偏好，需求曲线为 D_1，而另一些雇主由于各自不同偏好，需求曲线分别为 D_2、D_3，这样，劳动力市场对 A 类雇员的总需求曲线形状相对于假设雇主无任何偏见的情况时的曲线不同。如图 9.4 所示，假定劳动力市场并非所有的雇主都对 A 类工作者有歧视，水平部分表示雇主对 A 类工作者没有歧视，则对 A 类工作者的劳动需求曲线在一定劳动力雇用水平上向下倾斜，而且歧视程度越高，向下倾斜越陡。

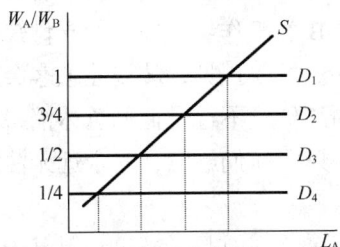

图 9.3　不同歧视程度下的雇主的劳动需求曲线　　　图 9.4　A 类工作者面临的劳动需求曲线

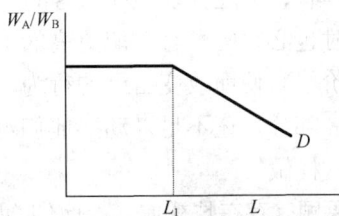

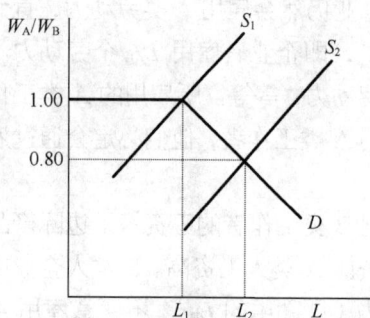

图 9.5 A 类人供给曲线对相对工资的影响

市场对 A 类雇员的需求量取决于他们与 B 类雇员比较时的相对工资水平，如图 9.5 所示。假设市场中有许多非歧视性的雇主，或 A 类人不多，不超过 L_1 时，他们的相对工资为 1，即无论哪类雇员均支付相同的工资，企业愿意从而可以吸纳 L_1 的人到这些企业就业。若 A 类人超过 L_1，对于那些有歧视的雇主而言，W_A 须降到 W_B 之下时他们才有可能去雇用 A 类雇员。而且 A 类人越多，相对工资越低。

除了 A 类雇员的供给曲线变化引起相对工资变化之外，还有其他一些因素也会对相对工资产生影响。

第一个主要因素是非歧视性雇主人数的变化。在供给曲线不变的情况下，若非歧视性雇主的增加，也越是增加了不存在歧视的需求。非歧视性雇主的加入增加了对 A 类人的需求，在图 9.6 中表现为在 A 类人供给不变的情况下，到歧视性雇主那里去寻找工作的人减少，使得相对工资上升。若非歧视性雇主能吸纳全部 A 类工作者，则工资与 B 类工作者无异。

第二个主要因素是雇主的歧视程度的变化。即使有偏见的雇主人数不变，若他们的歧视程度降低，也同样也会引起相对工资的上升。如图 9.7 所示，歧视程度下降，相对工资上升，对 A 类工作者的雇用人数增加。反之，歧视程度越来越严重，A 类雇员的相对工资就会越低，对 A 类人就业越不利。

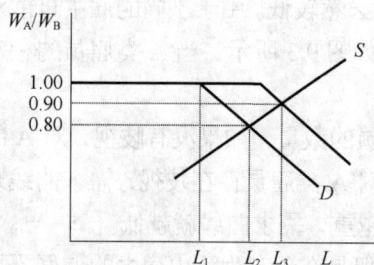

图 9.6 非歧视性雇主增加对 A 类人相对工资的影响

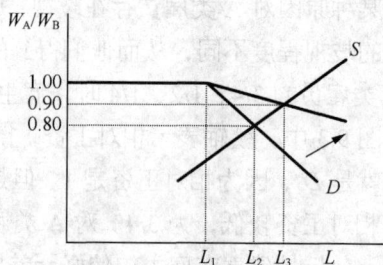

图 9.7 雇主歧视程度下降对 A 类人相对工资的影响

（三）顾客歧视

工资或职业歧视也可能由顾客的偏见产生。例如，在某些场合顾客更偏好男性提供的服务，而在另一些场合则偏好女性提供的服务。受歧视的群体要在有顾客歧视的领域就业，就必须接受更低的工资或具有更高的劳动生产率。换句话说，在其他条件相同情况下，只有受歧视群体投入更高的人力资本，他才有可能在一些行业谋得职位。例如，若顾客歧视 A 类工作者，要迎合歧视性顾客的偏好，企业必须雇用 B 类工作者，向他们支付较高的工资，同时也必须向顾客收取更高的价格以弥补成本损失。可以预见，歧视性顾客会因为受较高的价格驱使而改变自己的行为，但也有可能这样的高价只不过是他们总体消费支出中很小的一部分，还不足以动摇他们对偏好效用的追求，只要他们愿意，就永远无法阻止他们继续这样做。

如果顾客存在歧视偏好，他们的购买决策就不是基于商品的实际价格，而是基于效用调

整价格 $P(1+d)$，其中 d 为歧视系数。如果顾客不喜欢从 A 类工作者那里购买东西，顾客歧视就减少了对 A 类工作者出售的商品或提供的服务的需求。

只要企业可以将特定的劳动力安置到企业内部众多不同的位置上，顾客歧视就不太明显。企业可以把 A 类工作者安置到跟顾客打交道很少的工作岗位上（比如企业的生产车间），而把 B 类工作者安置到服务部门。此举意味着，A 类工作者可以躲藏在人们的视线之外。如果 A 类工作者比 B 类工作者便宜的话，当企业招聘制造业工作者的位置时，这些位置就可以由 A 类工作者竞争。最终，技能相同的 A 类工作者和 B 类工作者的工资将趋同。而且，投合顾客的偏好，并不会减少企业的利润。

（四）雇员歧视

劳动力市场中歧视的根源并不一定源自雇主，或许就是一同工作的同伴。雇员歧视是指一个就业群体对另一个就业群体的歧视。雇员的偏见会促使雇主减少对受歧视群体的使用，或者降低他们的工资。产生歧视的原因可能是工作职位上的竞争，或是与有色人种在工作中发生接触而感到不舒服、厌恶以及男性雇员不愿意在女性领导下工作等。

假设 B 类人不喜欢与 A 类人一起工作。正如已经论述过的，工资为 W_B 的 B 类工作者对待工作的态度与他们工资仅为 $W(1-d)$ 时一样，其中 d 为 B 类工作者的歧视系数。因为 A 类工作者并不在乎工作同伴的特征，他们的实际工资水平与效用调整工资水平都是 W_A。

假设某一不喜欢与 A 类人一同工作的 B 类人有两份工作可供选择：两个雇主支付的工资相同，例如，都是 20 元/小时，但两个企业的工作环境迥异。其中一个企业的雇员全部是 B 类人，而另一个企业则拥有混合劳动力队伍，其雇员有 A 类人也有 B 类人。因为雇员不喜欢与 A 类人一同工作，所以两个企业提供的效用调整工资是不同的。在雇员眼中，拥有混合劳动力队伍的企业提供的工资较低。所以拥有混合劳动力队伍的企业要吸引 B 类工作者，必须提供高于每小时 20 元的工资。

然而，一个非歧视性、追求利润最大化的雇主绝不会选择拥有混合劳动力队伍的工作场所。雇主不会既雇用 A 类人又雇用 B 类人，因为 B 类人要求雇主支付补偿性差异，但他们的边际产品价值与 A 类工作者相同。因此，当 B 类人工资低于 A 人工资时，雇主将只雇用 B 类人。如果 A 类人工资低于 B 类人工资时，雇主将只雇用 A 类人。因为不必为混合付出代价，A 类人和 B 类人会被不同的企业所雇用。雇员歧视（与雇主歧视一样）暗示了一个完全分隔的劳动力市场。

雇员歧视来源于劳动力市场的供给方面。有歧视偏好的雇员不愿与某类员工在一起工作。在这方面，年龄、性别、宗教信仰、民族、体态特征、性格特征等因素引发的歧视比较常见。假设 B 类员工不愿意与 A 类员工在一起工作，这可能出现两种局面：一方面，B 类员工辞去或者干脆不做这份工作，如果希望留住或雇用这些员工，企业必须迎合一部分员工的偏好，支付给他们一定程度补偿性工资，这将导致企业难以实现利润的最大化。另一方面，企业改变雇用取向，同样会面临利润损失的风险。不愿意承担风险的企业，会尽力去适应一部分员工的歧视性偏好，因为一部分员工歧视的存在对雇主来说虽然成本可能很高，但是要想摆脱它们，成本也同样很高。最为关键的是，追逐利润最大化的厂商会把这个成本转嫁到产品当然也就转嫁到消费者身上。在消费者的行列中，抱有歧视偏好的雇员也许就在其中。因此，雇员歧视的结果就是雇员本身的福利受到损害。

那么，在隔离的前提条件下进行雇用也可以作为雇主迎合一些歧视性雇员的方法，即对不同人口群体背景中的雇员进行隔离，使他们彼此不会发生联系。当然对工人进行完全的隔离是不具有可行性的。

（五）歧视的损益

任何种类的歧视都没有绝对的获益者，即使歧视者得到了效用的满足，但他同时也必须为此付出代价，如可能因为工资成本偏高、搜寻成本偏高、偏离了利润最大化原则等而使利益受到损失。被歧视的利益受损是绝对的，如低工资、低雇用、更差的工作条件、更少的晋升机会等，而歧视者不可能通过其所得对被歧视者的损失进行补偿。在市场中，一部分人获益，而另一部分人因此受损，经济不会实现帕累托最优。

1. 歧视损益的局部均衡

我们以 A 类劳动力为例分析歧视损益的局部均衡。如图 9.8 所示，由于市场歧视系数的存在，对 A 类劳动力的需求曲线 D_1 向左移动到 D_2，移动幅度的大小代表歧视系数的大小，这种移动将对雇主和 A 类劳动力的收入产生影响，但这种影响效果也取决于 A 类劳动力的供给弹性和雇主对 A 类劳动力的需求弹性。下面我们分三种情况讨论。

（1）当 A 类劳动力供给弹性为零时，A 类人的工资将随需求曲线的下移而下降，而 A 类人的劳动力供给数量一直不发生变化。雇主的收益因为 A 类人工资低于边际产品价值而上升。雇主增加的收益相当于图 9.8 中（a）中的四边形 PQCD 面积。

（2）当 A 类劳动力供给弹性为无穷大时，A 类劳动力的需求曲线向左移，但 A 类人的工资不变，而 A 类劳动力的供给数量减少，雇主将损失相当于 EFG 面积大小的生产者剩余，没有歧视性收益，因为 A 类人劳动力此时不提供工资低于其边际产品价值的劳动，如图 9.8（b）所示。

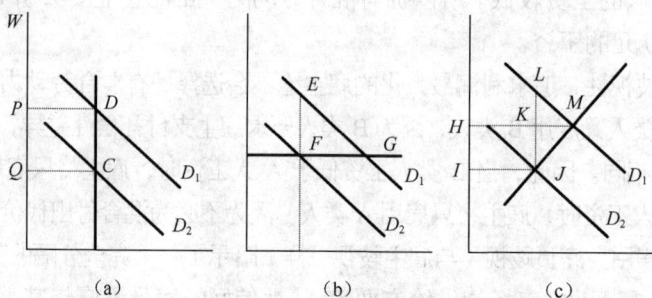

图 9.8　歧视损益的局部均衡

（3）当 A 类人劳动供给弹性大于零小于无穷大时，那么歧视性的收益或损失大小此时是不确定的，净收益或损失取决于 HIJK 和 LKM 的相对大小，如图 9.8（c）所示。若前者大于后者，歧视是可行的。

2. 被歧视雇员的福利损失

假定有两种相同生产效率劳动者 A 和 B，分别受雇于两个相似的产业。产业 I 只雇用 A 类雇人，产业 II 只雇用 B 类人。为简化起见，假定要素供给是相等的，且完全无弹性，如图 9.9 所示。在完全竞争下，两个产业工资率应该都是 W。假定存在工资差别，产业 I 只雇用 A 类人，产业 II 最初只雇用 B 类人。若产业 I 高于均衡工资，则被产业 I 解雇的 A 类人将转向先前只雇用 B 类人的产业 II 就业，结果产业 II 的工资下降。这样，留在产业 I 的 A 类人将因此而受益，而在产业Ⅱ就职的A类人和B类人将因此受损。这两个市场存在着工资差别，即未被歧视的群体是受益者，被歧视的群体是受损者，且这两个市场间存在着隔离。

从整个社会来看，由于歧视现象的存在，经济偏离了帕累托最优标准，不是一个最优经济体制。不管模型中的假定是什么，歧视肯定会导致福利损失。如图9.9中产业Ⅰ的产出量下降相当于($a+b+c$)的面积、产业Ⅱ产出增加仅仅是($a+b$)的面积，社会福利净损失额对应于产业Ⅰ中的矩形c的面积。

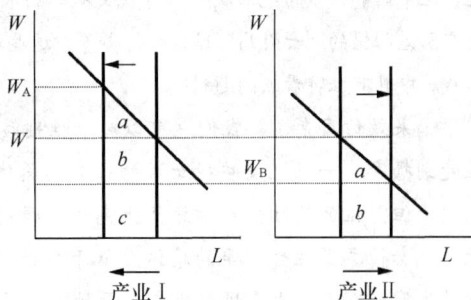

图9.9　歧视福利的局部均衡

课堂讨论

歧视将会使社会经济付出代价

"性别歧视"将女性驱逐出生产，而使一些生产率更差的男性充斥到生产中来，必然将使社会总产出受损，而取消"性别歧视"将使社会总产出扩大。

价格歧视只是实现利润的一种手段，并无道义和伦理上的含义，而"种族歧视"、"性别歧视"等则表现为"超经济的歧视"。因为涉及道义和伦理上的关系，这些歧视不独为经济学关注，同时也为政治学和社会学等所关注。但是，这些"超经济的歧视"却惊人地适用于经济学的分析。

以种族歧视为例，按照美国经济学家贝克尔的分析，种族歧视不像人们通常认为的那样，能够增加歧视者的收入，而是使歧视者和被歧视者同时蒙受损失。要维持歧视，或者说要购买歧视，歧视者就要支付相应的费用。歧视纯属一种偏好，像任何一种商品或劳务一样，对它的消费取决于收入和价格这样一些变量。

在贝克尔的分析中，假定美国少数民族和美国白人使用两种同质的生产要素：劳动和资本，但少数民族劳动要素丰富，白人资本要素丰富。因此，白人的劳动收益较高，少数民族的资本收益较高。种族歧视使白人劳动收益和少数民族资本收益获益，使白人资本和少数民族劳动受损。但是，因为少数民族的净损失大于白人，所以，美国种族歧视总体上的受害人是美国少数民族。

南非也曾是一个以种族歧视而著称的国家。1910年以后，南非占少数人口的白人种族主义者建起了完整的种族隔离制度，对黑人和其他有色人种推行种族歧视和种族压迫政策。在南非黑人领袖曼德拉的领导下，南非人民经过多年的奋争，终于在1994年终结了种族隔离制度，曼德拉也成了南非历史上首个黑人总统。新政府在废除种族歧视政策的同时，还对在种族歧视期间遭受不公正待遇的受害者进行国家赔偿。

南非的国家赔偿虽然是一件好事，但对在南非的华人却并不是什么福音。在南非实行种族歧视期间，华人因为肤色不够白，作为黄色人种的华人自然也在被歧视之列。而在南非终结种族隔离政策并对受害者进行赔偿的时候，华人却又因为不够黑，因而被排除在国家赔偿的对象之外。

说到"性别歧视"，还必须回到中国。虽然说性别歧视也许在整个世界上都算得上是一个普遍的现象，但由于中国漫长的封建社会形成的男尊女卑的传统，在中国人心中烙上的性别歧视的印记就格外深重了。在中国的传统社会中，"性别歧视"渗透到了社会生活的方方面面。女性不能参加科举，女性不能做官，女性不能入伍，大多数的女性甚至不能得到充分的教育，在很多庄严肃穆的场合，女性还要回避，等等。因此，在中国的许多传统戏剧中，有代父从军的"女将军"花木兰，有巾帼不让须眉的"女状元"孟丽君，还有阴差阳错的"女附马"冯素珍，等等。这些都是中国"性别歧视"的主宰下的"漏网之鱼"，因而才成为戏剧中具有独特看点的题材。

如果效仿贝克尔，我们也可以对"性别歧视"进行一些经济分析。"性别歧视"的结果不仅使女性受到损害，而且也使歧视女性的社会的总体福利水平受损。假定男性与女性在生产上的边际成本相同，但男性的边际生产率总体上高于女性的边际生产率。由于边际生产率不论男女都是递减的，所以，女性尽管在生产率的总体上低于男性，但在边际上，还是有不少女性，比如，名列前茅的女性的生产率有可能比男性中排在后面的生产率要高。在这种条件下，"性别歧视"将女性驱逐出生产，而使一些生产率更差的男性充斥到生产中来，必然将使社会总产出受损，而取消"性别歧视"将使社会总产出扩大。

（李仁君，2007）

思考讨论：歧视将对社会造成哪些损失？

二、统计性歧视

所谓统计性歧视，是指将一个总体的平均特征视为该群体中每一个人所具有的特征，断言他属于这一平均特征而不具有个别特征。如果说这个群体确实具有这些特征，从一定意义上讲，这种判断是正确的、真实的和客观的，但由此判断该群体中的许多个体，这种判断就是不正确了。当某些个体不具有这个群体的特征时，歧视就产生了。

1. 统计性歧视的特征及应用

统计性歧视有三个特征。

（1）与歧视偏好模型不同，雇主利益不一定受损，相反，雇主可能是一定程度的受益者。雇主通过最小化其雇用成本来提高利润。如果说搜集每一位求职者的详细信息代价很高，那么获得求职者所在群体的特征却很容易。一些经济学家认为，统计歧视理论把雇主作为"赢利者"，可能比歧视偏好理论把雇主作为"受损者"更合理。

（2）统计歧视模型不必显示出雇主对其雇用行为的歧视性。决策的做出可能是正确的、理性的或一般而言是赢利的，唯一的问题是，许多与群体特征不同的工人被歧视性地对待了。

（3）没有充足的理由说明统计歧视会在一段时期后消失。与歧视偏好模型不同的是，统计歧视将持续下去，因为歧视者在一定程度上是受益的。

上述第一点和第三点说明了一个重要道理：如果任意两个群体的一般特征经过一段时间消除了差别，那么雇主再采取从前一样的统计歧视的代价是高昂的。例如，假设人力资本歧视消失，A 类人可以与 B 类人获得同样质量的教育，工作效率也相等，而此时雇主依然只雇用 B 类人，他就会犯更多的雇用错误。这些错误可分为两种类型：雇用了较多不合格的 B 类人或没有雇用合格的 A 类人。

企业在雇用活动中最想知道的是求职者信息，但一般情况下又无法直接获得这些信息，只能通过一些间接的办法来收集工资水平相关的信息，如受教育程度、工作经验、测试分数等，只能通过这些相关信息对求职者的生产率水平做出评估。这些信息虽好，然而，这种"指示器"并不是完全的,要想做出更准确的预测,就必须收集更详细的相关资料。当然,这样做就必须付出更大的信息成本。

为了能以最低的信息成本获取一定质量的劳动力,企业在雇用活动中常常利用求职者所属的群体所具有的一般信息来帮助完成雇用工作。例如,有两个求职者,他们的受教育程度、工作经验、测试分数等相关信息完全一样,假设企业只能雇用其中一人,那么这种情况下就很难做出雇用决策,但是如果企业知道其中一人是毕业于重点大学,一人毕业于普通大学,那么企业通常会雇用来自重点大学的求职者,因为一般认为前者的平均生产率水平要高于后者。很显然,这种做法会失去普通大学的优等生,而雇用了重点大学的差等生。同样,在企业的薪酬制度的设计过程中,也会出类似的情况。通常,工资是划分等级的,同一等级内的员工的工资是相同的,但是他们的生产率水平并不完全相同,因而有的吃亏,有的占便宜,不完全合理。不过,这种做法减少了管理成本,在差别不大的情况下也是切实可行的。

再如有两个人应聘相同的工作。两个求职者的简历相同:毕业于相同的学校,主修相同的专业,注册相同的课程,获得类似的班级排名。更有甚者,两个求职者都顺利地通过了面试。雇主发现他们聪明、有动力、知识丰富并且善于表达。唯一不同的是,一位求职者是男性,另一位求职者是女性。

在面试中,雇主可能特意问了求职者这样一个问题:在未来的几年里,这份工作是否有助于他们的成长和发展。两个求职者都回答:他们视这份工作为绝好的机会,不存在其他的就业机会或非市场机会可以与之竞争。基于简历,雇主发现在两个求职者中做出选择太困难了。然而,雇主知道因为这两个求职者都需要这份工作,他们关于今后几年里都会待在该企业的断言,有可能是不真诚的。

为了做出信息充分的决定,雇主会考察该企业或其他企业里与他们状况类似的男性和女性雇员的雇用历史。假设,对统计记录的审核显示,许多女性在年龄近 30 岁时(也许是为了抚养和照料孩子)就会离开企业。雇主无法知道基于这种考虑的女性求职者最终是否会离开劳动力市场。然而,雇主从统计数据中推断,女性辞职的概率更高。因为辞职会使团队工作前功尽弃,并且由此而大幅度地增加企业的成本,因而,追求利润最大化的雇主会把这一工作岗位提供给男性。

如同这个例子所描述的,统计性歧视的产生,源于从简历和面试中所收集的信息不能完全预见申请者的真实生产率。这种潜在的不确定性鼓励雇主采用群体的平均绩效的统计数据,以预测某一特定申请人的生产率。其结果是,来自高生产率群体的申请者,比来自低生产率群体的申请者更具优势。

统计性歧视是在劳动力市场的信息不完全情况下,由于考察的方法局限所造成的,正是由于这种不完全造成了劳动力市场上一些群体受到不公平的待遇。歧视之所以是"统计性的",是因为某一类工人整体生产率是用平均数的统计量来描述的。在雇主不大了解各个部分人的平均特征的情况下,特别是当这些特征正在迅速地变化以致信息要经过相当长的时滞才能做出调整时,统计性歧视发挥着作用。从另一个方面来说,在排除其他歧视的情况下,统计性歧视其实是在信息成本约束与利润最大化行为下的理性选择。

统计性歧视可以被看作是甄选问题的一个组成部分。所谓甄选问题是指与生产率有关的可观察性个人特征并不能对求职者个人的实际生产率做出完全预测的问题。假如现在有两种类型的工人在申请某一秘书工作，一种是可以在每分钟打 70 个字的人，另一种是可以在每分钟打 40 个字的人。然而，实际生产率对雇主来说是未知的。在这里，假设雇主以所有求职者参加 5 分钟测试的结果作为甄选标准来雇用员工，那么将会有什么样的问题呢？这将可能出现种情况：一种情况是，有些实际工作中每分钟只能打 40 个字的打字员可能运气好，测试中所取得的分数超过 40 分；另一种情况是，每分钟能打 70 个字的打字员运气不好，在测试中所取得的分数低于 40 分。在雇用决策过程中，通过这种不完善的测试可能产生两个错误：有些生产率低的人可能被雇用，而生产率高的人被拒之门外。

2. 统计性歧视对工资的影响

我们现在收集求职者的简历、面试和与筛选测试相关的所有信息，并为之打分，用 T 表示。假设这一测试的分数与生产率完全相关，则 60 分的测试分数说明，申请人真实的边际产品价值为 60 分；80 分说明，申请人真实的边际产品价值为 80 分，等等。这个工作岗位的申请人将会得到与此测试分数相等的工资水平。当然，测试分数能够完全预见申请人生产率的假定是非常不现实的。一些测试分较低的申请者的生产率相当高，而有些高分申请者的生产率相当低。因此，在一些条件下，求职者的预期生产率为该求职者自己获得的测试分数以及该群体平均测试得分的加权平均数，即

$$W = \alpha T + (1-\alpha)\overline{T} \tag{9.3}$$

在公式（9.3）中，W 表示求职者预期生产率（工资率），α 表示平滑系数（生产率），T 表示测试分数，$\overline{T}$ 表示群体平均测试分数。如果参数 $\alpha=1$，那么申请人的工资仅仅依赖于他自己的测试分数。因为设定工资水平时，雇主忽略了群体的平均水平，这是一种完全通过测试来说明申请人的劳动生产率的极端情况。另一个极端就是参数 $\alpha=0$，表明工作者本身的测试分数在设定工资水平的过程毫无意义。不同的是，从简历和面试中收集的数据对申请个人不能提供任何信息，雇主完全是依靠群体的平均测试分数来决定工资水平。因此参数 α 衡量了测试分数和真实劳动生产率之间的相关关系。测试的预测能力越高，α 值越大。

三、市场影响力模型

贝克尔的模型是在竞争理论的框架内发展的，得出的结论往往是歧视者，尤其是歧视性雇主，可能在长期竞争中被排斥出去。一些经济学家对此理论并不满意，他们把歧视看作是发生在这样的市场中，市场影响力能够使雇主坚持这种歧视行为，并且，在买方垄断歧视模型已经证明这种歧视对雇主是有利的。下面，我们首先介绍密集理论，然后进一步介绍买方垄断歧视模型。

（一）密集和隔离

能够通过一个类似于一般竞争模型的简单供求结构来对"密集模型"进行分析。然而，在竞争模型中，市场竞争力能够把劳动力配置到最有效的环节中去，而密集模型却对阻碍这种作用的因素进行了分析。这些因素可能是社会规范或雇主对一个或更多工人群体的歧视。而要坚持这种歧视，就要他们具有这种能力，也就是，他们具有重大的劳动力市场影响力。同样，我们可以预测到非歧视竞争雇主将同这种密集效应方式展开竞争。

图 9.10 用一个简单的供求框架表述了这一思想。图 9.10（a）代表的劳动力市场是一个供给相对大于需求的密集部分，在这一场中，工资相对较低。图 9.10（b）代表一个供给相对少

于需求的劳动力市场（非密集部分），在这一市场中，工资相对较高。这两个市场可能分别由女性和男性组成。如果市场是竞争性的，那么我们可预测到密集部分的工人将受到非密集部分高工资的吸引，这样，竞争将消除工资差额，并扩大非密集部分的就业量和减少密集部分的就业量。同时，将增加总产量，因为从密集部分进入非密集部分的劳动力能够生产出比以前更多的边际产品。然而，在密集模型中，这种竞争力并不占主导地位，因歧视和隔离持续存在。因此，这一理论表明存在一些阻碍个人从密集部门向非密集部门流动的障碍。这也符合把个人分为两组进而在两个市场中进行分配的思想，而这种分类不是基于个人的生产率。

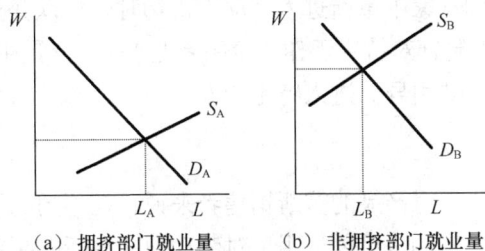

(a) 拥挤部门就业量　　(b) 非拥挤部门就业量

图 9.10　拥挤和隔离

拓展知识

劳动力市场中男性和女性之间的职业隔离

在劳动力市场中男性和女性之间存在着有很多职业隔离。如表 9.3 所示，例如，女性飞机引擎机械师低于 5%，但超过 95% 的幼儿园老师、接待员都是女性。对此差异的一种基于歧视的解释，被称为职业拥挤假说。该假说争辩说，女性被有意地隔离在一些特定的职业范围之内。这种职业拥挤未必源自男性雇主的歧视而只是社会文化氛围的产物，在这种文化氛围中年轻的女性在接受教育时被告知有些职业"不适合女孩子做"，且会被引导到从事更为"适合自己的工作"。女性在数量相对较少的职业类别中所形成的拥挤，不免地降低了那些所谓"适合"女性工作岗位的工资，并且引发了性别工资差距。

（乔治·J·鲍哈斯，2010）[437]

表 9.3　根据职业划分的女性就业（2001 年）

职业者	女性百分比（%）	在该职业中平均小时工资（美元）
木匠	1.7	15.33
飞机引擎机械师	4.1	21.07
卡车司机	5.3	14.22
警察与侦探	10.3	19.65
化学工程师	11.4	31.77
建筑师	23.5	25.17
律师	29.3	38.82
内科医生	29.3	39.93
警卫	29.3	12.35
厨师	42.5	8.67
邮递员	49.7	16.71
财务经理	52.1	26.63
房地产销售员	52.2	24.37
中学教师	58.5	21.44
小学教师	82.5	19.93
女佣与男仆	85.8	8.52
银行出纳	86.9	10.52
照看小孩者	97.0	8.43
接待员	97.0	10.93
幼儿园老师	97.8	13.43

许多研究发现，"适合女性的工作岗位"支付的工资较低，甚至在保持工作者的人力资本和其他社会经济特征不变的情况下也是如此。也就是说，工作岗位的"女性特征"会导致低工资，无论在这个工作岗位上就业的是男性还是女性。为什么女性会"理性地"选择特定的职业而避开其他的职业？一些职业如幼儿园老师或者是照看孩子的保姆，不需要频繁地更新技术，而一些职业（例如音乐会的钢琴家或是核物理学家）则必须不断更新技能。那些希望使其终生收入的现值达到最大化的女性，不会进入迅速贬值的职业中。

一些证据表明，女性趋向于选择可以最大化收入现值的职业。在其技能不至很快贬值的职业中工作的女性，当她们从家中重新进入劳动力市场时，可以获得较高的工资。而且，女性所选择的大学专业（即明显针对特定工作岗位的专业）一部分是由她们有先天能力决定的，因此，女性并不是被有意地"引导"进入特定的专业。

（二）买方垄断歧视

正如我们所证明的那样，对产品的垄断销售者来说，在不同的消费者群体之间实施价格歧视是有利可图的，因此，我们也可以证明，对劳动力的垄断购买者来说，在不同的工人群体之间实施工资歧视也是有利可图的。图 9.11 表述了这一思想。图 9.11（a）表示非歧视的买方垄断者。假定边际工资成本等于边际收入产品时可以得到一个利润最大化工资和就业量，工资为 W_0，就业量为 L_0。

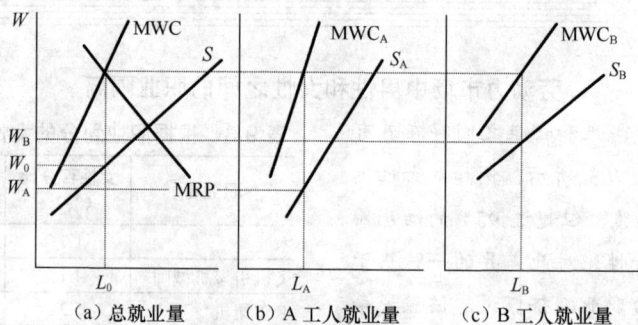

（a）总就业量　　（b）A 工人就业量　　（c）B 工人就业量

图 9.11　买方垄断歧视

现在，假设有两组劳动者，A 和 B，他们的劳动力供给曲线具有不同的斜率。A 组的劳动力供给曲线更倾斜，这可能是因为他们不如 B 组那样容易流动。现在，一个利润最大化的雇主实行工资歧视，他不用像图 9.11（a）所表示的那样在就业水平为 L_0 时支付 W_0 的工资，而仍然可以雇用到相同数量的工人，只是工人的结构发生了变化。图 9.11 的三个图表明，歧视买方垄断雇主可以在 W_A 的工资水平雇用 L_A 个 A 工人，W_B 的工资水平雇用 L_B 个 B 工人，而仍然保持 MWC ＝MRP。对这一结果的进一步解释表明 $W_B > W_A$。这样，即使买方垄断雇主没有对 A 工人的偏见，通过对两组工人进行区分，他仍然能够通过雇用 A 工人而增加利润。

第三节 劳动力市场分割理论

劳动力市场分割理论，也被称为双重劳动力市场模型，是美国经济学家多林格尔和皮奥里于 20 世纪 60 年代提出的。劳动力市场分割是指，由于社会和制度性因素的作用，形成劳动力市场的部门差异；不同人群获得劳动力市场信息以及进入劳动力市场渠道的差别，导致不同人群在就业部门、职位以及收入模式上的明显差异，比较突出的如在种族、性别与移民之间的分层等。

一、劳动力市场分割理论概述

与其他要素市场相比，劳动力市场具有较明显的非竞争性。西方国家的劳动力市场分割理论正是以区别于传统劳动力市场理论的新范式来解释这种非竞争性的。这种理论认为传统的劳动力市场理论无法很好地解释劳动者收入差距的不断扩大和劳动力市场中存在的各种歧视现象，而劳动力市场分割理论强调劳动力市场的分割属性、强调制度和社会性因素对劳动报酬与就业的重要影响，因而具有较强的现实解释能力。

劳动力市场分割理论的起源最早可以追溯到约翰·穆勒和凯恩斯，他们曾公开反对亚当·斯密关于劳动力市场具有竞争性质的学说，而倾向于认为劳动力市场具有非竞争性。20 世纪六七十年代，劳动力市场分割理论对以新古典经济学派为基础的劳动力市场理论提出挑战并出现了不同的学术分支，其中双元结构论引述最多并成为劳动力市场分割理论的代表。

劳动力市场分割的主要表现形式是劳动力市场可以划分为一级和二级劳动力市场以及内部和外部劳动力市场。一级市场具有工资高、工作条件好、就业稳定、安全性好、管理过程规范、升迁机会多等特征；二级市场工资低、工作条件较差、就业不稳定、管理粗暴、没有升迁机会。一级市场的岗位主要是由内部劳动力市场组成，工资的确定、劳动力资源的配置由管理制度等规则来调控，市场力量基本不发挥作用，而内部劳动力市场解决供求失衡的措施主要有招聘、培训、工作重新设计、分包、调整产出量等；二级市场的就业者多为穷人。尽管双元结构论在劳动力市场中占据主导地位，但还是存在着另外两种不同的观点，一种认为，劳动力市场是由多个区域组成的；另一种认为，劳动力市场是一个连续不断的工作链，"链"上的工资差别很大，但并不存在界线明晰的区域。

现代劳动力市场分割理论对一级市场和二级市场的失业形成机制做出了更好的解释。认为一级市场的工资是由议价机制或效率工资决定的。议价机制是指工资是由雇主和工会代表谈判决定的，因为企业更换工人需要成本，所以议价工资往往高于竞争性市场上的工资水平，这就能解释一级市场为什么会存在高工资和失业并存现象；效率工资则对两个市场的失业问题都能做出解释：一级市场为防止偷懒，自愿支付高于完全竞争市场的工资水平，且保持就业稳定能减少监督成本，因而一级市场就业相对稳定，劳动力一旦失业其保留工资也会较高，由此会产生自愿失业；另一方面，二级市场竞争性强、工资低，企业生产需求波动大的产品有成本优势，因而二级市场劳动力需求变动频繁，劳动者易受需求冲击和摩擦性失业的影响。

二、劳动力市场分割理论的基本观点

劳动力市场分割理论的基本观点包括以下三方面。

1. 工资决定机制

传统的劳动力市场理论认为工资由劳动边际生产力决定，劳动的需求曲线就是劳动的边际产量曲线。而劳动力市场分割理论认为决定工资的因素复杂，并由此解释现实经济中的工资差异和工资歧视问题。双元结构论认为，一级劳动力市场的雇主都是一些大公司，主要生产资本密集型产品，较易形成内部劳动力市场，工人的工资不是由边际生产力决定，而是由其内部劳动力市场中劳动者所处阶梯地位决定的，能得到比市场较高的工资；二级市场的雇主由众多中小企业组成，产品需求变动频繁，企业对发展内部劳动力市场不感兴趣，工资由市场上的劳动力供求关系决定，趋向一个固定水平。

2. 人力资本投资作用

传统理论认为，人力资本在工资决定中起重要作用，人力资本投资量不同，其边际产量不同，工资也不同。而现实并非如此，分割理论对人力资本投资作了新的解释，认为人力资本投资只是一种信号，发挥筛选功能，劳动力接受教育只是为进入一级市场并提供给雇主一个培训潜力大的信号，而那些接受教育少的人被认为培训潜力低，只能占据劳动力阶梯的末端或留在二级劳动力市场上。

3. 劳动力素质

劳动力市场分割理论认为，二级市场劳动者会养成懒散、无时间观念、不易合作、不尊重人等行为特征，而这与一级市场要求格格不入。因此在二级市场就业的人，即使想办法提高受教育程度，还是很难进入一级市场的。

三、劳动力市场分割的原因

劳动力市场分割理论认为导致劳动力市场分割的原因主要表现在以下几个方面。

1. 制度上的解释

同传统理论强调供给方面和个人特征相比，双重劳动力市场理论强调需求和制度因素。尽管如此，从事二级工作的那些人往往对薪金工作的依附性较弱，例如青少年，而从事一级工作的往往是具有活力的人，如男性。一级市场中的工作往往是内部劳动力市场中的一部分，在内部劳动力市场，工资结构是由组织要求决定的。雇员往往是由工会组织的，而公司往往在产品上具有某种程度的垄断力。产品需求趋向稳定，公司从事大规模投资。二级市场的工作往往并不存在于内部劳动力市场中，工作中几乎不需要特殊的培训。公司面对的是不稳定的产品需求，主要采用劳动密集型技术进行生产。

2. 激进理论解释

一些激进经济学家提出了一种不同的解释，这一解释是与大的企业所采取的"分而治之"策略相关的。这一策略是对劳动者进行控制的一种方式。以前的控制方式，例如，个人纪律这种"简单控制"和非个人的机械速度这种"技术控制"，在公司发展成为巨大的有限公司，并且劳动者趋于同一化时，这些控制方式的作用日益衰退。劳动力的这种同一性表现为行动的团结和统一，这就使企业家对经济的影响力和控制力构成了一种潜在的威胁。内部劳动力市场的建立和有关的职位等级机制就是企业家用来解决这一问题的方法之一。

当工人向上晋升时，这会使他们产生一种垂直流动感觉，并且激励他们更加努力地工作。职位等级制度的另一个优点就是它使雇主具有更多的纪律管制手段。这种制度使工人为了晋升而相互竞争，并且削弱了他们之间可能形成的某种团结一致的感情。

3. 效率工资解释

一些效率工资理论学家认为他们对劳动力市场的双重性也有一种解释。在某些公司和行业中，对工人的生产率进行监督是成本极高的。这时，他们将提供一个更高的效率工资，而那些雇员也意识到，如果他们的逃避被发现，那么他们将失去这份工作。这种威胁就使得必须通过监督才能获得更多的努力和更高的生产率这种状况发生改变，使监督费用大大降低。在其他公司或行业里，尤其是小公司，雇主可能选择支付低工资并对雇员的生产率进行严密监督，因为这么做是更便宜的。因此，在一级劳动力市场中，公司支付效率工资，而在二级劳动力市场中，工资的决定过程更符合传统的劳动力市场理论，是由供求力量对比决定的。

4. 产品市场的影响

产品需求稳定或产品市场虽然不稳定但市场份额相对稳定的企业愿意进行大规模的投资，以形成资本密集型生产，会创造出含有就业保障条款在内的一级市场；如果产品市场不稳定或难以预测，企业就不会从事大型项目投资，转而看好劳动密集型生产方式，从而在二级市场从事生产活动。

5. 歧视

有些人长期从事较差的工作，并不是因为人力资本含量不足，而是由歧视所致。很多一级市场的工作只具备较低的技能就足够了，而二级市场上的某些工作却需要较高的工作技能。许多工作技能并不是寻求就业的先决条件，而是通过在职培训获得的。一级市场的工作条件通常讲究与现有就职群体的信赖关系以及群体之间的相容性，而不讲究工作技能的高低。

四、劳动力市场分割的治理对策

治理劳动力市场分割的对策主要有以下三方面。

1. 消除就业歧视观念

在市场经济条件下，不同区域、不同行业的劳动者都是市场的主体，他们完全有权利、有理由选择自己所适合的职业。对于城乡的劳动者来说，就业选择权应该是平等的。建立公平竞争体制是市场建设的一项主要任务，因而从思想观念上消除劳动力市场的歧视是极为重要的。

2. 消除隔离体制

首先要进一步从城乡隔离的户籍制向城乡一体化的户口登记制改变。小城镇户口应完全放开，大中城市应该逐步放开户口，尽快从目前的户籍管理向身份证管理过渡，为居民异地就业创造条件，简化就业手续、降低就业门槛，以减少就业成本。建立统一的社会保障体系，把城市非正规就业者和农村劳动力纳入这一体系中。

3. 规范劳动关系

出台就业法。要建立统一的、公平的、竞争性的劳动力市场，是一项长期的任务，不可能一蹴而就。为逐步减缓劳动力市场分割问题，应该出台就业法，以进一步规范劳动关系创造公平就业的法律环境。

📖 拓展知识 ━━━━━━━━━━━━━━━━━━━━━━━━━━━━━━━━━━━━━

美国反就业歧视法规则及其对我国的启示

就业歧视是指在就业问题上根据种族、肤色、民族、性别、年龄、宗教、政治观点、社会出身等所做的任何区别、排斥或优惠，其结果是取消或有损于在就业或职业上机会均等或待遇平等。美国的《反就业歧视法》是保护劳动者在就业上不因非法原因受到歧视和不利影响，以1964年《民权法》第七章为中心，由1963年的《同酬法》、1967年的《就业年龄歧视法》、1900年的《老龄工作者利益保护法》、《美国残疾人法》等一系列法律法规构成的规则体系。

一、美国反就业歧视法律规则

1. 禁止歧视的形态

（1）个人歧视和直接歧视。个人歧视是个体求职者或雇员声称由于某种非法原因，如种族、性别、宗教等使其受到了差别待遇。直接歧视指雇主在招聘或就业中基于非法原因给予雇员不平等待遇，最高法院称其为最易理解的一类歧视，雇主不过基于肤色、种族、性别等对待一类人不如其他人。

（2）群体歧视。群体歧视可以分为两类：群体的直接歧视以及群体的差别影响歧视。所谓群体的直接歧视是指求职者认为雇主对待所有或多数这个群体的成员不如其他群体，甚至形成了一种习惯性规律性的歧视行为。所谓差别影响歧视是指雇主的某些雇用政策措施虽然表面中立，但实质上会对如妇女、少数种族等受保护的群体产生不利的影响。

2. 禁止歧视的理由

（1）种族、肤色歧视。1865年，美国《宪法》第十三修正案废除了黑奴制。1868年，美国《宪法》第十四修正案规定：任何州不得拒绝给予在其司法管辖下的任何人以平等的法律保护，即"平等保护权原则"。

（2）性别歧视。性别歧视的最早立法是1963年国会制定的《同酬法》。《同酬法》要求给予"需要同等技能、劳动和责任且在相似工作条件下"工作的男女性同样的报酬。年资体制、业绩体制、生产数量或质量决定报酬体制、基于其他任何非性别因素的区别情况等例外。1964年《民权法》第七章弥补了《同酬法》的不足，全面禁止在雇用、升职中考虑性别因素。性别歧视还包括了职场上的性骚扰，即雇主、上司基于性别向下属做出导致其工作状况改变的要求。

（3）宗教歧视。美国法律定义宗教为"包括一切宗教习惯、行为和宗教信仰"，因此第七章不但保护信仰还保护基于信仰的宗教行为，文化以及政治信仰不受歧视。

（4）年龄歧视。美国有两部禁止年龄歧视的联邦法律：1967年的《就业年龄歧视法》和1900年的《老龄工作者利益保护法》。《就业年龄歧视法》保护40岁以上的劳动者，禁止雇主，不论是私人、地方政府或联邦政府在聘用、赔偿、工作条件、权利等方面基于年龄的任何歧视。

3. 救济

法院一旦判决被告违反了《民权法》第七章或其他就业歧视法律就涉及救济问题。第七章规定了两种救济方式：补偿性赔偿和惩罚性赔偿。1964 年《民权法》只有补偿性救济，内容包括恢复原告职位、禁止被告再有歧视行为、补偿原告的经济损失（应得的工资收入）以及其他利益（保险、养老金等）、承担原告全部律师费用。1991 年的修正案又加入了惩罚性救济和任何一方都有要求陪审团审理的权利。

二、反就业歧视的机构及主要职能

平等就业机会委员会 EEOC（equal employment opportunity commission）是由 1964 年《民权法》第七章所设立的联邦机构。国会授予 EEOC 解释法律和制定法规的权利，它也是就业歧视法的执行机构，其主要职能包括：

（1）负责管理、调查、和解第七章下的申诉，1972 年开始得到代表或协助私人诉讼的权利；

（2）负责执行《同酬法》（EPA）和《就业年龄歧视法》（ADEA），可以就这两部法律进行诉讼。

（3）负责执行美国残疾人法，调查、诉讼案件等。EEOC 同时负责监督用人单位，其有权利检查雇主在第七章要求下建立的关于雇用、薪金、人事的报告。

三、对我国建立和完善反就业歧视法律制度的启示

1. 制定反就业歧视法律法规

根据我国的情况，我国反就业歧视立法可以从两种途径考虑：一种是制定专门的法律，即制定《反就业歧视法》这一单行法，对就业歧视做出全面系统的规制；另一种是先针对某一类型的歧视由国务院制定单行法规，由易到难，循序渐进，时机成熟时再制定统一的反就业歧视法。当前，我国可以针对普遍存在的性别歧视先行制定《反性别歧视法》。

2. 完善就业歧视的种类和形式认定规则

制定相关法律时，在歧视形式上，不仅要有直接歧视，还要包括间接歧视（差别影响歧视），职场上的骚扰。歧视的种类应该得到补充，比如将十分普遍的年龄歧视加入就业歧视法律的规范中，同时将健康歧视和户籍、身份歧视一并规范。

3. 明确举证责任与抗辩事由

诉讼中举证责任的分配上，由于劳动者处于弱势地位，我国可参考美国的"责任转移"方式，让原告只需证明歧视待遇的存在（低门槛的"初步案件"），由被告证明其行为是出于其他合法理由或职业真实需要。直接歧视在我国非常严重，雇主明码标价地在招聘中做种种限制，根据这种举证制度，受害人就可以直接举证，证明自己有资格承担申请之职务却被排除或未被录用。

4. 建立专业专职的主管机关

根据我国的情况，我们可以考虑建立类似机构，并赋予其预防就业歧视与解决就业歧视争端的职责，如审查用人单位的招聘广告，招聘岗位要求的条件与招聘的程序；受理求职者的投诉，为社会相关人员提供法律咨询，为需要者提供法律援助；经常开展反就业歧视的法制宣传教育，提升就业者的相关法律意识以及自我保护意识和能力。此外，该机构还可以有针对性地调查研究，了解就业歧视的现实状况及其发展变化，研究预防和减少就业歧视的有效对策与方式，为政府部门与其他相关部门对反就业歧视提供决策参考与协助。

（吕怡维，2010）

思考讨论：如何建立和完善我国的反歧视制度？

本章小结

歧视不仅是一个经济学的概念，它还包括社会生产和生活中针对某个人或某一群体一切不公平、不公正的态度、评价或有区别的行为对待。从狭义上讲，即从经济学的学科角度上讲，歧视指那些具有相同能力、教育、培训和经历并最终表现出相同的劳动生产率的劳动者，由于一些非经济的个人特征引起的在就业、职业选择、晋升、工资水平、接受培训等方面受到的不公正待遇。

劳动力市场中的歧视可以分为以下四种类型：工资收入歧视、就业歧视、职业歧视和人力资本投资歧视。劳动力市场歧视的最主要表现是：受教育的机会不均等、就业机会不均等、晋升机会不均等和分配不公平。

个人偏见歧视理论主要有雇主偏见、雇员偏见和顾客偏见三种歧视理论。任何种类的歧视都没有绝对的获益者，即使歧视者得到了效用的满足，但他同时也必须为此付出代价。

统计性歧视是指将一个总体的平均特征视为该群体中每一个人所具有的特征。某些非竞争性的劳动力市场力量的存在，对劳动力就业和工资产生一定的歧视影响，如密集与隔离、垄断等。

劳动力市场分割是指由于社会和制度性因素的作用，形成劳动力市场的部门差异。不同人群获得劳动力市场信息以及进入劳动力市场渠道的差别，导致不同人群在就业部门、职位以及收入模式上的明显差异，比较突出的如在种族、性别与移民之间的分层等。劳动力市场分割的主要表现形式是劳动力市场可以划分为一级和二级劳动力市场以及内部和外部劳动力市场。

综合练习题

一、选择题

1. 前劳动力市场歧视是指（　　　）。
   A. 人力资本投资歧视　　　　　　　B. 工资歧视
   C. 职业歧视　　　　　　　　　　　D. 职业隔离

2. 顾客歧视的含义，下列哪一点是错误的。（　　　）
   A. 顾客歧视意味着顾客付出更高的成本
   B. 顾客歧视引起职业隔离
   C. 顾客歧视与顾客效用有关
   D. 顾客歧视与雇主利润无关

3. 下列哪一个不是统计性歧视的特征（　　　）。
   A. 与歧视偏好模型不同，雇主利益不一定受损
   B. 与歧视偏好模型不同，雇主利益一定受损
   C. 统计歧视模型不显示出雇主对其雇用行为的歧视性
   D. 没有充足的理由说明统计歧视会在一段时期后消失

4. 现代劳动力市场分割理论认为一级市场的工资是由议价机制或（　　）决定的。

   A. 效率工资　　　　B. 补偿工资　　　　C. 垄断工资　　　　D. 差异工资

5. 劳动力市场分割理论的提出者是（　　）。

   A. 多林格尔和皮奥里　　　　　　　B. 多林格尔和刘易斯

   C. 刘易斯和皮奥里　　　　　　　　D. 马歇尔和贝克尔

6. 下列哪一个不是职业歧视的原因（　　）。

   A. 能力　　　　　　B. 性别　　　　　　C. 年龄　　　　　　D. 种族

7. 若对 A 类人有歧视，即便支付给一个 A 类人的小时工资只有 W_A，歧视系数 d 表明雇主也会认为自己付出的代价是（　　）。

   A. $W_A(1-d)$　　　　　　　　　　B. $W_A(1+d)$

   C. $W_A d$　　　　　　　　　　　　D. W_A+d

8. 若 A 类人受到厂商歧视，当 A 类劳动力供给弹性为零时，A 类人的工资将随需求曲线的下移而下降，雇主将（　　）。

   A. 得到歧视后的全部收益　　　　　B. 得到歧视后的部分收益

   C. 不能得到歧视后的全部收益　　　D. 无法确定是否受益

二、思考题

1. 什么是歧视？歧视有哪几种形式？

2. 什么是雇主歧视？雇主能否从歧视中获得收益？

3. 什么是顾客歧视和雇员歧视？

4. 统计性歧视是如何产生的？

5. 什么是劳动力市场分割理论？其产生的理由是什么？

6. 为什么女性失业率要比男性高？

7. "对一个群体的优惠也就是对另一群体的歧视。"你同意这种观点吗？

8. 针对我国目前存在的就业歧视现象，分析产生的原因。

9. 许多单位在录用人员时，若条件相当，比较倾向于录取本科、硕士或博士阶段是相同专业的求职者，这是什么歧视现象？是否妥当？

10. 20 世纪末，企业招聘偏向于"海归"，而今天许多企业招聘时，同等条件下可能回避"海归"。这是否是歧视？为什么？

11. 对于高考加分政策，不同的人有不同的解读。由于许多地方加分政策被滥用，有的人认为这是对弱势群体的歧视，你怎么看？

三、案例分析

北京拟规定招聘信息含歧视最高可罚3万元

据 2013 年 2 月 18 日《春城晚报》报道（罗南疆）《北京市人力资源市场条例（草案送审稿）》公开征求意见，草案明确规定，用人单位不得因民族、性别等歧视求职者，发布的招聘信息不得包含歧视性内容，否则将面临最高 3 万元的罚款。这些措施能遏制招聘歧视吗？招聘歧视这块坚冰，究竟何时能被公众的广泛质疑融化？"招聘信息都是面子上的事，去掉性别限制就是个技术活，非常简单。"采访中有人士表示，关键是如何真正剔除用人单位骨子里的歧视。还有市民表示，有些工作确实更适合男性或者女性，用人单位有自主权，不能把设置用工条件一律看作歧视。

调查数据

2011 年，中国政法大学发布的"公务员招考中的就业歧视状况调查报告"称，国家公务员考试近万个岗位，普遍存在健康歧视和年龄歧视，此外还在性别、户籍、地域等方面存在歧视性要求。这份报告在公众中引起共鸣，许多人认为就业歧视现象普遍存在。

2010 年，中国政法大学发布的"当前大学生就业歧视状况的调查报告"显示，68.98%的用人单位对大学生求职者的性别有明确要求。该百分比超过了非残疾、户籍地域、身高长相、政治面貌、无病原携带等，位居大学毕业生就业面临的歧视类型第一位。调查报告还显示，43.27%的大学生遇到用人单位明确要求性别是男性。

据统计，浙江、陕西、甘肃、广西、江西 5 省发布的事业单位招聘公告中，共计数百家单位、涉及近千个招聘岗位设置年龄门槛，另有上百家单位"仅限本地户籍"。有评论认为，招聘公告里年龄、户籍、文凭、健康、性别等歧视问题非常严重，简直就是一块坚冰，难以被公众的广泛质疑"融化"。

歧视投诉

性别歧视是最普遍的招聘歧视。很多企业为了用工方便，只招聘男职员，因为女员工有生理周期以及怀孕产假等问题，很少招聘女员工。或者要求应聘者签字承诺多少年内不结婚生育等。

2012 年底，中山大学 2012 年应届毕业生郑楚然上招聘网查找招聘信息，竟连续碰到 28 个合适岗位都"限招男性"。愤怒的她在网上发起"举报发布性别歧视招聘信息企业"行动，2012 年 12 月 26 日，广州、北京、上海、兰州、郑州、济南、武汉、南京 8 个城市的多名女大学生在同一天内向各地人社局、工商局集中举报 267 家在"智联招聘"中发布性别歧视招聘信息的企业，并集体向北京朝阳人社局重点举报职业中介机构长期大量发布歧视性招聘信息。

有关机构的研究表明，我国就业歧视种类繁多，最常见的有：年龄歧视、性别歧视、学历歧视、户籍歧视、地域歧视、健康歧视、经验歧视、民族歧视、相貌歧视、属相歧视、姓氏歧视、血型歧视、身高歧视、酒量歧视等。研究者认为，年龄、性别等方面的歧视是当前社会常见而普遍的，甚至到了司空见惯的地步；而相貌、属相等歧视虽然不太普遍，但层出不穷，对特定人群直接造成伤害。近年来，就业过程中的"拼爹"、"拼关系"行为，成为又一种突出的就业歧视，严重影响社会公平的实现。

思考讨论：

试根据上述资料分析：

1. 就业歧视产生的原因是什么？
2. 你对北京的这一措施有何看法？
3. 如何禁止就业歧视？

阅读资料

统计性歧视藩篱下的女性创业困境

据 2012 年 12 月 10 日《中国妇女报》报道（平力群） 统计性歧视带来了女性自我效能

感的降低及对女性创业成功社会预期的降低，导致女性走入了创业"双低"现象的恶性循环。因此，应破解统计性歧视对女性创业者的负面影响，为女性创业提供友善的环境。

统计性歧视就是对个体的评价不是依据个体的具体情况，而是依据个体所属群体的平均特征。在将个人的群体特征类型化的同时又强化关于原有群体特征的成见，从而对处于弱势群体中的个体产生负面影响。

在全球许多国家，尽管女性创业者不断出现，但女性创业率依然较低，而且由女性所创立的企业也很难成长为大企业，这些被统称为女性创业的"双低"现象。比如在日本创业领域，女性创业率低与女性创业成功率低的现象较为普遍。根据日本帝国数据库的调查，2009年日本女性经营者仅占日本全体经营者的 5.78%。再根据日本《东洋经济新报》关于"上市企业女性董事的实际情况调查"的数据，在日本全国 6 家股票市场上市的 3 767 家公司中（2009年 7 月末），女性法人代表仅有 43 人，其比例不足 0.1%。为解释上述现象，本文把主要用来解释劳动力市场长期存在歧视问题的统计性歧视理论应用到创业领域，从统计性歧视对女性自我效能感的影响与社会对女性所创立企业发展预期的影响进行分析。

统计性歧视降低女性的自我效能感

由于统计性歧视能够强化人们的成见，降低自我效能感，从而减弱某一群体中成员个人对教育和培训进行投资的激励，所以它会导致经济的无效率。换言之，自我效能感是人对自己行为能力的推测，它意味着人们是否确信自己能够成功地进行带来某一结果的行为。当人们确信自己有能力进行某一活动，他就会产生高度的"自我效能感"，并会为此努力，反之则会放弃该活动。因此，自我效能感就成了行动的决定因素。例如，学生在选择某一专业时会考虑学习该专业能对自己产生如何的影响，及自己是否有能力完成该专业的学习。而当统计性歧视暗示女性只有家庭才能带给女性幸福及女性很难完成工科等技术专业学习时，女性自然会倾向于选择与家庭有关的专业。

因此，日本女性在选择受教育内容时更重视道德修养型课程。这一点可以从男女学生在各学科所占比例的比较中得到证明：大学中，男性比女性更集中于与经济密切相关的学科上，男性选修多集中于工学和社会科学；女性在学科方面选修集中于人文学科、社会科学、保健、教育学。虽然女生选择学习工科的人数比例不断增加，但在 2011 年的 394 474 名工科生中也只有44 184 名女生（11.2%）。不过，这与 20 世纪 80 年代初的 3%相比已有相当大幅度的增加。

统计性歧视使女性在选择专业时偏重于人文、教育、保健、家政，这就使女性在创业时缺乏必要的创业知识储备。在日本经济产业省委托三菱 UFJ 调查咨询公司开展的"2010年度女性企业家实际情况调查"中，当问及创业时的难点时，有 41.7%的女性回答是经营知识、技巧的不足。缺乏经营知识、技巧，特别是缺乏创业的专业知识、技巧成为女性开始创业时的普遍困难。可见，由于统计性歧视对选择教育内容的影响，直接影响了女性的创业行为。

由于缺少自身人力资本投资，使日本女性创业者缺乏创业所需要的知识和技巧，而知识的不足成为了创业的阻力，也使女性创业者更加偏重于不需要专业知识的传统服务产业，而传统服务产业的企业人均创造附加价值普遍较低。

这样，统计性歧视使女性在创业领域走入了"自我效能低→减少人力资本投资→创业中缺乏必要的专业知识→选择技术含量低的服务型企业→企业人均创造附加价值低→成功率降低→创业率降低"的恶性循环。

统计性歧视影响对女性创业成功的社会预期

正如伊迪丝·彭罗斯指出的："商业企业既是一个管理性组织，也是生产资源的汇集。它总的目标是将企业'自有'资源与从企业外部获取的其他资源组织起来进行生产、销售产品或提供服务以获得利润。"可见外部资源对企业发展的重要性。

而统计性歧视不仅降低了女性对自身创业成功率的预期，使女性创业率降低，而且也使社会缺乏对女性创立企业的信心，使得女性创业者很难与其他企业建立合作关系，从而得到社会资源的支持。换言之，由于社会对女性所创立企业能否持续具有不确定性预期，使女性创业者很难建立合作网络，利用社会资源。无法得到社会资源支持的女性创业者，创业也就更容易失败。特别是以系列制、集团化为产业组织结构特征的日本，无法建立关系网络的企业是很难生存的。成功使人们争先效仿，而失败使人们望而却步，这也是造成女性创业率低的原因之一。

可见，统计性歧视下女性所创立企业容易失败的自我预期与社会预期，不仅降低了女性为获得创业所需知识而进行的对自身人力资本的投资，同时也影响了女性企业家能够获得的企业外部社会资源的支持，从而使该预期得到进一步加强。统计性歧视强化的女性所创立企业容易失败的反馈循环，进一步影响到女性创业者对自我创业的预期，对失败的恐惧使女性放弃了创业的选择，进一步降低自我效能感，进而减少人力资本投资。而不足的人力资本投资，使女性在经营企业过程中由于缺乏必要的知识而增加了经营风险，更容易导致创业的失败。创业的失败导致女性创业率降低，成功率降低；低成功率的女性所创立企业，更难获得社会资源的支持，无法得到社会资源的女性所创立的企业，别说发展，就是维持现状也是举步维艰。

通过采用统计性歧视理论对日本女性在创业领域中所表现出的创业率低与企业成功率低的"双低"现象进行分析，使我们发现统计性歧视有可能成为女性创业的隐形阻力，因此，如何破解统计性歧视对女性创业者的负面影响是我们必须思考的问题。

第十章 就业与失业

人为什么会失业？这是经济学中一个最为棘手的问题。要发展经济，保持经济稳定增长，按照凯恩斯的观点，就要提升有效需求。要增加需求，就要有充分的就业保障，这不仅是人们生活水平是否提高的问题，也是一个社会是否和谐的问题。与就业相对应的是失业，解决了失业问题，就业也就有保证了。本章首先对就业和失业的概念加以说明，然后分析失业的类型与原因，最后从相关理论上对失业问题作进一步探讨。

第一节 就业与失业概述

就业与失业问题，是衡量一国的宏观经济是否运行良好的重要方面，同时也往往成为政治讨论的核心。因此，正确界定就业与失业，对研究宏观劳动力市场和公共政策导向的影响非常重要。

一、就业的概念

劳动就业问题是一个十分复杂的社会经济问题。从本质上看，劳动就业主要属于经济范畴，是劳动经济问题中最重要、最基本的问题。所谓劳动就业是指达到法定劳动年龄、具有劳动能力的劳动者，运用各种生产资料依法从事某种社会劳动，并获得赖以为生的报酬收入或经营收入的经济活动，简称就业。按照国际劳工组织的定义，就业是指一定年龄阶段内的人们从事的为获取报酬或为赚取利润所进行的活动。

1. 就业需要符合的基本条件

由就业定义可以看到，实现就业需要符合下述几个基本条件。

（1）就业主体是达到法定年龄的具有劳动能力的人。目前，世界各国都根据本国的情况规定就业者劳动年龄的上下限、就业时间的长短等具体内容。这种规定是为了更好地促进劳动者的身心健康，这在保障劳动者劳动权利实现的基础上，更有利于劳动者行为能力的良好形成和发展。

（2）就业主体所从事的劳动属于合法社会劳动。只要是符合国家法律规定的社会劳动，不论其所有制性质，不论其劳动用工形式，也不论在什么部门工作，都是满足就业条件的基本要件。这表明，就业与生产资料所有制无关，与一定的劳动制度所决定的企业用工形式无关，与国民经济部门无关。劳动者不论是固定工还是合同工，或其他临时工，均属于就业者。

劳动者不论在何种经济部门从事劳动并取得劳动报酬或经营收入,均是参与了就业活动的人。只有劳动者从事义务性劳动、家务劳动或从事非法劳动,才不属于就业范畴。

(3)就业主体所从事的劳动是有报酬的劳动。关于就业者的划分标准,不同的国家和地区存在较大的差别。即使在同一个国家和地区,在不同的历史时期也不尽相同。

按照国际劳工组织的规定,凡是在规定年龄之内,符合以下条件者都属于就业人员。

(1)正在工作的人,指在规定的时间内从事有报酬或收入的工作人员;

(2)有职业,但临时因疾病、休假、劳动争议等不工作的人,以及单位因各种原因临时停工的人;

(3)雇主和自营人员,或正在协助家庭经营企业或农场而不领取报酬的家属人员,在规定的时间内从事正常工作时间的 1/3 以上者;

(4)已办理离休、退休、退职手续,但又再次从业(有酬和自营等各种方式)的人员。

美国官方统计的就业者包括在调查周内,16 岁及以上且具有下列情况之一的人。

(1)在私人公司或政府部门就业的;

(2)自我雇用的:

(3)有工作但由于疾病、恶劣天气、劳动争议或休假而不在职位上的。

2. 就业率

衡量就业状况的一个重要指标是就业率,即就业人数占非制度限制总人口(劳动力总数)的比重,其计算公式为

$$就业人口比率 = \frac{就业人口}{非制度限制人口} \times 100\% \tag{10.1}$$

非制度限制总人口是指所有 16 岁及以上的人口中减去在监狱、精神病院或养老院等被制度限制的人口。

3. 充分就业的内涵

提高劳动就业水平是现代宏观经济管理面临的重大问题,世界各国不论实行何种经济体制,都提出了充分就业这一社会经济目标。

(1)凯恩斯的充分就业概念。按照凯恩斯的定义,充分就业就是在某一工资水平下,所有愿意接受这种工资的人都能得到工作。凯恩斯把失业分为自愿性失业和非自愿性失业两种。按照凯恩斯的思想,只要解决了非自愿性失业人员的就业问题,就算达到了充分就业。

(2)理论界的充分就业概念。理论上对充分就业的解释,大致分为两种:一种是充分就业是指劳动力和生产设备都达到充分利用状态;另一种是充分就业不等于失业率为零,而是总失业率等于自然失业率。

(3)统计学界的充分就业概念。它是用某一具体就业水平指标来描述充分就业。有些经济学家认为,失业率不超过 3%~4%,可算充分就业;也有些经济学家提出只要失业率不超过 6%即为充分就业。

(4)从供求方面对充分就业的界定。从劳动力供求的相互关系看,所谓充分就业是指劳动力供给与劳动力需求处于均衡,国民经济的发展充分地满足劳动者对就业岗位需求的状态,即凡是接受市场工资率愿意就业的人均能实现就业的状态。

总之,充分就业是一个相对的概念。在动态的市场经济中,保持劳动力供给与劳动力需

求在总量及其结构上的持续均衡是极其困难的事情。充分就业一般说来是一种理想的状态，当充分就业实现时，并不意味着失业现象的消失，摩擦性失业及其他类型的自然失业与充分就业并行不悖。

二、失业的概念

就业和失业是一个问题的两个方面，但从现代宏观劳动经济分析的研究看，人们更多地关注失业问题。

失业是就业的对应面。按照国际劳工组织的定义，失业是指有劳动能力并愿意就业的劳动者找不到工作的一种社会现象。其实质是劳动者与生产资料相分离，劳动者不能与生产资料相结合进行社会财富的创造，从而也失去了获得劳动报酬的机会。同时，失业作为劳动者与生产资料相脱离的不良经济状态，使社会资源分配和使用失当，因而在宏观层面上出现非均衡表现。因此，失业的存在无疑对宏观经济的运行以及整个经济增长和社会发展都构成了不良的影响。

美国官方认为的失业者是指在调查周内，16岁及以上非制度限制人口符合工作条件而没有工作，并且：①在此以前4周内曾做过专门努力寻找工作，但没有找到工作；②暂时被解雇，正等待恢复工作；③一直寻找工作但暂时生病；④在30天内正等待到新工作岗位报到的人。

16岁以上非制度限制的人口中，既没有公开声明就业也没有申报失业的人被称为"非劳动力"，也就是既不能算就业，也不能算失业。即只有面向市场的经济活动人口，才能计算为就业人口或失业人口，因此，劳动力本身就由就业者和失业者两部分组成。

1. 失业率

衡量一个国家宏观经济中失业状况最基本的指标是失业率。失业率是指失业人数占劳动力总数的百分比。用公式表示为

$$失业率 = \frac{失业人口}{劳动力总数} \times 100\% \tag{10.2}$$

与其他国家相比，我国的失业率为登记失业人员，是指有非农业户口，在一定的劳动年龄内，有劳动能力，无业而要求就业，并在当地就业服务机构进行登记求职的人员。与此相适应，城镇登记失业率计算公式为

$$城镇登记失业率 = \frac{城镇登记失业人数}{城镇从业人数 + 城镇登记失业人数} \times 100\% \tag{10.3}$$

由于失业涉及统计的技术指标和价值判断问题，每个国家对失业的统计口径存在着差别，所以关于失业的统计数字与实际失业量或多或少地存在着差别，统计数字不能准确地反映实际失业人数。除了统计误差等技术因素以外，还存在其他低估或高估失业率的原因。

失业率经常被低估的原因，主要表现如下。

（1）将求职者中丧失信心的失业者视为自愿失业者。根据失业的定义，凡是没有在一定的时间内积极地寻找工作的人都被视为自愿失业者，这部分人不存在失业问题，不被计入失业率。事实上，劳动力市场上存在着许多屡次遭受挫折的人，由于多次积极地寻找工作未果，其自尊心受到极大伤害，最后转化为消极失业者。他们不是不愿意参加工作，只不过是不想将时间白白地浪费在毫无结果的寻找过程中。尤其是在经济萧条时期，这部分人所占的比例更高。这些气馁的工人成了"隐蔽失业者"。

（2）将非全日制就业者视为完全就业者。非全日制就业者实际上处于半失业状态。非完全就业现象可能因两个原因形成：一是这部分人想实现完全就业，而由于条件的限制，不可能实现这个愿望。二是他们乐于接受一部分工作，但是他们同时也偏好闲暇，不愿意承担过多的工作。对于后一部分人而言，很难将他们具体规定为失业者或是就业者，但既然他们确实从事一种工作，所以统计口径一般将他们视为就业者。

（3）没有反映就业不足的情况。数据没有包括那些由于经济环境而被迫接受那些工资较低的职业，即这些职业的工资低于他们在充分就业时有资格从事职业的工资。

有学者认为失业率被高估了，其原因如下。

（1）失业救济金制度使人们抵御失业的能力大大加强，能忍耐失业的时间也相应延长了。

（2）福利制度也使失业变得不太可怕，如贫困家庭救助、多子女补贴、发放食品券等。享受福利常以登记申请就业为先决条件，这无疑会刺激人们申请就业，而实际上却拒绝参加就业，从而使失业者的队伍有所增大。

（3）某些失业者提供了错误的信息，增加了官方的失业率。为了使自己和家庭成员有一个好的形象，被调查者可能表明家庭成员正在积极地寻找工作，而实际上他们不在劳动力队伍中。

2. 自然失业率

自然失业率又称均衡失业率，是指在整个劳动力市场既不存在过多的劳动力供给，也不存在过多劳动力需求的失业率。尽管人们关注失业问题，但要完全消灭失业是不可能的，即使人们对目前的工作状况基本感到满意，也并不意味着充分就业得以实现。这是因为，在劳动力的范畴内，有些失业是不可避免的。例如，因工作转换和初次寻找工作而引起的摩擦性失业、季节关系引起的季节性失业等都是正常失业现象。不论在什么样的经济条件下，这种类型的失业都存在，这种失业与总需求没有直接联系。如果除此之外没有其他类型的失业存在，那么就可以称已经实现了充分就业。而在劳动力市场达到均衡、实现充分就业时的失业率就是自然失业率。

自然失业率作为宏观经济政策运用状况的判断标准之一，具有十分重要的意义。例如，在自然失业率比实际失业率低的情况下，由适当的宏观政策通过扩大总需求而不加速通货膨胀就能使实际失业率下降。在实际失业率比自然失业率低的情况下，只有采取提高劳动力市场效率来降低自然失业率的政策。

当前，较为一致的观点认为，失业率为 4%～5% 是较为"实际"的充分就业，通过扩大总需求的政策来使失业率低于该比率的努力将导致现行的通胀率上升。这一"实际"的失业率有时被称为均衡的或自然的失业率，其定义为：①在整个劳动力市场上既没有超额的劳动需求，也没有超额的劳动供给的失业率；②在长期中预期与实际通胀率相等的失业率。

📖 **拓展知识**

2012年城镇新增就业1 266万人　城镇登记失业率4.1%

国家统计局 2013 年 2 月 22 日公布了《2012 年国民经济和社会发展统计公报》。公报显示，年末全国就业人员 76 704 万人，其中城镇就业人员 37 102 万人。全年城镇新增就业 1 266 万人。年末城镇登记失业率为 4.1%，与上年末持平，参见图 10.1。

万人

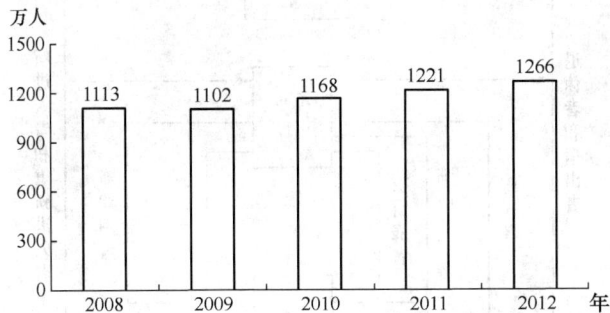

图 10.1　2008-2012 年城镇新增就业人数

三、就业与失业的存量流量模型

由于失业涉及统计的技术指标与价值判断问题,每个国家对失业的统计口径不完全一样,所以关于失业的统计数值与实际失业量或多或少地存在着差别,不能准确地反映实际失业人数。特别重要的是,由于统计失业率往往是以人为单位,这种失业率还不能区分那些只经历短暂失业的人员和那些可能长期失业的人员。假设在一个家庭中有 6 个成员,在第一种情况下,每个人在一年中分别失业 2 个月,而在第二种情况下,一个人全年失业而其余的人全年就业,上述两种情况每月都有 1/6 的人员失业,但第二种情况更为社会所关注,因为这使一个人全年均无收入。这个例子表明,在统计中仅记载了三类人员:就业者、失业者和非劳动力的存在,没有表明其流量指标,即不同类型劳动力之间的流动状况。

因此,要了解一国经济的真实失业水平,并且了解决定失业水平的因素,不仅要对劳动力市场进行存量分析,即对就业者、失业者和非劳动力的人口进行划分,而且要分析不同的劳动力市场状态之间的流量,这就是劳动力市场存量流量分析,其模型如图 10.2 所示。在任何一个时点上,在用来表示劳动力类别的三个方框中,每一个都存在着可衡量的存量,但是每一类别的存量几乎同时随着大量的流出而减少,或者随着大量的流入而得到补充,这些流量比率的变化极大地影响了失业率。从图 10.2 可以看出:①失业率可能保持不变,即使失业者发生变化;②个别的流量因素可能独立或相互起作用引起失业率变动。假设其他流动率保持不变,通过解雇使失业流入比率上升,显然这将增加失业的绝对人数,而劳动力规模($E+U$)不变,因而导致失业率上升。

假设通过退休和辞职使就业 E 中流出比率上升,而所有其他流量保持不变,同样失业率将上升。但是在这种情况下,失业的绝对人数将保持在以前的水平上,劳动力规模($E+U$)缩小,但由于失业(U)保持不变,失业率将上升。

各类劳动力状况之间的流量分析有助于我们理解个人失业期限的长短和失业率上下变动的原因,从有关失业率存量流量分析中,可得到以下几方面的启示:①相当大的失业量是由于那些相对少数人的失业时间延长而引起的;②在经济衰退时期,临时解雇比率上升,而"新雇用"和"被招回"的比率下降,超过了自愿辞职的比率,因而总失业率上升;③在经济复苏早期,失业率可能高于预期,因为工作前景的改善会诱使退出劳动力队伍的人寻找工作,即成为公开的失业者。

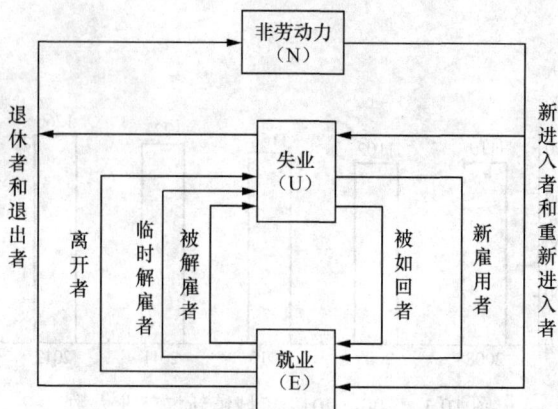

图 10.2 就业与失业的存量流量模型

一个国家或地区总体失业水平或某一群体的失业水平，取决于各种劳动力市场状态之间的流量相对流动比率，是各种流量之间综合作用的结果。对劳动力市场进行存量流量分析，可以帮助我们弄清楚单个劳动力失业者的时间间隔长短，以及造成失业率上升或者下降的因素是什么，从而采取适当的对策与措施降低失业率。

基于以上分析，有必要通过计算年失业率以更准确地反映失业状况，即

$$年失业率 = \frac{该年度有失业经历的人数}{劳动力总数} \times \frac{失业者的平均周数}{52周} \times 100\% \qquad (10.4)$$

由上可见，失业的程度取决于两方面因素，一是失业人数所占的比重；二是实际的失业周数。这就把那些正在经历短期的可能是不严重的失业者同那些长期失业者做了区分，从而能更真实地反映出一国经济的失业状况。

四、研究就业与失业状况的意义

劳动者的就业和失业状况不但涉及劳动者劳动权利的实现，更重要的是关系整个国民经济的发展和社会的稳定。因此，各国政府均把促进充分就业、降低失业率作为主要的宏观经济目标，并通过制定相应的宏观经济政策，对影响劳动力供求的因素进行调控，以实现充分就业。

1. 就业和失业状况是判断宏观经济形势好坏的标准之一

失业率降低或就业率上升，意味着企业投资增加，社会经济总量将会提高，居民的收入规模将会扩大，购买力将会增强，经济处于上升阶段。而失业率上升则意味着企业在缩减投资规模，削减用工人数，社会生产总量将会降低，人们的消费规模也会缩减，这预示着国民经济衰退。

2. 就业和失业状况是衡量国民经济运行的重要指标

从经济增长角度讲。经济增长是由相互作用的各种增长因素共同推动的，而就业增长只是经济增长因素之一。从短期和局部看，依靠先进的技术必然排斥大量的活劳动，在生产规模不变的情况下，必将减少就业人员。但是从长远和全局来看，技术进步与扩大就业又是统一的，技术进步在促进经济增长的同时，也会促进就业的增长。技术进步加快了经济的增长，进而创造更多的就业岗位，扩大就业，实现了人尽其才、物尽其用，反过来极大地促进整个

社会的经济发展。

从资源配置角度讲。任何一种经济制度所面临的核心问题，都是如何有效地配置有限的人力、土地和资本资源，以使全社会的产品和服务数量趋于极大化。失业现象的存在意味着劳动力未尽其用，国民产出总量将会减少。

3. 就业和失业状况与国民的物质和精神生活具有密切联系

从劳动经济学的角度讲，失业并非没有任何积极意义。失业在一定程度上能使就业者产生竞争压力，从而促使劳动者提高工作效率，降低成本、提高收益。但是失业的负面影响更不容忽视，因为它会造成巨大的社会问题和经济问题。失业的消极影响主要表现在以下几个方面。

（1）失业使人们的物质生活蒙受损失。就业是人们获得经济收入的主要来源，一旦失业，正常的收入就中断了，导致家庭物质生活质量下降。这对于工资收入阶层和贫困家庭来说，尤为重要。

（2）失业也使国家不断增加社会救济和失业补贴等方面的福利支出，从而影响政府其他方面的宏观调控支出，进而影响国民经济的进一步协调稳定发展。

（3）失业者将承担极大的心理负担。失业除了影响家庭经济生活外，也会影响失业者的心理状态，对那些家庭生活的主要支撑者来说，失业的心理打击更大。通常情况下，一个人的地位主要由他的工作和收入状况决定，失业会损害他的自尊心和自信心。长期失业可能会使他们不得不求助亲朋好友，孩子的教育也会受到影响，这些都会加重失业者的心理负担。

（4）失业也使人们的劳动技能有所退化，加剧了再就业的难度。当然，短期的失业对劳动技能并无明显影响，但如果失业期限较长，容易使人们受挫，进而变成沮丧求职者，久而久之，劳动技能退化，使再就业受到很大影响。

（5）失业还会引发一系列社会问题。失业率的高低与精神病障碍、离婚等社会问题发生频率具有很强的正相关性。此外，在失业高发时期，犯罪率通常呈上升态势，吸毒现象也比较严重。

（6）失业引发的后果一旦恶化到一定程度，使人们对政府的能力产生怀疑，失去对政府的信任，这时人们容易将社会责任加诸政府，其直接的后果是削弱政府实施各项政策的效果，使政府干预难以奏效，从而进一步加剧社会的动荡。

📖 **拓展知识**

美国大萧条时期的生活

据 2008 年 11 月 12 日《广州日报》综合报道　1929 年 10 月 28 日，纽约证券交易所股指暴跌 13%。第二天，道琼斯指数一泻千里，暴跌 22%。美国历史上最著名的一次经济危机拉开序幕，迎接人们的是长达 10 年的大萧条。

到了 1932 年，约有 200 万美国人到处流浪，其中有 25 万以上是在 16～21 岁之间。这些被当时媒体称为大萧条时期的"漂泊无依的人"中，有两手空空的佃农；有因为大旱三年、离乡背井的农场主；有一大批刚从大学毕业找不到工作的青年；还有忽然失业的愁眉苦脸的中年汉子带着生病的婴儿，这些人天天奔波，居无定所。

关于找工作，1932 年前后传说的很多，有些听来离奇，却一点儿不假。确实有人通宵守在底特律职业介绍所门口；确实有一个阿肯色州人为了找工作步行 900 英里；曼哈顿六号大街某职业介绍所招聘 300 人，确实有 5 000 人来应聘；华盛顿州确实有人到树林里放火，为的是人家能雇他当救火员。

在那样一个经济萧条的年代，有 1 500 万以上的人到处找工作，可是哪里也没有工作做。《商业周刊》做过调查，证实有不少人不再喜欢美国了，有的人已经离开美国，有的人正设法离开。20 世纪 30 年代初期，迁居国外的人数年年超过迁入的。

穷人家为了省钱度日想出的种种妙法，说来真了不起。男人的刮胡刀片磨了再用；自己动手卷纸烟，要不就抽"翅膀"牌（一角钱一包）；为了省电，改用 25 瓦灯泡。孩子们捡汽水瓶到铺子里退钱，一个两分；上面包店排队买隔宿的面包。妇女们把旧被单剪开再把两边缝接起来，这样就把中间磨损的地方分移到两边去了；把自己的衣服改一改给女儿穿。许多人家把收到的祝贺圣诞的卡片保存起来，明年好改寄给别的朋友。

在农村，特别是中西部的农民们，生活极其惨淡。由于农产品价格惨跌，大量农场主破产。宾夕法尼亚州的乡下人吃野草根、蒲公英；肯塔基州的人吃紫罗兰叶、野葱、勿忘我草、野莴苣以及一向专给牲口吃的野草。城里的孩子和妈妈在码头上徘徊等待，一有腐烂的水果蔬菜扔出来，就上去同野狗争夺。有人全家走进垃圾堆捡骨头和西瓜皮来啃。

第二节　失业类型与成因

经济学著作中把失业分为不同的类型。本节先解释摩擦性失业、结构性失业、季节性失业、周期性失业和需求不足引起的失业以及技术改进引起的失业，然后再解释自愿失业和隐性失业，最后通过莱普斯分析和贝弗里奇曲线对失业加以区分。

一、摩擦性失业

即使总需求能满足所有劳动力就业，并且失业者所拥有的技能符合厂商工作空缺的要求，各个国家仍然存在一定的失业率，正如存量流量模型（见图 10.2）所指出的那样，人们会不断地：①辞去现在的工作寻找新工作；②失去工作后寻找新工作；③首次进入劳动力市场寻找工作；④缺勤一段时间后重新进入劳动力市场；⑤在 30 天之内从一份工作转到另一份工作。同样，雇主也不断地：①寻找新工人以补充那些辞职或退休的工人；②辞退某些雇员以希望找到更好的雇员；③寻找新工人以填补其企业扩张创造的工作职位。因而，整个劳动力市场永远不会完全"出清"。在任何时刻，都存在相当数量的摩擦性失业，即并不是所有的雇主都能填补他们的工作空缺。

所谓摩擦性失业，是指由于经济运行中各种因素的变化和劳动力市场的功能缺陷所造成的临时性失业，一般是由于求职的劳动者与需方提供的岗位之间存在着时间滞差而形成的失业。如果工作的变化不是即时的，那么将会出现所谓的摩擦性失业这种短期状况。长期中，在不存在较大的经济冲击时，摩擦性失业渐渐下降到较为次要的水平。

搜寻性失业是摩擦性失业的一个重要来源，这种失业是由于个人寻找更好的工作和厂商寻找工人以填补工作空缺所造成的。并不是所有的摩擦性失业都属于这种搜寻类型，在某些情况下，失业工人被暂时解雇后，愿意等待被召回。此外，效率工资可能吸引工人进入那些必须等待可能有高工资的劳动力市场，这些类型的摩擦性失业可能更适于被描述为等待性失业而不是搜寻性失业。造成摩擦性失业的潜在原因主要有以下几方面。

1. 暂时解雇

尽管大规模暂时解雇通常与经济衰退相关联，但是厂商的暂时性解雇贯穿于整个经济之中，即使在总需求旺盛的时刻也不例外。被暂时解雇的工人通常不会寻找新的就业，而是等待被召回从事原先的工作。季节性失业也可被认为是一种暂时性解雇，因而也是一种等待性失业。例如，建筑工人常常在冬季失业，农业工人往往在种植和收获季节的间歇期失业，职业运动员可能在一年的某一段时间内失业等。

2. 工会化工作排队

工会也会对摩擦性失业起作用。工会化工资标准可能通过减少厂商所需要工人的数量和增加劳动供给者的数量而增加等待性失业。简而言之，某些工人可能宁愿在就业队伍中等待工会化工作，而不愿在较低的报酬下从事可获得的非工会化工作。

3. 效率工资

效率工资是指厂商将工资定在高于市场"出清"的工资水平上，作为一种促进努力工作、降低劳动力流动的成本，或一种提高工人劳动生产率的方法。效率工资支付和持续的失业联系密切。失业者，不论是辞职的、被解雇的还是首次进入劳动力市场的，都将报出低于现有工人的工资以获得工作。但是，与简单的完全竞争市场情况不同，厂商不会接受他们的申请。厂商早已权衡了降低工资的收益和成本，并且决定保持高工资以给它们带来更大的利润，因为失业者不能争取到工作，他们必须等待由于辞职、解雇或厂商对工人的需求增加时而出现的工作空缺。

4. 国家经济制度的动态结构

由于产业结构等方面的不断变化，原有的工作不断消失，新的工作不断产生，而工人在交换工作时需要时间，因而就产生了相应的临时性失业，即摩擦性失业。它的规模决定于失业工人和他寻找工作碰到一起时所遇到的结构上的困难。这种结构上的困难，主要是指缺乏就业机会的信息，缺乏就业的知识，以及缺乏迅速移动必须具备的先决条件。摩擦性失业也和工人自由寻找新工作和随意变换工作有关。

在自由经济中，摩擦性失业是一种经常性的失业，并非周期性的。摩擦性失业一般行业广且涉及人员多、失业期限较短。减少摩擦性失业的办法，主要是增加劳动力的流动性和多提供有关就业机会的情报。

二、结构性失业

结构性失业是由于劳动者的技能结构与现有岗位的技能结构错位，造成失业与岗位空缺并存的一种失业，表现为技能结构失衡、文化结构失衡、区域结构失衡和年龄结构失衡等。结构性失业是由于劳动供给和需求构成的变化引起的。

（一）结构性失业的原因

（1）求职者所拥有的技能与可能得到的工作所需的技能不匹配。

（2）求职者与工作空缺地点之间存在地理位置上的不匹配。

（二）结构性失业的特征

结构性失业与摩擦性失业有许多相同的特征,二者的区别在于结构性失业的长期存在性。因此,结构性失业涉及到失业者相当大的成本和社会所放弃的大量的产出损失。结构性失业的特征主要表现在以下几个方面。

（1）普遍的较高教育水平伴随着较低的结构性失业水平。例如,由于需求或技术变化而被解职的大学毕业生具有较大范围的工作选择余地,而且通常比那些接受正规教育少的人容易再培训。

（2）结构性失业与周期性失业相互重叠。当经济处于充分就业和迅速扩张时期,感到缺乏技术工人的厂商发现,雇用没有所需工作技能但通过在职培训可获得该项技能的人是有利可图的,这种培训降低了结构性失业的数量。但是,当经济出现衰退时,总失业率上升,厂商可以从庞大的"失业池"中雇用技术工人。因此,那些没有工作所需技能的工人将长期失业,结构性失业将上升。

（3）技术变化所创造的工作机会要比因技术变化而减少的工作机会多,因而总的结构性失业率并没有很大改变。从产业与产业的基础来看,劳动生产率的变化和就业变化之间并不存在系统的关系。

但是,高新技术革命是否会改变这种状况呢?大多数经济学家表示怀疑,他们指出,虽然某些特定的工人将失去工作,并且许多厂商、社区,甚至某些地区会受其负面结果的影响,但新技术将刺激资本投资,产生新兴行业,并引起产出效应而增加劳动总需求。为了填补扩张部门的空缺职位,厂商有必要进行更为协调的在职培训。多数经济学家把当前新技术的爆炸视为对社会提出的重大挑战,但这与以前新技术带来的挑战没有什么根本不同。

（三）结构性失业的类型

从导致劳动力供求结构不一致的原因的角度出发,可以把结构性失业分为以下几种类型。

1. 结构调整型失业

结构调整型失业是指由于经济结构的调整导致社会对劳动力的需求结构包括工种、技能、技术、知识、经验等发生了变化,而劳动力的供给结构不能相应发生变动而引起的失业。如中国产业结构调整促使第一产业、传统产业对劳动者的需求减少,第三产业、新兴产业对劳动者的需求增多。但不同产业对劳动者在工种、技能、知识、经验上的要求显然是不同的。如果原来从事第一产业、传统产业的人员无法对自身各方面素质及时作出调整就不能顺利转入第三产业、新兴产业从而导致失业。此外,产业结构的升级也会促使用人单位提高对劳动者素质的要求,不适应要求的低素质劳动者原来即使有岗位也会陷入失业状态。与此同时,许多企业却欠缺技术工人,尤其是高级工,从而导致空位的存在。

2. 体制转轨型失业

体制转轨型失业是指由于经济体制转变导致劳动力供求结构不一致而产生的失业。市场经济条件下企业对生产要素投入组合的选择以成本最小、利润最大化来确定。在严格的成本约束下,国有企业中那些边际生产率低于社会平均边际生产率的职工就会下岗失业。而与此同时,市场经济条件下,非公有制经济迅速崛起,对劳动力的需求量非常大。但由于种种原因和条件的限制,国有企业中下岗的员工并不能很好地转入非公有制企业。因而下岗失业也是由于供求结构不一致造成的结构性失业。

3. 经济增长方式转变型失业

经济增长方式转变型失业是指由于经济增长方式的转变引起用人单位对劳动者素质尤其是技能要求的提高，而现实中劳动者的技能满足不了要求而产生的失业。如随着经济增长方式的转变，一方面，大量员工失业；另一方面，许多城市出现技术工人短缺状况。据报道，深圳每年急需中、高级技能人才 3 万余人，而每年的培训能力尚不足 1 万人，缺口很大。与此同时，近几年来该市每年都有 1 万名失业员工需要再就业。这些失业员工，80%以上没有参加过职业培训，实现再就业较为困难。这些都可认为是经济增长方式转变引起的结构性失业。

4. 技术进步型失业

技术进步型失业是指由于技术进步使劳动者的需求结构与供给结构在工种、技术、知识上不相吻合而造成的失业现象。随着人类社会的发展，科学技术在不断地进步。人类社会经历着一次又一次的科技革命，每一次科技革命都给人类带来崭新的变化。目前，正处在第三次科技革命浪潮中，这给人们的就业结构带来重大变化。在今后的 15~20 年中，将出现一股巨大的科技浪潮，它将像工业革命给人们的祖先造成的影响那样对人们的工作方式产生深远的影响。未来经济将由理念、信息和技术组成，而那些不适应科技革命，无法跟上技术进步，胜任不了新工作岗位的劳动者必然会被抛入结构性失业队伍。

5. 知识经济发展型失业

知识经济发展型失业是指由于知识经济的到来，社会要求劳动者掌握更多的知识，加快知识更新的速度，而劳动者满足不了这一要求而产生的失业现象。知识经济时代，作为第一生产要素的知识的增长速度非常快，由此导致的新旧知识的更替速度也非常快。据统计，现代社会劳动者知识的半衰期已缩短至 5~7 年。从知识的生产和老化状况看，近 50 年来，人类获得的知识等于过去两千年的总和，预计今天的知识到 2050 年仅为届时总量的 1%，99%的知识是今后才创新的。这就意味着劳动者必须不断"充电"，否则，自身素质满足不了工作岗位的需求，就会被抛入结构性失业的队伍。

6. 教育发展滞后型失业

教育发展滞后型失业是指教育体制落后、教育结构不合理导致劳动者素质不能及时得到提高或劳动者学非所用使劳动力供给结构满足不了需求结构的要求而引起的失业。目前，中国的教育投资主体比较单一，对社会办学、民间投资办学发动不够，使得一些跟生产实践密切相关的如继续教育、职业教育等形式得不到应有的发展，导致劳动者的素质不能与用人单位对劳动者素质的要求同步提高。同时，高等教育专业设置不合理，培养的人才与社会用人单位的实际需求脱节。总之，教育发展跟不上经济发展的需要，一方面导致因劳动者文化素质不能随着经济发展需要及时得到提高而失业；另一方面，导致专业难以对口的高学历人才也被迫流入失业人群。

7. 就业观念滞后性失业

这主要表现在劳动者的就业意愿、对就业岗位的预期过高与实际所能提供的就业岗位不一致而造成的失业。这里存在两种情况，一种是普遍存在于一些下岗职工中，由于他们不适应市场经济的要求，竞争就业意识不强；还有一些下岗职工自身文化素质比较低下、技能单一，却又不愿接受对劳动者素质要求较低的脏累工作，从而不得不处于失业状态。另一种情况存在于新增劳动力人口中，如一些刚毕业的大学生在择业时期望值过高，想留在大城市，进大公司，并且薪水要优厚，否则宁愿失业。实际上，中国高学历人才在总量上是需求大于供给的，在许多偏远的、经济落后贫困地区和一些小城镇，高学历人才非常紧缺。这说明目前中国存在的高学历人才失业大多属于结构性失业。

8. 地区供求不对称性失业

地区供求不对称性失业是指劳动力的供给与需求在地区上有差异从而造成的失业。不同地区经济发展水平有差异，这种差异一方面导致人才为追求高收入，由经济落后地区向经济发达地区流动，从而导致落后地区人才的短缺；另一方面，又导致不同地区劳动力素质的差异，一般来说，教育水平取决于经济水平，经济落后地区的劳动力素质相对偏低，而在市场经济条件下，低素质的劳动力更容易被淘汰，从而最终导致这些地区失业率的上升。

9. 年龄供求不对称性失业

年龄供求不对称性失业表现为劳动力需求与劳动力供给在年龄结构要求上的不一致。一般来说，需求方对招工或聘用对象的年龄要求都偏低，而学历要求都偏高。但下岗工人中很大一部分都超过此年龄段，且文化水平低。这部分人多数年龄偏大、技能单一、家庭负担较重，市场就业竞争能力弱，成为就业突出的难点。

10. 性别供求不对称性失业

性别供求不对称性失业是指劳动力供给和需求在性别上的不一致而产生的失业。如大学应届毕业生找工作，一般用人单位都优先考虑男性。同时，对于同是文化程度不高又没有什么技术的 40 多岁的求职者来说，却是女性比男性易找工作。与这些男性就业困难人员比较，相同条件的女性求职者却要幸运多了，家政员、包装工、超市服务员等工作岗位都向她们敞开了怀抱。

结构性失业是一种自然失业，但要比摩擦性失业持续期更长，那些搜寻时间过长的失业，很可能就是结构性的。与摩擦性失业不同，结构性失业往往主要集中在这样一些人中：他们仅是普通的劳动者，不具有劳动力市场上特别需要的技能；或者是他们居住在经济上缺乏吸引力从而工作机会很少的地区。

结构性失业的程度取决于劳动力需求和供给构成的变化程度，以及不平衡和不匹配的调整速度。培训和再培训在这种调整过程中起着关键作用，更新工人的技能以符合工作空缺职位的要求，可以缩短结构性的失业期限。

课堂讨论

中国再现大规模民工返乡潮　结构性失业问题凸显

据 2012 年 7 月 24 日《福州晚报》报道（钟正）　韩勇军是河南省千千万万外出务工者中普通的一员，他称自己今年农历春节后就没有再出去了。"之前打工的厂子倒闭了，很多老乡都回来了，都说今年在外面赚不到钱，所以我就干脆回家务农了，养殖种地，至少能糊口吧。"韩勇军说。

河南当地民营企业主李同会称，虽然目前没有出现大规模民工失业的状况，但是如果情况恶化，地方政府肯定力不从心，"我们整个濮阳有 100 多万人，可输出的劳动力将近 30 万人，如果全部回来，当地企业肯定消化不了"。

多位专家向记者表示，当前部分地区、部分行业出现招工难现象，而部分地区又出现民工提前返乡，也就说明当前属于结构性失业，其实也是我国主动放缓经济增速目标、进行经济结构转型所必经的"阵痛期"。

人力资源和社会保障部劳动工资研究所所长苏海南认为，应理性看待民工提前返乡。首先，此次远不如金融危机时期那么严重。其次，这种返乡是产业结构转型过程中的必经阶段。因为随着未来产业分布、劳动力分布日益均衡和合理，东中西部都将有自己的优势产业，并能够承受当地的劳动力资源。"当然，如果返乡情况加剧，东部的用工问题就会更突出，中西部的就业压力也会更大。"相关部门应早做准备，关键要以财政政策为着力点，同时设立公开透明的引导平台，使得劳动力的流动更加合理。

目前政府已明确提出把就业完成情况纳入综合考核体系，一方面说明就业形势仍然严峻，另一方面需要政府下决心，加大工作力度，保持经济增长。当前就业形势的稳定在很大程度上取决于经济能否保持适度的增长速度。

思考讨论：为什么在有的地方招工难的同时，有的农民工还要返乡？

三、需求不足性失业

需求不足性失业，又称周期性失业，是指由于经济运行总是处于周期性的循环状态，从而对就业需求产生周期性波动而形成的失业，即由于经济周期或经济波动引起劳动力市场失衡所造成的失业。

（一）周期性失业的特点

与摩擦性失业和结构性失业相比，周期性失业缘于经济总量失衡。摩擦性失业和结构性失业是在假定总量平衡的前提下，研究供求内部的结构失衡。而周期性失业是劳动力市场上供大于求，总量不平衡。周期性失业与国民经济的高涨、衰落，或者说与经济周期的变动密切相关。周期性失业与劳动力需求的派生性有关，它是由经济萧条、产品需求量下降而派生出来的一种失业现象：周期性失业随着经济的涨落循环而周期性地出现，它是失业中数量最大、最常见、最难以驾驭的一种类型。凯恩斯所说的有效需求不足造成的失业即是典型的周期性失业，如图 10.3 所示。

从图 10.3（a）中我们可以看到总需求从 D_0 下降移动到 D_1。总需求下降使充分就业水平的实际产出 Q 减少了 Q_0Q_1 的量。其中 S_F 为充分就业产量。

从图 10.3（b）来看，由于曲线图 10.3（a）中总需求下降，使得劳动总需求从 D_{L0} 下降到 D_{L1}。从理论上说，劳动需求下降是因为曲线图 10.3（a）中较低的价格水平 P_1 使生产者收益下降，即总的边际收益产品下降。厂商由于不能售出他们的现有产出而引起存货的迅速增加，因此，他们削减产量并减少劳动需求。简而言之，他们再也不愿意在每一工资率水平上雇用原来那么多的工人。

假设曲线图 10.3（b）中的工资水平保持在 W_0，就业量将从自然水平 L_0 降为 L_1。在工资 W_0 处，有数量 L_0 的人想要工作（他们先前也一直在工作），但厂商只雇用数量 L_1 的工人，因此，L_0L_1 数量的工人是周期性失业。

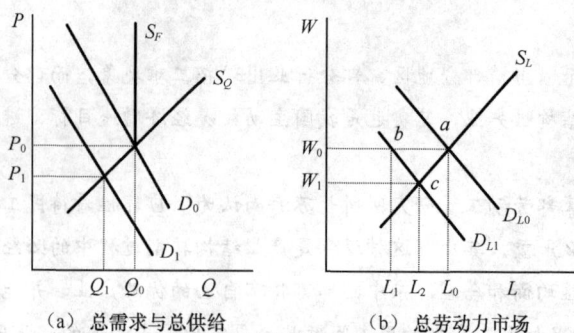

（a）总需求与总供给　　　　（b）总劳动力市场

图 10.3　需求不足性失业

就业量的普遍下降和失业率上升，是建立在模型中的工资率不下降这一关键假设基础之上的。因为如果工资率下降到 W_1，厂商将会调整其就业量到 L_2 点（点 c），与最初均衡点 W_L 水平上的 L_0 相比，下降的 L_0L_2 这部分工人是自愿的。如劳动供给曲线的 ca 段所示，这些工人具有超过新的较低工资 W_1 的保留工资。

与其他失业相比，需求不足性失业还有两个较为显著的特点：一是因经济周期深度不同，各个周期的失业率存在较大差异；二是需求不足性失业具有普遍性，一经发生可能遍及国民经济的各个领域。相比之下，重工业部门和耐用消费品行业所受的影响更大一些。

（二）需求不足性失业的主要原因

为应付经济不景气，企业实际上有两种选择，一种是降低工资，让同量的工人分享更少的工资总量；另一种是解雇工人。企业经常偏好后者而舍弃前者，主要有以下几个原因。

1. 供需双方信息不对称

雇主对企业的困难比雇员更清楚。当企业面临经营困难时，降低工资可能会受到雇员的抵制，因为在信息不完全的条件下，劳动力可能会误认为这是对他们的欺骗，认为雇主在虚张声势，企图借机压低他们的工资，因而会遭到工人们的拒绝，所以雇主很难通过降低工资渡过难关。

2. 人力资本投资的非均衡性

一般而言，劳动力参加工作以后，企业要对他们进行基本的职业培训，要支付一定的人力资本投资。但是，由于工作性质不同、人员不同，企业对每个人所支付的培训费用存在着很大的差别。在不景气时期，采取降低实际工资的办法打击面较宽，容易把凝结着高额人力资本投资的精英"赶"到自己的竞争对手那边。而采用临时解雇办法，可以有歧视性地选择打击面，将那些表现欠佳、缺乏经验、凝结低额人力资本投资的劳动者"驱赶"出去。

3. 劳动力市场竞争力的要求

经济萧条期，如果雇主仅仅以降低工资、减缩生产成本来渡过不景气时期，会给雇员传递一种信号，即他们的工作是稳定的，不必为保住工作职位去努力工作、提高劳动技能和自身素质。这样就会减弱劳动力市场的竞争力，使经济缺乏效率。而企业采用解雇策略，将那些表现不尽如人意的工人清除出去，实际上是向未被解雇者发出了这样一个信号：如果形势不进一步恶化，他们的"饭碗"是有保障的。因而，面对这种形势，未被解雇者接受较低工资的可能性便会大大提高。同时，也会对劳动力产生激励，迫使雇员表现出更高的工作效率。

4. 工资刚性

为什么名义工资下降具有相对的刚性呢？有以下几种不同的解释。

（1）工会。工会宁愿解雇工人也不愿暂时降低工资率，因为后者影响到了所有的工人，而解雇通常只影响一小部分工人，而且通常涉及的是一些资历浅的工人。这样，与削减工资相比，大多数工人从解雇政策中获益。

（2）厂商偏向于解雇。厂商本身可能偏爱暂时的、有选择的解雇，而不喜欢全面的、暂时性降低工资。后者可能导致厂商已进行大量培训投资的技术熟练、经验丰富的工人辞职而到其他厂商从事工作。解雇策略则使厂商能够"窖藏"技术工人，并解雇那些容易被替换的工人。此外，失业补贴的存在和失业补贴筹集的方式也使厂商偏向于解雇的决定。那些被解雇的工人遭受的收入净损失比工资的普遍下降所产生的损失要小得多，从而他们在该时期不太可能接受其他的永久性工作。

（3）隐性契约。所谓隐性契约是指非正式的，经常是未明确说明的理解，称为"看不见的握手"。为了回报这种默契的保证，雇主就获得了解雇工人的权利以应对其产品需求周期性下降。降低工资水平往往产生不确定性，这可能导致极其重要的工人辞职。此外，这种契约可能产生积极的"名誉效应"，使厂商能吸引素质更高的不需要监督的工人。

（4）内部人外部人理论。内部工人指已就业的工人，具有某种程度的市场力量；而外部工人指失业者，他们不能或不愿意以低于现行工资率获得就业，其原因是厂商可能预料到，以低于现行工资水平雇用外部工人，现有在职工人会与那些被视为"偷取"工作的新来者不合作。在生产过程中，工作场所的合作是很重要的，因而这种不合作会使产出和利润受到影响。此外，即使厂商愿意雇用外部工人，这些圈外工人也不愿意提供低于现行工资水平的劳务，因为他们惧怕现有在职工人的骚扰。这样，外部者可能倾向于等待总需求的增长而重新获得就业。

四、其他类型的失业

除上述几种常见的失业类型外，还有以下几种类型的失业。

1. 季节性失业

季节性失业是由于季节性的生产或市场的变化等原因而引起生产对劳动力需求出现季节性波动，从而导致劳动者就业岗位的丧失。季节性失业产生的原因是，一些行业和部门对劳动力的需求随季节变化而波动，如农业、旅游业、建筑业等；还有一些行业随季节性的不同会产生购买的高峰和低谷，如服装业、饮料食品业、汽车制造业等；某些行业，当工厂重新改组以适应产品样式变化时，生产工人的需求下降，如新型汽车的出现、新潮服装的出现等。

季节性失业虽然是一种正常的失业，但它也给社会带来两个不良影响：一是季节性工人的就业时间短，收入受到影响；二是工人的季节性失业不利于劳动力资源的有效利用。

为了减少季节性失业的影响，许多经济学家主张政府应加强对季节性失业的预期工作，以利于季节性雇员尽早做出就业淡季的安排。此外，他们还建议政府能规定一个合理的失业补助期限，以减少季节性雇员的生活困难，并刺激其重新寻找工作。

2. 技术性失业

技术性失业是指由于引进技术代替人力劳动而产生的失业现象。技术性失业产生的原因有：引进节省劳动力的机器、使用新的生产方法、改变生产过程、使用新材料和改善经营管理。

产品的技术变化引起消费者消费方式的变化，就这方面而言，技术变化直接促成了经济中的结构性不平衡。新产品的流入能创造工作机会，但是，斯库彼特（Sebumpeter）的"创造性毁灭"理论对这一过程的描述是，在生产过程中采用新科技和新劳动技术的更新，更先进的产品取代了原来的产品并把该产品排挤出市场。即使在产品设计上没有变化，生产过程的变化仍然可能改变对不同类型劳动力的需求方式，并为某些技术人员创造工作机会而减少对其他类型的劳动者的需求。在这种情况下，技术变化是外生决定的（即不是由劳动力稀缺和高工资引起的），它可能使生产率以快于产品需求增长率的速率增长，最终导致技术改进引起的失业。

从技术进步和就业的关系看来，一般认为，在短期内，由于引进节省劳动力的机器，工人将被解雇；而从长期来看，尽管会对一些特殊等级和类型的工人需求造成长期不利影响，但就业总量并不因使用技术而受到影响。

技术性失业对熟练工人和技术性工人以及管理人员的影响相对较小，而对中年以上的工人，教育程度较低的、技艺较差的和收入水平较低的工人影响较大。后者重新就业获得的工资在以前工资水平之下，因此是立法者需要考虑的保护对象。

3. 自愿失业

自愿失业是指虽然有就业愿望，但由于才能得不到发挥，或由于兴趣、爱好、工资、保险福利及人际关系等原因自愿放弃就业机会而形成的失业。这部分自愿失业者通常被认为是丧失信心者，需要给予帮助。

4. 隐性失业

所谓隐性失业，是指经济部门中存在着边际生产率等于或小于零的现象。尽管这种失业不以社会上存在失业人口的形式表现出来，但这种失业实质已存在，社会上却看不到，应有的失业人口被隐藏到企业内或土地上去了。而显性失业则正相反，以社会上存在相应的失业人口的方式表明其存在。

五、失业的区分

1. 莱普斯分析

当经济中的总消费水平不足以给寻找工作的人提供足够数量的就业机会时就产生了需求不足引起的失业，因此，把周期性失业和季节性失业的某些方面归入需求不足性失业。莱普斯（Lipsey，1965）认为，可利用菲利普斯曲线来定义需求不足引起的失业。图 10.4 表示的是一条经过调整后的菲利普斯曲线 PP。假定价格水平变化率与失业率之间具有稳定的反向关系。根据政策制定者的无差异曲线，可以定义需求不足引起的失业程度。

例如，效用无差异曲线 I_1 表明，对于不同的失业和通货膨胀组合，相同的政府的负效用水平。离原点越远的无差异曲线所表示的负效用越大。政策制定者通过改变总需求水平所能获得的最低负效用水平是曲线 I_1 和曲线 PP 的切点 E_1。如果经济最初处于 F 点，这时失业率为 U_0。那么（U_0-U_1）表示需求不足引起的失业，这一部分失业可以通过扩张性政策消除，同时又不减少社会福利。追求最大效用的政府政策制定者会将需求政策目标定在 E_1 点，此时失业率降到 U_1，同时接受 P_1 的通胀率。因此，U_1 主要是结构性业和摩擦性失业构成的。其他的措施，例如，增加再教育和流动津贴可能使菲利普斯曲线向内移动，这就可以获得更高的社会福利水平，如 E_2。

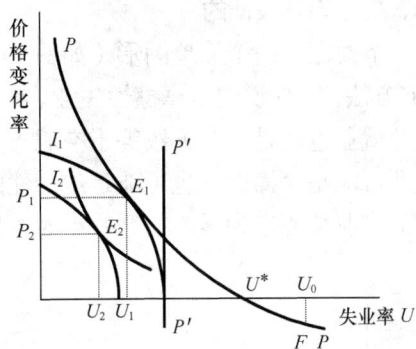

图 10.4　需求不足、摩擦性和结构性失业

这样做会降低与每一既定失业率相伴的通胀率。其中，（U_1-U_2）可定义为结构性失业，因为通过成本效益分析，可以通过结构性政策来加以消除。剩下的 U_2 被定义为摩擦性失业，因为理性的政策制定者是不希望加以消除的。因此，U_2 可定义为充分就业失业率。在其他情况相同的条件下，PP 曲线越陡峭，需求不足引起的失业问题的相对性就越低。一个极端的情况就是垂直的曲线，如 $P'P'$，它同无差异曲线交于一个角点，表示需求不足失业率为零。

2. 贝弗里奇分析

在有关劳动力市场结构变化的经济著作中，对失业和空职之间关系的研究已经有很长的历史了。贝弗里奇（Beveridge，1944）首先发现这些变量之间存在明显稳定的关系，通常被称为"贝弗里奇曲线"。UV 曲线的用途之一就是它是一种把失业划分为各个组成部分的实用方法。UV 方法采用空职（V）数据和失业（U）数据，目的是把失业划分为需求不足失业、摩擦性失业和结构性失业，如图 10.5 所示。

UV 曲线的推导可以通过图 10.5 来解释。象限（Ⅰ）和（Ⅳ）表示失业和空职取决于劳动力的超额需求。失业反映了劳动力的超额供给，而空职反映了未得到满足的劳动力需求。

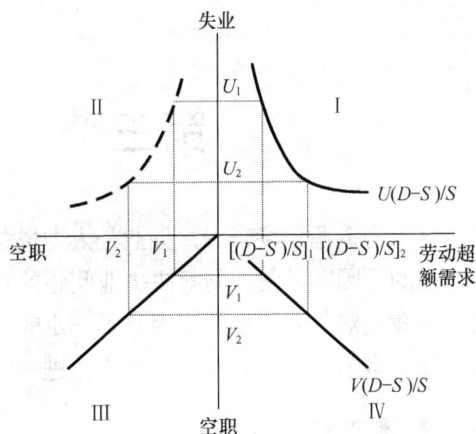

图 10.5　UV 关系

失业和劳动力超额需求之间的负相关关系是非线性的，因为总是存在一些摩擦性失业。象限（Ⅳ）表示劳动力超额需求和空职之间的简单的正线性相关关系。当超额需求是 $[(D-S)/S]_1$ 时，失业是 U_1，空职为 V_1。当超额需求增加到 $[(D-S)/S]_2$ 时，失业下降到 U_2，空职增加到 V_2。借助于象限（Ⅲ）中的 45 度线，可以得出失业和空职之间的负的非线性相关关系［象限（Ⅱ）中的 UV 曲线］。在 UV 曲线上的移动反映了劳动力超额需求的变换。如果失业或空职函数发生移动，那么 UV 函数也发生移动。例如，某种力量导致失业者花费更长的时间搜寻工作（例如，增加失业救济），那么失业函数将向上移动，从而导致 UV 曲线向外移动。另外，信息流动的提高和劳动力流动性的提高都会使曲线向内移动。这种情况下，向左下（在图 10.4 中表现为向右下方）凸起的 UV 曲线被解释为当有更多的空职时，由于失业者更容易找到工

作，失业率是较低的。

下面通过一个简单图形（如图 10.6 所示），进一步说明需求不足和非需求不足失业的 UV 方法，图形说明了摩擦性失业、结构性失业和需求不足失业区分的方法。根据 UV 分析，充分就业也就是失业人数等于空职人数时的就业水平，见图 10.6 中的 I 点。在这一点上，失业可能是摩擦性，也可能是结构性的。当 $U=V$ 时，失业水平为 U_0，这时，需求不足引起的失业被假定为零。在这一点的左侧，$U \geq V$，存在超额劳动供给。如果可观察到的失业为 U_1，那么（U_1-U_0）为需求不足性失业，因为可以通过在 UV 曲线上向下移动把它消除直到失业水平达到 U_0。其后，进一步增加需求直到 $U=V$ 直线的右侧，这时对失业者来说有足够的工作机会。低于 U_0 时，所有的失业可被看作是结构性失业和摩擦性失业，并且可以根据失业者找到相匹配的工作的难易程度来进一步进行分解。当然，资料表明 UV 关系随时间变化一直是不稳的，劳动力需求扩张并不一定保证失业减少。一些学者认为 UV 曲线向外移动一直是失业者的工作搜寻强度较低的结果。

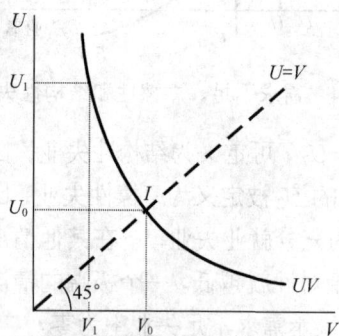

图 10.6 需求不足和非需求不足引起的失业 UV 方法

第三节 失业理论

从人力资源角度来看，失业是人力资源的极大浪费。对此，经济学家从不同角度分析寻找失业的原因，以便找到解决失业问题的对策。对摩擦性失业、结构性失业和周期性失业的区分使我们对失业产生的原因有了一定的了解。然而，人们对各种失业类型的原因探讨还不仅如此。本节我们对主要失业理论作进一步分析。

一、效率工资失业论

工资理论告诉我们，效率工资可以激励劳动者努力工作，从而可以创造更高的产出，这进一步刺激企业利用效率工资来赢得劳动者的合作。因为企业支付的是高于市场的工资，效率工资模型就会引发非自愿性失业。这个理论的关键假设是雇员的工作努力或"效率"是工资率的函数，雇主支付的工资越高，雇员工作就越努力（尽管可能存在效率降低的风险）。这一理论的观点虽然在现实中十分普通，但对很多问题却能做出一些不平常的解释。其一是企业可以通过支付雇员高于市场供求决定的工资而获取更大的利润。其二是如果市场上所有企业在支付雇员高于市场供求工资的条件下，竞争的劳动力市场可能产生一定的非自愿失业者。

效率工资理论成立的前提条件是雇主无法对工人的工作绩效进行完全的监督。事实上，一个工人的生产量不仅取决于其工作时间的长短，也取决于他的工作努力程度。然而，在现实中，大多数雇主都是以某一时间为标准付酬，如每小时工资或年薪。这种以时间为标准的付酬方式虽然对管理者来说操作简单易行，但是这种方式的不足之处是不能计算工作的努力程度，而通过监督并不能完全提高工作效率，甚至会引起劳动者反感，从而进一步降低工作效率。

1. 无消极怠工的供给曲线

由于效率工资引发失业，从而使获得高工资岗位的幸运工作者必须遵守规矩。要想知道为什么，首先考虑竞争性劳动力市场中的工资就业后果。在此竞争性劳动力市场中，工作者消极怠工是不可能的，这或许是因为能够对这些工作者进行成本很低的监督。如图 10.7 所示，在此劳动力市场中存在 L 位工作者，且劳动力供给曲线是缺乏弹性的。垂直的供给曲线 S 与向右下倾斜的劳动力需求曲线 D_0 相交，竞争性均衡使市场出清的竞争性工资为 W_0。

现在假设企业无法对工作者的产出进行监督，因此监督活动的成本高昂。该企业要想促进生产必须支付高的工资，以确保工作者不会消极怠工。

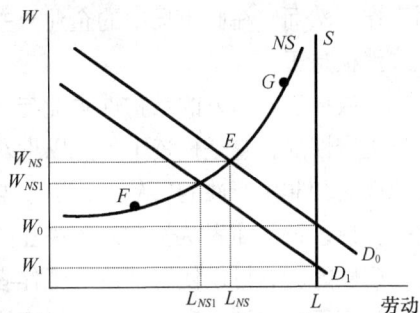

图 10.7　效率工资的决定

假设失业率很高，这时消极怠工就是成本高昂的，因为一旦消极怠工，劳动者被抓到并且被解雇，他面临的将是长久的失业阶段。其结果是企业能够吸引到即使企业支付相对低的工资也不会消极怠工的劳动者。然而，如果失业率很低，被抓住并且被解雇的消极怠工的劳动者，所面临的只是短暂的失业阶段。为了使得消极怠工成本高昂，并且使得短暂的失业阶段也有利可图，企业将不得不向该工作者提供相对高的工资。

从上述讨论中我们可以画出一条向上倾斜的无消极怠工的供给曲线，即图 10.7 中 NS，它表示的是企业在每一工资水平上能够雇用的不会消极怠工的工作者的数量。无消极怠工的供给曲线指出，如果失业水平高（点 F），企业能够以低工资水平吸引到不会消极怠工的工作者，因为解雇会引发长久且成本高昂的失业持续阶段。如果企业雇用大量的工作者（点 G），他们必须支付更高的工资以鼓励工作者不消极怠工，因为此时失业率低，劳动者不怕失业。效率工资 W_{NS} 是由无消极怠工的供给曲线（NS）与需求曲线的交点给定的。

请注意，无消极怠工的供给曲线 NS 绝不会触及位于 L 位工作者数量上的完全无弹性的供给曲线，且这两条曲线之间的无差异，可以决定失业工作者的数量。如果该市场在某一特定工资水平上能够雇用所有的工作者，那么某一被解雇的消极怠工的工作者，就能够顺利获得另外一个工作岗位。也就是说，对消极怠工不存在任何惩罚。由效率工资模型推导出的关键观点是：为了使得就业工作者遵守规矩，存在一些失业是必需的。

2. 效率工资与失业

均衡工资是由无消极怠工的供给曲线与劳动力需求曲线的交点决定的。在此点上，W_{NS} 为效率工资，且企业将雇用 L_{NS} 位工作者，因此（$L-L_{NS}$）位工作者将失业。这一均衡的以下属性值得关注。

（1）不存在迫使效率工资 W_{NS} 向下移动至竞争性工资 W_0 的市场压力。如果企业支付的工资低于 W_{NS}，那么愿意工作且不偷懒的工作者，就会少于该产业中的企业所需求的数量，工资将会上升。如果企业支付的工资高于效率工资，那么愿意工作且不偷懒的工作者，就会多于被需求的数量，工资将会下降。因此，效率工资 W_{NS} 高于市场出清时的竞争性工资。

（2）在此劳动力市场中工作者不会偷懒。效率工资 W_{NS} 是激发 L_{NS} 位就业者正常工作的工资。

（3）存在着非自愿性失业。（$L-L_{NS}$）位失业者想在现行工资水平上工作，但是却无法找到工作。然而，在此市场中的企业，并不愿意雇用这些工作者，因为充分就业鼓励工作者偷懒或消极怠工。

由效率工资引发的结构性失业与由工作岗位搜寻引发的摩擦性失业非常不同。搜寻式失业是生产性的，它是投资于信息以期获得更高工资的工作岗位。由效率工资引发的失业是非自愿性的和非生产性的（从劳动者的观点看）。该工作者想得到一个工作岗位，但却无法找到。进一步说，该工作者从长期处于失业阶段中一无所获。然而从企业的观点看，非自愿性失业是生产性的。它可以使得就业的工作者不偷懒。

效率工资模型还意味着：在经济周期中，工资将是相对具有黏性的。假设因为经济活动的突然低迷，对产出的需求下降了。所以，在一个竞争性市场中，劳动力需求曲线从 D_0 向下移动到 D_1，竞争性工资从 W_0 减少到 W_1（见图 10.7）。如果企业支付效率工资，需求的下降会将工资从 W_{NS} 减少到 W_{NS1}。因此，效率工资对需求变化的反应，不如竞争性工资那样敏感。而且，就业水平在经济低迷时期会从 L_{NS} 下降到 L_{NS1}，因而失业率上升。

3. 工资曲线

经验性研究工作表明，在失业率低的地区，工资倾向于较高；而在失业率高的地区，工资则倾向于较低。这一关系被称为工资曲线，如图 10.8 所示。

工资曲线向下倾斜在一个竞争性的供给与需求的框架里是难以解释的。供给需求框架意味着：失业发生在工资相对高（高于竞争性工资）时。于是劳动力的过剩供给将对工资施加向下的压力。只要工资是相对具有"黏性"的，就存在着某种失业。

效率工资模型为工资曲线提供了一个可能的解释。位于存在着大量失业的区域性劳动力市场中的企业，不必提供高工资率以阻止工作者偷懒或消极怠工。高失业率会使得工作者不偷懒。相比之下，位于几乎没有失业率存在的区域性劳动力市场中的企业，必须支付高工资以激励工作者不偷懒或消极怠工。

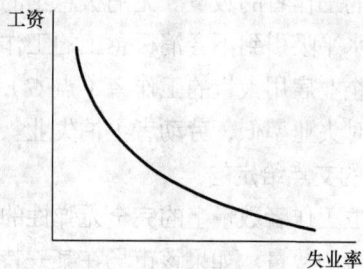
图 10.8　工资曲线

二、隐性契约失业论

交易双方只有在相互信任的基础上才会签订契约，既包括显性契约又包括隐性契约。隐性契约本质上是显性契约的衍生品，可以称为衍生契约。

隐性契约是一种理论上的构想，用以阐述雇主和雇员之间达成默契的各种书面的复杂协议，是指对交易双方利益的维护，但并不出现在交易双方的正式契约中，而是作为一种双方心照不宣的、对双方有约束力的制度规则隐含在正式契约中的那一部分契约内容。隐性契约的存在必须满足的前提条件是：规范的竞争性市场、要素市场具有一定的信号显示功能、资源稀缺性、经济主体具有经济利益与精神利益复合要求、存在交易成本等。

劳动力契约具有一定的长期性质，其原因也许是特殊培训，也可能是企业文化或其他原因，不管如何，这都会使得劳动者和企业就工资与解雇进行讨价还价。在真实世界的劳动力市场中，隐性契约往往没有书面形式，甚至不会被说出来，但是某一特定企业中的工作者却能够深刻理解雇用条件在一段时期内以及在经济周期中会如何变化。

在劳动者与企业之间存在着许多类型的可行性隐性契约。我们现在论述契约的两个极端类型。第一个极端类型是"固定就业"契约，在此契约条件下，人们每年工作相同的工作时间，无论企业面临的经济条件如何。第二个极端类型是"固定工资"契约，工作者获取相同的单位时间工资。

在经济周期中，企业将面临针对其产品而言非常不同的市场条件。在扩张时期，企业通常发现产品需求很强劲并且在增长之中；在收缩时期，对企业产出的需求就会弱化。如果企业和工作者达成的是固定就业契约，企业就可以通过改变工作者的工资，对市场条件的变化做出反应：工作者在经济扩张时期获得的工资较高，但在经济衰退时期则不得不接受大幅度的工资削减。作为工资削减与工资提高的结果，工作者的收入在经济周期中的波动相当大。

相比之下，如果企业和工作者达成的是固定工资契约，企业就可以通过改变工作者的工作时间而对产品市场的变化做出反应。于是，在经济衰退时期，劳动者的工作时间就会减少。即使该劳动者的年收入在经济衰退时期较低，他的损失也许会被经济衰退时期该劳动者将闲暇时数的增加而提升的价值去替代一部分失去的收入的可能性所抵销。其结果是，在固定工资契约中，该工作者的"真实"收入在整个经济周期中也许是相对不变的。

许多研究表明，劳动者在整体上是偏好固定工资契约的，并且愿意接受将解雇作为长期就业关系的一部分。劳动者愿意接受隐性契约，在此条件下，他们的收入在整个经济周期中是相对稳定的，即使他们的工作时数并不稳定。劳动者这种偏好的原因是，劳动者通常被假定为是厌恶风险的。事实上，提供固定工资契约的企业，提供了针对经济衰退时工资下降的"保险"，并且因此以较低的平均工资，吸引了厌恶风险的工作者。劳动力市场中典型的隐性契约于是成为一种固定工资契约，这意味着在整个经济周期中工资是黏性的，并且失业在经济衰退时会增加。

对大部分工人来说，他们偏好于保持工作时间和工资率不变的方式。因此，经济调整所带来的冲击主要由那些最没有工作经验的人承担了，这些年轻和没有经验的工人首先被企业解雇。在工会化企业的工人中，工会合同条款中规定工资规模不变和按资历解雇。尽管非工会化企业没有被任何明确的、书面的合同约束以遵从工资削减政策优于辞退政策，但是，经济学家认为在工人和企业间存在着一份非书面的、心照不宣的隐含合同，这种隐含合同要求企业和工人遵循工资削减政策优于辞退政策。有人把这样的隐含合同叫作"看不见的握手"。

课堂讨论

拿什么留住你？我的员工

企业间的竞争实质上是人才的竞争，那么应当如何保持一支高素质的员工队伍以便在激烈的竞争中取胜呢？当前许多优秀的企业都意识到了这一点：保持一支一流的员工队伍，关键不在于雇用最好的员工，而是保留现有的员工。

连某是 A 市市立医院的一名外科医生，但是最近他遇到了一个大麻烦。原来在他加入这家医院之时，是作为重点人才引进的。医院院长与他面谈时也言辞恳切地表示："外科的张主任后年就要退休了，我们引进你就是为了储备人才，好好干！这个位子等着你呢。"这样一番话点燃了连某的工作热情，他把所有的精力都投入到医学研究和科室建设中。而院长在平时的工作中也屡次向连某透露了由他接任的意向。可是连某"为伊消得人憔悴"的努力奋斗并没有换来让他"衣带渐宽终不悔"的结局——在张主任退休之后，接任他的是外科另外一名医生！而他的工作业绩远远比连俊文逊色。连某被失望的大雨浇了个透，他感到仿佛被院长欺骗了，他不明白为什么院长的言之凿凿竟如同儿戏一般！而就在此时，W 医院向连某抛出了橄榄枝，是去是留，他困惑了。

"心理契约"是美国著名管理学家施恩提出的，其意思可以描述为：企业的成长与员工的发展虽然没有通过一纸契约的约束，但是企业与员工却依然能找到决策的各自"焦点"，如同一纸契约加以规范，即企业能清楚每个员工的职业定位和发展需求，并尽力使之满足；而每一位员工也为企业的发展全力奉献，因为他们相信企业能实现他们的期望。可以说，它是存在于员工与企业之间的隐形契约。

那么要如何与员工缔结心理契约呢？缔结心理契约首先从招聘开始。现在不少企业在招聘中，隐瞒了企业的真实情况和职位的具体任务，导致员工对企业产生了不合理的心理契约。所以要留住员工要在招聘过程中向员工提供真实工作，让他们对工作中的正面、负面信息有一个全面的了解。其次，要跟踪员工心理变化轨迹，适时管理心理契约。在工作中员工会主动寻找一些对比程序对自我做出判断与裁定。在这个过程中，他有可能会认为自己遭到了组织不公平的对待，所以此时就要注重员工的心理变化，加强与员工的沟通与交流，消除心理契约的误解信息。再次，在工作中实施人性化管理，即尊重员工的想法和意见，依靠民主管理来激发每个员工的内在潜力。最后如果心理契约遭到违背，要做出正确合理的归因。

（江超萍，2007）

思考讨论：缔结心理契约有何价值？如何与员工缔结心理契约？

三、工作搜寻失业论

工作搜寻的过程可以为失业的存在提供一个重要的理论解释。不论寻找工作的人是新进入劳动力市场者还是失业者或是在职想换工作者，信息的不完全迫使求职者到一个个企业去寻找有关工资、工作条件等的招聘信息。与此同时，具有空缺职位的企业也会在劳动力市场上搜寻那些能够与其空缺职位相匹配的求职者，这也需要了解求职者的个人信息。因此，在求职者与潜在雇主之间的工作匹配要花费一定的时间。所以，即使是当劳动力需求和供给在总量上相等的时候，也会存在一定量的摩擦性失业和结构性失业。工作搜寻理论对摩擦性失业和自愿性失业现象做出了解释。

为了更具体地讨论工作搜寻理论，我们假定求职者 A 是工商管理硕士（MBA）。求职者 A 进入职业市场知道有 N 个企业招聘工商管理硕士，当然每一家确切的工资是不清楚的。但是根据经验，求职者 A 会知道去年的起始工资，以及工资提供的分布，如图 10.9 所示。曲线 $F(W)$ 表示企业能够提供给求职者的工资分布频率，比

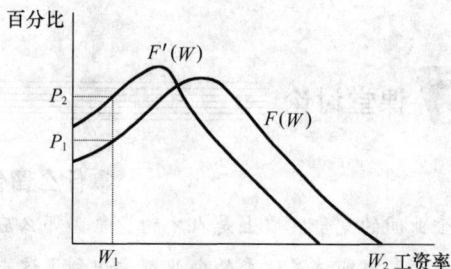

图 10.9　搜寻工作过程中假设的工资分布频率图

如，在 $F(W)$ 上，可以看出企业提供 W_1 工资的概率是 P_1，而提供 W_2 以上工资的概率是 0。当经济处于萧条时期，企业所提供的工资分布频率曲线将会向左移动，例如，从 $F(W)$ 移动到 $F'(W)$。如果求职者将 W_1 确定为其最低可接受工资，所有低于该工资的企业就会被求职者拒绝。显然，工资为 W_1 时的概率会上升到 P_2，这意味着求职者必须进行长时间的搜寻。最低可接受工资越高，求职者为能够找到提供该工资企业所花费的搜寻时间就越长。

在完全信息条件下，A 将知道哪些企业支付 W_1 工资，这样就不存在搜寻的过程，A 将直接同需要与自己条件一致的企业匹配从而没有失业过程。如果 A 不知道这些信息，A 将会在一定时间失业，去寻找最好的工作。这个失业的过程能持续多久呢？下面通过两个模型进行说明。

1. 斯蒂格勒模型

在 20 世纪 60 年代，美国经济学家乔治·斯蒂格勒（George Stigler）认为，工作搜寻最优次数的决策同其他经济问题一样由边际收益法则决定，即只要求职者增加一次搜寻的边际收益大于边际成本就会增加其联系企业的数目。当边际收益等于边际成本时，就达到了工作搜寻的最优次数。如图 10.10 所示，其中，劳动者的搜寻曲线的边际收益为 MR，边际成本为 MC。

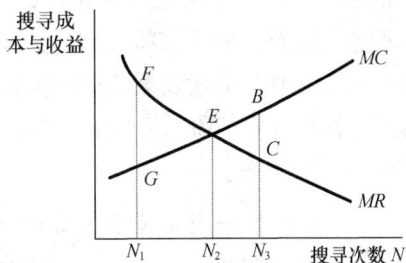

图 10.10　斯蒂格勒的工作搜寻模型

一方面，搜寻的边际成本曲线是向右上方倾斜，意味着增加搜寻次数将增加边际成本。搜寻成本包括两个组成部分：其一是直接成本，如乘车费、邮寄费、付给求职中介的费用等；其二是机会成本。如果求职者在较早的工作面试中是成功的，并且面试的结果是可预料的，那么他继续寻找其他企业并进行面试时的成本就是他在较早时面试成功的企业所提供的收入。机会成本的大小取决于提供工作的企业能否为求职者保留那份适合他的工作。如果一个人不断地去寻找工作，尽管这个人可以根据搜寻的情况了解所有可能提供的工作状况，并从中挑选一个最好的，但先前提供的那些工作就可能会被其他人接受，从而导致搜寻的边际成本将会很高。此外，不断地搜寻可能会增加直接成本和机会成本，因为工作搜寻涉及的范围越大，导致直接的搜寻成本也就越大；同时，从可预料到的可接受的工作机会被其他人占有的角度看，收入损失的机会成本也可能上升。

另一方面，工作搜寻的边际收益受报酬递减规律的约束。假定搜寻者是从工资最高的企业开始，随着搜寻时间延长，未来收入的现值不断下降，因此，继续寻找更高工资收入工作的机会将会随着搜寻次数的增加而递减。

那么，求职者应该联系多少家企业以求职呢？理论上当 $MR = MC$ 时，求职者 A 很有可能只联系 N_2 家企业就结束其工作搜寻，并接受所联系企业中提供最好工资条件的那份工作。如果只搜寻 N_1 次，增加额外一次搜寻的边际收益大于边际成本，他会继续搜寻。反之，他会减少搜寻次数。

2. 麦柯尔模型

约翰·麦柯尔（John Mccall）研究发现，求职者常常采用的一个战略就是，按先后顺序做出工作搜寻决策，当遇到第一份超过其最低可接受工资时，求职者就会接受该份工作。

什么因素决定一个求职者的最低可接受工资呢？在决定一个可接受工资时，求职者不得不在各种可能机会的收益与成本之间进行权衡。如果求职者想找到一个较高的可接受工资的工作，这必然会产生较高的额外成本，因为求职者在找到支付高工资的工作以前必然经历一段平均较长的失业期。当边际收益与较高需求的边际成本相等时，最优水平的可接受工资就形成了。事实上，求职者以前工作所获得的工资水平、习惯的生活消费水平以及朋友或熟人的工作状况等因素也会影响该求职者的最低可接受工资。

求职者用可接受工资作为标准以做出接受或拒绝某项工作的决策，并预期在某一确定时间会得到一份满意的工作。如果在那个时间以后求职者还没有找到任何工作，情况又是怎样的呢？第一个可能性是求职者 A 可能认为他运气不好，碰巧在搜寻过程中所遇到的企业都位于图 10.9 中工资频率分布曲线 $F(W)$ 的左边尾巴线部分。第二个可能性是工作市场对劳动力的需求比求职者所预想的要糟得多，工资分布曲线是 $F'(W)$ 而不是 $F(W)$。如果是这种情况，求职者期望得到的工作将会与他实际得到的工作大不相同。根据麦柯尔的理论，这种不一致将会导致工作搜寻者逐渐降低 $F(W)$ 的估计值和最低的可接受工资。当可接受工资降低到某一点时，就会找到某项可接受的工作，但是这种搜寻过程要比如果一开始就正确估计 $F(W)$ 时所用的时间长得多。

3. 工作搜寻模型关于失业的解释

工作搜寻模型关于失业的解释有以下四个方面。

（1）工作搜寻在本质上是一种人力资本投资，即工人在劳动力市场上流动以改善他们的状况。就如同教育和在职培训一样，工作搜寻是以当前失业为成本，以未来获得更高工资、更具吸引力工作收益的一项投资。在工作搜寻模型中，搜寻工作和失业是同时存在的。

（2）工作搜寻模型解释了为什么在劳动力市场中个人搜寻工作所需时间的不一致性，以及为什么一些劳动力群体的失业率高于另一些群体。从对美国实证研究的结果可以看到，男子搜寻工作比妇女更有目的性的一个理由是男子计划工作的时间平均比妇女长。

（3）这些模型表明任何减少失业成本的因素都会增加工作搜寻时间和失业期限。工作搜寻理论预言失业补偿金越高或者失业者接受失业补偿金的期限越长，个人最低可接受工资也就越高，失业期限也可能越长。

（4）工作搜寻理论对经济周期中失业的反周期运动提供了解释。在经济周期的上升阶段，求职者得到超过他们最低可接受工资工作的可能性上升。在这种情况下，失业人数和失业的持续时间都将下降。在经济衰退期，相反的情况将会发生。因为在经济衰退阶段，企业所提供的工作相对较少，并且可能对求职者没有多少吸引力，失业工人将选择继续搜寻工作，从而导致统计的失业人数上升。

四、刚性工资失业论

劳动力市场的货币工资率存在着不能向下浮动的刚性。在工作搜寻理论中，失业不是因为工作总量不足，而是劳动力市场的动态属性以及信息流动的不完全性产生的。由刚性工资引起的失业完全不同，其基本原因不是信息不完全，而是因为工资不能自由上下波动，从而厂商不能提供足够的工作给想要工作的人。由于刚性工资引起的失业与经济活动的波动联系在一起，因此刚性工资理论主要解释由经济周期性波动而产生的失业。

如图 10.11 所示，纵轴表示实际工资 W，它等于货币工资除以价格水平 P。在 P 给定的条件下，我们可以根据货币工资来分析劳动需求与供给（如果 P 恒定，在货币工资上的变化就等同于实际工资的变化）。然而，当我们把分析转向宏观经济问题时，就必须将工资和价格明确地纳入劳动力市场模型中。横轴表示劳动量。劳动需求曲线 D 和劳动供给曲线 S，决定了均衡的实际工资 W_1 和就业水平 L_1。就业水平 L_1 是一个充分就业点，希望工作的人的数目恰好等于企业希望雇用的人的数目，但此时因为流动和工作搜寻等因素仍将存在着一些摩擦性失业。

为了理解刚性货币工资怎样引起失业，我们假设消费需求减少。需求减少的初始影响就是使企业减少雇用水平，如图 10.11 所示，劳动力需求曲线向左移到 D_2。在现行的实际工资 W_1 处，雇用量降到 L_3，这种需求不足引起的失业量为 L_1L_3（在特殊行业可能更接近于结构性失业）。如果货币工资可以向下浮动，劳动力市场上的过度供给将使货币工资下降直到建立新的均衡，这时实际工资率为 W_2，供给和需求再次相等（点 B）。货币工资的下降可以通过促使企业增加雇用，或者使部分失业者退出劳动力市场转而追求更有吸引力的非市场活动，比如上学、在家工作或享受闲暇等，使失业量减少 L_1L_2。如果货币工资向下浮动具有刚性，这个均衡过程就不会发生，劳动力市场将保持在实际工资为 W_1 和非自愿失业为 L_1L_3 处。

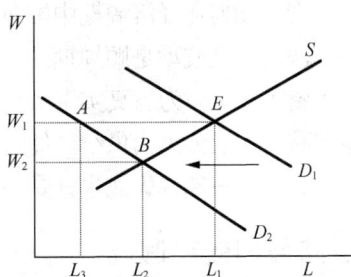

图 10.11　由刚性工资所引起的失业

现代经济中的一个普遍现象就是，货币工资率即使面对持久的失业也不会下降。为什么在经济萧条时期就业水平降低而名义工资却不下降呢？也就是说必须解释为什么企业宁愿减少雇用量而不减少工资，或者必须解释为什么面临失业危险的工人不愿意用减少工资的办法来保存自己的就业，主要有以下几种理论。

1. 工会和最低工资法

研究发现，导致工资刚性的一个原因就是工会和政府的最低工资法。在西方发达国家，由于很多工会与雇主签订了长期合同，使得工会化企业的工资不能及时反映劳动市场上失业的短期增加。即使在长期，工会谈判力加上对工会成员承诺的"决不退却"的政策可能阻止了工资率的下降。此外，发达国家政府基本上都制定了最低工资法案，该法案如同工会合同一样对货币工资规定了一个底线，劳动市场的货币工资率不能降到最低工资以下，从而使得货币工资具有向下的刚性。

2. 政府的转移项目

政府转移项目的增加可能也会引起工资刚性。在实施失业保险和其他类似的项目以前，工人失业后因为生存的压力而被迫去寻找工作，对工资的要求不是很高。而在实施失业保险和其他类似的项目以后，转移支付的增长将失业成本减少到一定程度时，工人将不愿意降低其可接受工资，并且也不愿意接受比其所希望的工资低的工作。

3. 流动和培训成本

由于流动和培训成本的存在，使得劳动力市场工资率的下降受到阻碍。即使失业者愿意接受低于现有雇员工资的工作，企业也可能发现雇用这些接受低工资的工人是无利可图的。当企业雇用新工人并解雇原有工人时，会发生数目可观的流动成本，其中包括面试与测试费用、各种福利计划和来自对新雇用工人的各种附加成本。此外，企业对现有工人已经进行了投资。在一定程度上，在职培训是企业的特殊成本，培训新工人的成本和解雇那些企业已经在他们身上花钱进行过培训的工人而导致的投资损失，都是企业不愿用失业者来代替现有工人的原因。

五、跨时期替换假说

摩擦性失业是一种自愿性失业，一些研究提出，甚至在严重的经济低迷时期观察到的失业的大幅增加中，也存在自愿性失业。

我们在论述生命周期内的劳动力供给时曾指出：当工资高时，工作者把他们生命周期中的主要时间配置到工作活动中；而在工资低和闲暇廉价时，则更多地消费闲暇。跨时期替换假说对工作者是如何在经济周期中配置他们的时间，具有重要的隐含意义。假设真实工资会在经济周期中波动，且波动是顺周期的，也就是说，当经济扩张时，真实工资上升；当经济收缩时，真实工资下降。因为当真实工资较低时，消费闲暇是便宜的，所以在经济衰退时期，工作者更愿意削减自己的劳动力供给。他们可能会失业，并且获取失业保险福利。因此，在经济低迷时期所观察到的一部分失业也许是自愿性的，因为工作者会利用真实工资的下降来消费闲暇。

六、跨部门转移假说

虽然工作岗位搜寻活动可以帮助我们理解摩擦性失业的存在，但它们并无法解释长期失业的存在与持续，而跨部门转移假说可以解释为什么结构性失业会在竞争性市场中出现。

该假说认为搜寻工作岗位的工作者并不具有填补可获得职位空缺的资格条件。由于需求的变动对经济中的所有部门的影响并不相同，在任何时点上，经济中的某些部门在迅速地成长，而另外一些部门则处于衰退中。为了弄清这些部门性冲击是如何创造结构性失业的，我们假设制造性产业遭受负面冲击。因为对其产出的需求减少，制造商们解雇了许多工作者。对其他部门的有利冲击（例如旅游产业）增加了旅游企业对劳动力的需求。如果被解雇的制造业工作者具有可以很容易在不同产业之间进行转移的技能，制造业部门中的负面冲击就不会导致长期的失业。被解雇的工作者就可以离开制造业部门，转移到目前方兴未艾的旅游产业。随着工作者学习并且尝试旅游产业中可获得的各种不同的工作岗位机会，摩擦性失业就会出现。

然而，制造业的工作者，也许只具有专属于制造业部门的特别技能，因此他们的技能对于旅游企业而言并非很有用途。长期失业之所以出现，是因为对于这些工作者而言，重新学习目前旅游产业所需要的技能，将要花费不少时间，时间上也不允许，因为旅游产业是一个年轻人的产业。跨部门转移假说表明：因为失业工作者与雇主正在寻找的技能之间的结构性不平衡，于是存在着一个工作者储备池，且储备池中的工作者已经失业了很长时间。

本章小结

所谓劳动就业，是指达到法定劳动年龄、具有劳动能力的劳动者，运用各种生产资料依法从事某种社会劳动，并获得赖以为生的报酬收入或经营收入的经济活动。实现就业需符合下述几个基本条件：就业主体是达到法定年龄的具有劳动能力的人、就业主体所从事的劳动属于合法社会劳动、就业主体所从事的劳动是有报酬的劳动。充分就业就是在某一工资水平下，所有愿意接受这种工资的人都能得到工作。

衡量就业状况的一个重要指标是就业率，即就业人数占非制度限制总人口（劳动力总数）的比重。衡量一个国家宏观经济中失业状况最基本的指标是失业率。自然失业率又称均衡失业率，是指在整个劳动力市场既不存在过多劳动力供给，也不存在过多劳动力需求的失业率。

失业主要有以下几类型：摩擦性失业、结构性失业、需求不足性失业、季节性失业、技术性失业、自愿失业和隐性失业等。摩擦性失业，是指在易于受到冲击的经济中，市场机制的自由作用方式要求某些工人不断改变工作。结构性失业是由于劳动者的技能结构与现有岗位的技能结构错位，造成失业与岗位空缺并存的一种失业，表现为技能结构失衡、文化结构失衡、区域结构失衡和年龄结构失衡等。需求不足性失业，又称为周期性失业，是指由于经济运行总是处于周期性的循环状态，从而对就业需求产生周期性波动而形成的失业，即由于经济周期或经济波动引起劳动力市场失衡所造成的失业。季节性失业是由于季节性的生产或市场的变化等原因引起生产对劳动力需求出现季节性波动，从而导致劳动者就业岗位的丧失。技术性失业是指由于引进技术代替人力劳动而产生的失业现象。自愿失业是指虽然有就业愿望，但由于才能得不到发挥，或由于兴趣、爱好、工资、保险福利及人际关系等原因自愿放弃就业机会而形成的失业。

失业可以通过莱普斯分析和贝弗里奇分析两种方法进行区分。

失业理论主要有效率工资失业论、隐性契约失业论、工作搜寻失业理论、刚性工资失业论、跨时期替换假说和跨部门转移假说。

综合练习题

一、选择题

1. 下列哪个不属于按失业的成因划分的（　　　）。
   A. 摩擦性失业　　　　　　　　B. 等待性失业
   C. 季节性失业　　　　　　　　D. 结构性失业

2. 在我国，下列（　　　）属于在业人口。
   A. 农民工　　　　　　　　　　B. 家庭妇女
   C. 劳动教养人员　　　　　　　D. 在校大学生

3. 周期性失业产生的直接原因是（　　　）。
   A. 生产过程的周期性
   B. 劳动力再生产的周期性
   C. 经济周期中萧条阶段的经济下降所造成的劳动力需求不足
   D. 失业的周期波动

4. 劳动力存在 3%～4% 时的失业率为（　　　）。
   A. 不充分就业　　　　　　　　B. 充分就业
   C. 过剩就业　　　　　　　　　D. 完全失业

5. 在我国目前的劳动力市场上，存在大量国企下岗失业人员，他们大多数人属于普通劳动力。然而与此同时，新兴行业对高素质人才的需求很大。劳动力的过量需求和过量供给同时存在。这种现象称为（　　　）。

A. 摩擦性失业   B. 结构性失业

C. 技术性失业   D. 周期性失业

6. 凯恩斯失业是指（　　）

  A. 摩擦性失业   B. 自愿性失业

  C. 非自愿性失业   D. 季节性失业

7. 失业率计算的公式是（　　）。

  A. 失业人数/就业人数   B. 失业人数/总人数

  C. 失业人数/（就业人数+失业人数）   D. 就业人数/失业人数

8. 属于"失业者成为非劳动力"的劳动力流动情况是（　　）。

  A. 灰心丧气的工人放弃寻找工作的努力

  B. 劳动者失去劳动能力而自愿退出劳动力市场

  C. 劳动者被解雇而暂时没有找到工作

  D. 劳动者自愿辞职而暂时没有找到工作

二、思考题

1. 什么是就业？充分就业的含义是什么？

2. 研究就业与失业有何意义？

3. 失业有哪些类型？它们产生的原因是什么？

4. 如何理解失业的区分方法？

5. 效率工资失业论与刚性工资失业论有何不同？

6. 什么是工作搜寻失业？产生的原因是什么？

7. 为什么隐性契约会引起失业？

8. 如果政府提高失业保障水平，这将对失业和就业产生什么影响？

9. 失业会产生什么影响？

10. 经济危机时，企业有两种方式应对：一是裁员，二是减薪。你认为这两种方式有何不同？

三、案例分析

美国降低失业的公共政策

美国政府在法律上规定了致力于充分就业的目标：《1946 年就业法》宣称"运用所有与政府的要求和责任，以及与其他必要的国家政策考虑相一致的可行的措施……来促进实现就业、生产和购买力的最大化。"《1978 年充分就业和均衡增长法》再次确认了这一目标并要求政府：①确定 5 年期的就业与通货膨胀目标；②制定实现上述目标的计划。

针对不同类型的失业，政府政策与措施是不同的。

对于摩擦性失业的主要应对政策与措施是通过就业信息和牵线搭桥：政府计划增加人们获得有关工作空缺与求职者技能信息的可能性，并帮助求职者与雇主联系。

对于结构性失业的主要应对措施有：①教育补贴：通过政府的计划和支出，降低人们获得人力资本的投资成本，从而提高人们获得工作的能力，这种能力不太可能随新技术的出现而变得过时。例如，各种拨款和大学生担保贷款；中小学、社区大学和公立大学的资助等。②平等就业机会法：以法律形式禁止在雇用和晋升中对种族或性别的歧视，以排除产生结构性失业的制度障碍。③工作培训和再培训：一些计划旨在为那些结构性失业者提供技能和工作经验。④公共部门就业：政府直接雇用那些长期结构性失业人员，并提供在职培训。⑤直接工资补贴或就业税收优惠：对雇用较高结构性失业率的特殊劣势群体的厂商给予直接补贴或税收优惠。⑥解雇预告：要求预期工厂倒闭或有大量裁员的厂商提前通知，这样使工人能立即寻找新工作或报名参加培训项目。

对于需求不足性失业的主要应对政策与措施有：①财政政策：通过政府谨慎制定支出与税收政策来增加总需求，从而增加国内产值与就业量。②货币政策：由美联储采取谨慎措施以增加国内货币供应量，降低利率与增加产品和劳务的总需求。③供给政策：由政府采取谨慎措施以增加劳动供给、储蓄与投资，降低物品与劳务的成本，使总供给曲线右移。④公共部门就业：政府直接雇用那些没有能力找工作的人。⑤工资补贴或就业税收优惠：对厂商扩大就业给予直接补贴和税收优惠。

（坎贝尔·R·麦克南，2004）^{518－521}

思考讨论：

试根据上述资料分析：

（1）美国政府为什么要采取就业促进政策与措施？

（2）这些政策与措施适合我国吗？

（3）你认为是否有其他政策或措施也可以促进就业？

阅读资料

全球"刺眼"失业率：发展失衡？教育之殇？

据国际劳工组织（ILO）统计，目前全球约有2/3的发达经济体及一半新兴的发展中国家的就业市场前景悲观，而青年失业问题更为严重，失业率比成年人失业率高2～3倍。国际劳工组织总干事胡安·索马维亚年初表示，目前全球有2亿人失业，而这一庞大的数字仍在持续攀升，增速远远超过新增岗位的增速。世界经济论坛在《2012年全球议程展望》中指出，严峻的就业形势是世界各国政府面临的最重大的经济甚至是政治问题。

失业问题蔓延全球多国

牛津大学2012年1月出具的一份研究报告分析了居高不下的失业率对社会的负面影响。该项研究由牛津大学圣约翰学院克莱格·杰弗雷（Craig Jeffrey）博士牵头，研究对象是印度、尼泊尔和斯里兰卡这三个正遭受失业危机困扰的国家。伴随着庞大的青年人口基数以及岗位数量的缩水，这三个国家存在的共同问题是社会无力提供与择业者技能水平相匹配的工作。很多接受了良好教育的青年只找到兼职工作，酬劳完全承担不起生活费用，有相当一部分青年甚至被迫"搁浅"工作选择继续读书。研究报告补充道，传统意义上讲，人们通过工作可以获得安定的生活和应有的尊严，然而如今很多年轻人满怀理想却找不到体面的工作，初进社会就被迫厉行节约、承担重负。同时，贫富差距的拉大和收支分配不均等问题的日益凸显更恶化了青年一代的生存现状。教育问题层层升级，最终演化成社会问题，甚至影响着多个国家的政治和经济生活。

中国社会科学院社会学研究所青少年与社会问题研究室主任李春玲在接受本报记者采访

时表示，如今全球多国遭遇失业危机，原因在于：首先，劳动力供应量加大，就业岗位减少，导致劳动力市场出现供过于求的现状，而年轻人是新增劳动力，因此首当其冲成为主要"受害者"。其次，全球近几年深陷经济危机"泥沼"，对就业市场造成不可避免的负面影响。发达国家中，中老年人享有更高的福利待遇和更多的就业保障，而年轻人则缺少这样的保障。发展中国家的经济发展速度无力匹配高等教育扩张的速度，岗位质量和劳动力质量衔接不上。此外，在发展中国家，低素质青年劳动力的数量仍相当庞大，很多青年缺乏劳动技能，无法适应劳动力市场的需求。同时，全球多个国家的劳动力市场制度发生变化，趋于自由竞争化，减少了保障机制，不少企业偏好"快餐式合同"，以此降低用工风险，提供的岗位缺乏稳定性。来自发展中国家的移民对发达国家的就业市场也带来了不小的冲击，而发展中国家面临类似的问题，城乡移民、流动人口也造成地域性就业压力。

"利润"驱动转向"就业"主导

印度尼赫鲁大学社会科学院经济研究和计划中心经济学教授杰雅迪·歌什在一篇名为《2012：与失业作斗争》的文章中表示，"2011 年的失业问题揭露了当今渗透在全球宏观经济进程中的顽固痼疾：早期的经济勃兴虽然淘汰了很多传统的、缺乏竞争力的谋生方式，但并没有创造出太多高质量的工作岗位。因此，即使在最富活力的亚洲经济体中，就业净增量也不高，并且新增岗位很大一部分是低收入和不稳定的工作。近几年，制造业中心逐步从发达国家转移到了新兴市场，然而产业转移中并没有伴随着就业转移。同时，技术发展导致人均产量随之增高，每单位的产出需要的劳动力日趋减少，因此劳动力市场呈现过饱和现象"。

歌什指出，我们不得不从以"利润"为驱动的增长模式转换到以"就业"为主导的增长模式。随着新兴经济体在健康、卫生、教育等领域的支出加大，增加在这些基础设施建设上的投资对就业形势正产生积极的影响。目前，巴西就加大了这方面的投资，提高最低工资标准，此举不仅改善了就业形势，还颇有成效地帮助穷人脱贫。此外，政府还应有计划地发展小型企业。只有小型企业整体质量提高，这些企业提供的岗位才可以变得稳定、具有竞争力。中国人民大学气候变化与低碳经济研究所研究员周游在接受本报记者采访时也表示，"政府还可以通过减免所得税等优惠政策，吸引、鼓励企业为青年提供工作岗位"。

高学历不意味高就业率

除了加强政府职能、创造就业岗位，教育部门也需要针对社会需求创建与时俱进的教育体制，增强大学生就业教育的针对性，方可避免"知识失业"现象的出现。在接受本报特聘记者毕嘉宏的采访时，美国密歇根大学发展心理学在校博士生莫妮卡·福斯特（Monica Foust）表示，名牌大学和高学历不再绝对意味着较高的就业率。"在颇具名望的学府接受教育固然很好，但名牌高校毕业证并非一纸承诺。"

对此，李春玲认为，由于企业间竞争日趋激烈，大量企业为了降低成本，不再为毕业生提供企业培训，而是希望毕业生上岗前就已是"熟练工"，更青睐有丰富工作经验的应聘者。学院式教育不一定满足劳动力市场对于技能的需求，高校和社会机构应提供富有针对性的、与劳动力市场相匹配的职业教育或智能培训。同时，政府需加大投资，为企业分担培训成本，此举既可缓解企业的资金压力，同时也可帮助毕业生更快地适应工作岗位。丹麦雇主联合会总干事约翰·尼加德·拉森和丹麦工会联合会主席哈罗德·波斯汀在一篇名为《欧洲必须针对青年开展"双重训练"计划》的文章中指出，大学教育在注重学术的同时，还要设置以社会需求为导向的学科，组织青年参加大规模见习、实习计划，方便青年储备更符合社会需求的技能，实现"学有所用，学以致用"。根据英国特许人事与发展协会统计，德国一直奉行学术与技能兼备的教育体制，在众多遭遇失业袭击的欧美国家中，德国是少数例外，其失业率目前降到了自 1990 年以来的最低点 6.8%。

　　此外，不少发达国家的失业青年将目光投向了新兴市场。目前在北京大学攻读博士学位的印度留学生高兴在接受本报记者采访时表示，"根据世界银行的预测，2012 年世界经济增长率仅为 2～5 个百分点，不容乐观。但'金砖'国家的增长前景良好，特别是中国和印度，国内市场增长率将保持 6～9 个百分点，这一数据吸引着全球青年的目光，不少发达国家的失业青年考虑来新兴国家寻找机会"。

（张哲，2012）

第十一章 收入分配

　　构建科学合理、公平公正的社会收入分配体系,关系到国家经济发展和社会和谐的全局。如何做到既要有公平又要有效率,既不能平均分配收入,也不能让收入分配差异过大,需要人们认真地研究。由于各国国情不同,在收入分配问题上很难做到公平与效率平存,从而在现实经济中表现为收入分配差异的进一步扩大化。本章首先从理论上对收入分配问题进行分析,然后对收入分配的差异进行描述,接着分析收入分配差异的扩大化原因,最后提出防止收入分配差异过大化的对策。

第一节　　收入分配理论

　　经济学肩负着不断改善人类生活的神圣使命,对稀缺性经济资源的有效配置和充分利用是完成这种使命的根本条件。但对于收入分配是否有助于改善人类生活,经济学家们的观点却表现出很大的差异。新古典经济学家把收入分配问题仅仅看作是一般价格形成问题中的一个方面。在他们看来,只要市场机制能够充分发挥作用,生产要素按其价格所获得的收入就是公平合理的。社会福利函数论者认为经济效率只是社会福利达到最大化的必要条件,收入分配的公平才是充分条件。第二次世界大战以后,由于凯恩斯主义经济学的崛起和美国“新政”的大规模实施,收入再分配已成为西方经济学和政府用来对付不平等现象的主要手段。但是,20 世纪 70 年代中期西方国家爆发了经济停滞与通货膨胀并发的“滞胀”,引致凯恩斯经济学危机,自由主义经济学思潮再度崛起。进入 21 世纪以后,由于管理成本的上升和对效率的负面影响,“福利国家危机论”一直比较流行。因此,收入分配问题重新成为西方经济学界关注的一个重大理论和实践问题。

一、收入分配理论简介

　　在市场经济发展初期的 15～17 世纪,西方国家曾主要依靠集军人和商人于一身的“商人”们的对外扩张,到殖民地去贱买贵卖,掠夺当地资源进行原始资本积累,通过巧取豪夺取得了大量收入。那时的重商主义收入分配理论认为,财富和一切收入都是从流通领域来的,商人是最大的财富生产者,也应该是收入最多的人。后来一些国家特别是法国,在商业的生产力大于农业的重商主义观念影响下,不惜以牺牲农业为代价来支援国内制造业和扩张“对外贸易”,带来了许多不良后果,当时法国成千上万的农民得不到应得的收入,死于营养不良和饥饿,农村经济濒于崩溃。

　　到 18 世纪上半期,法国出现了一些为农业说话的重农主义经济学家。他们认为,商业虽然可以使一部分人的财富减少,另一部分人的财富增加,但是无法增加财富的总量。在各经济部门中，只有农业和矿业依靠了土地才能创造物质产品，才能使物质财富的数量增加，所以，只有农业才是生产收入的，其他工商业只能改变物质的形态，通过这些活动分到农业创造的收入。据此，他们的理论认为从事农业的人，应该得到最多的收入。

产业革命前后，土地并没有增加，社会财富却不断增长，使很多经济学家想到，工商业固然不创造和增加物质，农业产品又何尝不也只是自然物质的变化形式，财富实际上是人们用劳动适应人的需要改造自然得到的，因此提出了劳动价值论。英国经济学家亚当·斯密在其经济学巨著《国民财富的性质和原因的研究》一书中，比较系统地阐述了劳动价值论，用劳动说明了可以用于收入分配的财富的主要来源。他指出："劳动是第一价格，是最初购买一切货物的代价。世间一切财富，原来都是用劳动购买而不是用金银购买的。"[1]

与此同时，还有一些经济学家，用效用价值论或生产要素价值论取代了劳动价值论，转而专门研究需求的作用，否定劳动创造价值的作用。例如，与李嘉图同时代的法国经济学家萨伊，将劳动与资本、自然因素（土地）并列为物，认为它们是生产的三要素，它们所提供的服务是由作为人的企业家来结合的，企业家在利用它们的过程中创造生产物，形成商品的价值即效用。在这个过程中，作为中间人的企业家获得利润，劳动获得工资，土地获得地租。这些收益都是它们提供的服务的报酬，利息则是使用资本的租金。利润、工资、利息和地租是由供需的比例决定的，例如，资本和土地的数量如果大大多于利用它们所需的劳动者的数量，工资率就会提高。

萨伊主要从维护和扩大企业家利益的角度分析经济问题。在企业家与工人的关系中，萨伊片面强调了企业家的作用和利益，事实上将工人等同于物，将工资等同于物质生产成本，将人之间的分配关系说成了物之间的分配关系，或人与物之间的分配关系。

在当代，人们的财产越来越多，人们使用的资本也越来越多，可是近百年来在发达国家，劳动收入占每年国民收入的比重却越来越大，有的达到80%以上。美国经济学家西奥多·舒尔茨指出："到了1970年，美国官方公布的国民收入中大约有3/4是雇员报酬。……在国民收入中，劳动所占收入在上升，资本所占份额在下降，地租收入份额从1900—1909年的9%大幅下降到1970年的3%。与土地原始所有权相对应的农田地租现在已是美国国民收入中极小的一部分了。因此，农场主们的社会和政治影响力已经变得微乎其微了。"[2]这是将人之间的分配关系说成人与物之间的分配关系所无法解释的。西方经济理论在财富生产中加进的那些新因素，反映的恰恰是人的复杂劳动在生产财富中的作用越来越大、劳动收入比重越来越大的趋势。

拓展知识

几个经济学家的收入分配观点

哈耶克（F.A.Hayek）把分配的内容基本上限定为自由选择的机会。在哈耶克看来，自由不仅作为一种目的本身而极为重要，而且自由还是为人们提供各方面帮助的手段，正是自由赋予了人类文明一种创造力，而这种创造力才是人类社会进步的真正动力。因为只有当个人有自由运用他们所拥有的知

---

1 亚当·斯密：《国民财富的性质和原因的研究》，中译本，商务印书馆，1972年12月，第26~27页。
2 西奥多·舒尔茨：《报酬递增的源泉》，中译本，北京大学出版社，2001年8月，第83~84页。

识去实现他们自己目的的时候，社会进步才会发生。

诺齐克（Robert Nozick）在考虑收入分配内容的时候，也特别强调的是自由交换的权利。他认为，在一个自由的社会里，每个人所得到的东西，是他从另外一个人那里得到的，而另一个人给他这个东西的目的同样是交换某种东西。因此，在诺齐克的分配理论中，如果说有分配内容的话，这个内容也只能是自由选择的权利，而不是物质内容。自由选择的权利是诺齐克分配理论的基础和出发点，国家的根本职能是保护这种权利不受侵害，而不是具体地分配收入和物品。

罗尔斯（John Rawls）在涉及收入分配内容的时候强调的是社会基本物品，他认为所有社会基本物品——自由、机会、收入、财富、自尊的基础等都要平等地分配，除非对其中一种价值或所有价值的一种不平等分配合乎每个人的利益。基本自由被认为是更基本的社会物品，优先于其他的社会基本物品，必须首先得到满足。根据罗尔斯的观点，最公平的配置使社会中境况最糟的人的效用最大化。在罗尔斯看来，政府和社会必须更多地关注那些天赋较低和出身最不利的社会成员，只要有不平等的政府安排能够更好地改善最不利者的前景，那么这种安排就是正义的。从这一意义上来讲，差别原则实际上是一种特殊的补偿原则，这是有关不应得的不平等要求补偿的原则。由于出身和天赋的不平等是不应得的，这些不平等就多少应给予某种补偿。

阿马蒂亚·森认为主流经济学严重忽略了人类的贫穷和收入分配不公平问题，他们只注重诸如国民生产总值、人均收入等粗略的指标，却忽略了一个基本事实，即许多人一贫如洗。因此，我们必须注意社会的底层，而不仅仅是反映多数人生活状况的平均数。在他对各种经济学问题的研究过程中，处处体现了对社会成员中弱势者的关注。

阿马蒂亚·森（Amartya Sen）认为，财富和收入固然是人们追求的目标，但他们毕竟属于工具性的范畴，人类社会最高的价值标准是以人为本作为发展的自由。在对主流经济学的批评中，森认为，经济学所关注的应当是活生生的人，由苏格拉底问题（Socratic question）——一个人应该怎样活着——所引发的自我反省对现实生活中的人一定会有深刻的影响。森强调指出，亚当·斯密虽然明确反对限制贸易，但这绝不能说明在他的社会伦理观中是反对援助穷人的政府干预政策的，在阿马蒂亚·森看来，真正的"斯密"主义者对穷困、饥荒等问题绝不是视而不见，而是要想方设法的增加贫困者获得收入的机会。他认为斯密的这种思想对当代政策制定者是非常有借鉴意义的。

罗尔斯要求国家给予社会底层的弱势群体物质方面的支持，但在阿马蒂亚·森看来这还远远不够。国家再分配的目标不能仅仅局限于给低收入阶层适当的收入方面的照顾，更重要的是为提高他们的能力创造适当的条件，以便使他们最终能够依靠自身的能力，而不是依靠永久的帮助、甚至是连续的施舍来摆脱困境。

二、收入分配原则

效率优先、兼顾公平，是全社会各种经济成份的分配的基本原则。

1. 效率优先

效率优先，就是发展生产力优先。生产力是人类历史发展前进的出发点和基础，是一切社会发展的最终决定力量。不能就分配论分配，而要使分配首先有利于促进生产力的发展，这应是处理个人收入分配关系必须坚持的一条基本原则。生产发展的根本问题，是提高社会资源配置效率和社会资源利用的节约。而人，即生产劳动者和经营管理者，是社会资源中具有决定性的因素，个人收入分配制度首先要有利于充分调动广大生产劳动者和经营管理者的积极性，提高社会生产的效率。坚持效率优先，根本的是认真贯彻按劳分配的方式，合理拉开个人收入的差距，使劳动者所得报酬与其对社会的劳动贡献挂钩。坚持效率优先，在个体经济和私营经济中，就要维护公平竞争，保护业主和雇工通过合法经营和诚实劳动所取得的收入。坚持效率优先，就要允许创造了不同效率的地区之间、企业之间、个人之间存在富裕程度的差别。

2. 兼顾公平

为了保持社会稳定，在个人收入分配中，还要在坚持效率优先的同时，兼顾社会公平。兼顾公平就是使全体人民共享生产力发展的成果。一些西方市场经济国家，在第二次世界大战后，为了保持社会稳定，也逐渐重视个人收入分配的公平问题。发展生产的最终目的不是为了少数人赚钱发财，而是实现全社会的共同富裕。个人收入分配中更要充分重视社会公平，防止两极分化。分配中兼顾公平，还有利于保持社会稳定，为社会经济持续、高效、健康发展，创造一个安定团结的政治环境。实现社会公平和共同富裕，与平均主义没有共同之处，个人收入分配仍要保持合理的必要的差距；实现社会公平和共同富裕，也不等于大家同时同步富裕。一部分人、一部分地区、一部分企业可以通过诚实劳动或合法经营先富起来，这不仅会产生巨大的示范作用，而且先富者能够带动和帮助后富者，使全国人民实现共同富裕。

效率与公平，从哲学上说，是对立统一的关系。只有做到效率优先，促进社会生产力发展，整个社会富裕起来了，最终才能达到社会财富的公平分配。

三、收入分配机制

收入分配机制主要有三个：市场机制、宏观调控机制和社会保障机制。

1. 分配中的市场机制

市场经济体制下的收入分配，要贯彻按劳分配方式的客观要求，就是按照劳动者向社会提供劳动的数量和质量，分配个人消费品。在这种分配方式下，劳动是分配个人消费品的尺度，它不承认其他差别，按等量劳动领取等量产品。当然，在市场经济下劳动者劳动创造的产品，不可能全部用于个人消费，还要为社会公共需要（如社会积累、公益事业等）作必要的贡献。所以，根据按劳分配方式的要求，就要实行多劳多得、少劳少得的原则，使劳动报酬的差别适应劳动贡献的差别。对于复杂劳动，由于他们接受了高等教育或专门训练，有相当部分的费用是由个人或家庭负担的，因此还应当给予较高的报酬。

实行按劳分配方式，既要反对平均主义，也要反对高低过分悬殊。"平均主义"问题在历史的某个时期，可能起过一定的积极作用，但在市场经济体制下它的作用基本是消极的。因为平均主义使个人劳动报酬与个人劳动贡献完全脱节，造成"干多干少一个样，干好干坏一个样，干与不干一个样"的后果，严重压抑了广大职工生产劳动的积极性。"高低过分悬殊"问题，同样是违反按劳分配要求的。它实质是使个人劳动报酬的差别大大超过了劳动贡献的差别，一部分人侵占了别人的劳动成果，这也不利于劳动者积极性的发挥和经济的发展。

实行按劳分配，同时也要兼顾其他分配方式，这都要通过市场机制作用来实现，市场机制起基础性调节作用。主要理由表现在以下几个方面。

（1）劳动者劳动报酬水平的高低，要受到劳动力市场供求状况的影响。

（2）劳动者所在企业的经济效益和经营收入受市场的调节。企业所提供的产品或服务，只有在符合市场需求的前提下，劳动者的个别劳动时间才能转化为社会必要劳动时间，从而使劳动创造的价值得以实现。也就是说，劳动者收入的总量要受到社会必要劳动时间的制约。

（3）劳动者个人收入分配，要以生产要素的充分、有序流动为前提。我们不仅要实现劳动力的合理流动，而且要建立规范的劳动力市场，创造平等的竞争环境。

2. 分配中的宏观调控机制

在市场经济体制下，市场机制在个人收入方面起基础性的调节作用，而以计划为核心的宏观调控机制对个人收入分配也必须发挥重要的调节作用。因为市场机制调节下，自由竞争的结果必然扩大收入差距，引起收入分配不公、损害国家长远利益现象的发生。宏观调控机制的作用，主要是调节收入分配的总量和结构。收入分配总量的调控，主要是要处理好积累和消费的比例关系，处理好国家、集体和个人的分配关系，处理好生产建设发展与人民生活水平提高的关系。在收入分配结构的宏观调控中，要保护居民个人的合法收入，取缔非法收入，同时抑制少数人不合理的高收入，保障低收入居民的基本生活需要，防止两级分化，实现共同富裕。调节收入分配的宏观手段主要有以下几种。

（1）通过税收，正确处理国家、企业和个人三者之间的利益关系，调节不同地区之间、城乡之间个人收入的水平，调节个人收入分配的差距。

（2）通过财政支出计划，对国家公务员和从国家财政支出中直接取得工资收入人员的工资水平和增长幅度做出统一安排，以保证国家公职人员的素质和队伍的相对稳定。

（3）通过政府制定最低工资标准，保障居民的基本生活需要。

3. 分配中的社会保障机制

为了正确处理效率与公平的关系，从初次分配和再分配的角度看，初次分配应着眼于提高效率；再分配重点是解决社会公平。建立和健全社会保障制度，是社会再分配的基本途径之一，是搞好个人收入分配和实现社会公平的一个重要机制。社会保障是国家和社会为保证全体社会成员的基本生活权利，依据一定的法律和规定，通过国民收入再分配所提供的资助、补贴和救济。社会保障体系包括社会保险、社会福利、社会救济、优抚安置、社会互助、个人储蓄积累保障等几个方面。实施社会保障制度和政策是社会经济发展和社会进步的明显标志，是维护社会稳定的重大措施，是市场经济正常运转的必要条件。社会保障能够分散和减轻劳动者由于生、老、病、死、伤残、失业等造成的风险和损失；社会保障有利于劳动力市场的建立和发育，实现劳动力资源在全社会的合理流动和配置；社会保障能解除国有企业办社会的负担，是开展企业公平竞争的必要条件；社会保障通过对社会收入的再分配，保证社会成员的基本生活需要和社会收入的公平，使社会成员都能分享社会经济发展的成果。

第二节 收入分配的描述

居民收入分配的差异程度，是当今社会人们普遍关心的一个问题。收入分配差异的合理与否，一方面可以反映按劳分配原则的实现情况，另一方面是保障居民生活和社会稳定的重要条件。衡量收入差异状况最重要、最常用的指标是基尼系数。过大的基尼系数表明这个国家收入分配不公平，严重的话会影响到社会稳定。

一、基尼系数简介

基尼系数（Gini Coefficient）为意大利经济学家基尼（Corrado Gini，1884—1965）于1922年提出的，用来定量测定收入分配差异程度的一个指标，是国际上用来综合考察居民内部收入分配差异状况的一个重要分析指标。

目前，国际上用来分析和反映居民收入分配差距的方法和指标很多。基尼系数由于给出了反映居民之间贫富差异程度的数量界线，可以较客观、直观地反映和监测居民之间的贫富差距，预报、预警和防止居民之间出现贫富两极分化，因此得到世界各国的广泛认同和普遍采用。

基尼系数最大为"1"，最小等于"0"。前者表示居民之间的收入分配绝对不平均，即100%的收入被一个人全部占有了；而后者则表示居民之间的收入分配绝对平均，即人与人之间收入完全平等，没有任何差异。但这两种情况只是在理论上的绝对化形式，在实际生活中一般不会出现。因此，基尼系数的实际数值只能介于0～1之间，基尼系数越小收入分配越平均，基尼系数越大收入分配越不平均。基尼系数，按照联合国有关组织规定：低于0.2表示收入绝对平均；0.2～0.3表示收入比较平均；0.3～0.4表示收入相对合理；0.4～0.5表示收入差距较大；0.5以上表示收入差距悬殊。

国际上常用基尼系数定量测定社会居民收入分配的差异程度。一般发达国家的基尼指数在0.24～0.36。我国改革开放前的基尼系数为0.16（是绝对平均主义造成的），2007时已经超过警戒线0.4达到了0.48。据估计，我国2010年的基尼系数为0.61，已跨入收入差距悬殊行列，财富分配非常不均。这应该引起高度警惕，否则将会引发一系列社会问题，进而造成社会动荡。

二、基尼系数的计算

基尼系数的计算通过图11.1进行说明。图中横轴代表人口数比例（注意此比例计算是从低收入人口开始计算的，到100%时才涵盖最富有人口），纵轴代表该比例的人拥有的财富占社会总财富的比率，对角线OC线代表绝对平均状态（即每个人口拥有财富相同）下，低收入人群所占人口百分比和总收入百分比之间的关系（财富占比等于人口数占比）；曲线OC代表实际情况（实际是由财富人口分布曲线积分而来），这条曲线也称作洛伦兹曲线（Lorenz curve）。图中直线OC和曲线OC中间的面积越小，收入分配越平等。设实际收入分配曲线和收入分配绝对平等曲线之间的面积为A，实际收入分配曲线右下方的面积为B。并以A除以（A+B）的商表示不平等程度。这个数值被称为基尼系数或称洛伦兹系数。如果A为零，基尼系数为零，表示收入分配完全平等；如果B为零则系数为1，收入分配绝对不平等。收入分配越是趋向平等，洛伦兹曲线的弧度越小，基尼系数也越小，反之，收入分配越是趋向不平等，洛伦兹曲线的弧度越大，那么基尼系数也越大。

计算基尼系数，可以用收入分组数据计算，也可用分

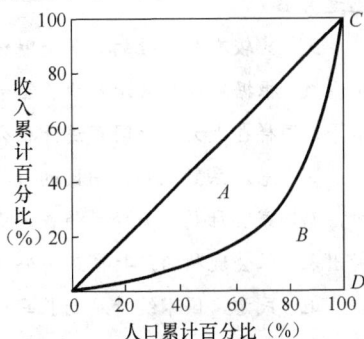

图 11.1 洛伦兹曲线

户数据计算。但要注意的是，无论分组还是分户计算，均应先对数据按收入从低到高排序，分组计算时，一般应使分组的组距相等。用分组数据计算的基尼系数要明显小于分户数据的计算值，特别是当分组的组数不多时，差距更大。用分户数据计算基尼系数时，采用的计算指标不同，也会出现不同的结果。在用基尼系数进行不同地区、不同时期的收入差距比较时，不同计算方法得出的基尼系数是没有可比性的。

三、基尼系数的优劣评价

用基尼系数分析居民收入的差异，是一种比较普遍的方法，既有优点也有缺点。

1. 基尼系数的优点

（1）方法本身具有科学性，基尼系数的计算是将社会经济现象数学化了的办法，能从整体上反映居民集团内部收入分配的差异程度。

（2）基尼系数反映收入分配的差异程度精确、灵敏，可以反映差异程度细微的和连续的变化。

（3）在经济工作中可以作为一个综合经济参数纳入国家的计划管理和宏观调控之中。

（4）基尼系数在国际上应用广泛，便于在实际工作中加强横向联系比较，学习和借鉴外地区和国外的经验。

2. 基尼系数的缺点

（1）没有显示出在哪里存在分配不公。

（2）没有制定基尼系数的准则，一些问题如应否除税项，应否剔除公共援助受益者，应否剔除非本地居民，或应否加入政府的福利，并没有一致性，以至没有比较的准则。

📖 课堂讨论 ▬▬▬▬▬▬▬▬▬▬▬▬▬▬▬▬▬▬▬▬▬▬▬▬▬▬▬▬

社会收入分配差距引热议

新年伊始，随着国家统计局公布的一组数据，一个本应只在经济学教科书中出现，以反映收入分配差异状况的学术名词：基尼系数，突然闯进公众视线，以迅雷不及掩耳之势红遍全国。

这不仅是因为国家统计局近几年来首次公布基尼系数，更在于公众对于该组数据的质疑自数据公布之日起，就不曾停止过。质疑之声一浪高过一浪，一场关乎社会财富分配是否公平的讨论迅速升温。

民间比较有代表性的是西南财经大学中国家庭金融调查与研究中心于 2012 年 12 月 9 日发布的基尼系数。根据它的数据调查结果显示，2010 年中国家庭的基尼系数为 0.61，大大高于 0.44 的全球平均水平，同样也大大高于国家统计局公布的数据。

这个基尼系数表明，中国的社会收入差距悬殊，财富分配严重不均，两极分化已到非常严重的地步，而国家统计局公布的数值仅是表明中国贫富差距过大，却还不至于两极分化。两个数据背后所折射出来的社会现状的差异也正是公众的质疑焦点所在。

迫于民意，国家统计局局长马建堂多次表示，无论官方统计还是民间调查，都需要建立科学的统计制度，规范的抽样方法，适量、妥当的样本数目，以及严谨的发布态度，言下之意是他认为官方的数据无论是在样本上还是方法上都比民间权威得多、严谨得多。另一位统计局官员叶青则更是直接指出，西南财经大学的统计数值样本太少，方法粗糙，计算随意。他认为计算基尼系数是一项庞大的工程，并非是一件容易事，不是随便一家民间机构就能胜任的。

根据中国人民银行发布的一份《中国家庭金融调查报告》数据显示，中国资产最多的 10%家庭，占全部家庭总资产的比例高达 84.6%，收入最高的 10%家庭储蓄占当年总储蓄的 74.9%。换句话说，中国 10%左右的家庭占据 80%左右的财富，如果这个数值属实的话，那么 0.61 的基尼系数可信度就更高一点，而公众对这一数值的接受度普遍要更高一点。

一些评论家认为，统计局的基尼数值偏低可能是低估了社会上高收入人群的灰色收入。据一些研究表明，2008 年全国城乡居民的隐性收入高达 9.26 万亿元，其中灰色收入部分就高达 5.4 万亿元。

无论是官方还是民间发布的基尼系数，其实均指出了中国当前贫富差距问题的严重现实。他们之间争议的焦点仅仅是严重程度的不同而已。数据尽管版本不一，但每一个版本的数据无一不在表明中国两极分化的严重性，改革收入分配制度的紧迫性。

（舟泽，2013）

思考讨论：为什么基尼系数会受到特别关注？我国的基尼系数反映了什么问题？

第三节　收入分配差异

收入分配差异是指在一定社会经济条件下，居民之间按照同一货币单位或实物单位所表示的收入水平差别以及居民收入在社会总收入中占有比重的差别。收入分配差异的产生有其自身的原因，也有客观原因，不一定是坏事。但收入分配差异的扩大化趋势却可能对社会经济产生不良的影响。

一、收入分配差异产生的原因

与收入相联系的个人特点，如智力、体力、力量、动机、决心等被认为是根据正态分布曲线分配的，为什么收入不是这样分配的？产生这种差异的原因主要有人力资本投资方面，此外，能力、机会、家庭等也是很重要的原因。

（一）人力资本投资

人力资本理论阐明了为什么人均收入分配不平等。人力资本投资有多种形式，最关键的是正规教育和在职培训这两种形式，每一个都与收入分配有关。

1. 正规教育

正规教育有一个投资部分，它要求以现在的牺牲来提高未来的生产率和生命周期收入。只有当预期增加收入的现值等于或超过直接和间接成本的现值时，人们才会进行投资。其他条件相同，正规教育数量越多，质量越高，产出将越大。因此我们有一个初步的收入不平等理论：如果其他因素如能力、工作中的非工资收入、不确定性收入和生命预期等保持不变，收入将和个人所受正规教育的数量和质量正相关，教育水平分配的不平等导致个人收入分配的不平等。

2. 在职培训

一旦将在职培训加入到人力资本模型中，说服力会更强。在普通培训情况下，工人通常通过降低工资来承担培训的投资成本，因此，工人将来工资的预期收益必须足以使投资成本（减少的现在的工资）的回报率等于工人选择其他投资的收益。对于不可转移的特殊培训，厂商必须支付投资费用。只有当厂商期望通过投资提高工人的产出时，厂商才会承担此费用，而只有在预期能提高产出和增加未来收益的情况下，培训才可能发生，因此，我们能观察到在职培训数量和质量与劳动者的年收入之间的直接关系。

有关研究指出，随着个人在工作中接受培训的增加，生产率和收入将增加。此外，有证据表明个人接受的正规教育越多，接受的在职培训也越多。那些接受更多正规教育的人已证明了他们接受培训知识的能力，于是他们就成为厂商选择在职培训的目标。因此，接受更多教育的人会比接受教育少的人获得更多的收入。

（二）能力

能力泛指"有能力去做"。能力是多维的，即能力表现为多种形式，包括智力、身体技能和动机。它可能是先天遗传的，也可能是后天环境的影响。我们关心的不是能力不同的原因，而是由于能力不同带来的收入分配的不同。能力能独立于人力资本投资而直接影响收入，也可能通过影响人力资本要求的最佳数量和质量而间接影响收入。

1. 直接影响

在市场经济下，企业通常根据人们的贡献给予报酬。个人能力越强，他的劳动生产率就越高，因而收入越多。即使不考虑在大学学到的技术和知识，高素质人群也将获得比低素质者更多的收入。相应的，个人收入不平等中的很大部分，是由于能力差别而导致的教育和培训的根本不同。

2. 要素组合

不同的能力要素在收入的"生产"中可以相互补充，这说明一种要素的加入将提高其他要素的生产能力，即能力的不同可以使某些人得到高收入。为了证明这一点，我们假设能力包括几种基本的要素组合：智力、动力、精力或决心等。根据这种假设，如果一个人足够幸运，同时获得上述全部要素，他将比只获得其中一种能力要素的人获得更多的收入。

3. 对人力资本的影响

能力可以通过影响人力资本投资的决定来影响收入，较强的能力可以使人们将人力资本投资转化为更高的劳动市场生产率和收入。因此，拥有较高能力的人，其每年教育或在职培训的收益率将更高。这些人将愿意接受更多的教育，而他们的雇主也更愿意给他们提供在职培训。这样，拥有更高能力的人将获得更多的人力资本和收入的储备。简而言之，由于能力高，在校学习好的人将接受更多的教育，同理，接受更多教育的人将得到更多的在职培训。

（三）家庭背景

家庭背景的不同也会直接和间接地影响收入。家庭背景包括：家庭收入、父母的教育程度、父母的职业、孩子的数量等变量。

1. 直接影响

家庭背景对收入的直接影响，通常通过家庭所有的企业雇用家庭成员来体现。一个出生在拥有贸易生意家庭的人，意味着他以后有获得大笔收入的机会。同样，家庭"关系"可以使其子女能在自己的公司，或亲朋好友的公司，或有业务联系的公司获得高收入职位。有时，这种联系只提高了就业机会的几率，但有时，他们通过相互之间的社会或商业联系，进行互惠的安排，为子女提供工作。

2. 对人力资本决定的影响

家庭背景影响人们接受多少正规教育的决定：既影响对人力资本的需求，也影响投资资金的价格。高收入家庭会为孩子们提供更多的学前教育，这些家庭往往居住在离好学校近的地方，强调高质量教育是通向职业生涯的一条通道，他们的孩子也会进入社会认可的高质量教育机构。同时，高收入父母对其子女的人力资本有更高的要求，因此，他们的后辈们将得到更多的正规教育。

（四）歧视

歧视解释了男性和女性之间工资的部分不同。歧视在一些方面增加了收入的不平等。首先，公开的歧视性支付和歧视性提升直接降低了被歧视者的收入；其次，职业排挤或隔离不仅仅降低了女性和少数民族的收入，而且提高了男性和白人的收入，结果都加速了收入的不平等；最后，贫穷的黑人和少数民族家庭常常居住在住房价格低或公共住房的城市街区，这些地区学校质量差，很少有大学毕业的老师，因此这些地区的孩子会比高收入家庭所在街区的孩子获得的教育少，加之上大学的花费问题，使得许多黑人不能获得大学教育。

总之，工资和职业歧视直接导致了收入不平等，而人力资本歧视通过降低所受教育和培训的质量和数量，进一步加剧了这种不平等。

（五）机会与风险

一些经济学家将机会与运气等随机因素加入到收入分配理论中。这些随机理论说明随机财富如何集中影响如债券收益、租金、资本收益等非工资收入。机会成本可以解释个人收入的不平等，相同工作却不同报酬的现象可以存在于不完全工资信息和寻找工作有成本的情况下，个人收入的多少是随机决定的。例如，假如张三和李四是具有相同素质的求职者，他们有相同的保守工资（最低可接受的工资）。同样，假设每人寻找工作的概率分布是随机的，幸运的是张三第一次便找到了一个最高收入的工作，但是李四运气差一点，只找到了一个比保留工资高一点的工作，收入比张三要低。

个人经过培训将达到工作的边际产出要求的水平，但是这种边际产出与工作问题无关。意思是说，拥有一般背景特征的工人将会被挑选出来从事具有较高边际生产率与年收入的工作，由于这种工作很少，其他具有相同资格的人将被安排在较低年收入的工作上。因此，相似的工人将被分配在工作机会和收入不同的区间上，从而造成了收入的差异。

二、西方收入分配差异扩大化的原因

过去三十多年来，世界各国反映收入分配差异的指标基尼系数有不断扩大化的趋势，西方经济学家提出了许多关于收入不平等的原因，其中主要有以下四种。

1. 工业衰退

自从 20 世纪 70 年代中期以来，服务业中的就业迅速发展，与制造业相比，服务业平均收入低，收入的变动大。因此，就业向服务业的倾斜无疑扩大了收入的不平等。但经济学家认为这种解释是不完全的，就业向服务业的转变只能解释一部分收入不平等的扩大，而收入不平等扩大的 80% 可以由工业内部收入不平等的扩大的传播来解释。此外，也有许多收入高增长的服务业，比如法律、咨询、会计、再教育等。

2. 进口竞争和工会化程度降低

激烈的进口竞争大大降低了许多高收入的工会化工业部门（包括汽车和钢铁企业）对工人的需求。因为工会化部门工资不易下降，其对劳动力需求的下降导致了大量工会化就业的减少，结果是低学历工人的平均收入下降。同时，许多工会化部门中移出的工人又增加了低收入工业劳动力的供给，因此，在这些企业中收入下降的压力很大。另外，进口竞争促使高工资产业转向非工会化、收入低的地区，这种重新配置进一步扩大了收入的不平等，导致工会化程度的降低。此外，贸易赤字的增加和相应工会化的降低使收入不平等的程度扩大。

3. 对技术工人的需求增加

20 世纪 80 年代以来，技术工人与非技术工人之间的收入差距越来越大。教育的收益率提高，从而使收入不平等增加的潜在解释是对技术工人的需求正在大幅度增加。其他条件相同时，对技术工人的需求增加，意味着高收入工人将扩大其在收入分配中的数额。

对技术工人需求的增加有两个原因：第一，对技术工人的需求出现在产业内部。为了适应新技术的发展，各产业都需要更高学历的工人来改进自己的生产技术。例如，制造业和服务业都在普遍采用计算机技术。第二，产业中出现了产品需求的转变，由此产生了对劳动的需求，这有助于那些雇用更多技术工人的产业发展。例如，高科技产业的出现，如计算机软件业和生物制药业增加了对高度培训过的工人的需求。

4. 人口变动

一些经济学家用劳动力市场总供给的变动解释收入不平等的扩大，强调把技术工人与非技术工人构成的变化作为重要因素。大量的非技术的童工、女工进入劳动力市场导致了收入不平等的扩大。

缺乏经验的非技术工人的数量激增从两个方面使收入不平等扩大：①缺乏经验的非技术工人的数量激增，使得所有产业中低收入工人与高收入工人之间的比例扩大；②低工资劳动力市场出现大量的年轻工人和缺乏经验的女工，会降低这些市场的相对收入，从而使非技术工人与技术工人之间收入不同的趋势增强。

三、我国收入分配差异扩大化的原因

目前，我国的收入差距正呈现全范围多层次的扩大趋势。中国居民收入分配差距扩大的原因有多种，具体而言，可以归纳为以下几种。

1. 历史原因

新中国成立后，出于种种原因，中国选择了重工业优先发展的战略，其手段主要是要通过农产品统购统销制度，工农业产品价格"剪刀差"，低价收购农产品，将农业剩余转化为工业利润，再通过严格控制工业部门的工资水平，把工业利润转化为财政收入。此外，国家还通过农业税收入和农业储蓄等渠道获得了大量资金积累。同时，人民公社制度和城乡二元分割的户籍制度成为政府的长期制度，户籍制度把农村劳动力禁锢于农村和农业，城市职工报酬以及享受的城市居民的各种福利保障远远高于农村可比劳动力，这种城乡隔离的二元经济结构导致改革前城乡居民较大收入差距的长期存在，也形成了城市居民的利益刚性和改革后的城市偏好。

2. 分配体制的客观原因

我国现阶段实施的是完善按劳分配为主体、多种分配方式并存、各种生产要素按贡献参与分配的分配制度。在这种分配体制下，个人收入量的多少，不仅与自己的劳动贡献大小正相关，而且还与自己所拥有的物化生产要素多少正相关。是否占有物化生产要素及其量的多少和质的高低，便成为影响人际间收入差距的重要因素，不同要素所有者占有要素的数量与质量差异对个人收入差距影响巨大。

3. 经济体制转轨过程中的不规范

转轨时期的一个重要特征，就是旧体制虽然已经开始打破，但新体制却还没有真正建立起来。一些人利用自己所处的有利地位，如掌握重要的经济信息、获得特定的市场准入权，对重要的、紧缺的商品享有控制权等，进行各种形式的设租与寻租活动，谋取了双轨体制给他们带来的巨大利益。另外在转轨时期，市场机制的作用范围没有得到完全延伸，一些领域里还存在行业性垄断，由此而产生的垄断收入，导致了行业之间、部门之间个人收入的极不平衡。

4. 国有企业改革过程中的不规范

改革发展至今，国有企业的改革并没有取得根本性突破，国有资产的保值增值机制、对经营人员的收入风险机制，没有真正建立健全，因此造成了国有企业经济效益的下滑，国有资产的大量流失。个别企业成了某些人把公有财产转化为私有财产的一种复杂的中介环节。这样，就为少数人暴富提供了经济来源，所谓"庙穷方丈富"就是这一情形的生动写照。

5. 社会保障体系不健全

我国的社会保障制度存在着覆盖面小、资金渠道狭窄、管理服务社会化程度低等问题，无法适应不断发展的新体制需要。我国的社会保障体制是建立在城乡二元隔离基础上的，造成了城乡社会保障的巨大差别。国有企事业单位的职工有较高和较全面的保障，集体企业和单位的职工所享受的社会保障则要相对低一些，个体工商业者则基本不享受社会保障。而国有企事业单位的职工又恰恰是收入较高的一批人，国民收入的再分配又向这些人倾斜，更加大了收入分配差距。

6. 税收调节不力

国际经验证明，个人所得税在调节社会收入分配方面能够发挥独特的作用，但目前我国个人所得税制度还不够完善。另外，个人所得税所需要的征管条件目前还不完全具备，从税务部门本身来讲，也需要进一步强化征管力度，严格征收管理。除个人所得税外，我国还没有建立针对个人财产存量及其转移进行调节的收益类税种，比如不动产税、遗产与赠与税。再如，适应现代经济发展和社会变革需要的社会保障制度既不统一，又不健全，在资金筹措上没有采取国际上通行的开征社会保障税的方式，政出多门，效益低下。由此造成政府以及社会对失业者的安置及其生活困难问题的解决缺乏必要的财力保障。

7. 经济发展的阶段性决定了收入分配差距扩大化问题

随着经济总量的快速发展，我国跨入了跨越"中等收入陷阱"的时代。在经济发展与收入分配关系上，库兹涅茨的"倒U形曲线理论"认为，在经济未充分发展、人均国民收入较低时，收入分配将随着经济发展而趋于不平等；其后，随着经济发展和人均国民收入水平提高，收入分配差距将逐步缩小。我国正处于高速增长的经济起飞阶段，是"倒U形曲线理论"的拐点，在这个阶段，社会各阶层收入差距的拉大，是经济特定发展阶段的客观反映，应顺应规律、因势利导，以确保平稳顺利渡过这一关键点，进入新的发展阶段。如果这一过程受到阻滞、拖延，则会带来一系列社会经济问题，从而阻碍产业结构升级和调整，限制市场经济的发展。

拓展知识

理性看待行业收入差距

据 2011 年 12 月 12 日《中国青年报》报道（萧坊） 据人社部劳动工资研究所副所长杨黎明介绍，当前中国工资收入差距不断扩大，2010 年，平均工资最高的行业是金融业，70 146 元；最低的农林牧渔业，16 717 元。最高与最低之比为 4.2：1。20 世纪 80 年代，我国行业间工资收入差距基本保持在 1.6～1.8 倍左右。世界上多数国家行业间差距在 1.5～2 倍左右。

造成我国行业收入差距的原因是多方面的，其中，合理的一面是经济发展的必然结果，也是促进经济增长的手段之一；不合理的一面，比如腐败和行业垄断，特别是行政垄断，加剧了低收入行业的相对剥夺感。证券行业的收入高，这是因为证券行业要求较高的知识范围和技术水平，从业者不仅要有扎实的金融证券知识，也要求有丰富的投资经验。从各大证券公司针对应届学生的招聘启事上即可了解到，证券行业对员工的学历要求基本上都是硕士以上学历。高成本必然要求较高的回报，证券行业相对较高的收入，当然有其合理的成分。

美国经济学家库兹涅茨在他的经典著作《经济增长与收入不平等》中，对一个国家不同经济发展过程中收入分配格局的变化作过一个实证分析。他认为，在经济增长的早期阶段，收入不平等将加速扩大，到一定阶段后，收入差距会趋于稳定并逐渐缩小。在库兹涅茨看来，收入差距的变化相当于一条倒U形曲线，这也就是著名的"库兹涅茨倒U形假说"。中国发展也印证了这一假说。过去 30 年间，在"让一部分人先富起来"的政策指引下，我国经济取得了举世瞩目的成就，但"收入差距"也在不断扩大，也越来越为人诟病。

一般来说，在经济发展的初级阶段，一定的收入差距有利于经济发展，而在经历一段时间后，过大的收入差距对经济发展的影响则逐渐走向负面。在我国，有学者研究认为，过去 30 年间，行业收入差距与经济增长具有同向变动的趋势，行业平均工资差距的扩大产生了激励作用，由此推动了经济增长。这意味着，我国一直处于库兹涅茨倒U形曲线的左半阶段。目前，我国已经逐渐走到了库兹涅茨倒U形曲线的顶部，如何顺利完成曲线的转折，防止行业收入差距的进一步拉大，是改革的关键点之一。

行业收入差距的不合理成分，在于垄断。在我国，行业收入差距的根源主要来自三个方面——一是行业垄断；二是行业人力资本水平；三是行业的劳动生产率水平。人力资本和劳动生产率差异带来的行业收入差距，这是不同行业的内在差异，也是经济发展过程中资源配置的必然结果，需要通过教育培训和技术创新来弥合。而垄断则不仅是一个经济体制改革问题，更是一个政治体制改革问题。有句顺口溜说得好，"银行加证保（证券/保险），两电（电力/电信）加一草（烟草），石油加石化，看门也拿不少。"垄断行业的丰厚回报已经形成了一个特殊的利益集团。

我国行业收入差距反映出来的问题是复杂的，既是30年经济快速转轨的一个客观缩影，也是我国行业垄断严峻现实的真实写照。人云亦云地作"愤青"状叫骂于事无补，只有理性认识行业间的收入差距，才有利于解决问题。

思考讨论：收入分配差异的产生是好事还是坏事？如何看待垄断行业的高收入？

第四节　收入分配差距扩大的治理

改革开放三十多年来，我国经济取得了长足的发展，但收入分配问题日益严重。近年来中央相继出台了一系列的政策措施以提高居民收入、扭转收入差距扩大趋势；《"十二五"规划纲要》也对改善民生、调整收入分配关系设置了专门篇章加以阐述和部署。从20世纪90年代开始，许多学者从不同角度研究收入分配产生的原因并对如何解决这个问题进行了探讨。

一、树立正确的公平分配观

收入分配的全过程包括三个环节：起点、过程、结果。树立正确的公平分配观，就是要做到以上三个环节的统一，即把起点公平、过程公平和结果公平看成是一个有机的、不可分割的系统。

所谓起点公平是指市场经济的竞争应该在同一起跑线上进行社会活动，即竞赛的规则必须公平，这是公平中最具决定意义的一环，只有在一定程度上解决了起点公平问题，才能在一定程度上为过程公平建构打下基础，从而最终实现结果公平。

所谓过程公平是指个人或群体在社会活动中，能获得发挥自身能力的机会平等及在公平的原则和操作下公平竞争，就是要给每个人以公平的机会和条件，而公平的机会与条件则必须由法制主导下的市场经济来提供。对于民众由此而产生的"仇富心态"，政府应该给予理解，并且引导民众积极参与对规则和制度的完善上来。

结果公平可以分为两类：绝对结果公平和相对结果公平。绝对结果公平是指社会成员间的收入不按贡献而是按人头来分配，追求平均，社会成员之间收入结果差距很小，是一种平均主义。就相对结果公平来说，它包含两个方面的内容：一是就同一个体而言，其产出、贡献与所得是否匹配、相称，我们称其为纵向相对结果公平；二是就不同个体而言，他们之间的收入差距是否在一定的范围之内，也就是所谓的社会是否基本公正，而不看其贡献大小，我们称之为横向相对结果公平。

二、重新定位效率与公平之间的关系

公平与效率之间没有绝对的主从关系，它们都是经济发展的核心基础。过分强调效率而忽视公平的纯市场经济手段和过分强调公平而忽视效率的绝对平均主义，都是不可取的。要发展生产、改善生活，必然要通过适当拉开收入差距来提供激励。

公平虽然是建立效率的前提，但如果片面追求收入的绝对平均，实际上也是一种不公平，此时人们的付出不能得到合理回报，其结果只能是扼杀了生产活力，阻碍社会发展。公平与效率是在市场经济发展完善的过程中建立起来的，公平在市场经济中所体现的不是简单的均贫富，而是收入分配的机制公平、过程公平，只有这样的公平才能既长期起作用又增进效率。改善收入分配的现状，不仅需要调节分配的结果，更需要努力实现分配的机制公平、过程公平。这也需要进一步深化经济和社会体制改革，使人们能够公平地参与社会经济生活。

三、协调政府与市场两者之间的关系

政府和市场作为经济生活中两种重要的调节方式，均有其重要的作用。实践经验证明，在收入分配领域完全依靠行政手段，既无效率也不公平；只有引入市场竞争机制，才有可能实现公平与效率的统一。因而在进行收入分配过程中，既要发挥市场无形之手的基础性作用，也要发挥政府有形之手的关键性作用。

我国正在进入社会财富倍增与贫富差距加大同步进行的社会发展高动荡期。由于市场经济体制尚处于初级阶段，政府在收入分配的各阶段都需要积极作为，以着力完善市场经济体制，规范收入分配秩序。既要进一步深化改革、解决市场扭曲和不能正常发挥作用的问题，又要解决市场泛化和市场失灵的问题，还要解决政府职能转变的问题，使市场无形之手和政府有形之手都到位又都不越位，综合协调地发挥作用。

四、完善相关制度建设

具体措施主要有以下几种。

（1）进一步打破城乡分割二元经济结构，促使农村剩余劳动力自由流动，城乡实行相同的"国民待遇"。统一城乡劳动力市场，实行开放的劳动力市场政策，让劳动力在城乡之间和地区之间享有充分流动的自由和同等的就业机会，以缩小城乡收入差距。

（2）加强对垄断行业的监管，加强市场竞争。按照国际惯例提高一些垄断行业的市场准入程度，政府应有计划地为一些行业的进入创造较为宽松的条件，引入竞争机制，打破或削弱行业的垄断，加强对垄断收入分配的控制和管理，缩小垄断行业与非垄断行业的收入差距。

（3）加快体制改革，强化权力约束。一方面要严格执法，加大腐败案件的查处力度，特别需要强化对权力的约束和民主监督；另一方面，要深化市场经济体制改革。深化企业分配制度改革，建立健全激励机制和约束机制。进一步实现政企分开，打破阻碍经济健康发展的"条块分割"和部门垄断，合理划分各级政府的事权，强化监督机制，从源头上堵住腐败现象的产生，使政府与企业的关系真正转到符合市场经济要求的轨道上来。

（4）深化税收体制改革。税收作为调节国民收入分配的杠杆，是治理收入分配不公的重要手段。要完善税收政策，逐步建立一个综合协调配合，覆盖居民收入运行全过程，以个人所得税为主体，以财产税和社会保障税为两翼，以其他税种为补充的收入分配税收调控体系。

这里有几种方法可以考虑：①实行金融资产实名制。增加个人收入的透明度，限制非法收入，从源头上对个人所得税加以控制。②适时开征遗产税。目前全世界约有三分之二的国家和地区都开征了遗产税。实践表明，开征遗产税对于避免个人财产分布过分集中，鼓励人们依靠诚实劳动和努力工作致富，限制部分人通过继承财产不劳而获、好逸恶劳具有重要调控作用。③加强对高收入阶层的税收调控。目前，高收入阶层主要为企业家、各类明星、垄断行业从业者、政府官员"寻租"灰色收入者、非法地下经济暴发户等。

五、健全社会保障制度

由于市场的自发倾向和劳动者个人天赋与能力的差别，难免造成收入的悬殊。在这种情况下，为了保障人们的基本生活，实现公平目标，社会保障将对个人收入差距起到重要的调节作用。

（1）对弱势群体，需要给予重点关注，采取的政策取向是强化社会保障，确保其最低生活水平，并逐步提高其收入水平。应按照权利和义务相统一、效率与公平相兼顾、改革和过渡相衔接的原则，通过改革逐步建立起符合新经济体制要求的多层次社会保障体系。

（2）对低收入者中的城市群体，应适当提高城市居民最低生活保障标准和失业救济标准，保障他们的生存条件，共享经济发展的成果。

（3）对低收入者中的农民群体，要增加对农业的投资，建立基础教育、基本医疗卫生服务等基本需求向农村贫困地区转移支付的制度，建立农村最低生活保障制度，逐步将农村贫困户的救济纳入全社会的最低生活保障制度中。

六、重视建立利益表达和利益协调机制

在一个利益分化和利益主体多元化的社会中，追求公平分配的另一方面的重要途径或制度安排就是建立各个利益主体间的利益表达和利益协调机制，尤其是劳资双方的协商制度、社会弱势群体的利益诉求和利益保护制度。目前迫切需要解决的是如何确立工会独立于政府和企业雇主之外的法律地位，以及维护职工权益的实际权利；如何割断政府与企业间的经济利益关系，使其真正成为社会公正的维护者；如何使司法制度真正为老百姓主持公道。最终的追寻目标是建立利益各方的良性互动关系和实现公平分配的利益协调长效机制。

📖 本章小结

效率优先、兼顾公平，是全社会各种经济成分分配的基本原则。效率优先，就是发展生产力优先，兼顾公平就是使全体人民共享生产力发展的成果。

收入分配机制主要有三个：市场机制、宏观调控机制和社会保障机制。所谓市场机制就是指在市场经济体制下的收入分配，要贯彻按劳分配方式的客观要求。宏观调控机制的作用，主要是调节收入分配的总量和结构。社会保障机制是国家和社会为保证全体社会成员的基本生活权利，依据一定的法律和规定，通过国民收入再分配所提供的资助、补贴和救济。

基尼系数是定量测定收入分配差异程度的一个指标，是国际上用来综合考察居民内部收入分配差异状况的一个重要分析指标。收入分配差异产生的原因主要有人力资本投资、能力、机会、家庭等原因。西方收入分配差异扩大化的原因主要有四种：工业衰退、进口竞争和工

会化程度降低、对技术工人的需求增加以及人口变动。我国收入分配差异扩大化的原因可以归纳为以下几种：历史原因、分配体制的客观原因、经济体制转轨过程中的不规范、国有企业改革过程中的不规范、社会保障体系不健全、税收调节不力和经济发展的阶段性等。

防止收入差别扩大化的途径主要有：树立正确的公平分配观、重新定位效率与公平之间的关系、协调政府与市场两者之间的关系、完善相关制度建设、健全社会保障制度、重视建立利益表达和利益协调机制等。

综合练习题

一、选择题

1. 收入分配完全不均等时，基尼系数等于（　　　）。

   A. 0　　　　　　　B. 1　　　　　　　C. −1　　　　　　　D. 2

2. 基尼系数越大，则它所代表的收入不平等程度（　　　）。

   A. 越低　　　　　B. 越高　　　　　C. 越接近于 1　　　D. 越接近于 0

3. "滞胀"是指通货膨胀与（　　　）共有的局面。

   A. 就业停滞　　　B. 出口停滞　　　C. 经济停滞　　　　D. 资本停滞

4. 全社会各种经济成分的收入分配的基本原则是（　　　）。

   A. 效率优先、兼顾公平　　　　　　B. 公平优先、兼顾效率

   C. 差异优先，兼顾公平　　　　　　D. 效率优先、兼顾差异

5. 收入分配理论中的"倒 U 形曲线理论"是（　　　）提出的。

   A. 洛伦兹　　　　B. 凯恩斯　　　　C. 马克思　　　　　D. 库兹涅茨

6. 一般来说明星的收入属于（　　　）。

   A. 垄断收入　　　B. 补偿性收入　　C. 灰色收入　　　　D. 公平收入

7. 下列有关洛伦兹曲线的说法中，错误的是（　　　）。

   A. 越接近完全平等线的洛伦兹曲线越直，收入分配越不平等

   B. 完全平等线所代表的收入分配不一定是完全平等的

   C. 洛伦兹曲线位于收入绝对均等线的上方

   D. 洛伦兹曲线位于收入绝对不均等线的下方

8. 随着经济总量的快速发展，有人认为我国已跨入了（　　　）时代。

   A. 低等收入陷阱　B. 中等收入陷阱　C. 高等收入陷阱　　D. 中高等收入陷阱

二、思考题

1. 如何理解经济史上的各种收入分配理论？

2. 收入分配的机制有哪些？

3. 收入分配的基本原则是什么？

4. 什么是基尼系数？如何利用基尼系数判断一国收入分配差异？

5. 收入分配差异产生的原因是什么？

6. 收入分配差异扩大化的原因是什么？

7. 如何防止收入分配差异进一步扩大化？

8. 理论上控制收入分配差异并不难，如开征遗产税、赠予税等，但实施这些措施有很大阻力，为什么？

9. "鼓励一部分人先富起来"这样的政策有何意义？有什么值得注意的地方？

10. 能力与家庭的不同，对收入分配差异会产生什么样的影响？

三、案例分析

美国调节收入分配差距的财政措施

一、美国收入分配差距简况

美国虽然是西方发达国家的典型代表，但收入分配不公比其他西方国家更为突出。从基尼系数来看，美国收入分配的基尼系数 1967 年为 0.399，1980 年为 0.403，1990 年为 0.428，1995 年为 0.450，2000 年为 0.460。从不同比例人口占有的收入份额来看，1964 年最低收入的 20% 的家庭所占货币收入份额为 5.1%，最高收入的 20% 家庭所占份额为 41.2%；1973 年，最低收入的 20% 家庭所占份额为 6.0%，最高收入的 20% 家庭所占份额为 41.0%；1985 年，最低收入的 20% 家庭所占份额为 4.7%，最高收入的 20% 家庭所占份额为 41.9%；1995 年最低收入的 20% 家庭所占份额为 3.7%，最高收入的 20% 家庭所占份额为 48.7%。

二、美国调节收入分配差距的财政措施

为实现调节收入分配差距目标，可供政府选择的政策工具一般有税收、公共支出和公共管制。罗伯特·J·兰普曼（Robert·J·Lanpman）认为："税收制度对于富人向穷人的收入再分配只起轻微的作用，而政府开支出在这方面所起的作用则要明显得多。"一般说来，税收在"劫富"方面有效，但在"济贫"方面却效用不大。需要有包括最后落实在社会保障支出、义务教育支出与反贫困支出等在内的公共支出加以补充方能奏效。因而税收、社会保障、义务教育与反贫困是调控收入分配差距的主要财政措施。

（一）税收调节措施

在美国，已经建立了以个人所得税为主体，辅之以遗产税、赠与税、个人财产税、个人消费税、社会保障税的税收调节体系，充分发挥不同税种相互协调配合的调节功能。其中，个人所得税和遗产税（赠与税）实行累进税率，个人应税收入（或财产）越高，征税比例就越大，对个人收入差距调节力度最大。个人所得税的最高边际税率曾经高达 50%，遗产税的最高边际税率曾经高达 70%。个人财产税、个人消费税、社会保障税实行比例税率，其调节收入分配差距的效果尽管不如个人所得税和遗产税，但同样对收入分配差距具有调节功能。

（二）社会保障调节措施

美国的社会保障由社会救济、社会福利和社会保险三部分组成。一是由联邦或州政府出资并管理的社会救济和社会福利项目，保障的主要对象是低于社会贫困线的低收入者、丧失劳动能力的人以及这些家庭中的未成年人及其母亲。福利内容有现金补贴、食品券、住房补贴、医疗补贴等。二是由政府立法强制实施、全体劳动者参加并共担费用的社会保险项目。主要有养老、医疗、失业、残疾、工伤与职业病保险等，实施对象是所有劳动者和退休人员。政府只对这些项目提供基本保障，并在主要项目上体现了一定的社会共济和再分配原则。三是由各种基金组织委托商业保险公司等金融机构经办的私人团体年金、医疗保险和个人储蓄。对这一层次的保费和保费投资收入政府实行免税鼓励。据有关专家估计，美国政府为此每年减少税收上千亿美元。美国社会保障以保障基本生活水平，强调社会保障实施于需要社会帮助的弱势群体，各类人员享受保障的差别较大。例如，美国只有当职工退休以后，才能享受国家提供的医疗保险。正因为如此，国家财政

用于社会保障的支出较少，从社会保险税中筹集的资金可以应付社会保障资金的支出。

（三）义务教育调节措施

为了保证不同地区之间义务教育的公平性，美国联邦和州政府加大了对义务教育的投入，州政府实行了不同学区的差别拨款补助方式。而近20年来，联邦政府对教育的支出正在不断地加大，如针对残疾儿童的资助、为了缩减班级规模的经费支出等专项支出的绝对额和相对比例都呈上升趋势。一方面，原有的联邦资助项目的额度在不断加大，另一方面，又新增了不少支出项目。同时，各级政府在义务教育总支出中的比例结构也发生了变化。地方政府大于州政府、州政府又大于联邦政府的旧格局逐渐被打破，形成了州政府大于地方政府、地方政府又大于联邦政府的新局面。

（四）反贫困调节措施

反贫困调节措施就是政府为了消除贫困、体现社会公平、缓解社会矛盾、维护政局的稳定、实现经济的稳定与增长，运用财政工具对贫困人口或贫困地区进行救济、补贴或者扶贫开发，以消除绝对贫困或解决相对贫困问题的制度。美国对落后地区的开发，最早可以追溯到美国建国后持续百余年的"西进"运动，但真正意义上的对落后地区的开发以及结合针对个人的反贫困计划则是从20世纪30年代经济危机以后，以南部地区为重心的区域援助政策开始的。自20世纪五六十年代以来，联邦对州和地方政府的财政补助不断增加，据美国行政管理预算局估计，"1997年联邦财政补贴达到2 752亿美元，占联邦支出的比重达到16.3％，占国内生产总值的比重达到3.5％。"

此外，联邦政府还设定补贴的基本形式，其一是专项补助，它是为了支持那些特别专门化的项目而设计的一种有条件的补助。它一般由联邦政府规定用途、金额、使用期限和各种具体要求，州和各级地方政府不得移作他用。专项补助中约有70％是按照人口、人均收入或者财政能力等作为衡量需要程度的标准，合格者均可自动获得这种补助。另一项补助是分类补助。和专项补助相比，它的约束性不强，联邦政府也只规定作用范围，没有资金配置的相应要求。分类补助的作用主要是通过给州和地方政府提供一种更为有效的收入来源来消除地区之间的差别。

（刘乐山等，2007）

思考讨论：试根据以上资料，谈谈你对美国调节收入分配政策的理解及对我国缩小收入分配差异的启示。

📕 阅读资料 ═══════════════

十八大新华视点："人均收入10年翻番"怎样翻？

新华社北京2012年11月10日电（记者 张旭东、韩洁、刘铮） 十八大报告提出到2020年城乡居民人均收入比2010年翻一番的新目标。这一目标事关百姓收入，关乎生活质量，在会内会外引发广泛关注和讨论。

不少百姓很想了解这一目标如何计算、如何实现等焦点问题，记者就此采访了会上代表和会外专家予以深度剖析。

"翻一番"按扣除价格因素计算

"按照规划惯例，这个'翻一番'目标自然是扣除价格因素，这是货真价实的倍增计划。"

规划专家、清华大学教授胡鞍钢代表说，"这个'翻一番'，就是以2010年为价格基期，按不变价格来计算。"

国家统计局数据表明，2010年城镇居民人均可支配收入和农村居民人均纯收入分别为19 109元和5 919元。但这并不意味着2020年人均收入就是简单"乘以二"的结果。"考虑到通胀因素，到时人均收入数字会超出38 218元和11 838元，扣除价格因素计算，实际收入应达到两倍的标准。"

此外，报告中提出城乡居民人均收入，是指所有人即全体人民人均收入"翻一番"的总体概念，并不意味每个人都在目前水平上翻一番，可能低收入者增加的还要多，高收入者增加的要少，这要视具体情况而定。

难点和重点在于缩小收入分配差距

提出人均收入"翻一番"的目标，这是党中央在全面建设小康社会后半程更加注重民生改善最鲜明的体现。

浙江嘉兴市委书记李卫宁代表说，党中央更加重视改善民生，这是实现人均收入增长的最大优势，极大增强了广大群众的信心，但难点却存在于缩小贫富差距、城乡差距、区域差距等方面。

根据历史数据，从1979年至2011年我国城乡人均收入年均增长7.4%，2002年至2011年城镇居民人均可支配收入和农村居民人均纯收入年均实际增速分别为9.2%和8.1%。

胡鞍钢代表测算，只要今后人均收入年均增长7.2%左右就可以实现到2020年人均收入"翻一番"的目标。"关键是要更高质量、更高水平的增长，是货真价实的增长。"

十八大报告已明确提出，要"千方百计增加居民收入"，"必须坚持走共同富裕道路"，要着力解决收入分配差距较大问题，使发展成果更多更公平惠及全体人民，朝着共同富裕方向稳步前进。

胡鞍钢代表认为，此次报告提出的"收入分配差距缩小"的说法指向明确。"先富比较容易，但共同富裕比较难，要努力使改革开放的成果让所有人来共享。"

靠发展、靠制度确保"翻一番"目标实现

国家发展改革委副主任朱之鑫代表说，实现这个目标，体现了民生优先、惠民富民的政策取向，也顺应了广大人民群众过上更好生活的新期盼。从近几年发展实际看，实现这一目标是有把握的，但也是需要经过努力才能实现的。

确保人均收入增加，首先要靠经济发展

北京大学国民经济核算研究中心研究员蔡志洲说，没有经济增长，改善生活就难以实现。"居民收入要改善，必须要转变发展方式，改变投资拉动的经济增长，更加注重投资与消费的协调。"

国务院发展研究中心研究员张立群说，十八大报告提出经济增长和人均收入同步发展。要实现人均收入"翻一番"目标，年均经济增速需要略高于7%。要通过推动创新和产业升级，不断提高劳动生产率，这是劳动者收入不断增长的坚实基础。

确保人均收入增长，还要依靠制度保障

蔡志洲认为，应该加强建立工资正常增长的保障制度，特别是企业对农民工的工资机制；要从制度上保证劳动收益，缩小收入分配差异扩大化趋势，保证和提高劳动在收入分配关系中的"蛋糕"份额；税收制度要做调整，既然要提高居民收入，又不能过于影响企业经营，政府要采取措施，适当给企业和个人减税。

十八大代表、中国农业银行董事长蒋超良表示，要采取多重措施，继续提高居民收入在国民收入分配中占比。"通过加大转移支付、建立更加完善的社会保障体系、限制过高收入等方式，进一步缩小收入差距，真正提高更大多数人民的生活满意度。"

第十二章　劳动与宏观经济

就业体制改革和劳动力市场发育，是宏观经济改革的重要方面。如果宏观经济政策仅仅关注经济增长，没有真正把就业作为政策制定的出发点，不仅不能取得良好的就业扩大效果，也不能实现经济增长的初衷。在宏观经济政策选择中理解就业与经济增长和经济周期的关系，完善市场经济条件下的就业体制，实现就业与通货膨胀之间的平衡具有十分重要的意义和紧迫性。本章就劳动力市场作进一步讨论，这些讨论把劳动力市场同宏观经济紧密联系在一起，主要内容包括政府与劳动力市场关系、二元经济与刘易斯拐点、失业与菲利普斯曲线、经济增长与劳动等。

第一节　政府与劳动力市场

在前面的一些章节，我们讨论了劳动力市场上各种因素对工资和就业量的影响。实际上，政府对劳动力市场的参与很重要。由于政府行为对经济的影响很广泛，本节只研究公共部门就业以及政府支出和税收对私人部门工资和就业的影响，政府法律和法规对劳动力市场的直接干预问题留给相关学科作进一步分析。

一、公共部门就业与工资

在很多劳动力市场上，政府是某些特定类劳动力的主要甚至是唯一的雇主。例如，它雇用军人、警察、消防员、法官等。社会对上述人员提供的公共产品和服务的需求派生出对这些人员的需求。政府雇用劳动力，就"耗费"或"吸纳"了经济资源。确切地说，政府部门的就业直接占用了一国的生产能力。例如，部队征兵，社会就放弃了这些人在私人部门的产出。

在过去几十年中，公共部门就业量的相对增长可以通过劳动需求和供给模型分析。在劳动力的供给方面，公共部门和私人部门基本上是同步增长的，但是公共部门的劳动需求曲线明显比私人部门的需求曲线右移了，结果公共部门的均衡就业量迅速增长，如图12.1所示。

经济学家对公共部门就业量的相对增长有多种解释，主要有以下几个原因。

（1）人口增长、城市化和市区扩大增加了对各级政府服务的需求。

（2）人口的年龄构成在过去50年间也发生了急剧变化。

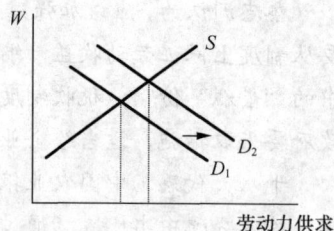

图 12.1　劳动力供求均衡

第二次世界大战后世界局势的相对平稳导致生育高峰的出现，从而导致对教师需求明显增加。

（3）社会实际收入增长，增加了对收入弹性较高的诸如高等教育、医疗卫生服务、公园以及干净的环境等政府服务的需求。

（4）公共部门工会的出现也成为劳动力市场上的一个重要力量。有人认为，公共部门工会和职业群体越来越多地使用政治力量，例如，捐款运动、组织支持、担保、投票等选举那些在公共产品和服务上支出较多的官员，增加了对公共部门雇员的引致需求。

（5）政府在经济中的管理角色在过去 50 年中扩大了，这也增加了对政府雇员的需求。

📕 课堂讨论

公共部门就业凸显棘轮效应

据 2011 年 6 月 17 日《中国社会科学报》报道（丁守海）　从部门性质上分，就业可分为公共部门就业和私人部门就业，前者以政府等社会公共事务管理机构为代表，后者以企业为代表。即便在倡导自由市场体制的西方国家，政府会雇用相当规模的员工，公共部门就业也不可忽视。中国庞大的政府管理机构和行政事业单位，更是历来为人们所瞩目。由于其就业机制不同于私人部门，在经济波动过程中，公共部门就业波动具有一定的独立性，并呈现出所谓的棘轮效应，这反过来会对私人部门的就业造成影响。

公共部门就业存在棘轮效应

劳动需求是派生需求，就业波动与经济的周期性波动基本一致，这一点在私人部门表现得尤为明显。卡德罗尼利用美国 1948—2003 年的月度就业数据发现，私人部门的雇用规模与国内生产总值的相关系数高达 0.8，工资与国内生产总值的相关系数也达到 0.64。这说明私人部门就业是高度顺周期的，不仅数量随经济形势的好坏而增减，价格也有很强的随行就市的特征。

然而，在公共部门，人们很难找到这种顺周期的迹象。基于同样的数据，卡德罗尼发现公共部门雇用规模与国内生产总值的相关系数只有 0.35，公共部门工资与国内生产总值的相关系数基本为零，在 20 世纪 70 年代之前甚至一度为负数。可见，政府不仅在制定招募计划时很少考虑经济波动的影响，薪酬策略也几乎脱离经济周期的轨迹，甚至与之背道而驰。

公共部门就业的这种特立独行特征由来已久，贝拉特和波特等学者发现，在经济衰退时期，公共部门的就业通常是不减反增的。比如，在美国 20 世纪 70 年代的经济危机中，不管是联邦政府还是地方政府，其雇用规模都曾经出现过较大幅度的增长，最高时幅度接近 20%。最初，人们的解释是经济萧条时期正是社会公共服务需求激增的时期，经济刺激计划的制定和执行、财政税收制度改革、失业保险和社会救济的发放等，都需要更多的公职人员来完成。

可是，当经济从萧条周期转入繁荣周期后，公共部门的就业数量并没有随公共服务的减少而减少，相反，通常维持在萧条时的高位。这种只增不减的现象被称为公共部门就业的棘轮效应。后来人们将其拓展到价格变量上，即公共部门的工资在经济萧条时期不降反增，在萧条过后，工资仍维持在高位甚至继续前行。回顾一下 20 世纪 30 年代的大萧条、两次世界大战后的历次经济周期，均可以发现棘轮效应存在的证据。

卡德罗尼把公共部门的棘轮效应比喻成私人部门就业波动的放大器，之所以造成放大功能，除了挤出效应外，还有一个重要原因就是公共部门的示范效应。经济萧条时期公共部门的工资不降反增，这也会使私人部门的保留工资具有向下刚性，在"向公共部门看齐"想法的支配下，集体谈判变得更艰难，本可以通过价格调整来舒缓的失业压力最后只能诉诸数量调整的方式。

思考讨论：经济萧条时期公共部门的工资不降反增是否合理？

二、政府非工资支出对劳动力市场的影响

政府的非工资支出也会影响工资率和就业量，这种支出数额较大，一般采取两种形式：一是对私人部门产品和劳务的购买支出；二是转移支付。下面简要分析各种支出对特定劳动力市场的影响。

（一）政府购买私人部门的产品

政府部门对私人部门的产品购买会产生对私人部门员工的引致需求。没有政府参与，这些部门劳动力需求不会产生，或者没有那么多。可以想象，需求上的这些变化会影响到均衡工资率和就业量。例如，政府压缩战略性空间方面的支出会降低这些工程师的工资和就业量；同样，政府如果要大力发展教育事业，也会增加对教师的需求。

（二）转移支付

政府的转移支付是非耗尽的，因为它们并不直接消耗资源或生产产品。正如它们的名称所显示的，例如退休人员的社会保障补助金、失业补偿等，只是把收入从政府手中转移到个人和家庭手中，接受者不以生产作为回报，因此不会消耗资源。同样，补助是转移支付给消费或生产特定产品或劳务支出、机构或家庭的支出、医疗保险、教育补助等。

（三）需求效应与供给效应

1. 需求效应

虽然转移支付并不直接消耗和吸收劳动力和其他要素，但它们确实改变了经济中的总需求结构，从而影响特定劳动力的需求结构。例如，按美国社会保障计划，支付给老年人的现金和医疗形式的转移支付会提高老年人的产品和劳务的需求。确切地说，转移支付会提高对各种药物、家政护理等的需求。这种需求反过来会提高对生产这些产品和服务的工人的引致需求。同样，按福利计划对低收入家庭现金支付，也会提高对各种产品的需求。在其他条件相同的情况下，这些产品需求的增加会导致产品价格提高，从而增加了对相关行业的劳动力需求。此外，给私人企业和非营利机构的补助支出也会提高对某些劳动力的需求。例如，出口补贴，相应就降低了出口产品的价格，从而提高了外国的购买力，增加对出口部门劳动力的引致需求。这就是所谓的需求效应。

2. 供给效应

除了对劳动力需求有影响，转移支付也会影响短期和长期的劳动力供给。转移支付收入可使接受者可以购买更多的正常品和劳务，包括闲暇。而且，如果现金形式的转移支付与工作收入是负相关的，也就是说，如果救济金降低工作收入增加，那么这一计划又会产生替代效应，当转移支付增长时，工作时间进一步减少。因而，通过在一定程度上降低转移支付，可以导致劳动供给的相对增加。

转移支付也会影响劳动力的长期供给决策。现金或实物形式的补助会降低人力资本投资动机。然而，并不是所有的转移支付都会降低长期劳动力供给。有些转移支付能够

降低人力资本投资的私人成本，这将产生相反的效果。例如，政府以低于市场利率的优惠条件给大学生提供贷款补助。这种补助降低了大学教育的私人成本，从而提高了人力资本投资的个人收益率，其直接结果是，不同熟练程度和专业的劳动力市场上的长期劳动力供给增加。另外，受教育多的人比受教育少的人留在劳动力市场上的时间长。因此可以认为，政府的转移支付对特定劳动力市场上劳动力供给的影响可能是正的，也可能是负的。

三、公共物品和服务对劳动力市场的影响

公共物品和服务的提供是否独立地影响劳动力的需求和供给？例如，国防与大学教育。显然，有些公共物品的提供确实影响私人部门对劳动力的需求。可以想象，政府提供这些物品和服务会降低经济中的总劳动力供求。

1. 对劳动力需求的影响

公共物品和服务的提供从多个方面影响劳动力需求。例如，假定政府要在河上建立大坝，同时，大坝的建成会产生多重效果，诸如发电、洪涝控制、灌溉以及娱乐。大坝本身的存在也会影响劳动力市场。例如，灌溉工程可能提高对农业工人的需求；新的娱乐设施会提高对捕鱼船、机动船的需求量，从而提高对生产这些产品的工人需求；低廉的电价会吸引制造性企业来到这一地区，因此提高了对各种熟练和非熟练工人的需求；下游洪涝得到控制会降低对提供涝险的代理人和理赔人员的需求。因此，在其他条件相同，公共物品的生产和消费与私人产品是互补关系时，将产生对私人部门劳动力的引致需求；相反，若公共物品的生产和消费与私人产品是替代关系时，则会降低私人部门对劳动力的引致需求。

2. 对劳动力供给的影响

通过调整短期个体劳动力供给中的收入和闲暇模型可以发现，公共物品和服务的提供会降低劳动力供给数量。根据收入和闲暇模型，它包含一个由无差异曲线组成的偏好图形，如图 12.2 所示。纵轴为实际收入，为个人特定工作量下从公共和私人部门获得的总产出。假定不管张某工作多少时间，他都能得到 Y_0 即（WW'）的公共产品，那么他的实际收入将等于 Y_0 加上他的工作收入所能买到的私人产品。WW 表示在既定工资水平上，张某的闲暇与收入的组合预算线；$W'W'$ 表示获得公共产品后的预算线。

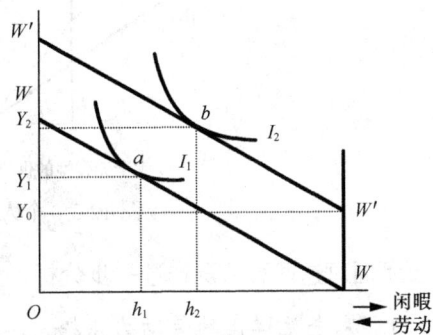

图 12.2　公共物品的提供对个体劳动力供给的影响

如果没有公共物品，张某闲暇 h_1 小时实现效用最大化，此时他得到 Y_1 物品（实际收入）。然而，公共物品的存在产生收入效应，使他能够购买更过多的闲暇。在追求效用最大化的过程中，张某的闲暇时间增加到 h_2。

我们得出的结论是，公共物品和服务的提供会减少经济中个体和总体劳动力供给。公共物品和私人产品的替代性越强，劳动力的供给减少得越多。例如，公共部门提供免费食物会

降低人们工作以购买食物的动机。另一方面，公共物品和闲暇的互补性越强，劳动力供给减少得越多。最后，公共物品与工作的互补性越强，劳动力供给减少的程度越小。例如，通过降低上班的成本，公交系统会扩大劳动力供给。

我们讨论公共物品对劳动力供给的影响忽略了一个重要事实，即政府必须征税才能提供公共物品，而税收对劳动力供给存在潜在的影响，这正是下面要讨论的问题。

四、所得税与劳动力市场

到目前为止，我们的重点一直是政府支出和雇用决策对劳动力市场的影响。现在分析一些税收对劳动力市场的影响，主要分析个人所得税。

（一）所得税对工资和就业的影响

从下面的讨论我们会发现，在劳动力需求曲线弹性既定情况下，个人所得税对工资和就业的影响主要取决于劳动力供给曲线的弹性，图 12.3 体现了这一性质。图 12.3（a）中的劳动力供给曲线完全无弹性，表明工人并不因为工资率的变化而集体地改变劳动参与程度。图 12.3（b）中劳动力供给曲线有一定的弹性，这时工资率提高，工人会增加劳动力供给时间；反之，会减少劳动供给时间。图 12.3（a）和图 12.3（b）中的需求曲线是相同的，具有相同的税前工资率和雇主愿意雇用的劳动力数量。D_1 在传统需求曲线的下方，表示工人的税后工资。对劳动力收入征收的累进所得税使税后的工资率曲线从 D 向下移动到 D_1，两条曲线间的垂直距离是每小时劳动的税收。图 12.3 表示随着工资率的提高，D 和 D_1 之间的距离随之扩大。

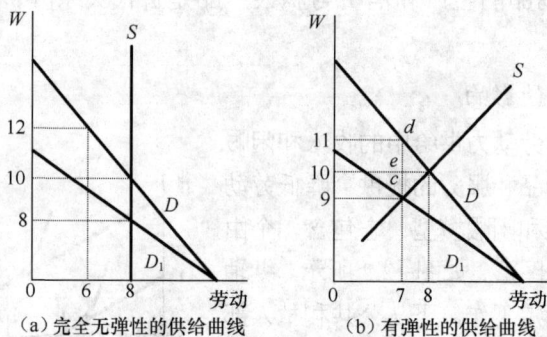

（a）完全无弹性的供给曲线　　（b）有弹性的供给曲线

图 12.3　个人所得税对工资和就业的影响

下面对这两种情况作进一步分析。

1. 完全无弹性的劳动力供给

图 12.3（a）表示，税前均衡工资和就业量分别是 10 元和 8 单位。由于供给曲线完全无弹性，所得税并不影响劳动力供给的数量。因此，工人承担了所有税收负担。税前工资率保持在 10 元，而税后的工资率下降了 2 元，即为税收。一旦引入税收，工人所期望的净工资只有 8 元。

为了进一步说明这一性质，假定工人对他们的税后工资不满，试图把税收转嫁给雇主。如果他们要求 12 元的工资，雇主将雇用 6 单位劳动力，而此时工人的供给数量是 8 单位。假定市场是竞争的，那么劳动力的过量供给使税前工资率下降到 10 元，劳动力市场再次实现出清。显然，如果劳动力供给完全无弹性，工人将不能把税收转嫁到雇主那里。税收对市场工资率和均衡量没有影响。

2. 正斜率的劳动力供给曲线

图 12.3（b）表示，这里劳动力供给曲线是正斜率的，意味着工人会随着工资和税收的变化调整自己的劳动力供给。没有所得税时，均衡的工资和数量分别是 10 元和 8 单位。如果开征了所得税，劳动力供给的数量将从 8 单位减少到 7 单位。在 10 元的市场工资率下，雇主面临 1 单位（8-7）的劳动力短缺。这种超额需求会使市场工资率提高到 11 元，市场在 d 点再次实现均衡，此时的劳动力供给是 7 单位。这部分工人接受 11 元而不是 10 元的税前工资。工人的税后工资率下降 1 元，达到 9（10-1）元。注意，下降额小于所得税额 2 元（11-9）。原因是，1 元的税收间接地由雇主承担了。图 12.3（b）中的总税收 dc 中，ec 部分由于税后低工资而由雇员承担，而 ed 部分则通过投资成本由雇主承担。

其他条件相同，如果劳动力供给曲线向右上方倾斜，个人所得税使劳动力供给数量减少，导致工资率上升，就业量下降。在劳动力需求弹性既定的情况下，供给弹性越大，雇主以高工资形式承担的税负就越多。通过分析可以发现，在完全弹性的劳动力供给曲线下，税负完全由雇主承担，对就业的影响也很大。

（二）所得税和个体劳动力供给

所得税对工资率的影响是相似的，既降低每小时工作的实际收入，也降低既定工作量的净收入。税收产生的收入和替代效应以相反的方向起作用。通过降低既定工作量的收入，税收会降低对正常品的消费，包括闲暇，因此，工作动机提高（收入效应）。但税收也会降低单位工作时间的净收入，即降低闲暇的机会成本（价格）。这会产生以低价格的闲暇替代高价格工作的动机，因此工作时间减少（替代效应）。这一理论通过图 12.4 进行描述。

图 12.4 中，图 12.4（a）和图 12.4（b）分别表示赵一和钱二的无差异曲线和预算约束线。每个图都有两条预算线：HW 表示的是税前收入，是线性的；HW₁ 在 HW 的下方，是税后收入，表示随着工作时间由 0 增加到 24，因所得税使 HW_1 以递减的速度上升。HW 和 HW_1 之间的垂直距离衡量的是在每一工作收入组合上纳税额。这一距离随着收入的提高也以一定比例提高，再次表明了税收的累进性。

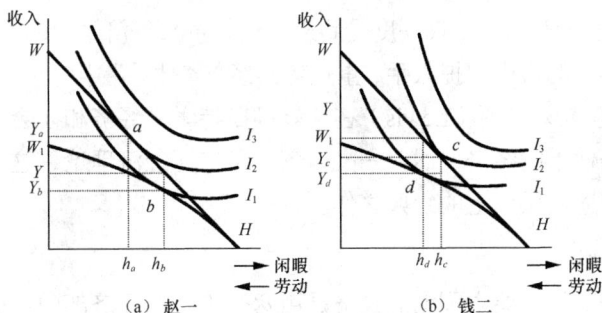

图 12.4　个人所得税对个体劳动力供给的影响

如果没有所得税，赵一[图 12.4（a）]的工作时间为 h_a 小时，收入为 Y_a，在无差异曲线 I_2 上的 a 点实现效用最大化；一旦有了所得税，赵一的税后工资率下降，即 HW 向下移到 HW_1，她的反应是工作时间减少到 h_b（b 点，闲暇增加），此时她的总收入 Y，缴纳的总所得税为 YY_b，税后的收入为 Y_b。对赵一来说，所得税使劳动供给时间减少 h_ah_b。

同样分析，对于钱二[图 12.4（b）]的情况，我们可以发现，他对税收的反应是延长劳动力供给时间。在对工作和闲暇的偏好既定情况下，他发现把工作时间从而 h_c 提高到 h_d 比较有利（d 点而不是 c 点，闲暇减少），总收入为 Y，缴纳的所得税为 YY_d，税后收入为 Y_d。

对图 12.4（a）的赵一来说，替代效应大于收入效应，所以她工作的时间更短；而对于图 12.4（b）的钱二来说，收入效应大于替代效应，导致他工作的时间更长。个体劳动力供给中工作和闲暇理论并不能让我们得到正斜率、完全无弹性或负斜率的总劳动力供给曲线。因此，我们不能确定税收减少时总劳动力供给是增加还是减少。

总体来说，收入效应略大于替代效应。税收的增加（净工资降低）会使得男性的工作时间稍微增加。对女性来说，替代效应要大于收入效应，因此税收增加（工资下降）会导致工作时间减少。研究表明，把所有个体劳动力供给曲线加总得到的总劳动力供给曲线是缺乏弹性的。

第二节　二元经济与刘易斯拐点

第二次世界大战以后，世界形势发生了重大的变化，出现了一大批新独立的发展中国家。如何谋求经济发展，如何在政治独立之后实现经济独立，这是摆在发展中国家面前的迫切需要解决的问题。同时，发达国家出于人道主义关心、自身经济利益考虑以及政治势力的角逐，也对发展中国家的经济发展发生了兴趣。在这样的背景下，出现了众多论述发展中国家经济发展的理论学说，二元经济理论便是这些学说中比较著名，也是比较重要的一个。

一、二元经济

新古典经济学研究的是一元经济，即在制度既定、交易费用为零和信息完全等一系列严格假设前提之下的一元经济。在这种经济形态下，资源可以在各部门间自由流动，经济主体通过对价格信号做出灵敏反应，达到资源长期配置最优，经济增长本质上是一种平衡增长。这种经济学说在 20 世纪五六十年代一度受到来自结构主义经济学说的挑战。结构主义经济学说从批判新古典经济学的假设前提入手，重点考察经济"体系"中各个部分之间的相互关系。1954 年，美国经济学家刘易斯（Lewis）在《曼彻斯特学派经济和社会研究》上发表了著名的《劳动无限供给条件下的经济发展》一文，创立了二元经济理论，这个理论成为经济学中结构主义研究方法在应用层面上的经典之作。

1. 二元经济的概念

所谓"二元经济"指发展中国家的经济是由两个不同的经济部门组成，一是传统部门，二是现代部门。传统部门是指自给自足的农业及简单的、零星的商业、服务业，劳动生产率很低，边际劳动生产率接近零甚至小于零，非熟练劳动的工资极低，在该部门存在大量的隐蔽性失业，但容纳着发展中国家的绝大部分劳动力。现代部门是指技术较先进的工矿业、建筑业、近代商业、服务业、容纳的就业劳动力较少，劳动生产率较高，工资水平较高，在传统部门的工资之上。"二元经济"中这两个部门存在着生产和组织的不对称性。

生产的不对称性。刘易斯模型中存在三种生产要素：土地、劳动和资本。传统部门使用土地和劳动，而不使用资本；现代部门使用劳动和资本，而不使用土地。刘易斯模型的这种表述方法的目的是要说明生产要素在传统和现代部门间的流动性是受到限制的，只不过其表达方式有些极端。事实上，即便两个部门都使用同样的生产要素，但只要生产要素在两部门间的流动受到限制，这都可以看作是生产不对称性的表现。

组织的不对称性。传统部门和现代部门的组织原则是不一样的。现代部门进行生产时遵循的根本原则是利润最大化，即工资等于劳动的边际产品；而传统部门的组织原则是由于要遵循相互帮助和收入分享的习俗而雇用了"太多"的劳动力。事实上，传统部门和现代部门组织原则的不同已经不仅仅是经济现象上的差别了，而是涉及更深的制度层面。

从静态的角度来看，二元经济是缺乏效率的经济形态。在刘易斯的二元经济模型中，传统部门不使用资本，而现代部门不使用土地，这种生产的不对称性使得资本和土地的边际产品在各部门中无所谓等同。另外，组织的不对称性意味着，即便劳动具有完全的流动性从而使两个部门劳动的收益相等时，两个部门劳动的边际产品也可能是不相等的。

从动态的角度来看，二元经济是需要被克服的经济形态。二元经济是一种落后的经济形态，其落后性就在于传统部门的存在。因此，传统部门的缩小和现代部门的扩大过程就是经济效率提高的过程，就是经济发展的过程，就是二元经济消失的过程。这个过程是如何发生的？二元经济模型突出资本积累的作用。传统部门使用少量资本，对资本积累的意义也不大；而现代部门大量地使用资本，同时也是资本积累的关键部门。正是资本积累的规模决定了现代部门对传统部门劳动力吸收的速度，换句话说，正是资本积累的速度决定了现代部门扩张的速度和传统部门缩减的速度。资本积累被提到至高无上的地位，它被认为是消除二元经济的关键。

2. 二元经济特征

二元经济特征表现在：在一定的条件下，传统农业部门的边际生产率为零或负数，劳动者在最低工资水平上提供劳动，因而存在无限劳动供给。城市工业部门工资比农业部门工资稍高点，并假定这一工资水平不变。由于两部门工资差异，诱使农业剩余人口向城市工业部门转移。当厂商进行投资，现代工业部门的资本量就增加了，从农业部门吸收的剩余劳动就更多了。当剩余劳动力消失，劳动的边际生产率也提高了，与工业达到一致，这时经济中的二元结构也消失了。

刘易斯模型包含了以下两种含义：①现代城市部门的资本积累能带来固定比例的劳动力就业的增长，意味着不存在劳动力节约型的技术进步，资本积累越快，创造的就业机会增长也越多；②农业只是工业化中的一个消极部门，忽视了农业发展的重要性，忽视了农业发展与工业发展之间的关联。这两点大大地削弱了该模型的现实意义并且也是后人对其批判的主要依据。

二、剩余劳动力

二元经济理论认为，传统部门在落后的组织原则的支配下雇用了"太多"的劳动力，劳动边际生产力很小，甚至是负值。因此，在新古典经济学看来，传统部门存在剩余劳动力，剩余劳动力的消失也就成为二元经济结束的标志。

二元经济模型中的剩余劳动力概念不同于西方主流经济学中的失业概念。西方主流经济学中的失业概念是针对发达的一元经济而言的，指的是生产要素处于完全闲置的状态，其产生原因主要是人口规律和利润最大化等"自然因素"。而二元经济模型中的剩余劳动力概念是针对发展中国家的特殊情况而言的，它仅存在于传统部门中。剩余劳动力虽然未表现为公开的失业状态，但其利用效率极其低下，处于半闲置状态。制度性因素，如落后的组织原则，是导致剩余劳动力存在的根本原因。

二元经济模型中的剩余劳动力概念与隐蔽性失业概念也有区别。剩余劳动力是专门针对发展中国家的特殊情况而言的，是落后生产状态的结果。而隐蔽性失业是一般性概念，它不仅针对发达国家，也适用于发展中国家，是生产要素不能尽其用的现象。导致这种现象的原因有多种，落后的生产方式固然可以导致隐蔽性失业的大量存在，经济衰退同样是隐蔽性失业迅速增多的原因。剩余劳动力是要消灭的对象，而隐蔽性失业是不能消灭的，其数量的多少取决于经济所处的发展阶段以及经济周期情况。

人们对发展中国家的传统部门存在剩余劳动力的信念来自于 20 世纪 30 年代的经济大萧条时期。在发达工业国失业状况极端严重的这个时期，落后的农业国却没有出现明显大规模失业的情况。这怎么可能呢？人们由此推断，这些大规模的本应该失业的人口一定隐藏在落后农业国最大的传统部门即农业部门。农业部门虽然表面上未出现大规模失业现象，但其中的相当一部分劳动人口对于农业生产是不必要的，或者说是过剩的。这种信念一经产生，就顽固地在人们头脑中站住了脚，成为二元经济模型最为重要的内容。

人们对落后国家农业部门中存在大量过剩劳动力的信念来自于以下几个假定：农业部门采用了发达国家先进的农业技术；在农业部门，除了劳动力以外，其他要素都得到了充分利用；劳动力是同质的，不存在差别。

三、刘易斯拐点

1. 刘易斯拐点的概念

根据经济学家刘易斯的理论，大多数发展中国家都要经历一个二元经济发展的过程。其突出的特征是农村劳动力的剩余为工业化提供低廉的劳动力供给，工资增长较慢，雇用关系不利于劳动者，城乡收入差距持续着；按照发展的逻辑，这个过程将一直持续到劳动力从无限供给变为短缺，增长方式实现一个质的飞跃，进入现代经济增长阶段。这个转换的节点就被称为"刘易斯拐点"。

二元经济转化过程中刘易斯拐点的到来将会伴随着几种显著的变化：①工业实际工资水平第一次显著上升，工业出现资本深化现象；②农业部门商业化；③恩格尔系数发生变化，人们花费在食物中的比例显著下降；④人口类型由"高出生率、高死亡率、低增长率"向"高出生率、低死亡率、高增长率"再向"低出生率、低死亡率、低增长率"转变。

2. 刘易斯拐点的内涵

刘易斯认为，经济发展过程是现代工业部门相对传统农业部门的扩张过程，这一扩张过程将一直持续到把沉积在传统农业部门中的剩余劳动力全部转移干净，直至出现一个城乡一体化的劳动力市场时为止。此时劳动力市场上的工资，便是按新古典学派的方法确定的均衡的实际工资。

刘易斯的"二元经济"发展模式可以分为两个阶段：一是劳动力无限供给阶段，此时劳动力过剩，工资取决于维持生活所需的生活资料的价值；二是劳动力短缺阶段，此时传统农业部门中的剩余劳动力被现代工业部门吸收完毕，工资取决于劳动的边际生产力。由第一阶段转变到第二阶段，劳动力由剩余变为短缺，相应的劳动力供给曲线开始向上倾斜，劳动力工资水平也开始不断提高。经济学把连接第一阶段与第二阶段的交点称为"刘易斯拐点"。

1972 年，刘易斯又发表了题为《对无限劳动力的反思》的论文。在这篇论文中，刘易斯提出了两个转折点的论述。当二元经济发展由第一阶段转变到第二阶段，劳动力由无限供给变为短缺，此时由于传统农业部门的压力，现代工业部门的工资开始上升，第一个拐点，即"刘易斯第一拐点"开始到来；当二元经济发展到劳动力开始出现短缺的第二阶段后，随着农业的劳动生产率不断提高，农业剩余进一步增加，农村剩余劳动力得到进一步释放，现代工业部门的迅速发展足以超过人口的增长，该部门的工资最终将会上升。当传统农业部门与现代工业部门的边际产品相等时，也就是说传统农业部门与现代工业部门的工资水平大体相当时，意味着一个城乡一体化的劳动力市场已经形成，经济发展将结束二元经济的劳动力剩余状态，开始转化为新古典学派所说的一元经济状态。此时，第二个拐点，即"刘易斯第二拐点"开始到来。显然，"刘易斯第一拐点"与"刘易斯第二拐点"的内涵是不同的，都具有标志性的象征意义，前者的到来为后者的实现准备了必要的前提条件，但后者的意义是决定性的。

课堂讨论

中国的"刘易斯拐点"之谜

据 2010 年 3 月 26 日《第一财经日报》报道（杨燕青）　在近来的热点词汇中，"民工荒"占据了显要位置。从一些数据和煽情描写的新闻来看，情况确实严重。人们从"民工荒"出发作思想游历，很快就到达了另一个带有学术色彩的名词——"刘易斯拐点（Lewis turning-point，1968）"，这位发展经济学大师的预言映照了日本、韩国和中国台湾等国家和地区后，在中国大陆找到了 21 世纪的新剧本。

拐点到了吗？

对于"民工荒"，樊纲在一次会议上不无调侃地说，媒体不妨在正月十五之后再认真研究和报道这个话题。如果很难跟上变化的现实，还可以回头看看过去——2009 年第四季度的数据显示，103 个主要城市岗位空缺；求职人数的比率从金融危机期间的 0.85，大幅回升至 0.97，上升惊人，不过在绝对值上只是逼近 2007—2008 年的历史最高点，并未超过。但珠三角的这一比率达到 1.26，提示这里若不提高工资，将很难招到可用的工人。

不涨工资就招不到人，这让人想到所谓刘易斯拐点。刘易斯拐点说的是一个低收入经济体现代部门（例如工业）的持续扩张，将最终耗尽来自农村的剩余劳动力，当拐点到来之时，除了涨工资，没有其他办法可以招到工人。

在我看来，珠三角的民工荒可能无法直接和刘易斯拐点划等号，但提出了两个不容回避的问题：首先，这里的真实可比工资水平（扣除广义生活成本和迁徙成本后）是否已经低于农民工在其他地方可获得的收入水平？其次，目前的工资水平能否覆盖城乡壁垒所造成的迁徙高成本？当然，80 后的新一代农民工（占比已达 60%）可能不像自己的父辈那样任劳任怨，但这个变化并不是一夜之间发生的。

如果仅从农村劳动力可供迁徙的存量来看，中国的刘易斯拐点尚未到达。综合各种数据分析，中国目前农村劳动力大约 5 亿人口，其中 2 亿左右务农，另外 2 亿左右人口转移到非农产业，余下 1 亿左右人口为可供转移的"劳动力池"，其中一半年纪较大，不适合迁徙外出，只余 5 000 万人口存量。但是，中国目前农业劳动力占比高达 25%，在农业生产效率提高的情况下，若农业劳动力比重下降到 10%，就有 1 亿以上剩余劳动力会被解放出来，而可供转移的"劳动力池"总量就能达到 1 亿以上的水平，按照目前每年新转移 600 万～700 万农民工的速度，至少还能转移 15 年。

不过，以上简单推算完全基于静态，并假定劳动力结构不变，现实却是，在未来若干年，中国人口结构将发生致命的变化，"劳动力池"并不像静态测算那样丰沛，这是后话。

我国人口经济学的重要人物蔡昉在 2007 年提出，刘易斯拐点已经来临，不过，他对拐点的理解是"一个区间"，可能长达数年。而在另外一些经济学家（黄益平，2010）看来，中国到达刘易斯拐点的确切时间还众说纷纭。

拐点之外

其实，拐点究竟何时到来更像是一个智力或者模型游戏，刘易斯拐点的真正意义在于它度量了劳动力的稀缺程度，并将劳动力的变化和经济成长以及产业升级通盘考量。

和刘易斯拐点相关的一个概念叫"人口红利"，说的是好的人口结构对于经济增长的重要价值，人口抚养比（非劳动力人口/劳动力）是度量"人口红利"常用的代理变量。按照蔡昉的测算，改革开放过程中国内生产总值增长有 27% 的贡献来自人口红利。令人担忧的是，中国的总人口扶养比在 2010 年到达拐点，此后劳动力人口要背负的抚养负担逐年加重，这无疑将降低经济增长的潜力。

和刘易斯拐点相关的另一个概念叫工作年龄人口比（15～64 岁劳动力/总人口），拿这个指标看，似乎可以松口气，中国的拐点在 2015 年。但看看年轻的印度在 2040 年才到达拐点，不能不让人担忧中国经济长期增长的竞争力。日本的曲线带来另外的警醒，人们往往认为是 1985 年的广场协议将日本拖入"失去的 20 年"，但人口学家却认为，日本在 1990 年到达人口拐点，老龄化不可逆转，经济停滞的根源在于人口结构，而不是什么协议。

这让人想到中国的计划生育政策。是否可能改变？一些学者（钟伟，2009）的研究表明，中国越早放弃计划生育政策，人口结构将越早趋于改善，但如果存在 16 亿的"人口承载极限"限制，那么最佳方案是在 2025 放开二胎政策。我的疑问是，在未来 100 年的时间区间内，16 亿的人口极限设定是否科学？以此换来人口结构不断恶化，代价是否值得？

悲观一点，假设政策不改变，那么，当刘易斯拐点到来，中国会面临什么？黄益平与合作者通过可计算一般均衡模型的研究发现，跨过刘易斯拐点的中国会发现自己终结了"非正常增长"，而回归"正常增长"，同时通胀率趋于上升，坏消息是中国将丧失在劳动密集型产业中的竞争优势，好消息却是外部失衡趋于改善。

这是一个喜忧参半的未来，准确地说，挑战大于喜悦。中国是否能顺利渡过刘易斯拐点，并在这个过程中避免"中等收入陷阱"？其实并没有答案。虽然邻国提供了令人宽慰的经验数据（日本和韩国在刘易斯拐点之后仍保持了较高的经济增长率），但没有任何力量保证中国在到达刘易斯拐点后自动实现在产业链上的升级。中国在未来恐怕需要至少做这样一些事：放开计划生育政策；在保障最低工资的前提下，尽可能长地保持劳动力的竞争力；拆除城乡壁垒和户口限制；加强职业技能培训；拆除垄断限制，鼓励自由创新。

思考讨论：研究刘易斯拐点意义何在？该拐点在我国出现了吗？

第三节　失业与通货膨胀

人类经济发展史本身也就是伴随着一个物价不断上升的历史，且失业问题一直贯穿其中。作为政府的两个主要宏观目标，要解决失业问题和通胀问题，是一个艰难的选择，因为要同时实现充分就业和物价稳定，本身是矛盾的。要解决失业问题，就要采取扩张的政策，这会引起物价上涨；要解决物价上升问题，就要采取紧缩政策，而这又会造成失业增加。因此，有必要从理论上探讨失业与通胀的关系。

一、菲利普斯曲线和失业——通货膨胀的交替

凯恩斯认为，在未实现充分就业，即资源闲置的情况下，总需求的增加只会使国民收入增加，而不会引起价格水平上升。这也就是说，在未实现充分就业的情况下，不会发生通货膨胀。在充分就业实现，即资源得到充分利用之后，总需求的增加无法使实际国民收入增加，而只会引起价格上升。这也就是说，在发生通货膨胀时，一定已经实现了充分就业。

为了减少失业，政府往往想方设法刺激经济。当失业减少，接近充分就业水平时，劳动力市场出清，此时，许多企业发现很难找到他们需要的劳动力，于是互相竞争，其结果是工资水平提高了，从而社会购买力上升，物价上涨。反之，失业率很高时，劳动力供过于求，找工作的人比工作岗位要多，提高工资的压力就小，失业增加，物价也相对稳定或上升率下降。由此可见，在失业与通货膨胀之间存在着一种替代关系，即较低的失业率伴随着较高的通货膨胀；较高的失业率伴随着较低的通货膨胀。这种关系用曲线表示被称为菲利普斯曲线。

菲利普斯曲线是以英国经济学家菲利普斯（A.W.Phillips）名字命名的。菲利普斯在深入研究了英国 1861 年至 1957 年近一个世纪的失业和货币工资的有关资料后，于 1958 年提出了失业和货币工资之间存在着一种负相关关系曲线，史称菲利普斯曲线，如图 12.5 所示。菲利普斯曲线对分析短期的失业与通货膨胀的交互变动十分有用。

图 12.5 中，U 表示失业率，$\Delta W/W$ 表示工资的上涨率，$\Delta P/P$ 表示物价水平的上涨率，PP 表示菲利普斯曲线，在失业和通货膨胀之间就存在着一种替代关系。当

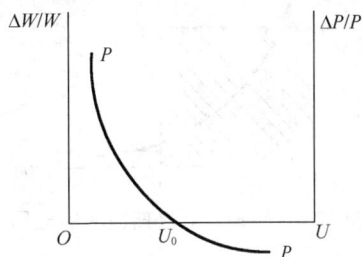

图 12.5　短期菲利普斯曲线

失业率较低时，一方面，企业出于对劳动力缺乏的考虑会提高工资来吸引劳动力，另一方面工会组织也会要求提高工资，这两种压力将导致货币工资率的上升，平均劳动成本的提高，反映在价格水平上即形成较高的通货膨胀率。反之亦然。菲利普斯曲线表明，较低的通货膨胀是可以实现的，但它的代价是较高的失业率。

菲利普斯曲线提出了以下几个重要观点。

（1）通货膨胀是由于工资成本推动所引起的。正是根据这一理论把货币工资增长率与通货膨胀率联系起来。

（2）承认了通货膨胀与失业的交替关系。这就否认了凯恩斯关于失业与通货膨胀不会并存的观点。

（3）当失业率为自然率时，通货膨胀率为零。因此，也可以把自然失业率定义为通货膨胀率为零时的失业率。

（4）为政策选择提供了理论依据。这就是可以运用扩张性宏观经济政策，以较高的通货膨胀率来换取较低的失业率；也可以运用紧缩性宏观经济政策，以较高的失业率来换取较低的通货膨胀率。

二、菲利普斯曲线的应用

在图 12.5 中，当失业率在 U_0 时，工资（从而物价水平）是稳定的，当失业率靠近零时，通货膨胀率非常高。通货膨胀率为零时的失业率，即为自然失业率，它表明当经济达到自然失业率时，工资和物价都是稳定的。当失业率低于自然失业率时，就会产生通货膨胀。是否有必要达到自然失业率，取决于通货膨胀的成本和失业的成本有多大，以及怎样在这些成本之间做出权衡。

权衡这些成本时，要知道菲利普斯曲线的形状和所处的位置，如果想降低失业率，那么通货膨胀率会提高多少。如果菲利普斯曲线非常陡峭，那么这个成本就很高；当菲利普斯曲线比较平缓时，政府为了抑制通货膨胀，必须付出较高失业率的代价。这样，就使得菲利普斯曲线得到了广泛的认可和应用，成为宏观经济学中一个重要的概念。

具体而言，一个经济社会首要先确定一个临界点，由此确定一个失业率与通货膨胀率的组合区域。如果实际的失业率和通货膨胀率组合在组合区内，则政策的制定者不采取调节措施；如果在区域之外，则可根据菲利普斯曲线所表示的失业率与物价之间的关系进行调节，如图 12.6 所示。

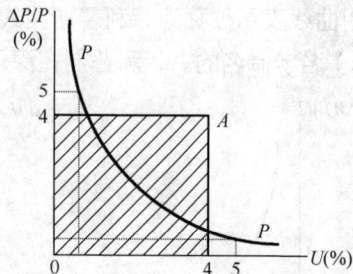

图 12.6　短期菲利普斯曲线的应用

许多经济学家认为，如果一开始经济社会的失业率和通货膨胀率在 4% 以内，这是比较安全的，从而产生一个临界点 A，由此形成一个安全区，如图 12.6 阴影部分。在这个区域内，政府是不需要采取什么调节措施的。

如果实际的通货膨胀率高于 4%，如达到了 5%，该经济社会的失业率仍在可接受的范围内，政府可制定紧缩政策，以适当提高失业率的代价来降低通货膨胀率；反之亦然。

三、长期菲利普斯曲线

菲利普斯曲线所表明的关系，得到大多数经济学家的赞同，但有些经济学家也提出了不同的观点。

1. 货币主义者的观点

货币主义经济学家弗里德曼认为，菲利普斯曲线表示的通货膨胀率和失业率的交替关系只有在价格水平的变化没有被预期到的情况下存在，即它是一种短期现象。在长期，菲利普斯曲线不再向右下方倾斜。货币主义者在解释菲利普斯曲线时引入了预期的因素。他们所用的预期概念是适应性预期，即人们根据过去的经验来形成并调整对未来的预期。他们根据适应性预期，把菲利普斯曲线分为短期菲利普斯曲线与长期菲利普斯曲线。

在短期中，人们来不及调整通货膨胀预期，预期的通货膨胀率可能低于以后实际发生的通货膨胀率，人们实际得到的工资可能小于先前预期的实际工资，从而使实际利润增加，刺激了投资，增加就业，失业率下降。在此前提下，通货膨胀率与失业率之间存在交替关系。短期菲利普斯曲线正是表明在预期的通货膨胀率低于实际发生的通货膨胀率的短期中，失业率与通货膨胀率之间存在交替关系的曲线。所以，向右下方倾斜的菲利普斯曲线在短期内是可以成立的。这也说明，在短期中引起通货膨胀率上升的扩张性财政政策与货币政策是可以起到减少失业的作用的。这就是宏观经济政策的短期有效性。

在长期中，人们将根据实际发生的情况不断地调整自己的预期。人们预期的通货膨胀率与实际发生的通货膨胀率迟早会一致。这时人们要求增加名义工资，使实际工资不变，从而通货膨胀就不会起到减少失业的作用。这时菲利普斯曲线是一条垂线，表明失业率与通货膨胀率之间不存在交替关系。而且，在长期中，经济中能实现充分就业，失业率是自然失业率。因此，垂直的菲利普斯曲线表明，无论通货膨胀率如何变动，失业率总是固定在自然失业率水平上，以引起通货膨胀为代价的扩张性财政政策与货币政策并不能减少失业。这就是宏观经济政策的长期无效性。

依照弗里德曼等人的观点，一国经济总是趋于某种"自然失业率"，短期菲利普斯曲线将趋于较稳定的长期菲利普斯曲线。长期菲利普斯曲线是垂直于横坐标自然失业率点上的一条直线，如图 12.7 所示。

假定一国经济处于自然失业率（U_f）5%、通货膨胀率零的状况。若这时政府采取扩张性财政政策或货币政策，或者两者同时使用，力争使失业率降低到 5%以下。由于扩张性经济政策的实施，使得总需求增加，导致物价水平上升为 2%，如图中 A 点所示。

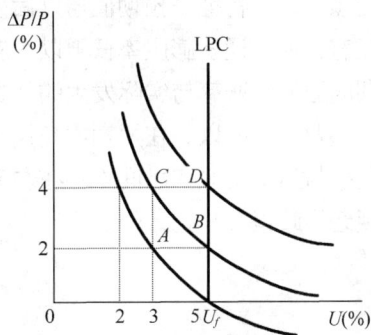

图 12.7　长期菲利普斯曲线

假定这时由于合同或者其他原因，使工资增长速度慢于通货膨胀率上升速度，便发生了实际工资的下降。由于货币幻觉的存在，工人可能一时将名义工资提高看作实际工资的上升，从而增加劳动供给；雇主会把产品价格上升看作自己产品相对价格上升，从而增加雇用工人。这样一来，就会发生图 12.7 中短期菲利普斯曲线所显示的情况，失业率由 5%下降为 3%，即以通货膨胀率的提高为代价，换取较低的失业率。

但这种情况只能是短期的。经过一段时间，工人们将会发现物价的上升和实际工资率的下降，这时他们便要求提高货币工资。从图 12.7 上看，在新的一轮合同谈判中，如果工人们坚信通货膨胀率会持续下去，至少要求按照 2%的通货膨胀率来增加工资。从雇主的角度来看，货币工资的上升意味着产品相对价格并没有相应上升，故会减少工人与产量，由此推动短期菲利普斯曲线向上移动，与 5%失业率对应的通货膨胀率不再是零，而是 2%的通货膨胀率，如图 12.7 中 B 点所示。这一过程不断地循环，便产生一条与自然失业率相交的长期菲利普斯曲线（LPC）。该曲线表明，不管通货膨胀率有多高，失业率将保持不变。

如果政府再次推行扩大总需求政策，则通货膨胀与失业率的关系会由 B 移至 C，造成失业率暂时下降。当工人对新一轮通货膨胀有所觉察后，又会由 C 点移至 D 点，失业率维持在

5%，而通货膨胀率达到 4%，交替关系再次遭到破坏。

如果工人对通货膨胀有正确的预期，他们将要求按预期调整货币工资。这意味着预期价格水平与实际价格水平相一致，失业率与通货膨胀率的关系只是由 U_f、B、D 各点所组成的一条垂线，即为长期菲利普斯曲线，它说明通货膨胀与失业率之间的交替关系在长期中不再存在，这也就暗示着高通货膨胀率和高失业率可能并存。

从经济决策上，政府或许可以使经济在短期内的失业率低于自然失业率，但从长期来看，所付出的代价是越来越高的通货膨胀率。甚至即使为了短期降低失业率，经济也将付出极高的代价。这是因为，人们对通货膨胀的预期会被固定下来，政府为了得到一个时期较低的失业率，不得不用持续上升的通货膨胀率作交换。同样，当通货膨胀率很高时，如果政府想要恢复价格稳定，也必须付出很大代价，即必须使失业率达到足够高的水平，以降低通货膨胀以及人们对通货膨胀的预期。为抵消通货膨胀预期所增加的失业量，可能远高于初始时所降低的失业量。这就是说，初始时政府试图把失业率降到自然失业率之下，而结果却造成了更多的失业。

2. 理性预期学派的观点

理性预期学派所采用的预期概念不是适应性预期，而是理性预期。理性预期是合乎理性的预期，其特征是预期值与以后发生的实际值是一致的。在这种预期假设下，短期中也不可能有预期的通货膨胀率低于以后实际发生的通货膨胀率的情况，即无论在短期或长期中，预期的通货膨胀率与实际发生的通货膨胀率总是一致的，从而也就无法以通货膨胀为代价来降低失业率。所以，在短期或长期中，菲利普斯曲线都是一条从自然失业率出发的垂线，即失业率与通货膨胀率之间不存在交替关系。由此得出的推论就是：无论是短期还是长期中，宏观经济政策都是无效的。

第四节 经济发展与就业增长

经济发展与就业增长的互动关系是客观存在的，又是不断变化的。随着经济不断出现的周期性危机，传统理论关于经济发展促进充分就业的主张不断受到批评。如何既要促进经济增长又能促进就业增长，这是各国政府管理宏观经济过程中的两大主要问题。

一、经济增长与就业增长的协调

对比其他国家，特别是发达国家曾出现的过分倚重发展资金密集或技术密集产业和行业，经济虽能保持增长却没有带动就业增加的情况，更使我们看到处理好经济发展与就业增长关系的重要性。发展中国家在经历了经济增长起伏和结构调整不同阶段之后，解决好就业问题所起到的促进经济发展和稳定社会的重要作用已被实践证明。在工业化、信息化、城镇化、市场化、国际化进程不断加快，科学技术不断进步，资本在企业生产投入中的比例不断增加的情况下，能否使经济发展与就业增长实现良性互动、相互融合、相互促进，都是迫切需要解决的现实问题。

（一）良性互动的概念

理论与实践都证明经济发展与就业增长具有相关性，但经济发展能否拉动就业同步增长，却与经济的发展方式、产业的布局结构、人力资源开发利用在生产力发展中的作用等紧密相关。一方面，经济增长是经济社会发展的基本条件，是解决就业问题的根本出路。另一方面，扩大就业和提高就业质量，不仅使劳动者通过就业分享经济增长成果，也为生产力发展注入源源不断的动力。要把就业从被动地适应经济发展的现行格局，转到形成促进就业和经济发展良性互动，使劳动力要素的注入能够更好地推动经济发展。具体来说，包括以下几个方面的含义。

1. 要在发展中同时实现高增长与高就业

资本、技术、劳动力、产业基础和其他资源禀赋等要素在不同的机制、体制、格局下会形成不同的经济发展方式，其对就业的拉动效应也会不同。努力实现经济发展与就业增长的良性互动，就应当选择适合的经济发展模式，以促进充分就业为目标实现均衡发展，而要避免出现经济高速增长而就业却是低水平的状况。特别要强调的是，低水平就业的经济增长，也是不可持续的经济增长，原因是：一方面，其发展没有形成资源的最优配置，闲置了人力资源；另一方面，大量失业人员的存在，不仅是经济社会的不稳定因素，而且抑制了有效消费的形成，并进一步影响经济发展内生动力的形成。当然，需要强调的是，充分就业目标的实现最终也是以促进经济效率提高和经济健康发展为基础的，所以，要防止经济过热导致就业盲目扩张。例如，投资于高耗能高污染的重化工项目，虽然短期可增加就业，但随着经济转型也必然出现产业调整、企业关闭、职工失业等问题，导致经济发展与就业增长的不可持续。

2. 在产业结构调整中要使劳动力资源得到较好配置

从经济社会发展的长远进程来看，产业结构的调整是一个必然的趋势，而产业结构的调整，即意味着对现有生产要素配置格局的调整，劳动力在产业间的调整势在必行。如果不能进行合理的安排，结构性失业和摩擦性失业可能在短期内较大幅度上升。所以，在经济结构的调整中，一方面要注重培植新的增长点，拓展新的就业机会；另一方面，要对调整中受影响的就业人群及现有的人力资源格局做出合理的安排，并通过必要的转业转岗培训、再就业扶助和失业保险保障等，使其尽快顺利实现就业岗位的转换。

3. 对人力资源的开发利用要产生推动经济和就业增长的双重效果

劳动力是生产力发展中最重要、活跃的因素，人力资源是经济发展的主导性资源。充分开发合理利用好人力资源，不仅能够在经济活动中体现人的主体性，发挥人的创造性，为经济的高效持续发展提供源源不断的动力，并且能够推进充分就业，为人的全面发展奠定基础。因此，要真正落实以人为本的发展观，改变以往将劳动力作为被动要素去适应经济现实的思维和做法，要将人力资源的开发利用作为推动经济发展和就业增长的核心要素，使人力资源开发战略的实施产生推动经济发展和促进充分就业的双重效果。

（二）实现"良性互动"的基本思路

1. 在价值目标取向上努力实现经济发展与充分就业双赢

在经济发展与就业增长关系中，首先要明确经济社会发展的价值目标和判断标准。要从片面地追求国内生产总值转变到服务民生，应把扩大就业作为民生之第一要素，作为经济发展的着力点和优先目标，作为检验和衡量经济社会科学发展的重要标准。特别是在就业形势比较严峻的时期，充分考虑降低失业率的要求。必要时，效率、效益及结构转换等目标要适度让位于扩大就业减少失业的目标，资本利益要适度让位于劳动要素利益。与此同时，还要制定和实施更有利于人力资源开发、劳动力流动和就业保障的社会政策。

2. 在总体布局中体现"就业优先"

经济发展与就业增长的良性互动，落实到实践上，就是要在国民经济社会发展的总体布局中体现就业优先战略。在经济社会工业化、市场化、城镇化、国际化的发展道路上，要发挥人力资源丰富的优势，劳动力的就业和转移形成经济发展的禀赋优势，增强人力资本投入，使之真正成为推动经济发展的重要动力。

3. 在统筹发展中实现"三个转变"

统筹发展是实现经济发展与就业增长良性互动的基本思路。首先，要把经济持续健康发展的过程变成促进就业持续扩大的过程。其次，要把经济结构调整的过程变成对就业拉动能力不断提高的过程。最后，要把城乡二元经济转换的过程变成统筹城乡就业的过程。

4. 做好相应的制度安排和政策设计

从就业与相关经济社会政策的制度关系层面看，实现经济发展与就业增长，要通过实现"包容性"发展的制度改革，来扩大经济增长拉动就业的容量，增加社会成员实现就业的机会。将就业问题纳入产业结构调整升级、加快城镇化等宏观背景条件下，通过改变就业的宏观制度条件和影响因素，综合运用财政、税收、金融、收入分配和社会保障等政策手段实现对就业的宏观调控，将就业问题与一系列的经济社会政策紧密结合，将实现就业稳定和促进经济发展作为经济社会政策的目标之一。

课堂讨论

经济发展与就业增长的关系研究

在各国发展过程中，都努力去探索经济发展与就业增长同步互动的路子。但同时我们更应该注意到，在协调经济发展与就业增长的关系中，仍然存在着一些不容忽视的现实问题和未来挑战。

经济发展与就业增长关系问题，一直是西方经济学关注的核心问题。随着市场经济的发展，针对不同时期的经济与就业问题，形成了一系列相关理论，有古典理论、凯恩斯学派、新古典增长理论、货币主义理论以及发展经济学派的理论等。

经济发展与就业增长关系的传统经济学理论以奥肯定律和新古典经济学中的索洛模型为代表。奥肯定律描述了经济增长率与失业率之间的关系。该定律表明失业率与国民生产总值增长率之间呈反向变化，即二者存在负相关关系，经济的高增长率伴随着低失业率，低增长率伴随着高失业率。而失业率与其带来的国民生产总值损失之比率是 1:2.5，即失业率每增加 1%，实际国民生产总值会减少 2.5%左右。尽管各国经济增长率和失业率之间的数量变动关系不尽相同，但经济增长与就业同向变动、与失业反向变动的关系，已被许多国家的经济实践证实。新古典经济学中的索洛模型指出，经济发展可以促进就业的增长，而就业增长又反过来促进了经济发展，两者之间存在一种"加强效应"。另外，索洛的经济增长模型还指明，技术进步率、资本投入增长率以及劳动与资本的产出弹性均与就业增长率存在负相关关系，因为节约劳动型和资本密集型的经济增长会产生挤出就业的效应，从而降低就业弹性。因此，多数西方经济学家研究的重点不是经济增长能否促进就业，而是如何实现经济发展以达到充分就业以及如何使能够充分就业的经济模式持续、稳定地发展下去。

随着经济发展及其不断出现的周期性危机，传统理论关于经济发展促进充分就业的主张不断受到批评。20世纪后期，西方经济体中出现的滞胀现象说明经济发展并不能自然地消除失业现象。以美国经济学家米尔顿·弗里德曼为代表的货币学派提出了"自然失业率"假设。所谓"自然失业率"是指在没有货币因素干扰的情况下，劳动市场和商品市场的自发供求力量发挥作用，经济处于均衡状态时的失业率。弗里德曼指出，一国经济实现了潜在国民生产总值时的充分就业情况下的失业率，是一种不可逾越的"自然失业率"，盲目追求凯恩斯笔下的"非自愿失业"的充分就业目标，只能导致采取偏离"自然失业率"目标的极端政策措施，而最终导致高通货膨胀和高失业并存。认为"滞胀"问题完全是盲目推行赤字财政政策的恶果。

进入新世纪以来，"无就业的增长"的出现对传统理论提出了进一步的挑战。最新的事实是，2008年金融危机以来，美国经济已逐步进入复苏状态，经济增长，股票增值，大企业坐拥高额现金，但这些都没有重振美国的就业市场。2011年4月，失业率重返9%的高位，奥巴马政府仍然深陷"无就业复苏"的泥潭。由此说明，经济蛋糕的做大并不能自动地解决就业问题。这也深刻地反映出美国经济不仅存在周期性问题，也存在结构性问题，多年来制造业产业的外移，不仅影响到美国的就业，也特别从结构层面影响到其整体经济的创新能力。

（节选自人力资源社会保障部课题组《经济发展与就业增长的关系研究》）

思考讨论：在促进经济增长的同时，如何促进就业增长？

二、通过技术进步带动就业增长

在经济快速发展的同时，我们也面临着诸多矛盾和挑战，技术进步与劳动力资源配置就是其中之一。现阶段的失业主要是因技术进步而起的吗？有没有可能采取措施促进技术进步与劳动力资源配置的良性互动？

任何事物的运动都必然从时间、空间上得到反映，事物之间的相互影响也是这样。从时、空二维角度来考察技术进步对劳动力就业的宏观效应，有助于我们更深地了解两者之间的联系。

1. 空间维度效应

技术进步对不同产业、不同部门的劳动力就业的影响是不同的，存在一个扩散效应，即从技术进步的核心产业到相关产业再到外围产业，技术进步对劳动力就业的影响由内向外逐渐扩散。一般来说，技术进步对整个就业增长的贡献主要体现在它对相关产业就业增长的贡献上，尤其是那些产业关联度大的核心产业的技术进步，由于能够促进众多关联产业的快速发展，也带动了关联产业就业的迅速增长。

2. 时间维度效应

按照熊彼特的理论，技术进步是波动式地推动经济和社会向前发展的。技术进步对劳动力就业总量和就业结构的影响也呈周期性。在技术进步的起步阶段，核心产业的规模有限，对相关产业的扩散效应也有限，所以就业总量的增长较慢，甚至有所下降，就业结构的变动也不那么显著。而在技术进步的持续推进阶段，核心产业的规模迅速扩大，对相关产业的扩散效应也逐步显现，因而就业总量增长迅速，就业结构也会发生明显变化，对技术进步和产业结构调整的适应性和协调性不断增强。在技术进步的后期，技术进步对劳动力就业的影响逐渐减弱，开始孕育下一波技术进步周期的到来。技术进步对劳动力就业总量的影响由减弱至增强，再减弱，再增强，就业结构与技术进步的关系不断地由不协调到协调，如此循环往复，这就是技术进步影响劳动力就业的周期性规律。

3. 时空二维运动的长期效应

从微观看，技术进步对劳动力就业既有积极影响，又有消极作用。然而，技术进步是社会经济发展的必然趋势，在技术进步的初期阶段，由于技术对劳动力的替代作用，在某些行业、某些部门，有可能造成失业率上升和劳动力就业困难的暂时现象，但这是局部的和暂时的。随着时间的推移，技术进步引起相关产业的迅速发展，将吸收大量的劳动力。所以，从长期看，技术进步将带来就业岗位的增加。

纵观世界各国就业结构变化的历史过程，劳动力就业结构的变动存在较强的规律：劳动力在第一产业的就业比重逐步下降，第二产业的就业比重由上升到稳定再趋于下降，第三产业的就业比重则不断提高。进入知识经济时代，大批知识密集型产业的兴起和部分传统产业的衰落，使依靠智能从事知识生产和传播的劳动力越来越多，就业结构的高层次化有了新的表现形式，即劳动力从知识含量低的产业部门向知识含量高的高科技产业部门和以知识为基础的服务业大规模流动。

三、劳动力可持续发展与转变经济发展方式

许多经济经历了多年的高速增长后，经济增长过程中所暴露出来的问题越来越突出，集中体现在创新能力不强、经济增长方式粗放、国内需求不旺、过度依赖出口等方面，因而转变经济发展方式的要求更为迫切。

1. 转变经济发展方式对劳动力数量和素质提出更高要求

转变经济发展方式最主要的是提升产业结构，改变在世界分工体系中的底层地位，更多地依靠拉动内需促进经济的发展。不断地提高劳动力的素质，包括劳动者的文化素养、学习能力、技术水平、熟练程度、身心健康等方面，才能适应转变经济发展方式中对劳动力提出的更高的要求。促进劳动力的可持续发展才能为转变经济发展方式、为新型工业化准备更多、更合格的、适应新的技术需要和新的产业需要的劳动力。劳动力的可持续发展是转变经济发展方式的基本条件。

2. 转变发展方式有利于劳动力的可持续发展

顺利转变经济发展方式，要求提高国内消费需求在拉动经济中的作用，即改变过度依赖出口的局面，改变过度依赖政府公共投资的局面，把经济发展的动力转向更多地依赖国内需求上，要求劳动力有更多的收入用于消费，这必然以提高劳动者的工资为前提。

转变发展方式对劳动力消费提出了更高的要求，反过来又有利于促进劳动力的可持续发展。因为，劳动力消费增加以后，有利于劳动力生活水平的改善、健康水平的提高、文化素养的提高，从而有利于劳动力的可持续发展。

3. 促进劳动力可持续发展的措施

实现经济发展方式转变，就必须以人的可持续发展作为前提，具体措施主要有以下三种。

（1）维持合理的人口数量。许多国家经济高速增长的动力源泉就在于充裕的廉价劳动力资源。然而，随着时间的流逝，随着人们对闲暇生活的要求增加，一些国家人口出现负增长，从而导致青壮年劳动力数量逐渐减少。为了防止用工荒的加剧，实现人口的可持续发展，必须在适当的时机，改变人口政策，以避免经济发展时可能面临的巨大的劳动力缺口。

（2）提高劳动者工资。由于劳动收入占国民收入的比重在逐渐减少，也影响了内需的拉动。因此，必须通过不断提高劳动者的收入，以解决消费、培训、教育、医疗、住房甚至精神消费的需求。这样才能实现劳动力的再生产，实现人的可持续发展，进而为城市化、工业化、产业结构的升级提供更多、更合格的劳动力。

（3）不断提高工人的人力资本素质。应该通过加大教育投入、加大医疗保障投入、完善劳动力市场等，促进劳动力的可持续发展。这样才能够为经济的可持续发展提供数量更多、素质更高的劳动力，以迎接经济发展方式转变对劳动力素质提出的更高要求。

总之，可持续发展包括劳动力的可持续发展与物质的可持续发展，但归根结底物质的可持续发展是为了劳动力的可持续发展，即实现人的全面发展。通过生产力的发展、经济的增长，促进人们生活水平的提高，促进人们文化素养的提高，促进人类生存环境的改善，促进人的全面发展。

本章小结

在很多劳动力市场上，政府的非工资支出也会影响工资率和就业量。这种支出数额较大，一般采取两种形式：一是对私人部门产品和劳务的购买支出；二是转移支付。

在其他条件相同，公共物品的生产和消费与私人产品是互补关系时，将产生对私人部门劳动力的引致需求；相反，若公共物品的生产和消费与私人产品是替代关系时，则会降低私人部门对劳动力的引致需求。公共物品和服务的提供会减少经济中个体和总体劳动力供给。公共物品和私人产品的替代性越强，劳动力的供给减少得越多。

所得税的增加会使男性的工作时间稍微增加。对女性来说，替代效应要大于收入效应，因此所得税增加会导致工作时间减少。把所有个体劳动力供给曲线加总得到的总劳动力供给曲线是缺乏弹性的。

所谓"二元经济"是指发展中国家的经济是由两个不同的经济部门组成。一是传统部门，二是现代部门。所谓刘易斯转折点是指这样一种情况：在二元经济结构中，在剩余劳动力消失之前，社会可以源源不断地供给工业化所需要的劳动力，同时工资还不会上涨。直到有一天，工业化把剩余劳动力都吸纳干净了，这个时候若要继续吸纳剩余劳动力，就必须提高工资水平。

菲利普斯曲线表示的通货膨胀率和失业率的交替关系，只有在价格水平的变化没有被预期到的情况下存在，即它是一种短期现象。短期菲利普斯曲线为政策选择提供了理论依据。在长期中，菲利普斯曲线是一条垂线，表明失业率与通货膨胀率之间不存在交替关系。

理论与实践都证明经济发展与就业增长具有相关性，但经济发展能否拉动就业同步增长，却与经济的发展方式、产业的布局结构、人力资源开发利用在生产力发展中的作用等紧密相关。实现经济发展方式转变，就必须以人的可持续发展作为前提，一是要维持合理的人口数量；二是要合理地利用劳动力；三是要不断提高劳动力的人力资本素质。

综合练习题

一、选择题

1. 政府的转移支付对劳动力市场上劳动力供给的影响（　　　）。

　　A. 可能是正的，也可能是负的　　　B. 只能是正的

　　C. 只能是负的　　　　　　　　　　D. 不存在

2. 如果劳动力供给完全无弹性，关于所得税与劳动供给的关系，下列正确的说法是（　　　）。

　　A. 工人将不能把税收转嫁到雇主

　　B. 工人将能够把税收全部转嫁到雇主

　　C. 工人将能够把部分税收转嫁到雇主

　　D. 无法判断

3. 二元经济理论的创立者是（　　　）。

　　A. 凯恩斯　　　　B. 希克斯　　　　C. 刘易斯　　　　D. 马歇尔

4. 反映失业率与通货膨胀率关系的曲线是（　　　）。

　　A. 菲利普斯曲线　B. 无差异曲线　C. 洛伦兹曲线　　D. 拉弗曲线

5. 人力资源结构优化和充分利用是（　　　）配置的目标。

　　A. 人力资本　　　B. 人力资源　　　C. 劳动力　　　　D. 劳动岗位

6. 在短期、局部范围内，提高（　　　）与扩大就业减少失业存在着矛盾。

　　A. 经济效率　　　B. 生产效率　　　C. 公平程度　　　D. 就业容量

7. 长期内菲利普斯曲线不能反映就业与通货膨胀之间的反向关系，提出这种观点的是（　　　）。

　　A. 舒尔茨　　　　B. 费里德曼　　　C. 马歇尔　　　　D. 凯恩斯

8. 许多经济学家认为失业率和通货膨胀率组合在（　　　）以内是适宜的。

　　A. 2%　　　　　　B. 3%　　　　　　C. 4%　　　　　　D. 5%

二、思考题

1. 公共部门就业对劳动力供求有何影响？

2. 所得税政策对劳动力供给会产生什么影响？

3. 什么是二元经济？如何理解刘易斯转折点？你认为我国出现了刘易斯转折点吗？

4. 短期菲利普斯曲线和长期菲利普斯曲线是否相同？若不同，产生的原因是什么？有何政策建议？

5. 如何促进经济增长与就业增长的良性互动？

6. 如何促进劳动力可持续化发展？

7. 有人建议应放松人口政策，以避免"用工荒"，你认为这样做合理吗？

8. 技术进步对经济发展和劳动力就业会产生什么影响？

三、案例分析

中国十年新增就业上亿人　经济增长是坚实支撑

据 2012 年 12 月 21 日《光明日报》报道（冯蕾、邱玥）　欧洲的失业率让人忧心，2012 年 4 月，欧元区 25 岁以下年轻人的失业人口达到 335.8 万人，失业率高达 22.2%！

中国却给全球黯淡的就业市场平添了新的信心，2012 年二季度末，中国城镇登记失业率为 4.1%，与一季度末持平；2012 年上半年中国城镇新增就业 694 万人，完成全年 900 万人目标的 77%。

十年来，作为世界上人口最多、劳动力数量最大的发展中国家，中国正全力以赴破解就业这道世界难题。

十年新增就业上亿人——经济增长是坚实支撑

十年来，没有一个国家面临如此复杂的就业形势。从国际金融危机冲击下上千万农民工返乡，到一些企业转型升级减员，再到今年普通高校毕业生人数高达 680 万人，创历史新高。巨大的人口压力，加上转轨就业、青年就业和农村转移就业"三碰头"，让就业问题变得极为棘手。

十年来，没有一个国家能解决这么多人口的就业问题。2002 年，中国果断实施积极的就业政策，十年新增就业上亿人。尤其在 2003 年至 2011 年的 9 年间，全国新增就业人数累计达 9 800 万人，连续 5 年超过千万人！城镇登记失业率始终保持在 4.3% 以下的较低水平，实现了就业规模持续扩大和就业形势持续稳定。

"分析判断中国经济是否出现问题，最重要的就要看'就业'。"国务院参事室特邀研究员姚景源说。一方面，就业指标是宏观经济的风向标；另一方面，宏观经济形势的稳定向好也是扩大就业的源泉所在。过去十年是中国经济增长的黄金十年，尤其从 2008 年到 2011 年，在世界主要工业国深陷国际金融危机之际，中国经济增速分别达到 9.6%、8.7%、10.4% 和 9.2%。据测算，国内生产总值每增长一个百分点，大体可带动 80 万～100 万人就业，中国较长时间稳定的经济增长为稳定就业打下了坚实基础。

理念与实践的最佳结合——积极政策是重要保障

2008 年突如其来的国际金融危机使 1 000 多万人进城务工的农村劳动者一度失去工作岗位，中央在保增长、保民生、保稳定的战略部署中，把就业摆在更加突出的位置；2009 年 2 月，国务院下发《关于做好当前经济形势下就业工作的通知》，4 万亿元投资保增长拉动就业、"五缓四减三补贴"稳定就业、促进以创业带动就业等举措更是对稳定就业局势起到了关键作用。"如果没有这些政策，740 万职工中将有一半可能失去工作。"人力资源和社会保障部副部长张小建说。

在更加积极就业政策的推动下，国家快速扭转了 2008 年下半年城镇新增就业下滑的局面。2009 年下半年就业状况已基本恢复到金融危机之前的水平，2010 年城镇新增就业达到了 1168 万人，城镇登记失业率始终保持在 4.3% 以下，高校毕业生初次就业率维持在 70% 以上。

中国特色积极就业政策体系的建立实施，是解决我国就业问题的成功实践。国际劳工组织这样评论，中国积极的就业政策囊括了世界各国就业政策的三个要素：一是治理失业中更注重再就业；二是在大力开发岗位的同时注重开发技能；三是在促进就业各种途径中注重鼓励创业。中国积极的就业政策是现代就业理念、世界各国经验与中国实际的最好结合。

十年数亿农村劳动力实现转移——城镇化蕴含巨大潜力

"十二五"期间，我国每年城镇劳动力供给将达到 2 400 万人，而每年创造的就业岗位是

900万个，年供求缺口将超过1 000万个。

从1978年至2011年，数以亿计的农村剩余劳动力从农业进入非农业，从农村进入城市，中国城镇化率从17.9%提高到51.3%。

近十年来，第一产业的就业人员比例下降了15.2个百分点，第二、第三产业大幅提高。去年，第三产业的就业人员的比例首次超过第一产业，这无疑是一个具有标志性意义的变化。

"通过城市的发展带动产业的发展，通过产业的发展促进中小城市规模的升级，是解决中国现代化和农村剩余劳动力的唯一出路。"国家发改委社会发展研究所所长杨宜勇指出，城镇化率每提高一个百分点，意味着约有2 000万农村人口进入城镇居住、生活、就学、就业。"与发达国家78%和世界平均49%的城镇化水平相比，中国仍有很大的发展潜力。"

中国经济仍处在较快发展区间，这是扩大就业的根本所在。随着就业优先战略的实施和更加积极就业政策的落实，我们有理由对未来充满信心。

思考讨论：

试根据上述资料分析：

（1）你认为是经济增长拉动了就业增长还是就业增长推动了经济增长？

（2）农村劳动力在向城镇转移过程中发挥了什么的作用？

（3）如何进一步促进就业增长？

📖 阅读资料

改变经济发展模式与促进就业

目前，就业已完全市场化，政府引导劳动者在新的方针政策指导下，通过双向选择的办法就业，已经建立起日趋完善的就业体系。但随着市场的快速变化，引起就业市场竞争的加剧，就业难的问题日益凸显。随着我国就业形势的日趋严峻，人们不得不反思这样的问题：一边是令人兴奋的经济增长率，一边又是大量存在的失业人口。经济发展与就业二者没有必然呈现水涨船高的关系，就业市场供大于求的矛盾进一步扩大。

就业市场的特征

当前就业市场的基本特征是和多余劳动力增加、经济发展、市场变化紧密相连的，可以说这三者引起就业市场的竞争，引起就业难的问题，也决定就业市场呈现以下三个突出特征。

（1）政府的服务作用明显。计划经济体制时期，政府行使行政职能，在就业中政府的职能不是服务而是行政指令：制定分配计划，执行分配计划，根据当时的社会需求决定工作单位。在计划经济体制向市场经济体制的过渡时期，政府的职能是行政指令和政策引导，以政策为主导，提出就业的方向性意见，引导劳动者的方向流动。目前，就业已完全进入市场化阶段，以劳动者就业为目的、以市场需求为导向的就业体系，已完全建立并趋于完善。政府的基本职能是为了保证劳动者顺利就业提供各种按政府部门职能所规定的服务，其中最重要、最能体现人文关怀、最能体现服务职能的是为劳动者建立人事代理制度。人事代理是由政府人事部门委托的人才服务机构，对劳动者有关人事事务进行社会化管理和服务。

（2）劳动者从被动分配到自主选择。我们以前的计划经济分配体制，劳动者的主动性很小，甚至可以说没有主动性。在主观上只是被动适应，等待政府分配单位。但自改革开放开始到市场机制的建立，劳动者就业体制发生了根本变化，与之相适应，人们的价值观、人生观、择业观也发生了根本变化；劳动者能够根据社会的需要，结合自己的兴趣、爱好、志向选择自己的职业，劳动者就业市场已经形成开放、流动的模式。

（3）调整产业结构增强了竞争。我国自20世纪末开始，进行了一系列大规模的产业结构调整。调整后，一批新兴产业产生了新的工作岗位、一批采用新技术的行业也创造了新的工作岗位；与之相反，一些落后技术的产业没有了就业岗位，形成结构性失业。

（4）中小企业发展面临的瓶颈。在改革开放初期，中小企业为我国就业、为计划经济体制向市场经济体制平稳过渡做出了贡献，但有一点我们必须看到，中小企业多属劳动密集型。20世纪90年代，大批知识分子参与到经济活动中，新生的一批中小企业成为知识密集型企业。这两种类型的中小企业吸纳了我国大量的就业者。中小企业为国家创造大量的就业机会，在经济发展、特别是就业方面做出了重要贡献。特别是近年来，我国经济结构调整力度加大，国有企业加大改革力度，从中走出的人员多被中小企业吸纳。但现在中小企业的发展出现瓶颈，资金短缺，贷款困难。政府要改变中小企业的信贷问题，变审批制为注册制，为中小企业发展创造一个好的环境。

改变经济发展模式　促进就业的思考

所谓经济发展模式，在经济学上是指在一定时期内国民经济发展战略及其生产力要素增长机制、运行原则的特殊类型，它包括经济发展的目标、方式、发展重心、步骤等一系列要素。通常所说的经济发展模式，指在一定地区、一定历史条件下形成的独具特色的经济发展道路，主要包括所有制形式、产业结构和经济发展思路、分配方式等。中国的经济增长一直依赖投资推动。结果是投资收益率持续下降使资本形成对经济增长表现出不敏感，就业增长已经严重滞后于经济增长。如何协调经济增长与就业增长的关系，一直是政府宏观调控的主要内容，也是理论界研究的热点问题。长期以来，理论界存在一种误区：就业具有派生性和从属性，是依附于经济增长的，解决就业问题的根本出路是加快经济增长，对劳动就业和劳动力市场问题的研究不够重视。这种认识是片面的，以经济增长来解决就业问题本身就存在着实现的可能性问题，就业问题根本上要通过发展就业来解决，不能脱离社会经济的发展阶段来谈就业及其与经济增长的关系。解决就业问题的关键是改变当前的经济发展模式，以就业为中心兼顾经济增长。其主要内容如下。

（1）准确把握就业市场。市场法则之一是注重质量、保证信誉，劳动者就业市场对这一点的要求更高、更严。劳动者就业市场坚守质量、保证信誉是重中之重。在方针政策指导下，建立就业体系，指导劳动者的就业选择。在网络时代，用人信息谁知道在前，谁就有了抢先占领就业阵地的先决条件。所以要进行信息交流，在此基础上开辟新的渠道。政府针对高校毕业生、农民工和城镇困难人员这三个就业群体，分别制定有针对性的就业扶持政策和措施，也发挥了非常重要的作用。但是就业压力依然存在，尤其是宏观经济的不确定性也为就业增加了不稳定因素。特别是当前经济回升的基础还不稳固，国际金融危机对中国的不利影响并未减弱，外需严重萎缩的局面仍在持续，一些行业、一些企业生产经营还比较困难，就业压力短期内尚难根本缓解。

（2）建立统一的劳动力市场。一要开放劳动力市场，彻底取消歧视性就业政策；二要有完整、通畅、准确的全国性就业指导系统，使劳动者知道何处能就业，何处的劳动力市场与自身的劳动特长相一致。"十二五"时期，政府要完成统一劳动力市场就业保障、就业结构调整与人力资本合理配置、减少隐形失业三大任务，实现统一的劳动力市场就业体制目标。

一要做到城乡一体、社会全员覆盖养老保障与失业保障，实现统一的劳动力市场就业保障；二要实施内需消费导向与经济结构调整，实现就业的结构性调整；三要扶助与支持创业，鼓励失业者创业带动就业；四要采取就业保障的宏观调控，实现周期性的就业稳定与充分就业；五要对社会公共服务与垄断性行业实行股份化、市场化改造。

（3）积极扶持中小企业。通过政策性措施，使得中小企业、乡镇企业和服务业得到发展。这三种产业的发展加上快速的城市化，会使我国就业问题得到根本解决。目前，企业的税费负担普遍较重，在一定程度上会导致企业缺乏生产发展急需的流动资金，再加上目前企业特别是中小型企业融资困难，使得其无力进行升级换代和技术改造，也无力进行科研开发，最终导致企业缺乏市场竞争力，影响了企业的发展甚至日常生产经营。政府在制定扶持政策和安排财政资金时，要进一步减轻企业税费负担，以惠及更多小企业。继续保持中小企业数量增长，促进社会就业，进一步优化中小企业结构，引导中小企业集聚发展，提升企业经营管理水平，完善中小企业服务体系，优化成长环境。

（4）加速城市化建设进程。从人类历史发展看，城市化是社会生产力发展的客观要求。在发展工业时要做到统一建设、基础设施统一使用，要做到降低投入、提高产出；在发展第三产业时做到生产与消费在时间上高度同一性，在空间上高度一致性，在人口上相对集中性。还要看到，城市的发展也会促进工商业发展，也能创造出前所未有的市场需求。解决农业、农村、农民问题需要加快城市化进程。只有通过发展非农产业，才有可能实现农业的规模化、产业化。保持人口环境相互协调的可持续发展，也要求加快城市化进程。城市化便于集中治理和综合利用，实现人与环境的协调发展。要高起点规划和建设城市，注重发展高新技术产业和现代服务业，要科学规划科技、合理布局教育、同步发展文化，做到各项社会事业的发展科学合理。利用一切现代化管理手段，加快公用事业服务信息网建设。走可持续发展道路。要重视提高城市居民素质，养成奉公守法、诚实守信、团结互助等健康向上的生活方式和习惯。要珍惜和合理利用土地，在城市建设中注重提高土地使用效率。控制污染项目，不断提升城市的品位。

总之，在目前巨大的就业压力下，由于中国充足的劳动力和短缺的资本这样一个基本国情，我国今后的经济增长要由以速度为目标，转向以创业、就业为主要目标，即以就业为中心的、兼顾经济增长的发展模式。从而在目前就业市场相对疲软、劳动力供需矛盾突出的情况下，把握就业市场特征，拓展就业途径，优化市场环境，调动劳动者就业工作的积极性、主动性和创造性。

（马荣霞，2011）

附录　各章选择题参考答案

题号 章	1	2	3	4	5	6	7	8
第一章	A	B	C	A	A	C	D	D
第二章	C	D	A	B	C	A	A	B
第三章	A	A	B	D	A	D	A	B
第四章	C	D	C	B	A	A	A	C
第五章	B	A	A	C	A	D	C	A
第六章	B	B	A	A	B	B	B	B
第七章	B	B	C	C	D	C	A	B
第八章	C	D	B	B	C	D	D	C
第九章	A	D	B	A	A	A	B	A
第十章	B	A	C	B	B	C	C	A
第十一章	B	B	C	A	D	A	B	B
第十二章	A	A	C	A	B	A	B	C

主要参考文献

[1] CNET 科技资讯网. 2005. 加班就是效率低. http://www.cnetnews.com.cn/2005/0411/182830.shtml[2013-3-1].

[2] 蔡昉. 2009. 劳动经济学. 北京：北京师范大学出版社.

[3] 曹斌. 2010. 二元经济、剩余劳动力和刘易斯转折点. 云南财经大学学报, (05).

[4] 陈林. 2009. "劳动力垄断"应对"生产资料垄断". http://theory.people.com.cn/GB/10513548.html [2012-12-04].

[5] 陈柳钦. 2010. 西方劳动经济学的演进. http://www.chinava/ue.net/Finance/Article/2010-12-27/193708.html[2013-9-28].

[6] 程实. 2005-03-29. 劳动与闲暇：法国人的两难选择. 第一财经日报.

[7] 大卫·桑普斯福特, 泽弗里斯·桑纳托斯. 2000. 劳动经济学前沿问题. 北京：中国税务出版社.

[8] 德里克·博斯沃思, 彼得·道金斯, 索尔斯坦·斯特龙巴克. 2003. 劳动市场经济学. 北京：中国经济出版社.

[9] 丁守海. 2011-6-17. 中国公共部门就业凸显棘轮效应. 中国社会科学报.

[10] 冯蕾, 邱玥. 2012-12-21. 中国十年新增就业上亿人, 经济增长是坚实支撑. 光明日报.

[11] 付小平. 2009. 人力资本理论的形成与发展. 中小企业管理与科技, (9 月上旬刊).

[12] 广州日报. 2008-11-12. 美国大萧条时期的生活. 广州日报.

[13] 国家信息中心宏观经济形势课题组. 2012-12-16. 2013 年劳动力规模将迎来转折点. 中国证券报.

[14] 何承金. 2010. 劳动经济学. 大连：东北财经大学出版社.

[15] 洪名勇. 2011-05-27. 重视欠发达地区劳动力过度转移. 中国社会科学报.

[16] 胡学勤. 1999. 劳动经济学. 北京：中国经济出版社.

[17] 黄群雅. 2012. 明年总劳动人口数超 10 亿 青壮年劳力数量逐年下降. http://news.youth.cn/wztt/201212/t20121223_2739201.htm[2013-3-23].

[18] 黄浴宇. 2009-3-18. 留学投资也当理性 五十万读洋 MBA 值不值. 扬子晚报.

[19] 黄张存. 2010. 浅谈非全日制用工的几点不足及完善. http://www.zclawyer.com/plus/view.php?aid=4199[2013-5-1].

[20] 黄振奇. 1996. 关于居民收入分配的基本理论与原则. 中国社会科学院研究生院学报, (2).

[21] 加里·S·贝克尔. 1987. 人力资本. 北京：北京大学出版社.

[22] 江超萍. 2007. 拿什么留住你 我的员工. 管理@人, (10).

[23] 金小茜. 2009. 调查显示：八成北京市民对闲暇生活比较满意. http://news.xinhuanet.com/life/2009-09/25/content_12111740.htm[2013-4-1].

[24] 坎贝尔·R·麦克南, 斯坦利·L·布鲁, 大卫·A·麦克菲逊. 2004. 当代劳动经济学. 第 6 版. 北京：人民邮电出版社.

[25] 李培祥，罗明忠，罗福群，等．2006-05-17．实施最低工资标准利国利民．南方日报．

[26] 李仁君．2007-4-30．歧视将会使社会经济付出代价．海南日报．

[27] 梁达．2013-02-05．我国劳动力仍具有较大成本优势．上海证券报．

[28] 刘乐山，鲁昕．2007．美国调节收入分配差距的财政措施及启示．喀什师范学院学报，(01)．

[29] 刘英团．2013-02-26．"用工荒"凸显劳动力流动不畅．农民日报．

[30] 卢昌崇，高良谋．1997．当代劳动经济学．大连：东北财经大学出版社．

[31] 陆铭．2010．被误读的"民工荒"．http://www.cenet.org.cn/article.asp?articleid=45936 [2013-4-2]．

[32] 吕怡维．2010．美国反就业歧视法规则及其对我国的启示．苑法学杂志，（1）．

[33] 罗南疆．2013-02-18．北京拟规定招聘信息含歧视最高可罚 3 万元　昆明尚无规定．春城晚报．

[34] 罗润东，李超．2012-8-22．影响我国劳动力短缺的八大因素．中国社会科学报．

[35] 马荣霞．2011．改变经济发展模式与促进就业．人民论坛，（30）．

[36] 平力群．2012-12-10．统计性歧视藩篱下的女性创业困境．中国妇女报．

[37] 乔治·J·鲍哈斯．2010．劳动经济学．北京：中国人民大学出版社．

[38] 冉泽．2013．社会收入分配差距引热议．私人财富，（2）．

[39] 人力资源社会保障部课题组．经济发展与就业增长的关系研究．http://www.clssn.com /html/Home/report/47034-1.htm[2012-11-04]．

[40] 沈平．2012．中国农村劳动力供给不足将加剧"民工荒"．http://china.caixin.com/2012-12-10 /100470247.html[2013-2-27]．

[41] 石智雷，杨云彦．2012．家庭禀赋、家庭决策与农村迁移劳动力回流．社会学研究,(3)．

[42] 唐俊．2008．信息不对称对劳动力市场分割与流动的影响．商业时代,(12)．

[43] 陶达嫔．2012-06-19．垄断业年薪：平均工资 1.6 倍．南方日报．

[44] 王宝锟．2009-05-23．欧盟从劳动力市场开放中受益．经济日报．

[45] 王梅．2008．最低工资制度对劳动力市场影响的实证分析．开发导报,(2)．

[46] 王守志．2006．劳动经济学．北京：中国劳动与保障出版社．

[47] 王熙喜．2011．劳动力流动三大壁垒．http://www.caijing.com.cn/2011-05-16/110719900.html [2013-3-1]．

[48] 王询，姜广东．2008．劳动经济学．北京：首都经济贸易大学出版社．

[49] 网易财经．2013．专家称中国劳动力素质不高 与市场需求不匹配．http://money.163.com / 13/0116/12/8LBCLHPK00254T32.html[2013-5-1]．

[50] 西奥多·W·舒尔茨．1990．人力资本投资．北京：商务印书馆．

[51] 萧坊．2011-12-12．理性看待行业收入差距．中国青年报．

[52] 亚当·斯密．1964．国富论．北京：商务印书馆．

[53] 扬韬．2012-07-14．从人口结构展望中国经济．第一财经日报．

[54] 杨河清．2010．劳动经济学．北京：中国人民大学出版社．

[55] 杨伟国．2010．劳动经济学．大连：东北财经大学出版社．

[56] 杨燕青．2010-3-26．中国的"刘易斯拐点"之谜．第一财经日报．

[57] 杨宜勇，安家琦. 2010. "十二五"期间进一步完善扩大就业政策体系. 中国劳动，(9).

[58] 伊兰伯格·史密斯. 2000. 现代劳动经济学. 北京：中国人民大学出版社.

[59] 袁伦渠. 2002. 劳动经济学. 大连：东北财经大学出版社.

[60] 曾婷. 2013. 工资自己说了算 元芳你怎么看. http://news.nen.com.cn/system/2013/03/08/010263291.shtml[2013-05-08].

[61] 曾湘泉. 2010. 劳动经济学. 第 2 版. 北京：复旦大学出版社.

[62] 张抗私. 2000. 当代劳动经济学. 北京：经济科学出版社.

[63] 张乐. 2010-10-12. 研究失业率. 三经济学家获诺贝尔经济奖. 新京报.

[64] 张旭东，韩洁，刘铮. 2012-11-10. 十八大新华视点："人均收入 10 年翻番"怎样翻? 新华社北京电.

[65] 张哲，毕嘉宏. 2012-1-30. 全球"刺眼"失业率：发展失衡? 教育之殇? .中国社会科学报.

[66] 钟正. 2012-07-24. 中国再现大规模民工返乡潮 结构性失业问题凸显. 福州晚报.

[67] 周琳. 2013-01-18. 北京快递业：底薪 3 000 元难招工. 经济日报.

[68] 周裕妩. 2011-5-16. 诺贝尔奖得主皮萨里德斯：高楼价阻碍劳动力流动. 广州日报.

[69] 朱锦华，任社. 2013-01-25. 企业用工五年来首次下降. 都市快报.

配套资料索取说明

购买本书的读者可在 www.ptpedu.com.cn 注册后下载配套学习资料。

采用本书授课的教师，可发邮件至 13051901888@163.com 或 education_book@163.com 索取配套教学资料。

姓　　名：_____ 性　别：____ 职　称：_____ 职　务：_____

办公电话：_____ 手　机：_____ 电子邮箱：_____

学　　校：_____ 院　系：_____

通信地址：_____ 邮　编：_____

本课程开设于____学年____学期，原采用_____出版社出版_____主编的《_____》为本课程教材，_____专业____个班共_____人使用该教材。

证明人：_____ 办公电话：_____ 手机：_____ 电子邮箱：_____

21 世纪高等院校经济管理类规划教材

已出版教材

书　名	主编	书　号	特点简介
管理学——原理与实务	李海峰	978-7-115-22656-3	提供课件、教案、实训说明、教学体会、案例分析集、习题集及参考答案、补充阅读，作者开通有教学博客
企业战略管理	舒辉	978-7-115-24542-7	理论、案例和实践相结合，实用性强；提供课件、教案、习题库及答案、案例库及案例分析
人力资源管理	乔瑞	978-7-115-23955-6	注重案例分析，强调实训与实践对读者能力的培养；提供课件、教案、实训资料、习题答案、案例分析
政治经济学原理	张莹 李海峰	978-7-115-24306-5	形式活泼、简明扼要，题型丰富题量充足；提供课件、教学大纲、习题集及参考答案
西方经济学	陈喜强	978-7-115-23789-7	形式活泼、简明易懂，案例丰富；提供课件、教案、习题答案
微观经济学	胡金荣	978-7-115-23443-8	简明易懂，关注热点问题，吸收前沿理论；提供课件、教案、习题答案、案例分析
劳动经济学	杨爱元	978-7-115-33309-4	80%以上案例取自中国 2010 年至 2013 年社会现实事件；提供教案、课件、参考答案、补充教学素材、模拟试卷
会计学	胡华夏	978-7-115-28927-8	从培养会计信息使用者的角度出发，不追求会计核算方法和技术细节介绍；提供课件、教案、习题答案和模拟试卷
财务管理	王积田	978-7-115-28482-2	吸收相关学科的最新成果，与企业财务管理实践接轨；提供课件、习题答案、试卷
财务管理	张学英	978-7-115-25497-3	内容力求最新，案例可读性强，例题和习题贴近实际；提供课件、教案、习题答案、案例分析
中级财务会计（第 2 版）	吴学斌	978-7-115-33887-7	涉及营改增等最新知识点；章后设置大量习题并提供电子版习题集；提供课件、教案、案例库、试卷等资料
财务会计实训教程	裴永浩	978-7-115-32580-8	上册包括实训常用知识和实训要求，下册提供实训用账簿、凭证、报表等；提供答案、部分电子稿、课件、教案

书 名	主 编	书 号	特 点 简 介
审计理论与实务	崔 飚	978-7-115-31064-4	紧扣资格考试大纲，提供课件、教学大纲、习题集及参考答案、模拟试卷
应用统计学	潘 鸿	978-7-115-24982-1	为省级精品课程配套教材，突出统计方法和技术的应用；有教学支持网站，提供课件、教案、习题答案、实训资料
国际贸易理论与实务	朱金生	978-7-115-25875-5	包括蓝色贸易壁垒、《2010 通则》等新内容；提供课件、教案、实训资料、习题答案、试卷、案例分析、视频资料
报关实务	朱占峰	978-7-115-28352-8	内容紧跟《报关员资格考试大纲》，侧重实务；提供课件、教案、补充教学案例、习题答案、模拟试卷、教学视频
电子商务概论（第 2 版）	白东蕊	978-7-115-32117-6	为省级资源共享课配套教材，强调实践与实训；提供课件、教案、实训资料、习题库及答案、案例集及案例分析
网络营销基础与实践	赵文清	978-7-115-25596-9	为精品课程配套教材，一般纯粹的营销教材；提供课件、教案、实验指导、习题库及答案、案例库及案例分析
现代市场营销理论与实务	王 艳 程艳霞	978-7-115-28602-4	强调实战性、可操作性、本土化、创新性；提供课件、教案、案例分析、习题答案、模拟试卷
商品学	陈文汉	2014 年 3 月出版	将服务商品纳入研究范围；大量采用 2013 年的现实案例；提供电子课件、教学大纲、习题答案、模拟试卷
物流学	王 刚 梁 军	978-7-115-26368-1	内容新，知识和技能并重，实用性强；提供教学案例、习题库、试卷、课件、教案
金融法	李良雄 王琳雯	978-7-115-30980-8	吸收截至 2012 年 12 月的最新法律法规，高度融合职业资格考试要求，提供课件、教案、习题答案、补充练习题
保险学	刘永刚	978-7-115-31048-4	以大量案例解读相关内容，提供课件、教案、习题答案、教学补充案例和模拟试卷
证券投资学（第 2 版）	杨兆廷 刘 颖	2014 年 3 月出版	根据 2013 年证券业变化调整相应内容，集合证券业从业资格考试重点，提供多媒体课件、电子教案、习题答案等资料。
证券投资学	陈文汉	978-7-115-28271-2	针对非金融类读者，内容紧跟时代；提供课件、教案、案例分析、习题答案、模拟试卷
外汇交易原理与实务	刘金波	978-7-115-26077-2	新颖实用，实践内容丰富；提供课件、教案、答案、试卷、实训指导
国际金融理论与实务（第 2 版）	孟 昊	2014 年 3 月出版	新增国际资本流动管理等内容；素材根据 2014 年 2 月前信息全面更新；提供课件、大纲、教案、习题库、试卷库、案例库
投资银行学	郭 红	978-7-115-26112-0	知识与技能并重，注重能力培养；提供课件、习题库及答案、试卷、案例库及案例分析
财政学	谭建立	978-7-115-23630-2	省级精品课程配套教材，有精品课程教学网站，提供课件、教案、习题答案、案例分析
财政学	唐祥来	978-7-115-31521-2	以丰富的案例提升学习兴趣，提供课件、教案、习题答案、补充教学案例和模拟试卷
现代社交礼仪	闫秀荣	978-7-115-23572-5	图文并茂；提供课件、小短片影视资料、教案（包括实训资料）、习题集（包括案例分析）、试卷及参考答案
大学生礼仪	李荣建	978-7-115-28932-2	理论与实践相结合；提供课件、教案、模拟试卷，学习支持平台为湖北省礼仪学会网站和武汉大学社交礼仪网站
商务沟通与谈判	张守刚	978-7-115-23786-6	能实现学生课堂教学与课外学习的统一，提供配套教学网站、教案、课件
组织行为学	丁 敏	978-7-115-27265-2	为精品课程配套教材，注重实用性；提供课件、教案、模拟试卷
生产运作管理	程国平	978-7-115-28840-0	内容全面、注重实务、案例丰富；提供课件、教案、习题答案、模拟试卷和教学案例集